U0526675

基金项目：全国教育科学规划教育部重点课题
"我国近代测验运动及其当代意义研究"（项目编号：DOA190314）

从传统走向科学

近代测验运动及其当代意义研究

原霞 著

厦门大学出版社 国家一级出版社
XIAMEN UNIVERSITY PRESS 全国百佳图书出版单位

图书在版编目（CIP）数据

从传统走向科学：近代测验运动及其当代意义研究 / 原霞著. -- 厦门：厦门大学出版社，2024.5
ISBN 978-7-5615-9363-9

Ⅰ. ①从… Ⅱ. ①原… Ⅲ. ①教育测验-教育史-研究-中国-近代 Ⅳ. ①G424.74

中国国家版本馆CIP数据核字(2024)第090089号

责任编辑　韩轲轲
美术编辑　李夏凌
技术编辑　朱　楷

出版发行　厦门大学出版社
社　　址　厦门市软件园二期望海路39号
邮政编码　361008
总　　机　0592-2181111　0592-2181406(传真)
营销中心　0592-2184458　0592-2181365
网　　址　http://www.xmupress.com
邮　　箱　xmup@xmupress.com
印　　刷　厦门市金凯龙包装科技有限公司

开本　720 mm×1 000 mm　1/16
印张　24.5
插页　1
字数　377 千字
版次　2024 年 5 月第 1 版
印次　2024 年 5 月第 1 次印刷
定价　88.00 元

本书如有印装质量问题请直接寄承印厂调换

目　录

绪　论	/ 001 /
一、选题缘起	/ 001 /
二、概念界定	/ 003 /
三、学术史回顾	/ 009 /
四、研究思路与内容概要	/ 018 /
第一章　中外测验发展及对我国近代测验运动的影响	/ 021 /
一、中国古代测验思想及影响	/ 021 /
二、西方测验思想和测验运动	/ 037 /
第二章　测验运动的发轫期	/ 054 /
一、测验运动兴起的动因	/ 054 /
二、科学测验的引入与宣传	/ 065 /
三、俞子夷与中国第一个自编测验	/ 077 /
四、测验组织及对测验的推广	/ 094 /
第三章　测验运动的高潮期	/ 114 /
一、测验运动进入高潮的动因	/ 114 /
二、中华教育改进社对测验的提倡与推广	/ 124 /
三、测验的编制与 TBCF 制的统一	/ 146 /
四、测验大规模应用宣传与测验人才的培养	/ 169 /

第四章　测验运动的高原期　　　　　　　　　　　　　　/ 193 /
  一、测验运动进入高原期的原因　　　　　　　　　　/ 193 /
  二、政府部门对测验的提倡与推广　　　　　　　　　/ 215 /
  三、民间组织对测验的提倡与推广　　　　　　　　　/ 233 /

第五章　测验运动的再兴期　　　　　　　　　　　　　　/ 247 /
  一、测验运动再兴的背景　　　　　　　　　　　　　/ 247 /
  二、中国测验学会及其对测验运动的领导　　　　　　/ 254 /
  三、测验的理论研究、编制与宣传　　　　　　　　　/ 266 /
  四、艾伟与学科测验　　　　　　　　　　　　　　　/ 287 /

第六章　测验运动的衰落与评价　　　　　　　　　　　　/ 305 /
  一、衰落期的测验运动　　　　　　　　　　　　　　/ 305 /
  二、对测验运动的评价　　　　　　　　　　　　　　/ 317 /

第七章　测验运动的当代意义　　　　　　　　　　　　　/ 339 /
  一、总结历史，推进教育国际化和教育本土化的和谐发展　/ 339 /
  二、超越历史，实现科学主义与人文主义研究范式的当代融合　/ 356 /

参考文献　　　　　　　　　　　　　　　　　　　　　　/ 372 /

绪　论

一、选题缘起

教育实证化研究一直是发达国家教育研究的主流范式,国内关于加强教育实证研究的呼声更是不断高涨,特别是华东师范大学 2015 年首创"全国教育实证研究论坛"的大获成功,在学术界产生了非常大的影响。重视实证研究,重视数据,重视量化分析技术,推进教育研究范式的转型俨然成为教育界的新风尚和趋势。而从实证研究的历史发展看,国外教育实证研究的转型从 20 世纪初就开始了,该时期正值国内民国时期,而民国时期既是中国近代学术发展的黄金时期,又是与国际交流频繁的时期,同时也是人才辈出的时期,很多学者都有长时间的留学背景,教育实证研究作为一种崭新的代表科学的研究方式不可能不被介绍到中国,令人遗憾的是,对这段历史并没有专门的系统的研究。实际上民国时期中国教育界就在中华教育改进社、中国测验学会等组织的领导下,在全国范围内掀起了一场轰轰烈烈的测验运动。这场运动由众多测验专家群体倡导,教师、学生、社会各界人士广泛参与,以实证主义和实验科学为指导和特征,以宣传测验、编制测验、实施测验、运用测验等为基本内容,旨在采用科学方法研究教育问题。只是这段历史鲜有人研究,而重温这段历史,不仅是肯定前辈们为教育实证研究范式转型所做出过的努力,更是延写了中国教育实证研究的历史,其积极探索过程中的经验和教训也能为当下火热的教育实证研究提供一点借鉴。

尽管关于教育实证研究没有一个统一的概念,但从普遍的具体方法操作上看，更多的是强调和应用科学的方法，即教育调查、实验（试验）、测验和统计等。其中最具有科学性的无疑就是测验，测验不仅是一种方法，更是其他方法呈现科学性的必不可少的工具。测验是现代社会中人们非常熟悉的一个名词。从应用看，大到人才选拔，中到各种考试，小到幼儿园入学，测验在各个领域已经被广泛使用；从学术研究看，国家对实证研究也大力提倡，测验方法在不同学科、不同领域研究中越来越流行，比如在心理学、体育学等学科中，编制测验、运用测验几乎成为该领域学者们研究和写作使用的主要方法。但是，在这种繁荣发展的同时也出现了许多滥用、误用测验的问题，引发了社会对测验方法的质疑。比如针对测验的应用推广，我国著名的测量测验专家、中国教育学会教育统计与测量分会理事长、华南师范大学张敏强教授就曾指导学生对使用测验方法发表的论文做过相关调查，结果发现很多测验的可推广性很小。[①]

众所周知，测验的主要目的是应用，测验理论的发展和测验的应用是相互促进的，而测验的不可推广就意味着测验编制和使用在一定程度上已经脱节，而这是决定测验发展方向的一个问题，理应引起社会的高度重视。其实这个问题在测验运动发展历史上曾经出现过，也是导致测验运动一度沉寂的一个主要因素。所以研究测验运动的历史，吸取经验教训，避免走弯路甚至"死胡同"，也是现代测验正确发展的要求。意大利著名哲学家克罗齐有句名言"一切历史都是当代史"，测验作为一种舶来品并不是一蹴而就的，有其连续和必然的历史发展历程，在其发展历史上也曾出现测验滥用、误用的问题。所以考察测验运动发展历史，总结其经验和教训，能让我们更好地认识和面对当代教育的问题，更好地认识和把握今天教育实证研究的正确发展方向。

---

① 笔者参加第九届全国教育统计与测量学术年会时，理事长张敏强在开幕式上的发言。

二、概念界定

(一)测验运动

如果从词源看,测验运动是关于测验的运动。所以首先要明确什么是测验。对于什么是测验,不同的学者也有不同的看法。

首先是综合的界定。比较有代表性的是龚耀先在《心理测量学》提出的,他认为"测验"一词有广义和狭义两个含义,这两个含义彼此相关,分别对应英文单词"testing"和"test"。广义的测验(或施测),指以了解人的心理或行为特点为目的的一项行为活动。其内容包括从选用或编制某种测量工具开始,经过实施心理测量的方法和技术,直到得出全部测量结果的全部测验工作过程。在这个意义上,测验和观察、实验一样,都是心理学的研究方法。狭义的测验,指以了解人的心理或行为特点为目的,获取有效资料的一种测量工具。它是由一组精心设计的测试项目(或题目)组成的,其作用在于有计划地引出受试者的一组行为反应。通过对这组行为反应,即所取得的行为样本进行观察分析,测验者就可以对受试者的内在心理活动加以推论和做出解释,例如常用的智力测验、教育测验、人格测验、青年性格测验等。[1]

其次是广义的界定。这里的广义是指比较笼统的界定,是一个相对更上位的概念。台湾学者葛树人在《心理测验学》一书中指出测验泛指一切资料收集的工具,诸如课堂所使用的学科测验、社会上常见的民意调查测验,甚或趣味性报刊上登载的有关个性、爱情或人生观取向的测验等,其目的皆在收集个人在某方面之表现或反应的资料。[2] 美国学者吉尔伯特·萨克斯认为:测验是指用于系统观察教育或心理特质或属性的一个或一系列任务。一般而言,测验要求受试者对项目或任务做出反应,测验者从中推断出所测属性的情况。

---

[1] 张厚粲,龚耀先.心理测量学[M].杭州:浙江教育出版社,2012:7.
[2] 葛树人.心理测验学[M].台北:桂冠图书股份有限公司,1987:11.

测验根据对象分为智力测验、能力倾向测验、教育测验和人格测验。这些概念的界定对测验的标准程序、常模等并没有提及，凡是能通过科学手段引起人反应的都可以称之为测验。[①]

再次是狭义的界定。这里的狭义是非常精准的界定，是一个相对更下位的概念。比如台湾学者程法泌认为所谓测验，就是"组织一些问题和情境，用一定的手续，陈现在受试面前，看他解决问题和适应的情形，从而推知他的智慧和教育程度"。[②] 郑日昌在《心理与教育测量》一书中提出测验就是通过观察人的少数有代表性的行为，对于贯穿在人的全部行为活动中的心理特点做出推论和数量化分析的一种科学方法。[③] 张敏强的《教育测量学》一书认为测验的定义既广泛又复杂，其比较认可的概念一个是布朗(F. G. Brown)的定义，"所谓测验，乃是对行为样本进行测量的系统程序"；另一个是安娜斯塔西所下的定义，"测验实质上是行为样本的客观的和标准化的测量"。[④] 这些概念都强调了标准化的程序，这里的测验指的是一个更专业、更精准的过程或工具。

从上述众多的定义可以看出因为认识的角度不同，所以对测验的界定也不同，而这一界定又直接影响着测验运动的英文表述。已有的为数不多的研究中有学者把测验运动译为"test movement"，[⑤]也有学者将其译为"measurement movement"，[⑥]它们的区别其实就在于对测验的认识。笔者认为关于测验，狭义的概念更多是从现代技术高度发达的角度来定义的，尽管民国时期已经有了科学的测验，但其科学性绝不能与现代测验相媲美，并且在这个历史进程中测验也有一个不断发展完善、不断提高科学性的过程，所以认识民国的测验更应该从广义的维度出发。而广义的测验在民国语境下与测量在意义上是等同的（具体见下面测量与测验概念的对比分析），所以用"measurement"可能更能体现出测验的广义含义，而"measurement movement"则更能体现出民国时期测验

---

① 萨克斯.教育和心理的测量与评价原理[M].王昌海，译.南京：江苏教育出版社，2002：17-18.
② 程法泌.智慧测验与教育测验之实施[M].南京：正中书局，1947：2.
③ 郑日昌.心理与教育测量[M].北京：人民教育出版社，2011：19.
④ 张敏强.教育测量学[M].北京：人民教育出版社，1998：18.
⑤ 王博.《新教育》杂志与民初科学教育思潮的勃兴[J].大学教育科学，2013(3)：96.
⑥ 陈如平.效率与民主：19世纪末至20世纪50年代美国教育管理思想的历史研究[D].北京：北京师范大学，1998：46.

运动的丰富内容。

综合以上分析,笔者认为测验运动是发生在民国时期的一场教育改革运动,是由众多团体和个人参与的,围绕测验而展开的一系列的理论研究和实践活动。具体表现为从1915年第一个科学测验输入开始,至1949年新中国成立,先后由中华教育改进社、中国测验学会等组织领导,由廖世承、陈鹤琴、张耀翔、俞子夷、艾伟、萧孝嵘等众多测验专家群体倡导,教师、学生、社会各界人士积极参与,以实证主义和实验科学为指导和特征,以宣传测验、编制测验、实施测验、运用测验等为基本内容,旨在采用科学方法研究教育问题,促进中国教育科学化发展的过程。

(二)教育测验运动和心理测验运动

虽然测验运动已是学者们公认的专业名词,但在研究中我们也发现关于这段历史也有不同的表述,比如有的称之为教育测验运动,也有的称之为心理测验运动。它们到底是指同一运动还是有所区别?其实对教育测验运动和心理测验运动这两个概念的理解主要在于对教育测验、心理测验和测验的关系理解上,这实际是一个测验分类的问题,关于这个分类学者们有不同的看法。一些学者认为教育测验和心理测验是两个不同的概念,比如民国学者周学章认为:"心理与教育测验之造法……一为试题解决测验衡,一为评判测验衡。前者其答案可直接以所定之标准与以分数,不必经判阅者之主观的估断。不同试卷一旦标准定了结果都一致。后者得先熟悉度量衡上的标准,再阅学生的,与其相当价值的按标准给分,但介于两个标准之间的,这种分数仍需主观的估断。所以不同的人评判仍有多种分数。"[1]钟鲁斋认为:"后人用科学方法做成一种试验,去试验心理,叫做心理测验,或叫做智力测验。去测验教学之所成说,叫做教育测验。"[2]现代有学者认为:"测验是教育测验或心理测验的简称。心理测验是心理测量的工具,用它能引起人的有代表性的行为,以便对人的行为特性或心理特性进行测量与评价。教育测验则是教育测量的一个工

---

[1] 周学章.测验作文能力应知之事项[J].教育研究,1933(44):7.
[2] 钟鲁斋.教育之科学研究法[M].福州:福建教育出版社,2009:129.

具,在教育评价或教育评估过程中常被用来收集资料(如有关态度测验、民意问卷测验、学科成就测验等)。"①以上学者虽然有的是从学科角度,有的是从对象角度,还有的是从评分角度出发,但都认为心理测验与教育测验有所交叉但侧重点不同,并且心理测验比教育测验在一定意义上更客观。

还有一些学者认为测验就是心理测验的简称,教育测验是属于心理测验的,持这一观点的学者相对比较多。比如胡延峰在谈及测验运动时说:"测验主要是指心理测验以及由此而派生的教育测验。心理测验……在鉴别智愚、选拔考核人才、指导训练就业、心理咨询、评价学生学业成绩等方面发挥了重要的作用。"②我国近代科学测验创始人俞子夷也认为:"测验法分智力测验和教育测验两种,通称之曰心理测验;智力测验是调查人的普通智慧的,教育测验是调查教育成绩的,所以又可以叫作成绩测验。"③陈鹤琴在《智力测验法》一书序言中说:"心理测验,言其大别约分两种:曰智力测验,所以测验特殊能力先天智慧者也;曰教育测验,所以测验学生成绩教育效果者也……二者为用甚大,现已施诸选择职业……又以施诸海、陆军。"④左任侠也提出"心理测验(省称测验)"。⑤ 华超认为:"学校中所谓测验除体格检查外,可统称为心理测验。倘要分开来讲,可分做教育测验和智力测验。"⑥对此华超还做了一番解释,他说:"为何教育测验和智力测验,可统称为心理测验?因为教育测验所测学生学业的成绩,智力测验所测学生天赋或遗传的能力,二者都是属于心理方面的并且教育测验和智力测验也不能有绝对的区别。"⑦

综上所述,笔者认为民国时期的测验运动含义应该是比较广的,就测验而言,具体包括智力测验、教育测验、品格测验、特种能力测验或职业能力测验等。尽管后来有些学者在叙述和研究中也把这场运动称为教育测验运动,但在当时很多学者的论著中可以看到,测验运动更多指的是心理测验运动,其中包括教育测验运动。并且从已存在的资料看,尽管现代对教育测验和心理测

---

① 黄光扬.教育测量与评价[M].上海:华东师范大学出版社,2012:9.
② 胡延峰.留学生与中国心理学[M].天津:南开大学出版社,2009:243.
③ 蔡挺生,黄成业.南高附小一月参观记:测验法[J].中华教育界,1923,13(5):7.
④ 陈秀云,陈一飞,编.陈鹤琴全集:第5卷[G].南京:江苏教育出版社,2008:383.
⑤ 左任侠.最近中国科学测验之发展及其趋势[J].学林,1940(1):99.
⑥ 华超.教育测验纲要[M].上海:商务印书馆,1925:1.
⑦ 华超.教育测验纲要[M].上海:商务印书馆,1925:4.

验的关系仍存在不同的看法,但大家还是习惯于把发生在20世纪的这场围绕测验展开的运动称为测验运动。

(三)测量运动

在描述测验运动这一概念时,还有一个类似的概念就是测量运动,看似与测验运动有关系但又略有不同,而要澄清这个问题就要分析测量的概念以及测量与测验的区别。

关于测量,《简明国际教育百科丛书·教育测量与评价》中定义为:"对……赋予一个数值量。"[①]《简明心理学辞典》定义为:"测量(measurement),依据一定的规则用数字对事物加以确定。"[②]测验专家戴海崎教授认为测量是"依据一定的心理学和教育学理论,使用测验对人的心理特质和教育成就进行定量描述的过程"。[③] 杜林致认为测量是一种实践性的活动,主要在"动词"意义上使用;而测验是了解人的心理与行为的工具,主要在"名词"意义上使用。心理测验是心理测量的一种工具和手段。[④] 从上述已有定义可以看出,测量的范围比测验更大,测量是依据一定规范给出数字的过程,测验是测量的一种手段或者工具,但是科学的测量需要测验。

虽然在现代意义上两者有微妙的差异,但是在描写民国的测验运动时却是一致的,这一点从民国学者的表述中就可以看出。比如麦柯尔本人在中华教育改进社的演讲中提及"我未来到中国以前,中国的学者关于心理测验运动,已开始进行,不过尚系初步……但我考察世界各国的教育心理测量,当推中国为首屈一指"。[⑤] 这里出现了心理测验运动和教育心理测量两个概念,但明显意义是一样的,虽然是翻译,但也代表当时国人对这两个概念的理解。其他报道也是两个概念通用,比如当时著名的杂志《新教育》报道:"本社于八月

---

① 简明国际教育百科丛书:教育测量与评价[Z].北京:教育科学出版社,1992:1.
② 黄希庭.简明心理学辞典[Z].合肥:安徽人民出版社,2004:34.
③ 戴海崎,张峰,陈雪枫.心理与教育测量:第3版[M].广州:暨南大学出版社,2011:11-12.
④ 杜林致.心理测量学[M].天津:南开大学出版社,2011:6.
⑤ 麦柯尔.教育心理测量[J].新教育,1923,7(2/3):389-390.

六日至十八日,假借厂甸师范大学举行心理测验讲习会。"①同样还是这本杂志对这一事件的另一个报道称:"前两礼拜,中华教育改进社招集各省代表组织教育心理测量讲习会,计到会者共十七省,代表三百人。"②再如《平民教育》直接把测验运动认为是测量运动,其报道称"教育测量运动,在美国最为猛进……我国此种运动,尚在茁芽时期"。③《平民教育》还为此出了专号,名曰测量专题号。在开篇语中更是明确"我国学者对于教育测量的运动,不为不力,但我们为促醒国人大多数对此种运动的注意起见,为普遍地宣传此运动起见,所以特发行此专号"。④ 除了报纸杂志,测验界学者也常把测量与测验等同,比如钟鲁斋在谈及桑代克时说:"至桑代克则承先启后,为学力测量运动的鼻祖。"⑤张秉波、胡国钰在北京高等师范学校(以下行文简称"北高师")编译部出版《教育测量》一书中也提及"桑代克教授即可称为教育测量运动之祖"。⑥ 民国学者姜琦则直接指出"赖斯在1894—1895年间编成一种'拼字测验',这就是'教育测验'或'教育测量'(Educational Test,or Educational Measurement)的嚆矢"。⑦ 在当时关于测量的教科书中,大多也把测验作为测量的唯一手段和工具。比如麦柯尔1922年出版的《教育如何测量》(*How to measure in education*)一书共有三大部分:第一,论怎样应用教育测验以改进教育;第二,论如何制成标准测验;第三,论图表制法及统计方法。⑧ 1927年杜佐周编译的《麦柯尔教育测量法撮要》(民智书局)又名《教育测量法》,共十一章内容,前六章讨论应用教育测验的方法,后五章解释编制教育测验的步骤。

通过以上分析,我们可以得出结论,在民国教育的语境下,"测量和测验,名虽异而具有同一的意义"。⑨ 因此不论是民国史料中出现的,还是本研究所提及的,测验运动和测量运动实际上是指同一运动。

---

① 章洪熙.社务报告(二)举行暑假讲习会[J].新教育,1923,7(1):137.
② 麦柯尔.教育心理测量[J].新教育,1923,7(2/3):389.
③ 何雨农.测量在教育上的地位[J].平民教育(测量专号),1923(63/64):56.
④ 杨国础.我们刊行这本专号的旨趣[J].平民教育(测量专号),1923(63/64):1.
⑤ 钟鲁斋.教育之科学研究法[M].福州:福建教育出版社,2009:18.
⑥ 张秉波,胡国钰.教育测量[M].北京:北高师编译部,1922:5.
⑦ 姜琦.现代西洋教育史:上册[M].福州:福建教育出版社,2011:163.
⑧ 赵惠谋.教育测量的历史[J].平民教育(测量专号),1923(63/64):15.
⑨ 钟鲁斋.教育之科学研究法[M].福州:福建教育出版社,2009:129.

三、学术史回顾

通过对相关研究成果的搜集整理,笔者发现关于"测验运动"的教育史研究成果相对不多,直接以"测验运动"为题目的研究更是只有寥寥几篇,且大多还集中在民国时期。其他涉及这一主题的著作和论文也大多只是把它作为专用名词一笔带过。不仅没有深入系统的研究,而且这些为数不多的研究中还充斥着概念混乱、历史事件表述错误等问题。所以,要深入研究这段历史就必须进行大量的资料梳理和研究工作。本研究主要收集整理了以下四个方面的材料:一是直接以测验运动为主题的著作和论文;二是对运动中各个时期不同测验的报道和研究;三是间接涉及"测验运动"的教育史著作、史料和参考文献等;四是教育史之外与本研究有关的其他学科的知识和理论,比如社会运动理论研究方面的相关资料。

(一)直接以测验运动为主题的研究

直接以测验运动为主题的研究包括把测验运动作为一个整体进行的研究和各种测验的编制、使用和背景等的分散研究。前者研究比较少,后者研究比较多。

1. 直接以测验运动为主题的相关论文

近现代教育家左任侠的《最近中国科学测验之发展及其趋势》,相对来说是民国时期比较系统研究测验运动的论文,该论文发表于《学林》1940 年第 1 辑,按照时间顺序把测验运动的发展分为四个时期,分别介绍了各个时期编制的测验及测验的使用,总结了测验发展的三大趋势,并对测验运动的可持续性发展提出了几点建议。民国教育家曹日昌发表于《教育杂志》1940 年第 30 卷第 7 期的《我国测验运动的回顾和展望》也是比较系统研究测验运动的论文,但从时间段上看,只研究了从 1915 年克莱顿(Creighton)和派耳(Pyle)在广州进行的测验开始到测验运动进入高原期的这段历史,分别从测验运动的内涵、历史进程、对测验运动的评价和未来发展等几个方面论述了这一运动。王书林的《八年来中国测验运动之经过》也是从历史的角度探讨了测验运动的发展,对测验运动的进程、测验运动终止的原因等都进行了一定的分析。杜佐周的《测验运动与中国教育之改进》也是以测验运动为主题的论文,该论文认为教育改革的重要工具就是测验,并从理论上论证了测验对学校教育中的教育目标、学生、课程和教材以及教学方法等各个要素发展的重要作用,另外对国外测验运动的发展也进行了简单的介绍。陈选善的《测验运动的前瞻》主要是针对当时测验运动出现的问题提出了一些改进措施,包括:第一,做好测验前的准备工作,除了考虑编制测验的技术,还要考虑与各科测验目标相符;第二,测验结果的正确使用,除了发挥测验的指导作用,还要发挥其诊断作用,同时测验结果的使用必须有计划、有组织、有持续性。直接以测验运动命名的文章还有牟永锡的《测验运动的新进步》和赫耀东的《测验运动与定命论》。第一篇是译自桑代克的著作,主要从分数解释的角度论述测验的精确性,虽未涉及国内测验运动,但为认识国外测验的发展,特别是理论的发展提供了知识背景;第二篇是关于世界智力测验运动的研究,主要通过论述智力测验上遗传派与环境派的争论,介绍了代表性人物的观点和贡献,这为我们认识测验运动的时代背景提供了相关知识。

以上是发表于民国时期的论文,新中国成立后也有少数学者对测验运动进行了研究,其中漆书青的《解放前我国的心理测量研究》对测验运动中的重要事件进行了梳理,重点对当时的 TBCF 制以及测验理论知识进行了现代意义的解读。著名测验专家张厚粲、余嘉元的《中国的心理测量发展史》,程家富的《简论我国心理测量的历史、现状与趋势》,台湾学者简茂发的《心理与教育测验的发展》等论文,虽然重点介绍了 1950 年后测验的发展,但对从 1915 年到新中国成立的这段时间的主要测验及其运用也进行了简单的梳理。

2.直接以测验运动为主题的著作

以测验运动为主题的专门著作至今尚未发现,这部分内容主要散见于个别著作的某些章节中。民国时期的著作主要有陈选善的《教育测验讲话》,该书 1947 年由上海世界书局刊发,共有十二讲,第二讲是测验发展的历史,其中

第三部分是对我国测验运动的回顾与展望,第十二讲专门研究测验运动的回顾与前瞻。陈选善的另一本著作《教育测验》(1934年3月商务印书馆初版,1935年4月再版)的第四章是关于智力测验的发展历史,第五章是教育测验发展的历史,分别介绍了我国测量运动和教育测量运动的发展情形。这两本书在对测验运动的介绍上其实是大同小异的,分别介绍了测验运动发展过程中的重要事件,测验的最新发展,分析了测验运动沉寂的原因,并针对这些问题提出了个人的看法和建议。

现代比较系统研究测验运动的当属南开大学历史学博士胡延峰,其著作《留学生与中国心理学》中的第七章专门介绍了民国的心理测验运动。该章一共有四节,分别是国际测验运动的兴起、中国测验运动的缘起与发展概况、留学生与中国测验学会、对测验运动的评价。特别是第二节根据历史发展时间把测验运动分为萌芽期、昌盛期和研究期,并将各个时段的重要测验进行了梳理;第三节虽然主要研究留学生对中国测验学会的贡献,但对中国测验学会的组织情况、杂志发行等都做了一定的研究,这些不仅为本研究提供了历史资料,也为本研究如何寻找收集材料指明了方向;第四节中对历史功绩和经验教训的分析也为本研究提供了不少启发。

除此之外,陈志科的《留美生与中国教育学》中第七章留美生与教育研究方法科学化中有一节专门介绍教育测验运动,主要介绍了这段历史中教育测验的编制和实践,并对这段历史进行了简评。田正平的《留学生与中国教育近代化》论著中有专门一节是关于廖世承与20世纪20年代的测验运动的。该节对智力测验及教育测验在国内的发展做了简单的回顾,重点介绍了廖世承在中国测验运动发展中做出的贡献。董远骞的《俞子夷教育思想研究》第三章专门谈了俞子夷与测验运动。该著作对测验运动也进行了回顾,除了对俞子夷编写的第一个测验——《小学国文毛笔书法测验量表》进行了详细阐述外,还对其在近代编制的其他著名的教育测验进行了介绍。后面两本论著虽然是在论述教育家的贡献时顺便谈及测验运动的,但是对深入了解当时著名测验的编制背景、测验的标准制定、测验的应用及对当时教育改革的推动等方面提供了诸多参考。

3.综合评价

以上列举的文献资料相对来说是把测验运动作为一个整体进行研究,学者们对于这段史料史实的挖掘、梳理和分析为笔者认识测验运动的全貌提供了参考,这些资料的获取也为本课题的研究打下了良好的基础。但是,如果从系统深入研究层面看,上述资料也存在着明显的不足:首先,论文多专著少,所以系统性、深入性不够。其次,这些研究大多出自民国时期的学者之手,他们的论文构思和发表也在民国期间,因为他们就处在测验运动发展的时期内,所以在全面认识和评价测验运动方面存在天然缺陷。比如上面提及的曹日昌的《我国测验运动的回顾和展望》、王书林的《八年来中国测验运动之经过》中关于测验运动的发展时间基本持续到1925年左右,之后大量可圈可点的大规模测验并未论及,特别是1931年中国测验学会的成立使测验运动又进入新的发展时期这段历史。其他民国文章虽然有的发表较晚,但对抗战之后的历史表述也很模糊,而缺乏对这些历史的研究肯定难以全面地反映出民国时期测验运动的全貌。

虽然现代关于测验运动的研究在时间上能延续到1949年后,但是这些只是作为补充其他研究的一部分历史出现的,只能是简单史料基础上的分析,既没有定义,也不可能有具体分期、特征等复杂问题的深入分析,所以要研究测验运动还需要更多的资料补充。

(二)与具体测验和测验组织有关的研究和报道

1.关于测验的研究

测验运动主要是围绕着测验展开的,民国时期测验的移植、宣传、编制、具体样本、实施及结果都是通过媒介及时地公布于众的,而这些资料也主要来自当时刊行的书籍和报纸杂志。

关于测验的书籍主要包括几个方面:第一是全面介绍测验,内容包括智力测验、教育测验的历史,测验的分类,测验实施的方法,编造测验的方法及分数的解释和使用,等等。已有的书籍有陈鹤琴、廖世承的《智力测验法》和《测概要》,朱翊新的《教育测验 ABC》,华超的《教育测验概要》,陈选善的《教育测验讲话》和《教育测验》,王书林的《心理与教育测量》,等等。第二是关于测验的理论和技术知识,主要涉及测验可靠性、相关度等理论知识,相对比较专业。这些论著包括朱君毅的《教育测验与统计》,俞子夷的《测验统计术》,浦漪人、黄明宗的《教育测验与统计》,等等。第三是关于具体测验和测验的指导,包括吴天敏的《订正比纳西蒙智力测验说明书》,周廷珍、欧济甫的《国文测验举例》,张家声的《教育心理测验实施法》,陈岳生的《几何测验教员准备书》《代数测验教员准备书》,肖孝嵘的《警官智慧测验》,林荫的《智慧测验书》,廖世承的《中学文法测验说明书》《中学混合数学测验说明书》,何陶如的《实用英文测验指导》,德尔满(E. L. Terman)的《算术四则测验》,等等。第四是大规模测验的推广和使用,包括艾伟的《小学儿童能力测量》,德尔满的《中国全国小学校概况》(*The Efficiency of Elementary Schools in China*)[①],上海特别市政府教育局的《上海特别市立小学个别智力测验报告书》《上海特别市立小学团体智力测验报告书》,江西儿童智力测验局的《江西学童智力测验总报告》,等等。此外还有对国外测验的具体介绍,例如英国人列察臣的《智力测验方法与实验》;奥地利人俾勒、黑采著,徐儒译的《儿童发展测验》;美国人斯密司著、徐守桢译的《代数测验》,等等。

尽管关于测验的书籍很多,但书在宣传的快捷性方面远不及教育期刊。教育期刊上所载文章是测验界专家学者关于测验的最新研究成果和国内教育发展的最新动态,它与测验运动的关系最为紧密。所以,当时发表测验的教育期刊最有发言权,包括《测验》《教育杂志》《新教育》《中华教育界》《心理》《中等教育》《教育与职业》《平民教育》《教育与民众》等教育期刊,《国立中央大学日刊》、《科学》、《时报》、《申报》、四大"副刊"等文化期刊报纸都是很好的来源。关于测验的论文也是非常之多,归纳起来主要研究包括五个方面:一是关于我国古代测验历史的研究,如程俊英的《汉魏时代之心理测验》,欧阳定的《智力测验与科举》,张耀翔的《论科举与智力测验》和《中国心理学的发展史略》,等等;二是关于西方测验的发展历史,如廖世承的《智力测验的历史》,左任侠的《法国心理测验略史》,张耀翔的《智力测验缘起》《教育测验缘起》,俞曙方的

---

① 此处采用原书的中英文书名。

《智力测验的早期历史》，王书林的《智力测验之发达史——智力测验之起因》，等等；三是关于测验的专业理论介绍，如陈鹤琴的《一个机遇问题的商榷》，郑大源的《测验的效度与信度》，朱光潜的《智力测验的标准》，史美煊的《教育测验编造法的理论和实际》，刘乃敬的《统计方法对于测验之应用》，赵铁尘的《测验之一般理论》，钱希乃的《麦柯测验编造的 TBCF 制》等；四是关于具体测验的介绍，如艾伟的《小学算术诊断测验》《小学国语默读测验》《语顺测验》《小学高级自然科测验》《初级小学常识测验》，严独鹤的《社会心理测验》，廖世承的《读法测验》，张耀翔的《民意测验》，陈鹤琴的《中小学默读测验》，刘祚孙的《时事测验》，等等；第五是关于大型测验的实施研究报告，如周先庚的《定县七年新法测验考试之实施及结果》《定县平民教育测验统计报告》，艾伟的《五年来英语测验之经过》《中学文白测验结果之比较研究》，等等。

2.对于测验组织的研究和报道

测验运动的发展离不开测验组织，民国倡导测验运动的主要有两大组织，一是高潮期的中华教育改进社，另一个是再兴期的中国测验学会。

关于前者的研究比较系统的有华东师范大学卢浩的硕士学位论文《中华教育改进社——中国近代教育模仿美国的主要推动者》和中山大学何树远的博士学位论文《中华教育改进社与民国教育界（1919—1928）》，这两篇对中华教育改进社的缘起、发展，对测验的提倡都有较深入的研究。特别是后者通过运用大量史料对改进社中的问题进行分析，这为笔者认识分析测验运动进入沉寂期提供了丰富的视角和启发。除此之外，中华教育改进社的《新教育》杂志对改进社的活动都有报道，特别是《新教育》四期年会报告号对历届年会的决议、测验的议案等都有详细的报道，这些为研究高潮期测验运动的发展提供了翔实的材料。

关于中国测验学会的研究，有樊正的《民国时期的中国测验学会》、赵莉如的《中华人民共和国建立前的中国测验学会和中国心理卫生协会》等，同时中国测验学会发行的《测验》杂志和当时的《中华教育界》《教育研究通讯》《浙江教育行政周刊》等杂志对测验学会的组织架构、会员结构、每次年会议案和研究动向等均有详细的报道。

（三）间接涉及"测验运动"的教育史著作、史料和参考文献

历史上任何运动都不是孤立发展的，都离不开社会大背景，测验运动也不例外，所以近代教育史方面的著作、史料及参考文献也是本研究的必备资料。

1.近代宏观教育研究资料

研究近代教育史的资料非常多，其中毛礼锐和沈灌群主编的《中国教育通史》、陈青之的《中国教育史》、孙培青的《中国教育史》、田正平的《中国教育史研究（近代分卷）》、白寿彝的《中国通史》、喻本伐、熊贤君合著的《中国教育发展史》、熊明安的《中华民国教育史》、李华兴的《民国教育史》等研究展示了近代教育发展的全貌，为研究近代测验运动提供了详尽的社会大背景资料。郭齐家的《中国教育思想史》、孙培青、李国钧的《中国教育思想史》、舒新城的《中国教育思想史》、朱永新的《中国教育思想史》、李国钧和王炳照主编的《中国教育制度通史》、王炳照和阎国华主编的《中国教育思想通史》等论著对了解民国期间的教育制度变迁、教育思潮变化、教育人物的贡献等有着提纲挈领的梳理。同时工具性资料如《中国近代教育史资料汇编》《中国近代教育史教学参考资料》《第一次中国教育年鉴》《第二次中国教育年鉴》《中华民国史料》等都对近代教育中的重大政策、事件等进行了阐述，这些都为本研究提供了宏观的方向。

2.近代专题教育研究资料

关于社会变迁的有田正平主编的"中国教育近代化研究丛书""近代教育与社会变迁丛书"，具体包括田正平的《留学生与中国教育近代化》、钱曼倩和金林祥的《中国近代学制比较研究》、周谷平的《近代西方教育理论在中国的传播》、何晓霞和史静寰的《教会学校与中国教育近代化》、王建军的《中国近代教科书发展研究》，这些丛书从不同的角度对中国近代教育的变迁进行了专题性研究，为本研究认识社会变迁提供了丰富的视角和资料。

关于近代教育名家及其著作的有陈学恂总编的"中国近代教育论著丛

书"，瞿葆奎、郑金洲主编的"二十世纪中国教育名著丛编"，董宝良主编的《陶行知教育学说》、《陈鹤琴全集》、《陶行知全集》、《蔡元培全集》，宋恩荣主编的"中国近现代教育家系列研究"，曲士培主编的"中国近现代教育家传记丛书"，文明国主编的"二十世纪名人自述系列"。除此之外还有许多研究当时教育家的学位论文，比如王超的硕士学位论文《张耀翔的教育心理学思想研究》、李秀君的硕士学位论文《廖世承的中学办学实践与思想研究》、刘普的硕士学位论文《廖世承教育思想研究》、王少丽的硕士学位论文《廖世承在东大附中的教育改革研究（1919—1927年）》、李可闻的硕士学位论文《陈鹤琴小学教育研究之探索》、路雪的硕士学位论文《陈鹤琴幼儿教育研究方法探析》、潘小芳的硕士学位论文《艾伟〈阅读心理国语问题〉研究及其对当代语文教育的启示》、赵艳红的硕士学位论文《艾伟的语文学科教学心理实验研究》、房巍的硕士学位论文《俞子夷教育实验活动研究》、唐宇的硕士学位论文《萧孝嵘的人事心理学思想研究》等等，这些研究为我们认识测验专家的思想提供了丰富的资料。

社团和期刊是一个运动必不可少的组成部分，关于教育社团方面的资料有陈元晖主编的《中国近代教育史资料汇编·教育行政机构及教育团体》、张允侯主编的《五四时期的社团》、张伟平的《教育会社与中国教育近代化》，此外《教育大辞典》《中华民国史档案资料汇编》和陈学恂主编的《中国近代教育史教学参考资料》等书中都收有关于民国教育团体的资料。相关的硕博士论文有张伟平的《试论教育社团与我国近代学制的演变》、王章峰的《民国前期教育团体研究》、王巨光的《民国教育社团与民主教育》等，期刊论文有俞子夷的《一九二七年前几个教育团体——回忆简录》、金顺明的《近代中国教育团体的发展历程》、周晔的《教育近代化的积极推动力——中国近代教育学术团体之研究》、艾萍的《现代化进程中的上海近代社团组织》、刘正伟的《江苏省教育会与中华职业教育社》等，这些对于本文中关于测验组织的研究都有很大的参考价值。关于近代教育期刊研究的有田正平和商丽浩的《中国教育期刊的现代化特征》、杨建华的《上海近代教育期刊的历史沿革》、李本友的《〈教育杂志〉与〈中华教育界〉——教育媒体与教育发展的个案研究》等等，这些研究对笔者认识当时运动的宣传力量也有莫大的借鉴价值。

除此之外，还有非常多关于近代教育的专题研究，比如熊明安和周洪宇主编的《中国近现代教育实验史》、田正平主编的《中外教育交流史》、董宝良和周洪宇主编的《中国近现代教育思潮与流派》、章开沅和余子侠主编的"中国著名大学校长书系"等,都为本研究提供了丰富多元的研究视角。

(四)关于"测验运动"的研究理论和方法的材料

测验运动属于社会运动的范畴,研究测验运动需要社会运动方面的知识和理论为其提供更广阔的视野和启示;同时测验运动也是民国教育历史研究的一部分,也需要用到史学的方法。关于前者有西德尼·塔罗著、吴庆宏译的《运动中的力量——社会运动与斗争政治》,查尔斯·蒂利著、胡位钧译的《社会运动,1768—2004》,何修明的《社会运动概论》,赵鼎新的《社会与政治运动学讲义》,艾尔东·莫里斯、卡洛尔·麦克拉吉·缪勒主编的《社会运动理论的前沿领域》,杨悦的《美国社会运动的政治过程》,杰克·A. 戈德斯通主编的《国家、政党与社会运动》,等等。关于后者有钱穆的《中国历史研究法》、梁启超的《中国历史研究法》、王尔敏的《史学方法》、柯林武德的《历史的观念》、杜维运的《史学方法论》、李振宏的《历史学的理论与方法》、黄仁宇的《中国大历史》、杜成宪和邓明言的《教育史学》等等。

虽然这些研究不是直接与测验运动相关,但其介绍的理论和方法为本研究提供了研究思路和具体的方法指导。特别值得一提的是,汪楚雄的博士学位论文《中国新教育运动研究(1912—1931)》运用社会运动理论研究新教育运动,这对本文的研究思路有莫大的启发。

总而言之,从已获得的文献看,虽然"测验运动"作为一个专用名词经常出现在各种论著中,但对其进行系统深入研究的成果目前尚未发现。已有的为数不多的研究也比较集中于民国时期,但这些论著因为发表于测验运动的发展期内,所以在一定程度上难以全面反映整个运动的全貌。而现代学者对这个专题的研究比较少,仅有的研究中大多也是泛泛而谈,缺乏更为具体深入的描述和分析。这些都为本研究的深入提供了无限的可能和空间。

四、研究思路与内容概要

　　测验运动顾名思义是关于测验的运动,但这一运动又不是普通意义上的一种运动,而是一场教育改革运动,涉及面广,更确切一点说,应该是一种社会运动。本书拟借鉴社会运动理论,同时考虑运动的广泛参与性和持续性,从社会变迁、社团组织、报纸杂志对测验的推广和宣传、组织个人编制哪些测验、测验的使用、测验对教育改革的推进等方面来考察测验运动的全貌。其中社会变迁是测验运动的背景,专业的组织和教育期刊是测验运动的主要推动力量,测验的编制、发表和使用则是测验运动的主要内容,对当时教育的影响则是测验运动的结果。任何运动都不是一蹴而就的,都有前期基础和积累,虽然近代测验运动深受西方测验运动的影响,但西方测验运动中的很多理论和方法又借鉴了我国古代的测验思想,所以要完整呈现测验运动的历史,需要从我国古代测验思想谈起。本书主要研究考察近代测验运动的发展历程,研究时间从1915年克莱顿博士在密苏里州立大学教授派耳指导下率先在广州进行测验开始,一直到1937年《测验》杂志停刊,并根据研究的需要在时间上适当地上延和下伸。通过客观描述近代测验运动的发展历程,总结其发展规律,揭示其具有的当代教育意义。

　　本书的内容大致如下:

　　第一章:中外测验发展及对我国近代测验运动的影响。本部分主要研究近代测验运动之前的中国测验思想的萌生与发展,以及西方科学测验的产生和发展。虽然中国古代的测验思想没有直接孕育出近代的测验运动,但西方的很多测验思想和方法可以在其中找到出处。所以,研究中国历代测验思想有着重要的意义。因为这些测验思想基本都隐藏于浩如烟海的文化典籍中,为了便于梳理,本部分研究借鉴了哲学研究中的内容相似论证法,首先论述了测验思想的理论前提——个体差异思想和知人理论,然后从国家测验和民间测验两个层面分别阐述我国历代测验思想的具体内容和方法。对于近代西方科学测验的研究则是按照历史发展时间,从测验理论和实践预备、科学测验出现之前的早期尝试、科学测验的正式兴起和发展三个方面进行梳理和分析。

第二章：测验运动的发轫期。本章梳理和分析了以1915年第一个科学测验法引入为起点的测验运动的产生和发展过程。首先，对测验运动兴起的原因进行探讨，研究发现美国教育改革的影响，民国特有的政治、经济、文化背景，以及组织团体、报刊的兴起共同催生了测验运动。其次，对克莱顿在广州进行的第一个测验进行了介绍，并对前期各大报纸杂志发表的测验文章进行了梳理，研究也发现该时期的宣传主要集中于智力测验和算术测验。再次，介绍了俞子夷编制的中国第一个书法测验，分别从编制的起因，编制的程序和过程、结果和常模等方面进行了阐述。最后，介绍了这期间比较有代表性的组织及其对测验的贡献，这些组织包括东南大学（南京高等师范学校）、东南大学附中、全国教育联合会、中华心理学会、江苏师范附属小学校和中等教育协进社等。

第三章：测验运动的高潮期。本章梳理和分析了1922年到1925年测验运动的发展情况。首先，探讨了测验运动进入高潮的动因，研究发现主要有两个因素，一是中华教育改进社的成立，让测验运动发展有了强有力的组织保障；二是在中华教育改进社的邀请下麦柯尔访华，点燃了中国人对测验的激情和热情。其次，研究了中华教育改进社对测验的提倡和推广，通过分析发现中华教育改进社拥有强大的组织号召力，让测验界南北学者抛下门户之争倾力合作，同时中华教育改进社的四次年会都有关于测验的议案。再次，对该时期的测验及测验结果解释进行了阐述。研究发现在中华教育改进社的极力倡导下，测验运动迅速进入高潮，短时间内编制了大量的测验，这些测验不仅编制科学，而且基本求出常模，在分数解释上也统一用了当时最科学的TBCF制。因为TBCF制是理解该时期标准测验的关键，所以本研究特别进行了阐述。最后，对1924年利用测验进行的大规模全国教育调查进行了梳理和分析，分别从测验调查的目的、测验的准备、测验的具体实施、结果分析及影响五个方面再现了这段历史，同时对该时期的测验宣传和人才培养情况做了研究和阐述。

第四章：测验运动的高原期。本章梳理和分析了1926年到1930年测验运动的发展情况。测验运动在短时间内步入高原期，其中除了时局的变化，还有其他的因素。研究表明，中华教育改进社的式微以及东南大学的由盛变衰是导致测验运动进入高原期的主要原因。总的说来,该时期的测验运动是停滞不前的,但也有小范围的测验调查可圈可点。这些调查既有政府部门提倡的,也有民间团体发起的。前者主要有江西省儿童智力测验局、上海市教育局和国民政府中央训练部,后者有中华教育文化基金董事会和中华平民教育促进会。

第五章:测验运动的再兴期。首先,从政治、经济、文化教育三个方面探讨了测验运动再兴的原因。测验运动能够再兴在很大程度上得益于1931年中国测验学会的成立,本研究按照时间顺序描述了测验学会的筹备和发展历程,特别对《测验》杂志和三次年会进行了重点阐述。因为忽视理论研究是测验运动前期的主要弊病,所以这个阶段的测验活动集中在理论研究上,这也是本章研究的重点之一。这部分除了介绍主要的测验研究机构外,还分别从测验基本理论、测验质量特性、猜测概率和记分方式四个方面对当时的理论研究进行了梳理和阐述,同时对该阶段的测验编制和宣传也做了阐述。其次,以著名测验学家艾伟为例,阐述了测验学者们对测验运动的贡献,具体包括艾伟的英语测验、国文测验和小学各科测验的编制和调查。

第六章:测验运动的衰落与评价。本章首先介绍了衰落期的测验发展,包括战时的中国测验学会在当时恶劣环境下为测验发展所做的努力以及军事测验的编制和应用。测验运动的评价回顾了测验运动的演进历程,对测验运动中存在的问题进行总结,并对造成这些问题的原因进行了深入分析。其次总结了测验运动对近代教育改革的影响,主要体现在四个方面:促进了国人教育观念的转变,加快了教育现代化发展进程;提供了客观准确的数据,引导教育改革朝正确方向发展;催生了新法考试,推动现代会考制度的建立;创建了测验学科,使测验成为师范教育的必修课程。

第七章:测验运动的当代意义。尽管时代不同,但测验运动过程中遇到的问题和当下教育中的问题有许多相似之处,主要表现在教育国际化与本土化的和谐发展,科学主义研究范式与人文主义研究范式的融合。本部分主要以史为鉴,挖掘测验运动中的经验和教训,以期为当下教育发展提供借鉴。

第一章 中外测验发展及对我国近代测验运动的影响

列宁曾经说过"……最重要的就是不忘记基本的历史联系,考察每个问题都要看某种现象在历史上怎样产生、在发展中经过了哪些主要阶段,并根据它的这种发展去考察这一事物现在是怎样的。"[①]历史上任何的学术都不是无根之木、无源之水,或直接或间接,或多或少,都会受前人遗留下的学说影响,都有其丰富的思想起源。测验运动也不可能是一蹴而就的,近代测验虽然源自西方,但西方测验中的很多理论和方法又借鉴我国古代的测验思想。所以研究民国测验运动历史,首先要回溯中国古代的测验思想及西方近代的测验发展。

一、中国古代测验思想及影响

随着国家对教育实证研究的大力提倡,体现其科学性的重要研究工具——测验也得以广泛应用。尽管测验不是教育实证研究的唯一手段,但其运用的是数学语言和数字形式,能充分揭示研究对象的隐蔽性,其操作过程更是将实验、数量关系与数学推导完美地融为一体,因此测验几乎等同于"科学"教育研究而备受青睐。真正具有科学意义的测验是随着近代科学的发展而产

---

① 中共中央马克思恩格斯列宁斯大林著作编译局.列宁选集:第 4 卷[M].北京:人民出版社,2012:26.

生的,对我们来说是名副其实的"舶来品",但从测验发展的历史看,作为群居生物的人类从原始时代就开始社交,有了交往就会有研究人心理活动的兴趣和需求,也就有了测验思想。作为世界四大文明古国之一的中国拥有着悠久的历史和灿烂的文化,虽没有直接创造出现代意义上的所谓测验,但瀚如烟海的文化典籍中蕴含着丰富的测验思想,其研究不仅是最早的,也是最丰富的,对西方测验的产生和发展有着深远的影响。研究这段历史不仅对当下教育实证研究发展有着重要启示,而且有助于弘扬中华优秀传统文化,提升文化自信。

(一)古代测验思想的理论前提:个体差异理论和知人理论

肯定人的差异性和可测性是测验思想产生的前提。我国文化典籍中的教育思想丰富,有着世界最早的个体差异理论,还有体现中华民族思维特征的知人理论,不仅在时间上领先于西方国家,而且在研究的深度和广度上也居于世界领先水平。

1.蕴含中国古老智慧的个体差异理论

现代心理学认为测验思想的产生首先是要肯定人的差异性,换句话说,就是测验思想的产生源于对人的差异性的研究。"西方心理测验的理论依据是人差方程式,即后来的个别差异理论。"[①]西方测验史上最早的人体差异研究始于天文学的研究。据资料记载,18世纪末格林尼治天文台的天文学家偶然发现其助手观察星体通过天文望远镜的时间总是比其慢,从而揭开了个体差异研究的序幕。对比而言,我国早在春秋时期就有了关于个体差异研究的记载,不仅有单一心理特质的研究,还有整体差异的研究。

单一心理特质的研究主要包括性格和智力差异研究。关于性格差异,孔子最早提出"不得中行而与之,必也狂狷乎!狂者进取,狷者有所不为也"(《论语·子路》)。这一分类方式与瑞士现代心理学家荣格的"外倾、中间、内倾"性

---

① 燕良轼.中国古代心理测验及其特色与价值[J].心理科学,1999(2):132.

格的分类方式极其相似,但比其早了几千年。荀子则按照性格把人分为小人和君子两种类型,"君子能则人荣学焉,不能则人乐告之;小人能则人贱学焉,不能则人羞告之。是君子、小人之分也"(《荀子·不苟篇》)。《淮南子》一书更进一步阐述,曰"且夫身正性善,发愤而成仁,帽凭而为义,性命可说,不待学问而合于道者,尧、舜、文王也;沉湎耽荒,不可教以道,不可喻以德,严父弗能正,贤师不能化者,丹朱、商均也……夫上不及尧舜,下不及商均,美不及西施,恶不若嫫母"。宋代张栻则提出"谦而不持重者,失于轻豫;而不警戒者,失于怠也"(《南轩易说》卷五)。除了论述性格的差异,古人还主张依据性格实施不同的教育,比如朱熹主张"狂者,志极高而行不掩。狷者,知未及而守有余。盖圣人本欲得中道之人而教之,然既不可得,而徒得谨厚之人,则未必能自振拔而有为也。故不若得此狂狷之人,犹可因其志节,而激厉裁抑之以进于道,非与其终于此而已也"(《四书章句集注·论语卷七》)。

关于智力差异,孔子最先提出"唯上智与下愚不移"(《论语·阳货》),《论语·雍也》中又提出"中人以上,可以语上也;中人以下,不可以语上也"。这一分类方法与现代测验理论中的"智力超常、正常、低常"标准可以说完全一致,著名测量学家艾森克(Eysenck)就把"差异和分类"思想归功于孔子的这一论述。《吕氏春秋》对智力差异也有详细论述,《先识览·知接》中提出"人之目,以照见之也……智者,其所能接远也;愚者,其所能接近也",《似顺论·别类》提出"小智,非大智之类也",《仲冬纪·长见》又提出"智所以相过,以其长见与短见也"。宋代张载则进一步提出"上智下愚不移。充其德性,则为上智。安于见闻,则为下愚。不移者,安于所执而不移也"(《张子语录》卷上)。大思想家朱熹不仅论述了智力差异,而且提出了因"智"施教,"大抵为学虽有聪明之资,必须做迟钝工夫,始得。既是迟钝之资,却做聪明底样工夫,如何得"(《朱子语类》卷八)。

与西方只停留在对单一特征差异的认识不同,古人还特别重视对人整体差异的研究,这可以说是世界上最有特色的差异研究。《灵枢·通天篇》就把人分为"太阴之人、少阴之人、太阳之人、少阳之人、阴阳和平之人"。东汉的王充在《论衡·超奇》中综合人的特征把人分为鸿儒、文人、通人、儒生和文吏五类,明代的李贽则把人分为鸟兽草木、楼台殿阁、芝草瑞兰、杉松栝柏、布帛菽粟、千里八百、江淮河海、日月星辰八种类型(《焚书》卷四《八物》)。对人的整体差异研究最专业最具有影响力的当属三国时期的刘劭,他在其著作《人物志》中从不同角度把人分成不同类型,其中以才能为主要标准分为十二种类型,分别是清节家、法家、术家、国体、器能、臧否、伎俩、智意、文章、儒学、口辨和雄杰(《人物志·材理》);以形体为主要标准,分为弘毅、文理、贞固、勇敢和通微五种类型;以性格为主要标准,分为刚略之人、抗厉之人、坚劲之人、辩给之人、浮沉之人、浅解之人、宽恕之人、温柔之人和好奇之人九种类型;以"中庸之德"为主要标准又分为十二种类型,分别是强毅之人、柔顺之人、雄悍之人、惧慎之人、凌楷之人、辨博之人、弘普之人、狷介之人、休动之人、沉静之人、朴露之人和韬谲之人(《人物志·体别》)。这种对人整体差异的分析可以说是多标准多视角,甚至有学者认为这就是多元智力理论的开始。美国学者施罗克(Schrock)更是在1937年将其译为《人类能力研究》一书介绍到西方,这是我国古代唯一的一本被介绍到西方的心理研究著作,在当时被广泛关注。

2.辩证创新的知人理论

除了认识人的差异性,肯定人的可测性也是测验思想产生的重要前提。古人不仅能从不同视角论证人的差异性,而且还以其为基础,创造出内涵丰富的知人理论。这些理论既体现了古人创新超前的智慧,又展示了中国人特有的辩证思维。

首先,古人认为人心难测。"知人知面不知心""人心叵测"这些中国人几乎能脱口而出的俗语就是对其的一种很好诠释。从测量发展看,人的测量借鉴于物理测量,和自然界的对象相比,人不容易被认识,这一点古人是相当清醒的,历朝历代都有阐述。比如《庄子》载"孔子曰,凡人心险于山川,难于知天;天犹有春秋冬夏旦暮之期,人者厚貌深情。故有貌愿而益,有长若不肖,有顺懁而达者,有坚而缦,有缓而釬。故其就义若渴者,其去义若热"(《庄子·杂篇·列御寇》),《礼记·礼运》同样也记述"人藏其心,不可测度也"。三国时期的诸葛亮提出"夫知人之性,莫难察焉",南朝刘勰在《刘子·心隐篇》中提出"其藏情隐行,未易测也",明清时的思想家唐甄在《潜书·任相》中也指出"人不易知",这些都充分体现了古人从一开始就意识到人与物在测量方面有着本质不同,人的认识问题从来就不是简单的问题。

其次,人心虽难测但可测。难认识并不意味着不能认识,承认人心难测同时又对人的认识问题进行积极探索,这是中华民族特有的辩证智慧。早在商周时期人们就采用占卦的形式预测祸福生死,《周易》中就有很多记述,虽然带有某种神秘色彩,但不失为一种积极的探索。后来的许多看法都肯定了人的可测性,比如《诗经·小雅·巧言》中就有"他人有心,予忖度之"的论述;汉代的王充提出了"然则贤者竟不可知乎?曰:易知也"(《论衡·定贤》)。在所有论述中比较有代表性的当属孟子提出的"权,然后知轻重;度,然后知长短。物皆然,心为甚"(《孟子·梁惠王上》)。这里的权、度就是我们现在的所谓测量,这句话的意思就是既然物能测量,那么人心也可以测量。众所周知,现代测量学中有两句名言,一是测验鼻祖桑代克提出的"凡是存在的都是有数量的",另一句是近现代测验专家麦柯尔提出的"凡是有数量的均可以测量"。孟子的表述相当于把这两句经典测验名言整合到一起,还比他们早了几千年,在科学并不发达的中国古代,能把自然科学中对物的测量类推到人文社会科学中对人的测量,可以说是测验思想史上的一大贡献。现代心理学家林传鼎教授曾高度评价孟子的这一表述,他认为"这句话预先表达了早期心理学测验的一些理论,它既说明了个别差异测量的可能性,也说明了测量的必要性"。①

(二)古代测验思想的理论:测验内容与测验误差

如果说人心不同但可测是测验思想产生的前提,那么测什么、怎样准确测量则是测验思想的核心内容,古人对此也进行了深入研究。

1.关于测验内容的研究

古人认为人心是可以通过外显行为加以测量的。大思想家孔子指出研究人可以"听其言而观其行"(《论语·公冶长》),即人心是可以通过言语和行动展示的,研究这两种外显行为可以认识人。《论语·为政》中他进一步提出"视其所以,观其所由,察其所安"。《礼记·礼运》中也表达了这一思想,"人藏其心……欲一以穷之,舍礼何以哉",即人心是深藏于内,要想深入研究他人之心,可以

---

① 章竞思,王晓霞.中国古代心理测量学思想发展综述[J].当代教育论坛,2005(9):63.

从被测者日常礼仪行为表现入手。汉代王充在《论衡·定贤》中也认为言语是人心的外显指标,曰"何以观心?必以言。有善心,则有善言。以言而察行,有善言则有善行矣"。南朝刘勰则认为外显的行为除了语言行为还有表情,他提出"以声色观人性,以机难观人智"(《刘子·心隐》),三国时期刘劭的研究则更为具体,他认为要根据被测者的体别和行动来研究人的内心活动,为此在其著作《人物志》中特别提出了"九征",所谓九征就是人的九个外部表现,具体包括"神、精、筋、骨、气、色、仪、容和言"。到了明清时期,人们认为除了外部表现还可以通过办事效果来测验人,唐甄在《潜书·任相》中就提出"人不易知,功则不可掩",即做事情的实际效果可以用来测量人心。

2.关于测验误差的探讨

误差是测验不可或缺的组成部分,控制误差提高测验的信效度一直是测验理论的重点和难点。古人对这个难题也有深入的研究。

首先,古人认为误差是不可避免的。《淮南子·说林训》论及这个问题时指出"水虽平,必有波;衡虽正,必有差;尺寸虽齐,必有诡",意思是水面纵然平静,还是有波纹存在;衡器虽然平正,还是有误差的;尺寸虽然对齐,读数也不可能与其一致。即只要有测量,误差就是不可避免的。除了笼统的表述,对人心测验的误差古人也做了专门的分析和研究。大思想家孔子最早注意并研究这一问题,他提出人具有"色厉而内荏"(《论语·阳货》)、"匿怨而友其人"(《论语·公冶长》)的特征,实际表现中常常会出现"有德者必有言,有言者不必有德。仁者必有勇,勇者不必有仁"。诸葛亮也认为人"美恶既殊,情貌不一,有温良而为盗者,有外恭而内欺者,有外勇而内怯者,有尽力而不忠者"(《心书·知人性第三》),即被测者的外显行为特征和心理属性很难一致,误差是不可避免的。三国时期的刘劭则进一步把这些误差进行了归纳,提出了"七似",其代表性著作《人物志》更详细阐述了七个误差,"有漫谈陈说,似有流行者。有理少多端,似若博意者。有回说合意,似若赞解者。有处后持长,从众所安,似能听断者。有避难不应,似若有余,而实不知者。有慕通口解,似悦而不怿者。有因胜情失,穷而称妙,跌则掎跖,实求而解,似理不可屈者。凡此七似,众人之所惑也"(《人物志·材理》)。

其次,要控制测验误差。古人认为减少误差就要选择合适的工具,同时还要遵守测验法则。《淮南子·说山训》云"越人学远射,参天而发,适在五步之内,不易仪也。世已变矣,而守其故,譬犹越人之射也",意思是说用射高之仪器去射远必然出现误差,这里特别强调了选择正确的测验工具的重要性。《荀子·正名篇》中提出"衡不正,则重悬于仰",即衡器没有调整到平衡状态就去测量必然出现误差。《慎子·逸文》中也提到"厝钧石,使禹察锱铢之重,则不识也。悬于权衡,则牦发之不可差,则不待禹之智,中人之知,莫不足以识之矣"。这些都强调了选择正确的测量工具的重要性。工具合适固然重要,但由于评价者自身的知识和素质不同也会导致施测和结果分析中出现误差,所以遵守测验规则显得尤为重要。《淮南子·说林训》中非常明确地提出"非规矩不能定方圆,非准绳不能正曲直;用规矩准绳者,亦有规矩准绳焉",即标准的重要性。为避免实际操作中评价者对评价标准解读不同而造成误差,古人又提出了"同时参验,庶无差忒"。《人物志》对此的研究比较有代表性,曰"何谓难知之难?人物精微,能神而明,其道甚难,固难知之难也。是以众人之察不能尽备,故各自立度,以相观采"(《人物志·效难第十一》),也就是取评价者的平均值以提高测验的准确性。

从上述分析可以看出,古人对人的认识是相对客观的,既不盲目乐观也不悲观失望,肯定人心难测但又证明人心可测,肯定了测验的必要性,又对知人之道进行了有益的探索。特别是对测验存在误差这一事实的认识,既有创新性又有超前性。这些都是古代测验思想的精华所在,值得我们进一步挖掘和研究。

(三)古代测验方法与工具

如果从设计选拔人才的角度看,古代的测验大体可分为两大类:第一类是相对正式的测验,往往由国家层面来组织研究,类似于我们今天的高利害选拔测试;另一类是相对没有那么正式的测验,不是以为国家输送人才为主,常常是集中民间的智慧。前者比较偏重整体的感悟和理解,设计相对综合,考核的是对整个人的认识;后者相对分散,考核的内容多为智力、动作、人格、能力、学业等一种或几种,评价的方法方式也根据考核部分的特点来设计。

1.综合能力测验的内容和方法

古代测验思想的发展与国家的人才选拔是密不可分的。古代综合能力测验考核的主要是人的才性,所谓才性就是人的才能和性格,相当于今天的素质,既包括先天的也包括后天习得的,从教育心理思想的角度看,具体包括才质、才智、才能、知识、技能等。性是古代绕不过去的一个话题,性习论在古代特别的流行,性实指的就是本质、德性、性格、气质等。

早在原始社会我国就出现了对人的综合评价的测验。《尚书·舜典》就记载:"(帝尧令舜)慎徽五典,五典克从;纳于百揆,百揆时叙;宾于四门,四门穆穆;纳于大麓,烈风雷雨弗迷。帝曰:'格!汝舜。询事考言,乃言底可绩,三载,汝陟帝位。'"这段话记载的就是尧为考察舜而设计的迷津测验。现代测验理论认为迷津测验是智力测验中重要的一种,但我国古代的这个迷津测验设计不仅考核了智力,还考核了情感、能力、品格等多种品质,并且这个测验的效度还是非常高的。后来的事实也证明舜的确没有辜负尧的厚望,在各方面都表现出了非常强的能力和才干。我国现代著名心理学家张耀翔对这一测验的评价也是非常之高,他说:"这分明是一个迷津测验,一个以人做被试的大规模迷津测验,它是一切测验的开始。"[①]关于人的迷津测验比较巧妙的还有诸葛亮的八阵图,《三国志·蜀书·诸葛亮传》记载"(亮)推演兵法作八阵图"。八阵图原是蜀将练兵作战时用的,其设计是让人在阵里面行走,只有找到正确的路线才能走出来,否则会被困在里面。这是一种典型的迷津测验,不仅仅考核被试者的注意力、反应力、观察力和记忆力,更能考核被试者在此过程中的情绪、意志和品格。所以,我国古代的迷津测验是一种考核人的综合能力的测验。

奴隶社会、封建社会对人的综合评价比较有系统性的是国家在选拔人才时使用的测验方法。西周时期人才选拔与学校教育几乎是合成一体的,当时的学校已经建立了一套分年考试的制度,比如第一年考核学生对学科的兴趣,第二年考核学生对学业的专心程度以及与同学相处是否和睦,第三年考核学生学业的广博程度及对教师是否尊敬,第七年考核学生对学业是否有独特见解及交友选择的能力,第九年考核学生的学习迁移能力和理想。这明显是才

---

① 张耀翔.心理学文集[M].上海:上海人民出版社,1983:63.

性的综合考核。到了汉朝选拔人才实行察举制,就具体的考核内容看,"贤良方正"策于天子,"孝廉茂才"策于州郡。南北朝又出现中正制,魏晋时则各州郡设置"中正",专门考核管辖地的百姓,把被考核对象分为九等,至于考核的标准则依据乡里的毁誉与经济才能。之后隋朝创立了科举制,从此之后科举制被历朝历代予以保留并不断发展直到清朝,一直是国家选拔人才的主要形式和方法。从考评制度发展历史可以看出,国家选拔人才的标准经历了一个从经验性考评到相对客观考评的转变。科举之前基本上以举荐为主,考试为辅,隋唐以后一直到清末,科举制度通行,考试为主,举荐为辅,人才"一切以程文定去留",选士登庸,悉依考试结果为准绳。

关于测验的方法,科举未盛行前,评价一个人考核的主要内容是性,犹以德为主,做出正确评价主要靠长期的观察。古代的观察法有两种,直接观察和间接观察。直接观察就是对被评价者本人的观察,观察的不仅是语言,还有行为,"始吾于人也,听其言而信其行;今吾于人也,听其言而观其行。于予与改是"(《论语·公冶长》),只有言行结合才能做出更接近真实的判断。直接观察的具体方法就是"视其所以,观其所由,察其所安"(《论语·为政》),要观察了解被考察人为什么这样做,就要考察其言行的动机和效果,这样才有可能洞察人内心的秘密,才能对此人的德才面貌有比较清楚的认识,而不会因囿于一时一事的片面观察得出错误的结论。除此之外,古人还会基于不同的时间空间,用发展的眼光观察评价人,比如《大戴礼记·文王观人》评价人时提出过"其少观其恭敬好学而能悌也,其壮观其洁廉务行而胜其私也,其老观其思慎,强其所不足而不逾也。父子之间观其孝慈也,兄弟之间观其和友也,君臣之间观其忠惠也",即对处于不同阶段的个体,其考核的内容应有所区别,对不同社会角色,其考核标准也要有所不同。虽然直接观察法中评价者本身带有一定的主观色彩,但如果能多方面多层次多角度地考虑被观察者,其结果相对公正。

为了避免直接观察的主观性,古人还提倡以间接观察作为必要的补充。所谓间接观察就是通过观察一个人所交的朋友或与其朝夕相处的亲人的言行来类推这个人的能力和品德。现代心理学就认为人大多喜欢和与自己德才相近的人交朋友,所以通过朋友或者其亲近的人可以间接地了解这个人。难能可贵的是,中国古代就已经意识到这个问题,"近朱者赤,近墨者黑""物以类聚,人以群分"等古代的名言警句就是这一思想的充分体现。间接观察法历代学者都有详细的论述。管仲说"观其交游,则其贤不肖可察"(《管子·权修》)。孟子说"一乡之善士,斯友一乡之善士;一国之善士,斯友一国之善士;天下之善士,斯友天下之善士"(《孟子·万章章句下》)。荀子说"君人者不可以不慎取臣,匹夫者不可以不慎取友。友者,所以相有也。道不同,何以相有也……夫类之相从也,如此之著也,以友观人,焉所疑?取友善人,不可不慎,是德之基也"(《荀子·大略》)。明清之际的思想家唐甄也提出"友不知友者,无所试其友;父不知子者,无所试其子;兄不知弟者,无所试其弟;不自知者,无所自试"(《潜书·用贤》)。《吕氏春秋》更是把间接观察法的对象进一步扩大,提出"内则用六戚四隐",这里的六戚指父母兄弟妻子,四隐指交友、旧故、邑里、门郭。不仅仅是朋友,被观察者的亲戚等人的言行都可以观察,这些也符合现代心理学的观点。因为人的特性除了后天习得,还有先天遗传,且人总是乐于跟态度、价值观、兴趣、背景、才能诸方面与自己相似的人相处,因而观察一个人的朋友、父母、亲戚、学生等亲近之人可以间接了解其人。

科举之后经验性的考核被可具体量化的知识性考核替代,这时评价人主要以智识为主,考核方法主要是考试。考试本身就是一种广义的测验,关于科举考试研究者众多。在漫长的1300年科举历史中,虽然科举形式几经变化,但《诗》《书》《周礼》《礼记》《易》《春秋》《孟子》《论语》《大学》《中庸》等儒家经典以及诗赋等一直都是科举考试稳定不变的考核内容,考核的是人的知识及其对知识的运用技能。具体包括贴经、墨义、诗赋、杂文、经义和策论等多种题型。其中的贴经是将儒家经典语句给出,然后掩其两端,中间开一行,再裁纸贴三字,让考生说出或写出这三个字,这种题目类似于现代考试中的填空题,主要考核的是人的知识记忆能力;墨义是取儒家经典中的句子让考生对答,或要求其对答本句含义或对答下一句,再或者要求其对答注疏,类似今日的名词解释或简单问答题,这种考核方式考的是人的记忆力,同时还考核了人的理解力;诗赋是选儒家经典中的主题思想、前人的诗句或景物为题,规定韵脚,让考生按声韵、格律要求作诗写赋,类似今日的命题作文;杂文是以封建官吏所常用的篇、表、论、赞等为体裁,让考生作文,类似今天的应用文写作;经义则是以儒家经典一段、一句或不同章节同一主题的句子为题,让考生阐述自己的理解和认识,类似今日的读后感;策论是要求考生针对某社会问题发表意见,并提出解决措施的一种写作文体,类似于今天的议论文。① 从题型看,既有客观性题目又有主观性题目,二者相互补充,比较全面地考核人的综合能力。从考核目标看,前两种考核的是人的记忆力和理解能力,后三种实际考核的是人的运用能力和创造能力,也比较全面综合。表面上看,科举考的是人的记忆、理解、想象等知识能力方面的内容,但实际也有对品格、毅力等非智力因素的考核,因为科举这种经过层层选拔、耗时几个日夜的考试在一定程度上也体现了考生"坚持把每场从头到尾考完的顽强作风"。②

2.单一能力或多能力测验的内容和方法

综合能力测验因为担负选拔人才的重任,所以不论形式还是内容都相对比较稳定,而非综合能力测验由于不带有那么多功利性,反而可以有更多的探索和创新。归纳起来主要有下面几种方法:

(1)情境测验法

情境测验法是中国古代考察人的一种常见方法,通过设置一定的情境(即控制某种条件)来观察测定人的心理行为,具体包括单一情境测验和多情境测验两种。

单一情境测验法主要是通过一问一答的形式来鉴定人的心理和行为品质,既可以采用有意识的语言诱导,也可以采用书面纸笔等形式。关于前者,诸葛亮在《心书·知人性》中提出了三种诱导法,即"醉之、临之、期之"。宋代王安石提出"欲审知其德,问以行;欲审知其才,问以言"(《临川先生文集》),王守仁则主张询问弟子日常行为表现来鉴定他们的品行。关于后者,中国传统文化中可以说是处处可见,比如中国人耳熟能详的对对联、猜字谜等都属于这一类测验。

相对单一情境测验,多情境测验则更为复杂,多采用"测"和"试"的方式,历代学者对此都有研究。比如庄子的"九征法"、《吕氏春秋》中的"八观六验"、诸葛亮的"七观法"、李翱的"三观法"都属于这一类测验。以刘劭提出的"八观法"为例,"一曰观其夺救,以明间杂。二曰观其感变,以审常度。三曰观其志

---

① 张艳.科举考试对当今语文评价体系的影响[D].上海:华中师范大学,2007:9-10.
② 易灿辉.古今语文考试比较研究:科举考试对语文高考的启示[D].昆明:云南师范大学,2006:21.

质,以知其名。四曰观其所由,以辨依似。五曰观其爱敬,以知通塞。六曰观其情机,以辨恕惑。七曰观其所短,以知所长。八曰观其聪明,以知所达"。这里的"八观"其实就是人为制造出来的八种情境,根据被评价者在这些特定情境中的反应做出判断。

不论是单一情境测验法还是多情境测验法,都是创造具体情境诱发平日观察状态下不易展示的心理特征和表现,明显带有实验的性质,民国学者程俊英曾高度称赞说这种带有实验性质的鉴定是真正测验的开始。相对于测验中常见的智力、学业等测验,情境测验侧重于考察人的情绪和品性,属于测验中比较难认识的特质测验,中国古代不仅很早就有了这方面的研究,而且成果颇丰,难能可贵。

(2)心理和感觉实验测验法

从测验发展史看,近代科学测验理论主要建立在实验基础上,虽然古代中国没有近代意义上所谓实验,但类似的实验却古而有之,不仅有心理实验,还有视觉、听觉、色觉等感觉实验,充分体现了古人朴素的科学探索精神。

以最著名的分心测验为例,众所周知西方最早的分心测验产生于17世纪末,当时让人一边口述熟悉的诗一边默写另一首熟悉的诗。而我国早在春秋战国时期就有了设计极其相似的实验。韩非子首先提出"左手画圆,右手画方"的问题,比"西方的分心实验要早2000年"。[①]汉代董仲舒进一步承袭和研究提出"目不能二视,耳不能二听,手不能二事,一手画圆,一手画方,莫能成"。之后王充的《论衡·书解篇》、刘昼的《新论》、王守仁的《传习录》中都录入了此实验。

错觉实验方面,荀子提出"厌目而视者,视一以为两;掩耳而听者,听漠漠而以为哅哅",王充更是专门设计了两个实验,一是三丈竹竿在屋内直立与斜靠的效验,一是人坐堂中另一个人在屋上行走的效验,根据"日中光明故小,其出入时光暗故大"得出"日中为近,出入为远"。色觉实验方面,清代郑复光通过科学研究在其著作《镜镜詅痴》中提出了基本颜色、各种混合色的组合、光照强度与颜色明度的关系和变化等理论。

古人的这些心理和感觉实验在施测中均控制了条件,与现代实验设计思

[①] 杨鑫辉.心理学通史:第1卷[M].济南:山东教育出版社,2003:7.

路基本一致,在科学尚不发达的古代能进行这样的探索研究,充分体现了中国人的智慧和科学探索精神。

(3) 人格测验

相对于智力和感觉测验,人格更抽象、更难以量化和测量,所以人格测验在西方测验史上出现得较晚。现代意义上的人格测验主要有自陈量表法和投射测验法两种方法,相对于前者,投射测验更难设计。所谓投射测验,就是通过活动产品对人的人格特性进行分析。与西方重视符号不同,我国更重视形字。而书法、诗画都是中国传统文化的重要组成部分,又都是活动产品,从这个角度看,我国古代不仅有人格测验,而且有着西方国家不能比拟的研究优势。因为"丹青达意、笔墨传神"一贯是中国人的主张,古人认为"书法诗画"均可以反映出一个人的性格特征。比如西汉扬雄就主张"书,心画也",认为书法能反映出一个人的个性与气质,是用线条表达心理状态的一种测验。清代学者刘熙载也提出"书,如也,如其学,如其才,如其志,总之曰如其人而已"。的确人的心理可以从笔端显露出来,谨厚之人其字多端庄,轻率之人其字多潦草。

除了书法,诗画也是古人用来判断人格的一种工具,论述也颇多。比如唐代孙过庭的《书谱》、明代项穆的《书法雅言》以及清代刘熙载的《艺概》等,从不同的角度做了理论探讨。"字如其人""画如其人""文如其人",从古人的这些论述中我们也可以看出中国古代能意识到用字画来鉴定书写者的人格,在一定意义上可以说就是现代投射测验的雏形。

(4) 测验工具

除了上述测验法外,古人还发明了许多独具匠心、寓测于乐的测验工具,这些工具既有图标和文字的,也有实物和器械的。比如古代最流行的博弈,不仅能考核人的运筹思考能力,而且能考核人的耐力和毅力。流行于唐宋的"叶子戏"、宋代黄长睿的"燕几图"、清朝童叶庚的"益智图"等也都是古人考核智力和综合能力的工具。以由上述工具演变而成的七巧板为例:"将七巧板增加为十五块,合则成为一方,散则可以拼排各种文字、事物等图形",从古人对其使用的详细描述也可以看出,这是一种典型的非文字形板测验。

此外,源自古代至今仍流行的华容道、对对子、猜灯谜等都是古人发明的考核智力和综合能力的测验工具。除了测验,古代还有类似的测验量表,比如江南民间的"抓周"习俗,"儿生一期,为制新衣,盥浴装饰,男则用弓矢纸笔,女则刀尺针缕,并加饮食之物,及珍宝服玩,置之儿前,观其发意所取,以验贪廉愚智,名之为试儿"。虽然以动作判断性格贪廉并无科学依据,但以此来判断儿童的大脑发展是科学的,林传鼎教授就高度评价说:"这种针对婴儿期感觉—运动发展的特点,以实物为材料的近似标准化的测试方法,可以说是1925年才有的格赛尔(A. Gesell)婴儿发展量表的前导。"与西方测验工具相比,我国古代的这些测验工具更具有游戏娱乐色彩,不仅操作简单,可推广性强,而且能让人在玩乐中不自觉地展示其真实的反应能力和智力水平。

(四)古代测验思想的影响与意义

如果以现代测验标准看,我国古代的确没有所谓测验,但作为思想却是历史悠久、充满智慧的,不仅属于中国更属于世界。尤其是那些具有超文化性的思想与方法,需要我们充分挖掘和进一步发扬光大,与全世界共享。

1.古代测验思想的影响

首先测验测量起源于我国古代毋庸置疑。著名学者邓嗣禹先生在整理了七十多种关于中国古代科举制度的专著和论文(1570年和1870年之间的英语版本)后,就曾明确表示说:"西欧国家的考试制度源于对中国的科举考试制度的借鉴。"[①] 戴忠恒通过研究也指出"我国的古代考试制度是现代心理测量的渊源,任何《心理测量年表》都以此为开端"。[②] 学者程家福等也认为"中国的这种科举考试被公认是心理测量的三大来源之一"。[③]

测验思想起源于中国不仅是中国学者们研究的结论,也是西方学者们所公认的。比如美国心理学家斯道瑞(L. Sdorow)在1990年出版的 *Psychology The Instruction* 一书中就明确指出"心理测量的起源,可追溯到

---

① 刘芳.科举考试与雅思考试之比较[D].石家庄:河北师范大学,2013:11-12.
② 戴忠恒.心理与教育测量[M].上海:华东师范大学出版社,1987:1.
③ 程家福,王仁富,武恒.简论我国心理测量的历史、现状与趋势[J].合肥工业大学学报(社会科学版),2001,15(增刊):103.

公元前 2200 年的中国,因那时的中国人已用它们来选拔优秀人才以充当公务员"。① 著名的心理测量学家艾森克(Eysenck)明确把"差异和分类"思想溯源至孔子的理论。② 被著名的心理学家伍德沃斯(Woodworth)誉为"中国式的迷津"的连环测验"于 20 世纪 20 年代被美国哥伦比亚大学心理学教授鲁格尔(Ruger)采纳入他的心理实验内,并将实验结果著为一书,名《中国连环的解说》(*The Chinese Ring Puzzles*),研究学习心理者无不参考"。③

除了直接的溯源,西方近代很多测验与我国古代测验也有着千丝万缕的联系。民国著名测验专家张耀翔先生研究后就指出,"(分心测验)已被弗朗兹、高尔顿等人采纳入他们的实验内","西洋流行的形板测验是由中国七巧板、益智图脱胎出来的","西洋实用心理学既有采用中国材料的例证,则尧的实验,或诸葛武侯推演兵法用的'八阵图',自我国留学生或到过我国的西洋学者,递相传述,演成现代迷津测验,也是可能的事"。④

中华文化历史悠久博大精深,就测验思想而言,一个最显著的特点就是精于整体思维。我们知道西方测量中最受人诟病的问题就是很难对人进行整体研究,特别是在教育研究中,研究对象往往是整体大于部分。正如大思想家罗素所说"我们(西方)的文明的显著长处在于科学的方法,中国文明的长处则在于对人生归宿的合理解释"。⑤ 相对于西方,中国人擅长整体思维,所以古代测验往往都以测量人的高级复杂心理为己任,这与教育研究的本质是高度契合的,而且西方一直难有突破性进展的人格、情绪等测验在我国古代也有很好的研究。民国时期著名测验学家张耀翔就总结说:"西洋测验家只知在运动、感觉、记忆等简单特性上做测验。他们认为情绪测验很困难,品性测验更谈不到……中国自始即认情绪及品性测验为可能,且最需要……当然不能像测验知能那样限定时间,草率从事。这正是中国提议的测验切实处。"⑥ 古代的测

---

① 郑红.中国古代智力测验的方法与启示[J].南京航空航天大学学报(社会科学版),2007(1):80.
② 于雷.中国古代心理测量思想对当代的启示[J].当代青年(论坛),2012(8):1.
③ 张耀翔.心理学文集[M].上海:上海人民出版社,1983:213.
④ 张耀翔.心理学文集[M].上海:上海人民出版社,1983:218.
⑤ 罗素.中国问题[M].秦悦,译.上海:学林出版社,1996:153.
⑥ 张耀翔.心理学文集[M].上海:上海人民出版社,1983:215.

量测验还特别注重与生活相结合,提倡在自然环境中对人进行研究,而不是西方惯用的实验室研究。此外,喜闻乐见、寓教于乐的猜灯谜、对对子等智力测验形式都比较贴近大众生活,能很好地解决西方传统智力测验中脱离实际、受测者兴趣不高等难题。

虽然古代测量测验思想分散于各类典籍中,没有形成首尾一贯的系统,但瑕不掩瑜,承载着中国人民几千年来辉煌成就的测验思想不仅在时间上领先于世界其他国家,而且在研究上展示出了一定的深度和广度,特别是那些至今仍无法得到很好解决的问题,中国古代做了超前的探索,对西方测验思想的产生和发展有着重要的影响和启示,为世界文明的发展做出了巨大的贡献。

2.古代测验思想的现代意义

在为拥有如此辉煌的古代测验思想自豪的同时,我们不禁也要问为什么如此超新而又超前的测验思想没有得以继续发展?为什么我们现代的测验不论是理论还是方法都嫁接于西方之上,与古代没有直接的传承关系。

对于拥有几千年璀璨文明的中国人来说,接受包括测验在内的外来文化教育可以说都是身不由己的。从对历史的回顾中我们可以清楚看到,自明清以来长期的闭关锁国带来的腐朽和懦弱使中外文化教育交流由双向变成了单向流动。当国门被迫打开,面对民族生存和国家社稷危机,中国人很难不急功近利。也正是因为对自己本民族的文化缺乏客观辩证、冷静清醒的分析,所以在对待文化经典时往往采用抨击甚至破坏的态度。这种文化价值取向和暴风骤雨式的革命导致的结果就是对西方文化教育的一味模仿、抄袭,而适合本国和本民族特点的优秀文化部分被作为糟粕彻底放弃。以民国时期为例,虽然也有一些学者提倡从研究古代测验思想中寻找出路,比如程俊英的《汉魏时代之心理测验》,欧阳定的《智力测验与科举》,张耀翔的《论科举与智力测验》《中国心理学的发展史略》,等等,但这些微弱的声音最终湮没于对西方测验崇拜引进的一片呐喊声中,所以一直到现在,不论是测验理论、测验工具还是测验标准都是西方的。自然科学研究中因为研究对象是物,共性多,相互借鉴使用问题不大。但教育的对象是人,影响人的因素极其复杂,特别是涉及自我、成就动机、人际交往等与民族和文化特点息息相关的属性时,仍旧盲目移植和使用可能会出现方向性错误。

自党的十八大以来,习近平总书记多次强调要高度重视中华优秀传统文化的传承弘扬,坚定文化自信。古代丰富的测量测验思想蕴含中华民族思想智慧和知识体系,是祖先留给我们的弥足珍贵的财富,是取之不竭的矿藏,所以研究、挖掘和整理文化典籍中的测验思想,从丰富的古典文集中提炼出更多确凿、生动、鲜活、充满智慧的资源,不失为实现文化自信的一个重要途径,应该成为教育界研究和思考的一个课题。

特别是随着全球化的快速发展,中国教育与国际交流既是必需的也是必要的。但要真正实现有底气的平等双向交流,还须保持自身的独特性。那些根植于中华优秀传统文化丰厚土壤中有着民族基本文化基因和文化立场的思想和方法,理应成为实现中国梦的强大底气和新时代坚定文化自信的理论来源。这就要求我们在以开放的姿态吸收他国优秀文化成果的同时,更要学习他们是如何传承本国优秀文化的。不忘过去才能更好地开拓未来,做好继承才能更好地创新,我们要努力把文化典籍中那些具有世界意义和当代价值的测验思想充分挖掘提炼出来,赋予其新的时代内涵,激活其强大生命力,把这些具有中国特色、展示中国智慧、适用于全人类的测验思想和文化分享给全世界,我们有资格有义务也有实力。正如著名测验学家张耀翔所说:"假使我们运用现代科学仪器、控制及统计诸原则,将先哲提出的问题加以分析,在方法上加以补充,然后一一去试验,焉知没有惊人的发现。"[1]

二、西方测验思想和测验运动

虽然我国古代有着丰富的测验思想,但不是严格意义上的科学测验,与现代测验更是大相径庭。现代测验是与近代自然科学的发展密不可分的。文艺复兴后,西方自然科学日益发达,数学、统计学等学科研究突飞猛进,科学的测验最终得以在西方诞生。

---

[1] 张耀翔.心理学文集[M].上海:上海人民出版社,1983:215.

(一)西方科学的研究传统与早期的测验思想

1.科学的研究传统

与中国古代一样,西方也很早就开始对人进行测量。《圣经》中就记载过基列山侦察逃亡以色列人的测验。有关智力测量的最早记录是英国人菲茨赫伯特爵士(Anthony Fitzherbert),他在1534年写的一本法律书《新令状选编》(*The New Natura Brevium*)中提出辨别智愚的简单方法:"凡不能计算二十便士亦不能知其父母为谁和并不能知自己年龄的人,这种人认为是低能人,或天生的白痴。因为他没有理性,不了解什么是对他有利益的,什么是对他有损害的。假如有了这种了解,能够晓得自己的姓名,或经他人指点以后能够说出自己的姓名,那就不是低能人,亦不是天生的白痴。"[1]他的话可以说是极初步的智力测验。但是与中国古代的研究一样,这只是一些简单的测量思想,零星散落在不同研究领域中,所以结果往往是昙花一现,既不系统也无后续研究,更无发展可言。

从历史上看,西方文明起源于欧洲,欧洲的思想文化先后经历了希腊前科学文化阶段、中世纪宗教文化阶段、文艺复兴启蒙文化阶段和近代科学主义思想文化阶段。古希腊文化主要以雅典文化为代表,古希腊时代曾是西方古代文明的黄金时代,诞生过苏格拉底、柏拉图、亚里士多德等时代巨人。特别是亚里士多德注重客观研究,关注生理、物理等科学。直到现在,哲学科学依然被亚里士多德的光辉照耀着。[2] 亚里士多德可以说是最早提出科学理论的,他创建的实在论主张知识不是来自理念世界而是从感官经验得来的,已经具备了初期的科学的思想和精神。之后西方进入了被称为"黑暗时代"的中古时期,思想文化完全被操控于教会手中,除宗教之外的任何学问都被排斥,科学的思想更是被完全压制。值得庆幸的是,14—16世纪的文艺复兴又唤起了人们对古希腊时代科学文化的追求,科学重新成为西方文化的主要内容,"造成

---

[1] 王书林.心理与教育测量:上册[M].福州:福建教育出版社,2008:12.
[2] 孟宪承.孟宪承文集:第9卷[M].上海:华东师范大学出版社,2010:20.

了欧洲文化的第三个原素,那便是近世科学了"。① 科学的重新回归为测验的诞生提供了理论和实践预备。

科学文化催生了科学的研究方法。一直以来提倡纯粹经验主义的哲学是西方哲学的唯一指导思想,但随着自然界观察范围的日益扩大,其想象臆说的缺点越来越多地暴露出来,兴起于17世纪的理性主义加上科学精神的洗礼,逐渐演变成一种新的哲学思想——实证主义。排斥一切空想,以精确经验事实为依据的实证主义(positivism)哲学认为世界是由主体与客体两部分组成的,主体对客体研究时必须保持价值中立,研究者价值观、情感和兴趣都应该被抛弃,唯一真实客观的是科学。所谓科学就是反对思辨,用数学、物理学等严密科学构造关于世界的图示,用实证科学的方法研究所有学科。实证主义要求研究时要从"情境中'抽绎'出'单纯'的因果关系,进行线性的(其实也是孤立的)因果关系探求;遵循严格的'假设—验证'程序,以证实或证伪的方式检验科学真理或结论的正确性;从大量的社会现象中获取准确的或具有统计意义的数据进行定量分析"。② 随着科学的发展,实证主义迅速席卷了整个西方的理论界,实证主义不仅强调可检验性和可重复性,更强调结果的量化,这不仅需要取得大批用数量关系表述的可靠数据和资料,更需要对这些资料进行科学的处理。能实现这一目的的方法只有自然科学一直强调的观察、实验和测验等方法。此外,科学文化也推动了人们对科学知识的追求。出于对自然的好奇和探索,人们对数学、天文、物理、化学等知识的研究变得无法遏制,这些学科在飞速发展的同时,其研究方法本身也在不断地发展成熟。自然科学所取得的令人瞩目的成绩不可避免地影响到社会科学,在追求知识科学的同时,社会科学本身的治学思想和方法也起了剧变,自然科学中用到的科学方法开始被广泛地应用于社会科学研究中,所以借助于自然科学方法论,以追求科学化、量化为目标,成为近代西方社会科学研究的主旋律。

作为一种社会科学,教育也必须要成为科学,不仅教育的内容要科学,教育的研究方法也要科学。用科学的方法研究教育就是要用精确化的语言来描述教育事实,把教育理论演变为一套技术原则与操作规程。一直以来,教育研

---

① 孟宪承.孟宪承文集:第9卷[M].上海:华东师范大学出版社,2010:20.
② 杨小微.社会转型时期学校变革的方法论初探[D].上海:华东师范大学,2002:112.

究都是靠经验总结和思辨方法,要转变成一种可操作化的科学程序,需要确立一种新的研究范式,也即方法上要做出改变。正如贾德(Charles Hubbard Judd)所说:"教育的研究,非科学的则不可,而科学的本质,不在结论之如何,而在方法的研究。"[①]要实现这一目标,首先要借助于心理学的基础研究,教育心理学化也就成了教育科学发展的一个突破口。其实心理学与教育学的关系一直很密切,与教育学一样,心理学研究曾经也靠经验描述。但是,19世纪后半期自然科学的发展,特别是心理学的基础——生物学和生理学的发展,为科学心理学的发展提供了依据和方法论的基础,其实验心理学更是大胆运用了自然科学研究中广泛流行的实验、观察、统计、测量等方法,使心理学研究有了客观性的基础,心理学也一跃成了科学的学科。因为心理学中关于智力、记忆、行为的研究一直都在应用科学的方法,教育中的一部分因为选取这些研究材料使得自身的科学性越发明显,后来这部分日渐发达,最后自成一统变成了教育学中的教育心理学。教育心理学把心理学中最具科学价值的方法——测验法和实验法介绍给教育研究,教育学也开始用这些方法研究教育的事实。在科学主义的大背景下,根据实证主义的哲学思想以及实验生理学、实验心理学的理论,运用当时流行的统计测量方法研究教育问题,已成为近代教育研究的大势所趋。

2.早期的测验思想

真正对近代测验思想的产生有着直接影响的,当属英国的个体差异实验研究、法国的异常心理儿童研究以及德国实验室的实验心理研究。

英国一直有关于个体差异研究的传统。早在1795年,英国的格林尼治天文台台长马斯基林(Maskelyne)因发现其助手观察星体经过时间的记录与本人记录有0.8秒的差异,认为其"师心无用,不依法行事",遂将助手革职。后来他虽换了几个自认为尽职的助手,但这种反应的差异一直存在。这个现象引起心理学家对个体差异的注意,对人的感觉和知觉的简单测量也由此兴起。

心理学研究的最初目的是发现人类行为的普遍法则,而研究中却又发现了另一个秘密——对于同一刺激个人反应不同。对这个秘密的兴趣使得个别

---

① 蒋径三.西洋教育思想史:下册[M].福州:福建教育出版社,2011:160.

研究成为心理学研究的重要问题,而要研究个别现象,必须有测量个别的工具,所以"个别的研究直接引起测量的运动"。① 对个体测量的发展有较大影响的当属高尔顿(Glton)。早在1869年,他就出版了《遗传的天才》一书,该书认为人的能力是遗传而来,并且呈正态分布的,并提出了一个自己主观构想出来的量表测量个体差异,这也是测验史上的第一个量表。1883年他又出版了《人类才能及其发展的研究》(*Inquiries into Human Faculty and its Development*)一书,在这本书里高尔顿提出要测量大多数人,就要为全部人口取样,还要设计仪器和方法,这样才能做到对每个人的测量既简单又迅速,也能由于大量的结果而减少误差。有人认为高尔顿的这本书是科学的个体心理学和心理测验的肇始。② 之后为了践行自己的理念,高尔顿于1884年在由英国承办的国际博览会上设立了一个人类测量实验室,参观者只要付3便士就可以测量自己的肌肉力量、反应时间、听觉的敏感性等一些简单的项目,后来这个实验室又迁到了伦敦,在那里开办了6年之久,共收集了9337个人的资料,第一次大量系统地测量了个体差异。③ 有学者评价说:"高尔顿是第一个发展了某种特殊心理测验的人,开创了关于心理测验的整个观念。"④ 除了个体差异的测量,高尔顿还与弟子皮尔逊(Pearson)设计了许多种统计方法,并且将这些方法用于个别差异资料的分析。之后的教育家们可以借鉴这些方法把不同学生的学习能力与学习效果加以量化比较,这也为教育心理测验的发展提供了理论支撑。同时,高尔顿对个别差异的研究也深深地影响了后来的学者,特别是后期德国心理学家把这种个别差异的研究带进了实验室,创造出更多更科学的测验。

相对于老牌资本主义国家英国,法国更充满了人文关怀。特别是对异常心理儿童的研究。测验,特别是智力测验的诞生,更多应该归功于早期关于低能儿的研究。西方国家经过文艺复兴后对智力滞后和精神病患者开始给予更多的人文关怀,有些国家甚至建立收容所给这些人以人道主义照顾。特别是随着产业革命的发展,童工需求量增加,政府为了解决智障者问题出台

---

① 陈选善.教育测验[M].上海:商务印书馆,1935:26.
② 波林.实验心理学史[M].高觉敷,译.上海:商务印书馆,1981:546.
③ 孙大强,郑日昌.心理测量理论[M].北京:开明出版社,2012:10.
④ 胡延峰.留学生与中国心理学[M].天津:南开大学出版社,2009:244.

了一些规定,比如英国政府要求每收二十个童工就需招收一个智障者。在这一背景下,社会需要生理心理学家对智障者和普通人进行区别,社会也需要学者们研究导致疯狂或智障的原因,所以当时的生理心理学家对低能儿都有着浓厚的研究兴趣。

其实低能儿研究历来已有,其中最著名的一个例子就是对野孩子的教育改造。1797年法国阿尔蒙省哥茵森林发现一个和动物一起长大的野孩子,很多生理心理学家对其展开研究,希望帮助他回归正常的人类生活。一个名叫意大(Itard)的学者做了大量的研究,虽然没有完全将野孩子改造成功,但这些研究深深地影响了他的弟子们,其中一个学生沈干(Seguin)因为受其影响,把低能儿研究作为自己终生奋斗的领域,并在1837年建立了第一所教育智力落后儿童的学校。[①] 19世纪初,法国医生埃斯基罗尔(Esquirol)注意到精神障碍和精神疾病的区别在于精神障碍是一种长期的发展,精神疾病则更多是成年突然的发生,前者是不可治愈的,而后者通过治疗是可以改变的。为此,他在1838年出版了两卷本著作,第一次非常明确地对这两者进行了划分。除了划分,埃斯基罗尔还研究了如何诊断,在经过多次试验后,他把精神障碍诊断的重点放在了语言技巧上,认为个体使用语言的能力是衡量其智力水平最可靠的标准。[②] 这个标准也成为精神有障碍的学生能否适合普通学校的判断标准。埃斯基罗尔可以说是西方历史上第一个把精神障碍和精神疾病进行分类的学者,他的运用语言技巧作为诊断的标准也深深地影响了后来的学者,比如比纳设计的智力量表就是针对语言能力的考核。

法国的特殊儿童心理测量还深深地影响了其他国家,比如前面提及的沈干在大量研究的基础上于1846年出版了《白痴:用生理学方法来诊断与治疗》一书。该书"专门研究从感觉辨别力和运动控制力方面来训练智力落后儿童,其中的一些方法如形状板(要求个体尽快把不同形状的积木插入相应的凹处),为后来的非言语智力测验所采用"。[③] 1848年,沈干移居美国,他的研究也激起和带动了美国人对低能儿研究的兴趣。1896年,美国人威特默(Lightner Witmer)在宾夕法尼亚大学首创了心理诊断所,综合采用医学、心

---

① 孙大强,郑日昌.心理测量理论[M].北京:开明出版社,2012:10.
② 杨海丽.西方心理测验的历史综述[J].太原教育学院学报,2004(4):9.
③ 孙大强,郑日昌.心理测量理论[M].北京:开明出版社,2012:10.

理学、生理学及身体的各种实验来分析心理缺陷,这些研究都促进了美国心理诊断和心理测验的发展,也为世界其他国家高级智力测验的产生提供了参考。

对近代测验有着巨大贡献的当属实验教育学派的实验心理测验。随着实验心理学的发展,欧洲一些教育学家和心理学家开始移植自然科学方法,利用实验室研究儿童和其他教育问题。詹姆斯1874年曾在哈佛大学开一实验室以为心理实验之用,斯图姆夫(Carl Stumpf)亦于1875年设一听觉实验室,但这些实验室只是一工作场所,影响并不大。直到1879年冯特(Wundt)在德国莱比锡大学创建了世界上第一个心理学实验室,实验心理学才有独立的地位。① 实验心理学家设计了种种周密的实验方案,并在研究中逐步摸索出了一套测量的方法。除了冯特,德国的赫尔姆霍兹(Helmholtz)、韦伯(Ernst Heinrich Weber)、费希纳(G. T. Fechner)都主张用实验方法研究心理学。其实,冯特在很早之前就开始测量心理过程。1862年,他就设计了一个思考仪,这个装置是一个经过校准的钟摆,可以前后摇摆并且敲打出铃声。观察者需要在铃声响时记下钟摆的位置,通过观察者记录钟摆位置和铃响位置的差距就可以判断出观察者思考的速度。在这个实验中,冯特注意到人思考的速度是不一样的,而这种不同则是"天生的"。同时,冯特也认为只有直接受物质作用所影响的心理现象才可以作为实验的题材,因为简单的心理现象如感觉、知觉、反应时间等直接受物质作用影响,所以只能对这一类现象进行研究。② 从某种意义上可以说是冯特开创了早期通过智力测验把反应时间和感觉作为测验任务的理路。

冯特之后最出名的实验测验代表人物当属美国人卡特尔(Cattell)。卡特尔是冯特的学生,他在1890年发表的《心理测验与测量》一文中首创了"心理测验"这个术语。在这篇文章中,他还说:"心理学若不立根基于实验与测量上,决不能够有自然科学的准确……如其我们规定一个一律的手续,使在测验的科学和实用的价值都可以增加。"③在文中他还提出了十种测验:(1)握力的测量,(2)动的速率的测量,(3)触觉的二点阈的测量,(4)引起痛觉的最低压力的测量,(5)辨别重量的能力的测量,(6)反应时间的测量,(7)说出颜色名称的

---

① 陶鼎辉.心理测量与教育[J].中华教育界,1949,3(6):22.
② 唐钺.西方心理学史大纲[M].北京:北京大学出版社,2010:141.
③ 陈选善.教育测验[M].上海:商务印书馆,1935:27.

速率的测量,(8)将长五十厘米的一条线平分为二,测量其准确度,(9)令被试者忆测十秒钟的时间,测量其准确度,(10)机械记忆能力的测量。[①] 他设计的测验都属于感觉能力和动作过程的测验,测验的也是感觉和反应时间,同年他还在宾夕法尼亚大学"编制了一组心理测验用以测试其学生,并供社会上要求鉴定他们的能力的人们应用"。[②] 这些测验包括测量记忆力、想象力、视力、余像、辨色能力、高低音的知觉、轻重物体的知觉、时间知觉、痛的知觉和运动率、运动强度和反应时间。与之前的研究比,这些测验的内容更加丰富。1894年起卡特尔又用各种测验测量哥伦比亚大学学生,"所用的测验虽然同他1890年所发表者不尽相同,但是大致相类,测量的对象都属于感觉能力与动作过程"。[③] 虽然卡特尔的这些测验不是以直接测量智力为目的的,但却启发了后来的研究者从不同的途径来探索测量智力的方法。

其后许多学者开始尝试进行各种复杂的测验,一些学者开始尝试测更复杂的动作或反应,比如贾斯特罗(Jastrow)做了几套触觉和皮觉的测验,五套视觉和触觉的测验,五套纯粹视觉的测验,此外还有记忆力和反动测验。[④] 闵士特白(Münsterberg)也曾制定过较为复杂的测验,这些测验包括快速地朗读,快速地说出各物的颜色,快速地说出动物、植物和矿物并进行分类。他也曾实验过对各线做等分,重绘和评判其长短的测验。诸如此类,不一而足。"闵氏所作的测验虽较其他学者来得复杂,可是这些仍脱不了单简式而特别注重速度的窠臼。"[⑤] 发明与低级心理测验有较大区别测验的应属艾宾浩斯,他提倡用实验法研究记忆,并认为记忆是一种高级的心理过程,需要一种更复杂的研究。所以在1897年,他运用了算术运算、记忆广度、句子填充等测验测试小学生,特别是句子填充与学业成绩非常相符,大大区别于前面的简单心理过程测验。之后也有一些学者开始有意识地与学业成绩做比较,以探索何种测验更能测量智力。比如博厄斯(Boas)对学校儿童曾做有关人类学的测量,也曾测验过他们的视力、听力和记忆力;但同时他还请教师们评判学生们的智

---

① 陈选善.教育测验[M].上海:商务印书馆,1935:27-28.
② 胡延峰.留学生与中国心理学[M].天津:南开大学出版社,2009:244.
③ 陈选善.教育测验[M].上海:商务印书馆,1935:28.
④ 艾伟.小学儿童能力测量[M].上海:商务印书馆,1948:1.
⑤ 艾伟.小学儿童能力测量[M].上海:商务印书馆,1948:2.

力。吉尔贝(Gilbert)曾测量身长、体重、肺活量,并对感觉、轻敲速度、反动时间、记忆力、暗示感受性等做测验,他也曾请教师们评判学生们的智力。克罗宾和俄引则开始探索这几种测验本身是否有共同的品质,他们应用知觉测验,其中包括数字、消减与找错和记忆力测验,其中记忆力测验又包括数字和无意义字测验,联想测验和运动能力测验。除了实施测验外,他们还就这些测验的结果求相关,这也是最早的对不同能力求相关。在相关使用中最值得一提的是卡特尔的学生威斯勒(Clark Wissler),他在哥伦比亚大学等校收集了300个人的学业成绩和心理测验成绩,目的是证明测验的结果可以预测考试的成绩,结果却发现这两者没有什么关系,比如成绩与数字列表记忆测验是0.16的相关,与力量测试是-0.08的相关,与颜色判断是0.02的相关,与反应时间是-0.02的相关。正是他的研究促使学者们开始放弃把反应时间和感觉作为智力测验的方向,思考把用实验器具的方法向一种更可取的方法转变,也促使了比纳等学者把研究重心转向更高级的心理过程测验。

虽然实验测验取得了令人瞩目的成果,但这时期的测验都是感觉能力、动作过程等单一的测验,用多种测验综合而成的量表尚未出现。并且感觉动作等能力与智力能力关系并不大,而且测验编制施行方面缺乏严密的标准,测验的功用、可靠度都无从检验。虽然如此,这些都为科学测验的诞生奠定了基础。

(二)西方的智力测验与教育测验运动

科学的测验不是感觉动作等的简单的测验,而是一种考核高级心理过程的测验,是一种较为复杂的测验,这种测验就起自比纳的智力测验,西方近代测验运动也以其量表的创设为起点。

1.智力测验的诞生与发展

智力测验是测验中运用最广的,也是科学性最强的一种测验。智力测验也有很多小的类别:如果从被测对象的角度分类,有个人智力测验和团体智力测验之分;如果从题目形式看,又分为文字测验和非文字测验。但不管现代哪种智力测验都是来自比纳的贡献,所以谈及智力测验要从比纳说起。

(1)个人智力测验的诞生与发展。"真正用较为复杂的方法来测量高级心理能力的智力测验肇始于法国心理学家比纳。"[1]比纳是法国近代伟大的心理学家,也是测验史上里程碑式的重要人物,他最大的贡献就是使科学测验人的智力成为可能。比纳对智力测验素有研究,和他的前驱们一样,他开始也把智力测验定位在简单感觉动作的测量上,但随着研究的深入,比纳觉得这个方向并不现实。他从1895年就开始发表文章批评大多测验测量感觉的内容太多,而且过于集中于简单的特殊的能力。在批判的同时,比纳也努力寻找考核智力的其他方法。1898年他在《科学》杂志上发表了《个人心理学中的测量》,在该文中他大胆提出了很多测验,如画方形、比较线的长短、记忆数目、词句重组、回答含有道德判断的问题、了解抽象文章的意义、折纸等,这些考核方式在他后来的智力量表中均有体现。1899年他又发表了《注意与适应》一文,研究自动的注意与智力的关系。他在该文中提出聪明的儿童有较快较完善的适应能力,注意的能力就是适应新环境的能力。1904年比纳又接连发表了几篇研究书法的论文,主要探讨书法与性别、年龄、智力的关系,最终证明书法可以作为一个粗略的智力指南。上述这些研究虽然还不是真正意义上的智力测验,但为他后期复杂智力量表的编制打下了扎实的基础。

真正促使比纳把测验从理论研究转移到实际应用上是法国教育部提供的一个契机。法国社会历来对身体有缺陷的儿童充满人文关怀。为了研究公立学校低能儿班级的管理问题,1904年法国教育部专门成立了一个由教育家、心理学家和医学家组成的委员会,比纳就是其中的一个委员。结合自己的长期研究,比纳大胆提出用心理测验的方法来鉴别儿童是否有心理缺陷,这一想法也得到了法国教育部的支持。随后他与助手西蒙(Theodore Simon)进行了精心研究,1905年在《心理学年报》上发表了《诊断异常儿童智力的新方法》一文,在这篇文章中他首次介绍了比纳-西蒙量表(Binet-Simon Scale),也就是被称为1905量表的测验。至此,世界上第一个正式具有科学意义、能够考核人复杂智力的测验得以诞生。这个测验共有30个测验题目,排列顺序由易到难。该测验详细指明了3、5、7、9、11岁的儿童应该要通过量表中的什么题目,使得同一量表可以测量智力高低不同的儿童。1908年比纳对量表进行了第一次修订,因为智力本身是多方面的表现,题目愈多,准确性和可靠度也就

---

[1] 胡延峰.留学生与中国心理学[M].天津:南开大学出版社,2009:244-245.

越高。意识到这个问题后,比纳将测量题目由30个增加到59个,并且按年龄分组,3~13岁共11个年龄组,每个年龄组的试题设计能使该年龄组80%~90%的儿童通过。为了更好地解释,这个量表用智力年龄计算成绩,并建立了常模,这是测验史上又一个伟大的创举。1911年比纳对量表进行了再次修订,增添了新测验题目,也删减了一些旧测验题目,修订后题目共56个,测的仍然是3岁到13岁的智力年龄。发表第二次修订版时比纳不幸去世。

虽然在比纳发明智力量表之前也存在智力测验,但那些测验只能鉴定感知或运动的敏锐程度,不仅单一而且实用性不强。比纳的智力测验不仅编制复杂,能较好地反映智力,而且效度高实用性强,所以能被广泛使用。比纳智力量表发表后迅速被推广到各个国家,成为世界各地心理研究、心理诊断必不可少的工具。英、法、美、意、德、俄和土耳其等国都纷纷制定修订版,其中最完善、使用最广的当属美国人修订的量表。美国人向来重视智力测验,比纳测验发表后,斯坦福大学推孟教授(Lewis M. Terman)在此基础上经过五年的试验,于1916年又发表了一个量表,被称为"斯坦福-比纳量表"(Stanford-Binet Scale)。这个量表除了题目增加到90个,还有它不是用智力年龄来解释成绩的,而是采用德国心理学者施特恩的"智力商数",即以智力年龄除以实足年龄再乘以100,就是现在所谓的智商(IQ)。这一改革使智力的概念更好理解,测验更容易操作,也更方便快捷比较人的智力。

我们现在所有的智力测验的基本观念均来自比纳,正如宾特纳所说"在心理学史上,假使我们称冯特为实验心理学的鼻祖,我们不得不称比纳为智力测量的鼻祖"。[1] 智力测验量表的发表让人们对科学测验的信心倍增,测验应用更加普遍,测量学大家桑代克就说过,"Binet及Terman等字样,成为家常闲话的名词,有如我们说面粉或肥皂之类。做父母的将要常听人家问及,你们的小孩已经智力测验过了没有?就同问已经种过牛痘没有一样平常"。[2]

(2)团体智力测验的诞生与发展。虽然智力测验已经很成熟,但只能针对单个人,如果被测者太多则显得力不从心。因为不能在短时间内对大量的评价对象施测,这也在一定程度上影响了测验的使用,所以应用面广的团体智力测

---

[1] 陈选善.教育测验[M].上海:商务印书馆,1935:33-34.
[2] 葛承训.智力之性质[J].教育杂志,1927,19(8):12.

验的编制成为测验学者们探索的主要方向,其中美国学者做出了巨大的贡献。

第一次世界大战中,美国加入协约国,战争的紧急发展要求美国在短时间内组建一支军队,这使得新兵的选拔和分配工作变得尤为迫切。这些工作中重要的一项就是考察士兵的智力水平,但是当时有约一百万的士兵,个人智力测验显然力不从心。为此,军方专门请来了心理学家,当时克的斯(A. S. Otis)和推孟已经在研究团体智力测验的编造,借助于这一契机,克的斯研读了所有当时能够得到的智力测验材料,再加上他本人之前研究过的但还未发表的智力测验材料,在最短时间内为战地测验委员会制成整套的团体智力测验,即1917—1918年的军用智力量表。这是世界上第一个公开发表且用于实践的团体智力测验,即测验史上著名的陆军智力测验(Army Alpha Test)。[1] 这个测验结果相当可靠,在军队应用中大获成功,至1919年初这项计划结束前已有117.5万名军人接受了测验。[2]

陆军智力测验的大获成功让测验专家们意气风发、乘胜追击,随后又编制了针对不识字士兵的团体智力测验量表,即陆军智力测验乙种量表,也称为伯塔量表。至此,团体智力测验有了针对不同对象的分类,陆军智力测验是专门用来测量识字士兵的,伯塔测验是测量文盲的,由选拔新兵的需要而产生的团体心理测验又是测验史上的一大创举。据调查,仅美国参加大战的士兵就有两百万人接受过这些测验。战争结束后,团体智力测验经改造又被广泛应用于民间,后又被教育界和工商界所采用。从此,团体智力测验和个人智力测验一样,大行其道,风靡全球。

2.教育测验的诞生与发展

1845年,英国大教育家霍瑞斯·曼(Horace Mann)在谈论口试和笔试的利弊时,曾经提出与现在标准测验吻合的观念,其划一的观点已经有测验的思想。[3] 其后在1864年,英国格林威克医院学校(Greenwich Hospital School)的老师费舍尔(George Fisher)收集了许多学生的成绩样本,编成《量表集》(Scale Book)一书用以度量教育成绩。譬如习字,他首先收集大量的样本,依

---

[1] 陈选善.教育测验[M].上海:商务印书馆,1935:40.
[2] 黎黑.心理学史[M].李维,译.杭州:浙江教育出版社,1998:618.
[3] 陈选善.教育测验[M].上海:商务印书馆,1935:44.

书写好坏的程度把这些样本排列起来。写得最好的用数字 1 给分,最差的用数字 5 给分,并且在 1~5 之间又进行了细分,每四分之一处也附有一定的样本,教师在批阅习字时,只要拿来与样本上的比较,找到相似的,依照样本的分数给定优劣即可。因为样本是可以无限地复制,所以别种学科测量也都可以应用这一原理,只不过样本的标准需要根据学科变化。比如拼字之程度,就要以被测量者听写时所写的错字之百分率为标准。这本《量表集》包括了很多的学科,比如文字、作文、书法、图画等学科在该《量表集》中都有反映。相对之前的研究,这种测验已经有了科学的标准,但因为当时科学还未大进步,一般人都深信人类的行为是不能应用数量来研究的,"故菲谢儿(即费舍尔——引者注)此种对于教育上之科学的研究,竟未发生久远的影响,直至 1895 年,中间竟无人继起做此种研究"。①

爱里斯(L. P. Ayres)曾说过"莱斯(Rice)为教育测验的创始者"。② 的确,对教育测验做出卓越贡献的当属莱斯。莱斯 1894 年就读于德国,早年受德国心理学者的影响,回到美国后,他发现当时的教育注重训练和背诵,而一些实用的课程比如手工、缝纫等加入小学课程时,教员会因为其影响其他科目的学习而不愿意教,这个问题在当时引起了很大争议。对此,莱斯想通过调查讲授拼法时间多少不同的学校,然后比较各校学生拼法的成绩,以决定教授时间的多少与学生的成绩有无关系。他首先选定了 50 个字,到各学校里去试验,同时调查各校每周教授拼法的时间。这次调查总共收集了 16000 个学生的试卷,调查结果显示 8 年之中每天用 15 分钟学习拼法的学生,其成绩并不比每天用 40 分钟学习拼法的学生差,即教授时间的多少与成绩的优劣没有什么关系。这个结果和人们一直想象的结果大相径庭,所以一经公布就引起了社会的广泛关注。莱斯更是趁热打铁,在此基础上又编了一个拼字测验,要求学生默写他所制的表中之字,或为单字,或为一句,或为名人文章,这几种情况总共测了 30000 多名学生。1895 年,他又继续编制了小学算术测验(算术是用以专考小学生普通算术能力的,适用于小学四年级到八年级,每级各有八题),曾试 6000 名学生。③

---

① 赵惠谟.教育测量的历史[J].平民教育(测量专号),1923(63/64):2.
② 陈选善.教育测验[M].上海:商务印书馆,1935:46.
③ 赵惠谟.教育测量的历史[J].平民教育(测量专号),1923(63/64):2-3.

1903年，莱斯又编制了语言测验（将选定的文章向学生朗读一遍，叫他们就原文大意自作一文，视其语句构造及全篇联络以定分数），此测验莱斯曾亲试8300人。① 当然，他的目的不在编造测验本身，而是用客观的方法解决教育上的争论。虽然没有编造现在的所谓标准测验，但是成功引起了许多教育家用测验研究教育的兴趣，教育测验从此也开始走上了科学化的道路。

总而言之，"英国的贡献，在研究遗传问题，创造联念试验，并用精密统计方法，表示研究的成绩。法国的贡献，在注意特殊儿童的心理，并为首先编成一完备的智力测验的国家。美国的贡献，在研究个别差异，集测验之大成"。② 从19世纪开始，不同国别的不同学科学者们从不同领域对测验进行了早期研究，他们的有力探索鼓励和促进了后来更多的学者从事测验研究，最终将真正科学意义上的测验意图变为现实。

在心理学家热衷于编制各种智力测验和各种能力测验的同时，教育的科学化呼声也越来越高，严格论证教育理论和教育现象是教育科学化的最基本的要求，实现这一目的的唯一途径就是准确测量。准确测量就必须有一种能显示教育所促成的一切变化程度、种类和结果的方法，这个方法非教育测验莫属。此外，近代义务教育和实用教育的发展也使得传统的学校考试方法必须进行技术上的大变革，人们越来越意识到论文式考试不仅浪费时间，而且效度和可靠性不如客观题，教育测验被提上了日程。智力测验的发展也使得由教育心理学者倡导的科学测验范式成为教育科学研究的主流，教育哲学、教育史学等研究方法被挤到了教育研究的边缘，与前面相比，这个阶段的教育研究更加科学化。一方面智力测验的发展和广泛使用使人们相信关于人的教育的数量化研究是可能的，另一方面教育测验编写所依赖的统计学、心理学因为智力测验的完善而不断发展，这些为教育测验的编制提供了科学的依据，特别是实验室里发展起来的越来越多的科学测量原理，为教育研究的科学化提供了有力的支撑。除了上述原因，教育测验的飞速发展还得益于两个推动，一是美国测量界大家桑代克的努力，一是美国政府提倡的学校调查运动（school survey movement）。

---

① 赵惠谟.教育测量的历史[J].平民教育（测量专号），1923(63/64):3.
② 陈秀云,陈一飞,编.陈鹤琴全集:第5卷[G].南京:江苏教育出版社,2008:675.

桑代克在世界测验发展史上是一个响当当的名字,我国测验界著名专家孟宪承曾高度评价他说:"教育所以逐渐由思辨的哲学成为严密的、正确的科学,大半由于测量的运动。这运动的灵魂,便是商戴克(桑代克)。"① 虽然在桑代克之前也有很多所谓教育测验,但是科学性远远不够。

桑代克历来提倡用科学的方法研究学生,他坚持认为成绩测验的结果可以衡量儿童的学习能力和天资,可以帮助教师改进教育和教学工作,这是科学教育的应然。他写的第一本书《儿童研究记录》就是用复杂的方法研究儿童的尝试。1903年,他又发表《各种算术能力之关系》一书,在该书中他明确提出:"用来研究这关系的工具,就是算术测验。"② 1904年,他出版的《智力测验法》让教育测验的编造有了根据。同年,他的大作《心理与社会测量导论》出版,这是第一本把高尔顿-皮尔逊生物统计方法运用到教育中的著作,桑代克在此书中不仅对各种统计法进行了介绍,还详细阐明了编制测验的一般程序。学者张敏强评价说:"(因为桑代克的这本书)系统介绍了统计方法和编制测验的原理,教育测量客观化、标准化问题备受重视。教育测量由此走上了科学化的道路。"③ 为了更好地开展学力测验,桑代克还提出科学测验具备的两个条件:第一,编制具有严格规定的标准测验,其测验题的内容及说明、测验时限、测验环境以及成绩评定等都要有统一的标准;第二,编制和运用统一的量表,以便表明其能力分配和排列的情况。④ 要更好地指导实践,理论阐述肯定远远不够,所以桑代克又着手具体测验的编制。他编制的第一个测验是书法量表。1909年12月,美国科学促进会第十二次会议在波士顿召开,在教育组的讨论会上桑代克首次提出自己所编制的书法量表,并在1910年3月正式刊发于哥伦比亚大学师范学院教育院汇刊(*Teachers College Record*)。这个量表的发表是测量运动中极其重要的事件,也是近代第一个用科学方法编造的教育测量工具,有学者评价其"代表科学的教育测量之真正发端"。⑤ 值得特别注意的是,在编造书法量表时桑代克引用卡特尔之等距原理(equal difference theorem),

---

① 孟宪承.商戴克讲学二十五年纪念[J].新教育评论,1926,1(23):17.
② 华超.教育测验纲要[M].上海:商务印书馆,1925:7.
③ 张敏强.20世纪教育测量学发展的回顾与现状评析[J].教育研究,1999(11):32.
④ 单中惠.西方教育思想史[M].太原:山西人民出版社,1996:541.
⑤ 张秉波,胡国钰.教育测量[M].北京:北高师编译部,1922:6.

这也是教育测验史上第一次用统计学上的等距原理去编制标准化的教育测验量表。后来的作文量表、图书量表等也都是按照这一原理进行的。

桑代克不仅自己研究编制教育测验,还指导带动其他学者从事教育测验的研究。在其指导下,斯通(C. W. Stone)于1908年编造了第一个算术推理测验,希来格司(M. B. Hillegas)1911年编制了标准作文量表,白金汉(B. R. Buckingham)编成了拼法量表,后两人都是桑氏的学生。爱里斯后面也编制了书法量表,虽然与桑氏的不同,但明显也是受其启发,后来他又依据该测验原理编了一个拼字量表。伍迪(Woody)、克的斯、瓦格伦(Van Wagenen)、斯塔奇(D. Starch)、格雷戈里(Gregory)、格雷(Gray)等人也都受其影响编制了读法、缀法、数学、历史、地理等学科标准测验,计分方式上也出现按智力年龄与教育年龄的比例计算出"努力商数"。在桑代克的带动下,教育测验日渐增多,测验也从单独的学科测验扩展到综合的学科测验,从小学扩展到中学。除了学科测验,还编制有诊断测验和练习测验,利用教育测验进行调查研究的风气也开始在西方盛行。

桑代克对教育测验的贡献与比纳对智力测验的贡献不相上下。虽然教育测验的种类越来越多,也越来越规范,但之后的教育测验都直接或间接地受桑代克的影响。至此,教育测验日趋完善,教育测验技术越来越向心理测验接近,利用教育测验诊断教育,考核教师教学、学生学习、学校及政府的效率已成为西方教育的常态。

3.测验运动的兴起

不管是个人智力测验还是团体智力测验,测得的只是一般的智力水平,也可以说是各种技能的综合测量。也因为其综合的特性,对某些单一的重要技能的测量无法深入。随着职业发展越来越细化,单一能力测验被提上日程。实际上,特殊能力测验也与军队的心理应用有密切关系。与团体智力一样,世界大战的爆发让政府对人才的选择和分类的需求益发迫切,于是"英国实验室内的心理学家便被请去编造并施行测验,以选择飞机驾驶者,航空窥测者,电警司机者,操潜水艇者,以及其他许多需要特殊技能的军航工作。欧洲其他国家还有美国更研究用特殊测验来测验航空及其他专门技术。这类测验不只测普通能力,其中还有一种职业测验,专门测量人的熟练程度,以决定他适宜做工匠、电工、水手或者半赖技巧的汽车车夫等"。①

军队单一能力测验应用的成功让心理学家意识到有必要编制能力测验来补充一般智力测验的不足,同时团体智力测验的大规模使用也让科学家们对能力测验充满信心,于是学能测验、职业能力测验等进入心理学家的研究范围,测验开始由一般的智力测验向更多能力测验分化。伍德沃斯在借鉴克雷佩林自由联想测验思想的基础上编制了个人资料调查表,用以鉴定不能服兵役的严重精神病患者,这个问卷有100多个关于精神病症状的问题,让被试者根据自己的情况如实回答,这是人格测验中自陈问卷的原型。1921年,瑞士精神病学家罗夏又发明了另外一种技术,通过墨迹图来鉴定正常人和精神分裂者,这也是现在的投射测验。自陈量表和投射测验至今仍是人格测验的重要组成部分。

教育、智力及其他心理测验的蓬勃兴起也为学校调查提供了科学的工具,学校调查运动遂兴起,各地纷纷成立调查局、聘请测验专家,以期进行大规模的教育测量。调查工作的需求又刺激了大学教育学院的学生致力于此种研究,各大学也因此加大对学生的测验培训力度,这种训练慢慢被扩充为正式的教育测量科,不久为多数大学所采用。比如美国著名的大学如芝加哥大学教育科、哥伦比亚大学师范学院、斯坦福大学等皆添设此科,以应从事教育者之要求。各大高校测验学科的设置又推动了调查运动的迅猛发展,从而推动了更大规模意义上的教育科学化运动的开展。"之后,为迎合整个社会对效率的兴趣,体现研究的有效性,大多数教育研究都采取了定量的方法,并以教育调查的形式成为20世纪一项正规化的教育实践活动。"②据统计,1904—1928年期间,美国就有各种不同的教育与心理测验3000余种。1920—1930年,每年所售的智力测验问卷或量表大约400万份;1923年,经美国心理学家推孟修正的斯坦福-比纳智力量表出售了50万份。③ 这些测验不仅广泛用于学校、军事,还逐渐被推广到医学界、企业界和运动界等,最终形成了一场波及很多国家并涉及众多领域的国际测验运动。

---

① 周先庚,程时学.工业心理学之兴起及范围[J].教育杂志,1935,25(4):39.
② 孙大强,郑日昌.心理测量理论[M].北京:开明出版社,2012:18.
③ 舒尔茨.现代心理学史:第8版[M].叶浩生,译.南京:江苏教育出版社,2005:189.

第二章　测验运动的发轫期

从清末国门被迫打开那一刻起,中国人一直把学习世界先进技术、实现救亡图存作为主要的追求。教育作为提高国民素质的重要手段被格外重视,谋求教育变革、实现国富民强更是民初有志之士的不懈追求。民国初期适逢测验运动在世界范围内展开,主动寻求教育救国的中国不可避免地被卷入这一改革大潮中。近代测验运动可以说是在国际教育改革大背景下,同时也是在中国教育界对旧的教育研究范式的不断批判的过程中孕育产生的。

一、测验运动兴起的动因

根据社会运动理论,社会变迁是一个运动产生和发展的重要因素,测验运动的产生与当时的时代背景是息息相关的,考察这段历史我们可以发现,民国测验运动的产生既是发达资本主义国家,特别是美国对中国教育不断渗透的结果,同时也是我国近代教育主动迎合世界教育变革的趋势所在。此外,国内千载难逢的政治经济文化背景也为测验运动的萌发提供了契机,再加上充满生机的社团学校、锐意进取的教育改革家、日益壮大的报纸杂志的推波助澜,一场轰轰烈烈的测验运动由此拉开了帷幕。

(一)美国的教育改革为测验运动兴起指明了方向

20世纪初的美国已经超越英、法、德等老牌资本主义国家在世界独占鳌头,不仅经济领先、科技发达,而且各项教育改革也走在世界改革的前列,选择美国教育作为中国教育改革的模仿蓝图既是中国深思熟虑后的选择,也是美国当时对中国实行文化渗透的结果。

1.中国主动选择美国作为模仿对象

从"放眼看世界"到"中学为体、西学为用",从洋务运动到维新运动再到新文化运动,近代饱受蹂躏的中国人一直把学习世界先进国家作为救亡图存、振兴国力的唯一出路。率先实现近代化的邻邦日本首先成了近代中国的模仿样本。留学日本、介绍日本教育一时成为清末中国有志之士的救国出路。因为日本的教育改革成果本身就是学习西方教育的结果,所以西方的教育改革随着日本的转手慢慢为国人所熟悉。但随着日本侵略中国的野心和行径的不断暴露,国人对日本的仇恨日益加深,教育领域的学习也开始发生转向。20世纪初的中国亟须寻找一种新的教育改革样本作为学习参考,更发达的西方资本主义国家自然进入国人的视野。在所有西方国家中美国独树一帜,其经济繁荣、科学发达,美国提倡的民主精神非常符合当时中国民众的政治需要,所以美国自然成为20世纪初期中国学习的榜样。

而此时的美国教育,正经历着一场"体力和智力的大爆发"。首先,资本主义政治经济的发展本身就要求科学地探索变革教育的途径和方法,以培养更多适应社会经济发展需要的职业人才。其次,民主的大力提倡,以人为本的价值观需要教育更科学地研究儿童,以使其能更好地适应儿童的身心发展。最后,美国自然科学、心理学及数学统计学高度发达,这些都为教育的实证化发展奠定了坚实的基础。而这些更进一步彰显了传统的思辨式研究和历史经验归纳法的狭隘和局限性,所以变革必然发生。这个大变革的指导思想就是"共同感受科学知识和科学方法能应用于人的事务,产生巨大而合乎需要的变化",提倡科学精神、民主精神,将科学方法运用于教育研究中成为当时美国教育界的共识。

这种共识导致的结果之一是美国进步主义教育、实用主义教育当道,虽然改革目标追求道路不同,但它们实质都是提倡教育的民主化和科学化,体现的是民主精神、科学精神和对科学方法的追求。科学精神自不必说,民主精神表现在教育上就是普及教育、实现教育机会均等。随着入学人数增多和班级的扩大、有效组织教学、科学地测评考试、增进效率等问题催生了测验的产生和大规模使用。同时民主精神要求"每个人有充分发展其能力的平等机会,进而消除社会存在的不公平状况",要从"人人皆有教育"变为"人人皆有其教育"。而要实现这些目标,就需要研究儿童的心理发展,要从入学年龄、任务分配、教学目标设计、教材的编排等方面考察是否按照儿童心理发展进行,这些都需要应用科学方法进行研究,需要应用测验。

结果之二是测验运动在美国的迅速发展。自从比纳智力量表被引入美国后,美国学者对智力测验的研究一直有增无减,军队团体智力测验量表的编制和大规模使用又让美国人对测验的信心倍增,各种智力测验如雨后春笋般遍地开花。同时心理学家桑代克等人在教育测验上成果丰富,不仅编制了大量测验投入使用,在测验理论、分数解释等方面也是成果显著。再加上当时效率运动、教育调查运动的推波助澜,教育科学化运动、测验运动风靡一时。统计、测验、实验等方法大行其道,整个美国社会投入大量精力和资金使用已有的测验或实验程序,设计开发新的量表、考核表,同时对学校教师、学生、校长、督学甚至门卫进行测量,"测验运动"(measurement movement)以咄咄逼人之势蓬勃发展。美国教育界对测验的研究和提倡对当时唯美国教育马首是瞻的中国来说,其影响无疑是巨大的。

2.美国积极对中国实行教育输出

资本主义全球化发展需要美国积极开拓海外市场,而近代社会的发展也使得武力侵略不再现实,所以美国对不发达国家的侵略也越发隐蔽,更重视文化渗透和精神侵略,而教育的输出刚好是最适合的手段。

首先,美国通过培养中国教育界的领军人物来间接影响中国的教育,其中最成功的就是利用庚款培养留学生。庚款起源于清末,1901年,在帝国主义列强的层层威逼下,腐败的清政府与欧美十一个国家签订了丧权辱国的《辛丑条约》,按照约定中国需要从海关税银中拿出四亿五千万两白银赔给各国。与其他国家不同的是美国则直接把这部分资金退还中国,但这种退款不是直接退还而是要专门成立一个助学基金会。中国政府每年依旧从各项捐税摊派中持续征收赔款,交给美国花旗银行后,由美国政府监督使用,美国此举对中国文化教育的渗透可谓昭然若揭。正如美国伊利诺伊大学校长詹姆士给美国总统罗斯福的备忘录中所讲的那样:"哪一个国家能做到教育这一代的青年中国人,哪一个国家就将由于这方面所支付的努力,而在精神和商业的影响上,取回最大可能的收获。"①事实证明,此举也收到了明显的效果。依据《派遣美国留学生章程草案》,中国于1909年专门成立了一所以选送赴美留学生为目的的培训学校,初时名为游美肄业馆,1910年12月更名为清华学堂,后又更名为清华学校。据统计,"清华学校从1912年至1928年十余年间先后派出1109名留美生,加上其前身清末留美预备部派出的180名留美生,共计派出庚款留美生有1289人"。② 这些留学生本身就是同龄人中的佼佼者,有着深厚的文化底蕴,加上受美国先进教育的熏陶,回国后在教育界很快就异军突起,当时有学者就评论说:"中国各大学的教育学院,或是教育系,十之八九由美国留学生把持。"③留美生在教育的各个岗位上对美国教育大肆宣传模仿,20世纪初中国教育俨然成为美国教育的翻版。

其次,直接给中国测验界输送人才。在美国的测验运动中有一所高校引人注目,这就是哥伦比亚大学师范学院。哥大向来对测验青睐有加,其领军人物桑代克在测验研究和推广上造诣颇深,哥大倡导的测验研究也成了美国教育研究的基本范式。民国测验界的领袖陈鹤琴、廖世承、张耀翔、邱大年、庄泽宣等都曾在这里接受过系统的测验培训。这些学者在求学期间就有了丰富的测验方面的成果,很多人的博士学位论文就是研究测验相关的内容。比如刘廷芳的《中文学习心理学》就对测验理论进行了探讨。桑代克还亲自指导过两位中国学生从事测验研究,一个是刘湛恩,他的博士论文《非口语智力测验在中国之应用》研究的就是智力测验,另一个是朱斌魁,他的论文《在美中国学生——他们的成功及其关联的素质》就直接使用桑代克的量表,用心理测量科学来解决留美学生心理上的问题以及改进其培养方法。这两篇论文不仅开拓了中国测验理论研究的新领域,而且在世界测验理论研究上也是处于领先地位。还有很多博士学位论文也是广泛运用了测验方法,比如李昂的《记忆与智力关系的实验研究》中大量运用了各种测验,周学章的《写作能力测量法》解决

---

① 李长久,施鲁佳.中美关系二百年[M].北京:新华出版社,1984:66-67.
② 卢浩.中华教育改进社:中国近代教育模仿美国的主要推动者[D].上海:华东师范大学,2003:46.
③ 廖泰初.中国教育研究的回顾与前瞻提要初稿[J].教育学报(北平),1940(5):30.

了写作测验标准化的难题,陈选善的《若干智力测验类型的可训练性比较》对智力测验理论进行深入的探讨,邰爽秋的《教育行政测量法》、夏瑞卿的《小学生社会能力研究》、黄溥的《以写作等级表方式评量英语写作的错误和改进》等都运用了测验解决实际问题,回国后他们也不遗余力地提倡推广测验。

(二)民国初期的社会背景为测验运动兴起提供了契机

如果说国际测验运动的发展为民国测验运动的兴起提供了外部条件,那么民国初期的政治、经济、文化背景则为测验运动的兴起提供了契机。

1.政治背景

教育的发展与它所处的政治背景是息息相关的,而民国时期宽松的社会和政治环境刚好为测验运动的发生提供了契机。民国前期是中国历史上一个特殊时期,武昌起义胜利后,清政府的统治迅速土崩瓦解,随后在南京成立的中华民国临时政府开启了民主共和的新纪元。但新政府成立并没有带来政局的稳定,先是袁世凯当权,他不顾人民反对恢复帝制,最终在全国人民的一片叫骂声中一命呜呼。袁世凯死后,军阀割据更加剧了时局的不稳定,各方势力明争暗斗,中国从此进入了军阀混战时期。

这些军阀中有英美支持的直系军阀,有日本支持的皖系军阀和奉系军阀,还有其他由各帝国主义国家支持的不同地方派系军阀。他们明争暗斗,均以自身利益为出发点决定敌对或联合,轮番控制中央政府,他们的胜败和彼此力量的对比变化更导致了中央政府权力的频繁更替。不管是南京临时政府还是其后的北洋政府都是军阀们手中的傀儡,虽然对外代表国家的政权,但对内既无中央权威又无正统地位。政权的不稳定直接影响了对教育的管理,有资料显示,"民初内阁从唐绍仪任总理开始,到1927年潘复的内阁,15年间,走马灯似的更换了46届,平均每届任期不到4个月"[①],"从1912年民国建立至1928年北伐统一前,中央教育长官共经历44人次,大约每年要更换3位教育

---

① 杨天宏.中国的近代转型与传统制约[M].贵阳:贵州人民出版社,2000:165.

总长"。① 人事的不稳定虽然大大影响了教育政策的可持续性,但也为学术发展创造了一个非常宽松的环境,自由的空间使得教育改革不断。民国初期中央对教育的全面失控,为当时的教育革新创造了广阔的发展空间,测验运动也应运而生。

2.经济背景

清末,在资本主义列强坚船利炮的威迫下,中国被迫卷入资本主义全球市场。随之而来的是资本主义国家大机器生产的廉价商品的大规模入侵,中国原有的小农经济被瓦解的同时,中国资本主义机器工业也开始萌发。在被迫开放的通商口岸,以执行流通资本职能并与产业资本联系为专务的新型商业也悄然出现,中国传统的商业也出现了向资本主义商业转化的迹象。② 这些都显示资本主义经济在近代中国萌芽发展。

国际上,第一次世界大战的爆发使得忙于战争的欧美资本主义国家无暇东顾,对华控制开始减弱,民族资本主义经济得以孕育发展。国内封建帝制的退出也在一定程度上提升了民族资产阶级的政治经济地位,刺激了他们的投资热情,民族工业出现一定的繁荣。内外因使得这个时期国家的工业化、城市化进程加快,这些都为教育发展提供了物质基础。资本主义的发展必然要求实行资本主义的教育,这些都对教育提出了新的要求和挑战。经济发展使得民初国家经济结构有了重大的变化,其引发技术、产业、职业结构变化的同时也对人才的培养规格、质量、数量、种类等提出新的要求,培养适应资本主义工业化发展的新型人才的目标等都催生着教育变革。面对经济结构变化和生产力发展的强大冲击,面对人才培养目标的转化,教育改革和教育研究范式的变革势在必行。

3.文化背景

1915 年后,由教育界发动进而推向全国的五四新文化运动,揭开了中国历史的新篇章。它不仅是近代史上的一次思想运动,更是一场伟大的教育运

---

① 朱庆葆.中华民国专题史:第 10 卷[M].南京:南京大学出版社,2015:5.
② 胡延峰.留学生与中国心理学[M].天津:南开大学出版社,2009:209.

动,在这个运动中有一个词让教育界呈现出空前活跃的思想局面,正如胡适所言:"有一个名词在国内几乎做到了无上尊严的地位。无论懂与不懂的人,无论守旧和维新的人,都不敢公然对它表示轻视或戏侮的态度。那个名词就是'科学'。这样几乎全国一致的崇信……没有一个自命为新人物敢公开毁谤'科学'的。"[①]其实自清末后科学一直是国人的追求,科学既包括科学知识的传授,又包括科学方法的训练和科学态度、科学精神的培养。以五四运动为分界线,之前科学文化知识更受重视,而五四以后,科学领域则不断扩大,"匡正中国教育之弊,必须从西方引入科学精神与实证主义方法论"。[②]把科学内容转移到科学的方法,并把教育作为科学,作为一个整体来研究,形成一个科学的研究规范体系是五四新文化运动后科学教育的主要趋势。在这一思想的指导下,教育界一方面研究科学,另一方面大量运用科学方法来解决实际之困难问题,以增强普通人对于科学的信仰。研究工作首先需要科学的工具,也就是科学方法的运用。正因为"测验是科学的教育最重要的研究工具、诊断工具及实施标准",[③]所以"教育测验与智力测验,为改进教育工作与研究教育问题的主要工具……则非多多改良这种工具及多多运用这种工具不可"。[④]锐意进取的教育改革者一方面建立心理试验室、极力推进心理科学化的进程,另一方面则通过大力提倡教育、心理测验等手段来研究学生,改进教学手段。可以说,"五四"后中国教育改革者们为了推进和巩固"五四"新教育所取得的成果,以极大的热情投入到了中国教育科学化的进程中,而测验作为实现中国教育科学化的最好利刃遂被推到了运动的前列。

此外,测验从传入、接受再到在中国大地上生根发芽、顺利开展,也与我国长期以来形成的浓厚考试文化根基有关。众所周知,我国有着悠久的考试传统和历史,从西周开始延续到今天的各种考试实践,已不知不觉地融入中华民族的价值指导思想和行为方式中,形成一种强大而特有的考试文化。中国人历来对考试情有独钟,即使对科举大有微词,也只是把其缺陷归为"评判结果

---

① 胡适.科学与人生观[M].上海:上海亚东图书馆,1923:序2-3.
② 叶哲铭.我国近代科学教育思潮与教育实验运动[J].教育研究与实验,1998(2):56.
③ 王书林.心理与教育测量:上册[M].福州:福建教育出版社,2008:70.
④ 杜佐周.根据施行廖氏团体智力测验的结果讨论国内各种测验之应修订的必要[J].测验,1933,1(4):43.

亦欠标准",而西方的测验因为标准客观刚好弥补了我国考试一直备受诟病的问题。所以测验的到来在某种程度上深深契合了当时中国人的需求,面对测验这种更科学的考试形式和方法,中国人在内心深处是欣然接受的。也正是因为这样,"民国肇始以来,西方科学化的心理测验逐渐输入,我国社会不特未曾加以任何阻碍,并竟予以种种鼓励和宣传,以视欧陆各国推行测验的困难,诚有天渊之别。专就此点看来,科学测验之能顺利推行,未始不可以说是我国历来重视考试铨选之一大收获"。①

(三)组织团体及报刊宣传为测验运动兴起搭建了平台

如果说民初政治的宽松、经济的支持以及文化上的需求为测验运动的萌发提供了契机,那么热心测验的组织、专家及报纸杂志则是测验运动的直接推手,为测验运动搭建了基本的舞台。

1.团体组织的号召

运动是超越个人的一种集体行为,把单个个体行为联合起来变为集体行为离不开组织的构建。测验运动中的组织虽有政府主导的部门,但更多的是来自民间的团体。民初政局的不稳定使得政府对结团管理较为宽容,这为社团的产生和繁荣提供了机遇,再加上政府对教育的不作为,使得这些社团不自觉把教育改革的责任扛在自己肩上。

民间团体对测验的推动是功不可没的,这也得益于团体本身的优势。首先,民间团体"集中了一大批思想敏锐、视野开阔、受过现代文明陶冶的学界精英。他们以前所未有的开放心态,高扬科学与民主两面大旗,广泛吸纳欧美教育之长,确认教育必须与社会需要协调、教育机会与权利平等、教育要符合学生身心发展特点和科学精神等重要原则,大胆探索中国教育改革……使中国教育的现代化进程与世界新教育的发展初步接轨"。②

其次,因为中国地域广阔,当时不论是交通业还是通信技术都不够发达,

---

① 左任侠.最近中国科学测验之发展及其趋势[J].学林,1940(1):99.
② 李华兴.民国教育史[M].上海:上海教育出版社,1997:584.

再加上各地军阀割据,教育不能很好地形成合力。这对一场运动来说是致命的缺陷,而民间团体的出现大大扭转了这一不利局面。因为社团基本上都能定期举办年会,年会自然成为知识界内部交流的平台,通过这一平台各省教育界同仁不仅可以交流专业的知识,同时还培养了情谊,使全国教育界的合作与联系变得更加密切,更能及时将先进思想和经验传播出去,形成一种合力。民间团体可以说是教育界知识分子之间形成团结的载体,通过团体成员们积极有效地组织活动,那些符合中国实际教育状况的先进思想被广泛吸收和传播,先进的科学理论和方法被广泛研究和推广,各地的教育工作者通过这个平台有效实现进一步的沟通和交流,从而推动教育问题的解决。教育家们的号召力也转变为教育集体的一种意志,进而演变成强大的合力反作用于政府,促使政府出台相关的教育政策。组织中的领军人物更能发挥领袖作用,以其思想深度和人格魅力团结教育界,带领组织向既定的目标迈进。而且在发展过程中一些小的社会团体会不断合并成更大的团体,显然只靠个体的努力是不可能达到这样的效果的。

五四前后,出现了一批对近代中国教育产生重要影响的教育学术团体,其中有对测验大力提倡的全国教育会联合会、中国中等教育协进社、江苏省教育会、中华教育改进社等。还有一些社团比如中国科学社、中华职业教育社等,虽然不是直接推广测验,但都大力提倡科学的方法。这些组织或对测验直接提倡或对测验间接提倡,为测验发展提供了组织平台。

2.报纸杂志的宣传

在漫长的历史长河中,中国大多数时间采用的都是高度集权的封建专制,一场运动如果没有国家和地方行政的大力提倡是很难开展的。但这一局面在民国初期开始被打破,而打破这一僵局的就是报纸杂志的大量发行,这种媒介能实现新的社会力量的动员和组合,所以不容小觑。

民国成立后自由民主之风大行其道,报馆杂志社纷纷成立,报纸杂志大量发行,盛极一时。有研究表明,从辛亥革命成功到1918年间,仅通讯社就"在广州、上海、长沙、武汉、北京、东京等地陆续出现20余家"。[①]"辛亥革命以

---

① 吴廷俊.中国新闻传播史稿[M].武汉:华中理工大学出版社,1999:114.

后,新创办的报纸达 500 种左右,发行量达 4200 万份……北京政府内务部公布的数据显示,仅 1912 年 2 月 12 日到 10 月 22 日短短八个多月的时间北京报纸报部立案者共 89 种;北京各党、会报部立案者共 85 个"。① 就教育方面也有学者进行了统计,从 1912 到 1916 年,新创教育报刊就达 43 种以上。② 世界最新教育改革通过这些报纸杂志为国人所了解。

早在 1913 年《进步》杂志就发表了《德国苗孟氏实验教育学之大概:俄国心理实验院测验儿童头颅之状》《德国苗孟氏实验教育学之大概:测验学生手臂运动之器》《德国苗孟氏实验教育学之大概:苏黎世实验室测验学生视觉之器》《德国苗孟氏实验教育学之大概:测验学生记忆悟澈及情感之器械》《德国苗孟氏实验教育学之大概:测验学生观念联续及心理反动之器》等一系列文章,虽然介绍的测验基本还是感觉和动作的测量,但已经及时将国际测验的最新发展传到国内。创刊于 1909 年的《教育杂志》一直对实证教育青睐有加,它也是国内第一个宣传实验教育的杂志,比如 1912 年第 4 卷第 4 期就刊有天一的《实验教育学》,1913 年第 4 卷第 10 期又刊登天民的《各国实验教育之现状》,这两篇文章全面详细地介绍了实验教育的历史和各国进行的实验,及时地传达了国际教育改革的动态,为后面测验的介绍和宣传做了前期的铺垫。之后该杂志更是把科学研究方法的推广作为主要宣传内容,在其"本志"宣言中就明确表示:"教育方法的研究,日渐扩大,如各种设计教学法、智力测验、教育测验、心理测验、职业测验种种,莫不竞以所得相高。"③创刊于 1912 年的《中华教育界》也是当时教育改革宣传的主力军,除了及时将国内学者的测验思想和测验实验公布外,它还是国内最早出版专门"教育测验号"的杂志,"对教育测验之历史、性质、目的、要素进行了讨论,并就具体的测验方法进行了举例"。④

这些拥有大量读者群的杂志往往汇集了全国对教育改革素有研究的教育界知名的学者专家,对问题的研究也具有很强的时代性和高瞻远瞩性,对社会造成极大的影响。除此之外,校刊和组织会刊也对测验思想和测验具体方法

---

① 戈公振.中国报学史[M].北京:生活·读书·新知三联书店,1955:181-184.
② 汪楚雄.中国新教育运动研究(1912—1930)[D].武汉:华中师范大学,2009:61.
③ 本志宣言[J].教育杂志,1922,14(1):2.
④ 喻永庆.中华教育界与民国时期教育改革[D].武汉:华中师范大学,2011:214.

进行大量宣传,比如《小学校》《北京高师教育丛刊》《中等教育》《江苏师范附属小学校联合会月刊》等都及时将下属各校和各个组织的测验编制、实施和结果解释等公布于众,为测验运动的萌生和发展创造了良好的文化氛围。

3.测验专家的引领

清末由于科举制的废除,人才向上流动的渠道戛然而止,留学因而成为有志之士实现理想和抱负的首选之路。对比其他国家,美国政局稳定科技发达,而且有充足的庚款保障,留学生可以无后顾之忧安心钻研学术,所以美国成为20世纪一二十年代中国人留学的首选国家。而这一时期正是美国测验运动蓬勃发展时期,这一运动的中心就是留学生众多的哥伦比亚大学。有资料显示,民国"在美国哥伦比亚大学一校留学的便有 300 余人,很多人研究和攻读教育学"。[①] 哥大是美国机能主义心理学的两个大本营之一,尤以桑代克的教育心理学见长,经桑氏等大力推广,测验成为研究教育问题的科学方法与工具之一。除了桑代克,该校还聚集了杜威、孟禄、麦柯尔等众多提倡实证主义科学方法的专家,在该校学习的留学生大多都接受了系统的测验训练,这为他们回国开展测验运动奠定了扎实的基础。

与现代留学归来有众多选择不同的是,民初中国工业相对落后,归国留学生在实业领域很难有用武之地,而高校重视学历且物质条件较好,所以教育行业成为归国留学生最好的选择,以至于"中国各大学的教育学院,或是教育系,十之八九由美国留学生把持"。[②] 丰富的留学背景和多年严谨科学方法的熏陶让他们视野开阔、富有创新精神,一旦进入教育部门就大显身手,迅速成为左右中国教育方向的重要力量。他们一方面积极参与国内高校教育科、心理实验室等的建设,比如:张耀翔创造了我国最早的心理实验室,积极参与北高师心理学科建设,从事实证科学的研究,并带动了一批学者投入测验的编制和运用上;廖世承、陈鹤琴在东南大学首次开设测验课程,并大胆尝试将测验纳入入学考试中;"刘绍禹任职成都大学时,将教育哲学系改为教育心理系,任四川大学教育系主任时,创建了心理实验室;唐钺、孙国华、周先庚创建并发展了

[①] 朱庆葆.中华民国专题史:第 10 卷[M].南京:南京大学出版社,2015:11.
[②] 廖泰初.中国教育研究的回顾与前瞻提要初稿[J].教育学报(北平),1940(5):30.

清华心理系"。[①]另一方面这些学者任职述教、著书立说，或躬行实践，不遗余力地倡导测验。比如，张耀翔以其任教的北高师和北京女子师范学校为实验研究基地，先后发表了《Binet-Simon 的智慧测量法》《智慧测量》《第二 新法考试（甲种）》《第五 新法考试（乙种）》等关于测验的文章，为测验运动的前期宣传立下汗马功劳；廖世承、陈鹤琴首次将智力测验纳入大学新生考试中，二人合著的《智力测验法》更是将当时国内外最新的各种测验进行了总结；俞子夷先后以江苏第一师范学校附小和南京高等师范学校附小为基地，带领团队编制了大量的教育测验，并制成了中国第一个标准测验书法量表；廖世承以东大附中为研究基地，带领团队先后编制了常识测验、英文测验、智力测验、物理测验、算术测验、几何测验、识字测验、默字测验、填字测验、成语测验、国文常识测验等众多测验，取得了很好的效果。

美国教育改革模板的引导、国内特有的政治经济文化背景，再加上民间团体组织、教育改革者、测验专家和报纸杂志等宣传媒介的推波助澜，遂生成近代教育历史上气势宏大的测验大潮。

二、科学测验的引入与宣传

近代中华大地上出现的第一个科学测验虽然不是出自中国人之手，也不是有意向中国介绍，但着实拉开了中国测验运动的序幕。从此，国际著名的测验相继被国人翻译介绍，测验理论和测验发展最新动态为各大报刊所竞相发表，在此基础上的模仿实验测验也开始出现。

（一）科学测验的输入和初步宣传

中国大地上实施的第一个科学测验虽然是外国学者无意识带入的，但拉

[①] 张振助.庚款留美学生与中国近代教育科学化运动[J].高等师范教育研究,1997(5):74.

开了近代测验运动的序幕,从此教育界开始注意这一科学测验,并陆续进行相关报道。

1.国外学者的无意识介绍拉开了测验运动的序幕

根据已有的史料,中国第一个科学测验(即接近现代意义的测验)出现在1915年的广州,是美国人克莱顿博士在密苏里州立大学教授派耳指导下进行的测验,该测验史称"为科学的测验法输入我国之始"。①

(1)测验的设计与实施

这个测验的样本共510人,其中男生280人,女生230人,测验对象是10~18岁的中国学生。测验项目包括身体测验和智力测验,前者虽称为测验,但实际只是简单的身体测量,后者采用的是西方比较流行的相对复杂的智力测验,是一种真正的科学测验。本来"比较智力最重要之法为写字之速率",②但因为中国采用的是形体字,美国采用的是符号,两国字体完全不同,所以根本无法比较。为了排除这个干扰因素,更真实地测验智力,派耳和克莱顿决定采用"不求意义之记忆法"测验。从这一点我们也可以看出施测者对这个测验的设计还是相当用心的。

"不求意义之记忆法"测验由五个分测验组成,具体包括"无意义记忆法"测验、"理想记法"测验、"代法"测验、"类推法"测验和"布样法"测验。③ 每一个测验都有严格的施测程序。我们以布样法为例,其测验过程为"铺大四方格纸一张,以七大黑子放于格线交点,布成样式。儿童见过后,收起,着依前式自布"。④ 从上述对测验过程的描述我们可以看出,这些测验主要测的是智力中

---

① 教育部中国教育年鉴编审委员会.第一次中国教育年鉴:戊编[Z].上海:开明书店,1934:191.

② 派耳.中国儿童体格与智力之研究[J].新教育,1919,1(2):143.

③ 关于这五种测验有不同的翻译版本,童润之《中国民族的智力》(《东方杂志》1929年第26卷第3期)称之为"机械记忆、理解记忆、形数交替、类推和非文字测验";王书林《比纳-西蒙量表发表后之智力测验》(《教育杂志》1927年第19卷第11号)译为"合理的记忆(logical memory)、机械的记忆(rote memory)、交替(substitution)、比喻(analogy)等"。本书所用的是《新教育》发表的译法,其直接译自派耳本人1918年8月31日发表于美国著名教育期刊《学校与社会》的研究报告《华人心理与身体特征研究》(A Study of the Mental and Physical Characteristic of the Chinese)。

④ 派耳.中国儿童体格与智力之研究[J].新教育,1919,1(2):144.

的记忆力。虽然在现代看来比较简单,但就当时的国际测验发展看,已经是比较先进的。

(2) 测验结果与分析

派耳和克莱顿获取数据后对数据进行了科学的分析,并发表于美国著名教育期刊《学校与社会》(*School and Society*)上,其主要结果如表 2-1 所示:

表 2-1　中国男女生智力测验结果统计表[①]

测验类型	性别	百分比/%
无意义记忆法	男	117
	女	108.3
理想记法	男	87.3
	女	94.7
代法	男	88.6
	女	77.9
类推法	男	36.0
	女	26.8
布样法	男	90.4
均值	男	84.0
	女	77.0

从上述结果可以看出,除了理想记法外,其他测验上中国男生的智力均胜于女生,在类推能力方面,中国男女生分数普遍很低("因人数太少,故不以布样法试女子")。因为当时的中国女性能接受教育的很少,所以女生智力开发不如男生也是事实,这也在一定程度上验证了该测验的效度。

(3) 测验的评价

正如克莱顿本人所说,此举只是为了解"中国人之真品性",所以并非有意向中国介绍测验方法,之后他又把这个结果和他在美国调查的同龄学生的样本做比较。美国调查的学生样本有两个,一个是美国的城市学生,一个是美国的乡村学生,其比较结果如下表 2-2 所示:

---

① 派耳.中国儿童体格与智力之研究[J].新教育,1919,1(2):145-146.

表 2-2　中美不同群体学生智力比较表①

分类	男生	女生
美国城市学生	100	100
中国学生	84	77
美国乡村学生	73	78

根据比较结果,派耳认为除了在无意义记忆方面中国的男生女生优于美国的男生女生外,其他方面中国的男女生均不如美国的男女生。特别是类推法,中国学生的成绩似乎非常糟。所以派耳总结出中国人的智力,男生只能达到美国城市男生的84%,女生只能达到美国城市女生的77%。但有一点派耳没有提及,因为表中同时也显示出美国乡村男生智力只能达到城市男生的73%,乡村女生智力只能达到城市女生的78%。所以中国学生虽然在测验上有语言困难,但竟比没有语言障碍的美国乡村学生智力略高。从横向比较的结果看,这个测验的有效性还是令人怀疑的,派耳本人也承认言语不通会影响测验的准确性。同时他本人也认为:"以为中国人与美国人得相等之教育培养,其性质必不下美人。"②

虽然这个测验现在看起来比较简单,只是用视力、记忆力、想象力等能力来代替智力,测试过程中难逃速度的窠臼,测验结果的准确性也值得怀疑,但这是中华大地上出现的第一个所谓科学测验。相对于以往简单的动作测验更为复杂,完全可以称得上是科学测验传入我国之嚆矢。虽然这个测验在中国测验史上意义非凡,但当时在国内似乎并没有引起轰动。究其原因,一是正如前面所言该测验不是有意为中国介绍的,只是利用数据进行其他目的研究,结果也仅在国外发布,直到1919年《新教育》杂志才转译这篇报道,有一定的滞后性;其二是当时国内对测验的关注度不够,加上报纸杂志发展尚在起步期,对要闻捕捉的敏感度不高,所以没有相关的报道,大众也无从得知更多的细节。

(4) 其他类似测验与评价

无独有偶,1918年清华学校的心理学讲师瓦尔科特(Walcott)用推孟修

---

① 派耳.中国儿童体格与智力之研究[J].新教育,1919,1(2):147.
② 派耳.中国儿童体格与智力之研究[J].新教育,1919,1(2):147.

正的比纳-西蒙量表测验该校高等科四年级学生,这是首次用西方成熟的规范量表在中国进行测验。与第一次测验不同,这次选择的学生群体年龄平均22岁,相对比较成熟且英文很好。测量结果表明,64人中有44人的智商在100以上。后来瓦尔科特又用美国的团体智力测验考这一批学生,并将其结果与美国大学(哈姆林大学)一年级生(190个人的样本)相比较,具体如表2-3所示:

表2-3 中美不同群体智力比较表①

群体	智商
美国女生	82
美国男生	80
清华学生	70.5

针对这个结果,瓦尔科特的评价相对比较客观,他说:"中国的学生有五个测验是比美国的学生好,有两个是比他们坏,这两个坏的或者是因为文字困难,不利于中国人的关系。"②

外国学者在中国举行的两次测验可以说都是当时比较科学的测验,特别是第二次测验用的是较成熟的智力量表,这本来是较好的学习机会,但国内对其宣传几乎为零,原因在于一是施测者的意图非常明显,只是为了进行比较研究而非有意向我国介绍测验,测验结果也均发布于国外,所以未引起太广泛的注意。二是这两个测验测试时样本不够大,抽样的范围也不够广,连派耳本人都认为"如欲确得两种人比较之数,宜多验中国人,使验数更大方耳"。③ 三是测验试题都是直接由英文翻译过来的,本身就有着语言、文字、学习习惯、知识上的差别,测验结果的可信度也比较低。正如王书林所说:"这是很鲜明的,我们由这种研究中不能得到种族差别之特征。"④总而言之,因为宣传设计等种种原因,外国学者在中国实施的这些测验只能是"墙里开花墙外香",对中国测验运动的发展来说并没有实质性的推动作用。

---

① 王书林.比纳-西蒙量表发表后之智力测验[J].教育杂志,1927,19(11):6.
② 童润之.中国民族的智力[J].东方杂志,1929,26(3):72.
③ 派耳.中国儿童体格与智力之研究[J].新教育,1919,1(2):148.
④ 王书林.心理与教育测量:下册[M].福州:福建教育出版社,2008:733.

2.智力测验与算术测验的介绍

从 1916 年开始国内学者陆续有意识介绍测验,关于测验的报道零星发表,国人开始对测验有所关注。这些测验主要是智力测验和算术测验。

(1)智力测验的介绍

国内第一个正式介绍西方科学测验的是留日学生樊炳清,其译作《比奈氏智能发达诊断法》于 1916 年 4 月由商务印书馆出版,全书共计 35 页。作者在开篇就谈到"精神检查之法,借数量以示结果……为科学之检查法也……此检查法既获知正则发育之标准,又为精神异常之证据。此问题研究最力功绩最彰者不得不首推法国之比奈"。① 这里的比奈就是比纳,所以该书是中国测验史上第一本正式介绍比纳-西蒙智力量表的著作。其内容主要包括比纳曾发表的关于智力测量的一系列文章,量表中具体题目的编制经过,以及 3 岁到 13 岁儿童的具体的施测题目,其中还特别详细地介绍了儿童具体智力年龄的计算方法,"由前项主要规则认定其年龄外,如试以更进一岁之检查法而合格至五种以上,则加一岁"。② 因为中国儿童年龄计算中有周岁和虚岁之分,这一介绍有利于国人更好地和国际接轨。难能可贵的是,这本书并不只限于介绍,更提及了测验本土化的重要性,"他日欲实地适用之,似尚待详加研讨,逐渐改正。若施诸我国儿童,尤非全体改定不可"。③ 这也从一个侧面反映出对于测验,我国学者从一开始就注意到本土化的重要性,这无疑为后续测验的介绍和借鉴开了一个好头。

从樊炳清介绍比纳智力测验后,国内陆续有学者关注智力测验。这期间有顾树森 1916 年在《中华教育界》发表的《儿童智力检查法》一系列文章,介绍了当时国际上流行的四种儿童智力测验法,分别是皮奈希蒙儿童智力量表(针对 5~15 岁的儿童);薄培尔他哈氏儿童智力量表(针对 5~12 岁的儿童),此表是在皮奈希蒙儿童智力量表基础上进行修改得来的;得尔孟及气依尔独西氏儿童智力量表(针对 5~15 岁的儿童),也是在皮奈希蒙儿童智力量表基础上进行修改得来的;莫伊孟氏儿童智力量表(针对 5~15 岁的儿童),以上几种

---

① 樊炳清.比奈氏智能发达诊断法[M].上海:商务印书馆,1916:1-3.
② 樊炳清.比奈氏智能发达诊断法[M].上海:商务印书馆,1916:32.
③ 樊炳清.比奈氏智能发达诊断法[M].上海:商务印书馆,1916:34.

量表都详细列举了各个年龄段的具体考核题目。1917年丁伟东翻译了日本学者佐藤礼云的《智力测定法》,并发表在《京师教育报》第38期。虽然也是介绍比纳-西蒙量表,但与之前的介绍相比,该文章更偏重实践性,对具体的操作过程介绍得特别详细。以文中12岁儿童智力测定法为例,文章介绍说:"(一)与以三个文字,令作一文。(二)令其一分钟读六句长文,以观其音读若何。(三)令其解释抽象概念之定义,例如何为正义、何为同情、何为爱国,令彼求其定义,必举既适当又简单之例以解释之。(四)令其整理颠倒错乱之文句。(五)故设错误之事,令其研求证明错误之法。"[①]这为国人如何具体开展测验提供了翔实的样本。和之前的学者一样,译者也特别强调了测验本土化的重要性,文末作者特别指出:"比氏发明此种智力测定法系就法国之气候、风俗、人情、体质、国民性诸方面……我国用此法以测定儿童之智力恐有不适当之处。故研究此种方法者,宜参酌本国之人情、风俗、宗教、气候各方面之情形。"[②]

(2)教育测验的介绍

除了智力测验,这时期学者们也开始关注国际教育测验的发展,其中对此贡献最大的是江苏省立第一师范学校附属小学试验研究所。该所的主要负责人俞子夷在1916年发表的《克的斯实验研究法》就是介绍当时国际流行的一种数学测验。在该文中,他详细向国人介绍了这种数学测验的由来、目的、具体实施、结果使用以及标准,同时还附设了具体的研究题纸和统计图。[③] 难能可贵的是,研究者并没有只停留在对这种测验的介绍上,介绍的同时更多是希望通过在国内大面积试行求得常模和发现问题,所以在文章后面他专门提出:"如欲试行此法,务希通函该校商购此项印刷品应用。能将试行结果报告该校试验研究部。"[④]虽然国内的学校是否有按照其设想大量运用该测验,运用结果又是否有反馈,我们无从得知,但提倡测验中国化的思路已经初现端倪。

除了克的斯的数学测验,俞子夷分别在《教育杂志》1917年第9卷第3期、第9卷第4期、第9卷第6期介绍了国外其他学者——勒爱斯、斯托恩等

---

① 佐藤礼云.智力测定法[J].京师教育报,1917(38):11.
② 佐藤礼云.智力测定法[J].京师教育报,1917(38):11-12.
③ 这里的实验研究题纸就是现代测验理论中的具体试题库。
④ 俞子夷.克的斯实验研究法[J].小学校,1916(6):20.

测验及克的斯的其他相关研究。这些文章不仅是一种方法的介绍,更传递了一种测验的理念。正如俞子夷在《算术教授之科学的研究》中所说:"近来各方面之研究家多谓以个人意见作批判方法材料之标准于事实之实际未必正切。同时实验法、调查法及科学的研究渐为众人所欢迎……而教育事业亦多企划、设定、单位标准已测验效果者。更有教育专家利用精密统计之术,以行调查、以定标准。"①

总的说来,1916—1917 年这个阶段学者们开始有意识地介绍国外流行的测验,并已经有了本土化的意识。但这些测验仅限于智力测验和教育测验,其中智力测验主要是比纳量表,教育测验主要是数学测验,并且这些介绍比较分散,更多的是按照译者的个人兴趣进行的。

(二)科学测验的广泛宣传

测验介绍经过 1918—1919 年的沉寂期后又开始活跃,"至一九二〇与一九二一年之左右,提倡心理测验的渐多……在此两年间,国内各著名杂志上,所载关于测验的论文,约为三十篇上下"。② 经过前一阶段的厚积薄发再加上南高师测验课程的设置,点燃了国人对测验的热情和渴望,各大杂志也纷纷发表关于测验的文章以满足国人的需求。这些文章中有的依然是以国外测验介绍为主,有的是借鉴国外测验对我国已有的研究进行批判,还有的是在借鉴国外测验的基础上尝试编写适合中国教育的测验。本研究依据上述思路对此期间发表的有关测验的文章进行梳理归类,以清楚展示其引入的进程,具体如下:

1.以国外测验介绍为主的宣传

和前期介绍一样,这类宣传主要是让国人了解国外测验,但与前期宣传有所不同的是这些介绍不只是介绍测验本身,还有测验的历史和测验的理论,包括测验的不同种类、测验的具体器具、测验的具体题目、测验的功能、测验的最

---

① 俞子夷.算术教授之科学的研究[J].福建教育行政周刊,1917,2(8):353.
② 易克櫄.教育测验之起源与发展[J].测验,1932,1(1):103.

新发展等。具体的文章如表 2-4 所示：

表 2-4 关于介绍国外测验的文章统计表①

序号	题目	作者及译者	时间	杂志
1	《知能检查法底研究》	厚生	1920 年第 12 卷第 11 期	《教育杂志》
2	《智慧度量法》	杜威著 金海观译	1920 年第 10 卷第 2 期	《中华教育界》
3	《心理的新考查法》	天民	1920 年第 12 卷第 5 期	《教育杂志》
4	《施与小学儿童的团体检查法》	太玄	1920 年第 12 卷第 12 期	《教育杂志》
5	《学艺:测验心理的器械》	周昌炽	1920 年第 7 卷第 12 期	《学生》
6	《测验儿童智力之必要和方法》	王克仁	1920 年第 10 卷第 2 期	《中华教育界》
7	《小学算术学力测验法》	罗廷光	1921 年第 13 卷第 3 期	《教育杂志》
8	《读法测验》	廖世承	1921 年第 2 期	《教育汇刊（南京 1921）》
9	《附载:测验统计》	诵华	1921 年第 5 期	《思益附刊》
10	《桑代克氏的新试验》	见洪	1921 年第 13 卷第 5 期	《教育杂志》
11	《科学杂组:心理测验法》	—	1921 年第 18 卷第 8 期	《东方杂志》
12	《爱迪生之心理测验》	雁江	1921 年第 8 卷第 12 期	《学生》

与之前单一的测验介绍相比,这时期的测验介绍明显更多样化。除了之前主要介绍的智力测验和算学测验,还出现了读法测验、默读测验、朗读测验等其他具体的教育测验。对这些测验的介绍也更加细致深入,比如《读法测验》一文从理论上介绍了读书能力的要素,根据要素把读书方法分为默读和朗读,这能让读者非常清晰地理解题目编制的理论依据,不至于出现为编制而编制的缺陷。该文章不仅列举了默读和朗读测验具体的实例,还对其记分方法、考核侧重点、标准及优缺点进行了阐述。这些都比之前单纯笼统地介绍测验更具有实际指导意义。但这时测验的翻译引入也存在缺陷,首先从署名看,大

---

① 此表根据晚清、民国期刊全文数据库中的相关资料整理而成。

多介绍是转译而来的,①这种翻译相对于原始稿在准确性和表达含义上都有所欠缺;其次民初人们普遍认为社会的判断、商业的判断、道德的判断以及各种高等思想的历程,都不过是智力的机能,所以介绍的测验还是以智力测验为主,国外已经出现的其他测验介绍相对较少。

2.以反思国内教育为主的测验宣传

反思国内教育的测验宣传大多是在吸收国外先进测验理论基础上,通过自己的实证研究,批判已有的教育和研究,从而达到宣传测验的效果,这些文章更多体现的是学者们的本土化思考。主要文章如表2-5所示:

表2-5 关于反思国内教育的测验文章统计表②

序号	题目	作者	时间	杂志
1	《Binet-Simon 的智慧测量法》	张耀翔演讲,名鸿、配言记	1920 年第 4 期	《北京高师教育丛刊》
2	《测量儿童成绩之商榷》	张近芬	1920 年第 11 期	《第二女子师范学校校友会汇刊》
3	《标准的教育测验》	张崇南	1921 年第 8 卷第 12 期	《中华教育界》
4	《教育:测验式试验的报告》	朱麟公	1921 年第 13 期	《江苏省立第二女子师范学校校友会汇刊》
5	《测验式的各科成绩考查法》	二女师附属小学校	1921 年第 9 期	《教师之友(南京)》
6	《测验法和科学环境的不足》	二女师附属小学校	1921 年第 11 期	《教师之友(南京)》
7	《心理测验》	陈鹤琴讲,杨贤江、华超记	1921 年第 13 卷第 11 期	《教育杂志》
8	《标准的教育测验》	张崇男	1921 年第 8 卷第 12 期	《中华教育界》

---

① 从署名厚生、天民、太玄等就可以看出,因为当时《教育杂志》主编朱元善不懂外语,为了拼凑稿件常常浏览十多种日文教育刊物,然后根据其中的汉字猜测文章的内容,再请馆外懂日文的人将他认为有用的文章译成中文。因此,这些编译的文章多以"天民"或"太玄"的署名发表。参见肖朗、黄国庭《五四新文化运动前后〈教育杂志〉作者群体的转变:基于量化的分析》(《大学教育科学》2010 年第 3 期)。

② 此表根据晚清、民国期刊全文数据库中的相关资料整理而成。

这些文章有的是根据测验理论对国内已有的测验或考试的具体问题进行批判的,比如张近芬在《测量儿童成绩之商榷》一文中提出:"测量儿童成绩,据我想来,第一要免除主观的见解,第二要有适用同一的材料,第三要根据统计的标准,这就是近今欧美各国所盛行的教育测量……教育测量这件事,国内一向不多见。不过书法缀法的测量,已由江苏第一师范附属小学做过……书写不限定时间,只区别优劣,也恐有些不对。"[1]张耀翔的《Binet-Simon的智慧测量法》一文则就考核依据的年龄问题进行批判,他说:"现在学校招考新生,有大错的地方,就是以生长年龄定标准……要用智慧年龄作将来招考、排班升级的标准。"有的则是对考试方式的批判,比如张崇南认为"现有考试存在几个缺陷问题,分别是价值的不等、忽视做题的速率、排列实验所含的问题太广",朱麟公认为"旧式考试范围广、时间久,并且只有最后一次考试,答案也不能反映真实知识",二女师附属小学校教师更是对自己学校实施的考试进行反思,提出"小学旧式成绩考查法存在三个缺点:距离太远、偏重记号、评判不易"。这些批判虽然没有直接提出用测验代替旧式考试,但都从不同侧面表达了测验能弥补已有考试缺陷的看法,而这些强烈的对比更能彰显测验的优势,为测验在教育考试中的应用做了舆论铺垫。

3.关于移植实施测验的介绍

除了理论的介绍,不少学者还把国外的测验移植到当地进行实验,一方面用实验验证测验理论,另一方面就测试中出现的问题进行探讨,这时期的文章主要如表2-6所示:

表2-6 关于移植实施测验的文章统计表[2]

序号	题目	作者	时间	杂志
1	《智慧测量》	张耀翔	1920年第1期	《北京女高师幼稚教育的研究》
2	《第二 新法考试(甲种)》	张耀翔	1921年第2卷第1期	《北京高师教育丛刊》

---

[1] 张近芬.测量儿童成绩之商榷[J].江苏省立第二女子师范学校校友会汇刊,1920(11):11-13.

[2] 此表根据晚清、民国期刊全文数据库中的相关资料整理而成。

续表

序号	题目	作者	时间	杂志
3	《第五 新法考试(乙种)》	张耀翔	1921年第2卷第4期	《北京高师教育丛刊》
4	《教育实验:测验式的学业成绩考查法》	赵欲仁	1921年第13卷第8期	《教育杂志》
5	《教育实验:常识测验的报告》	赵欲仁	1921年第13卷第5期	《教育杂志》
6	《教育实验:初年级生学习国音之测验》	沈复初	1921年第13卷第6期	《教育杂志》
7	《智力实验之报告》	陈献可	1921年第13卷第2期	《教育杂志》
8	《我校考验新生的智力测验法》	王训庭	1921年第46期	《安徽教育月刊》
9	《心理测验谈》	杨焕	1921年第6期	《江苏省立第二师范学校校刊》

其中张耀翔的《智慧测量》就是一篇关于测验的论文报告,该报告用了实证的方法,以高级师范生十六人为对象,分别选取国文、读法和算术三种材料按传统的方式进行评定,根据实验结果张耀翔认为"吾国量智慧之方法,无论量普通智慧,或量各专门科智慧,皆完全属于主观,不属于客观;出乎武断,不出乎法定;一人有一人之量法,一人一时亦各有其量法……吾国一日不统一智慧测量法,则吾国教育一日不得谓之治",[①]从反面论证了测验的必要性,表达了国人对科学智慧测量的渴望。同时该文章还介绍了各种新法考试的格式(主要为是非题)、编制方法、记分方法、实施规则以及新法考试的优势。张耀翔的《第二 新法考试(甲种)》介绍了他的团队分别在1920年12月和1921年1月31日在女高师保姆科和北高师儿童心理科两次用新法考试进行测验的情况。他的另一篇文章《第五 新法考试(乙种)》则是根据两次测验结果对测验理论进行研究,具体包括使用的新题型——选择题和填空题,根据测验结果探讨其优缺点,并列举了比较适用的选择性试题的三种模式。新法考试就是测验题型的应用,他对该问题的论述也让国民对测验式考试这种新形式有了基本的了解。赵欲仁的《教育实验:测验式的学业成绩考查法》和《教育实验:常识测验的报告》两篇文章则是对江苏一师附小进行的几项测验进行介绍,这

---

① 张耀翔.智慧测量[J].教育丛刊,1920(4):8.

些测验分别是高小一到三年级理科测验、地理科测验和考验高小新生的入学测验,具体介绍了测验材料的选择、具体题目的编制、计分方式以及标准的制定,这对国人编制具体测验有很强的指导意义。此外,王训庭的《我校考验新生的智力测验法》、沈复初的《教育实验:初年级生学习国音之测验》等文章也都对自己学校举行的测验进行了详细介绍,这为测验的具体实施提供了可操作的样本,推动了测验由理论介绍向具体实践操作的转化。

三、俞子夷与中国第一个自编测验

中国测验史上第一个自编标准测验是俞子夷1918年公布的《小学国文毛笔书法量表》,该量表可以说是中国测验史上的一大创举,不仅样本选择量大,编制过程严格遵循科学程序,而且制定出了真正的标准,也就是量表。从某种意义上可以说是中国教育史上首次出现的标准测验。正如陈鹤琴所言:"此量表一出,而国中小学界遂知教育成绩可用客观标准考察矣。"[1]这个书法量表既是俞子夷多年来教育实验测验思想的体现,也是其所在实验学校教育改革成果的反映,值得我们深入研究。

(一)俞子夷测验思想及实践概述

俞子夷是民国著名的实验和测验专家,也是一位非常具有传奇色彩的人物,与近代其他著名教育界学者不同的是,他从没有接受过专门的师范教育,是一位典型的由教学一线逐步成长起来的教育家。

1.俞子夷简介

俞子夷(1886—1970),名旨一,字逎秉,江苏省苏州市吴县人,是我国近现

---

[1] 北京市教育科学研究所.陈鹤琴全集:第5卷[G].南京:江苏教育出版社,1991:957.

代著名的教育家,近代教育实验和教育测验的奠基人。俞子夷家境贫寒但自幼喜欢数学,而且善于观察学习,通过自己的刻苦努力考入当时著名的南洋公学。在南洋公学期间因为反对清政府,1903年十七岁的俞子夷被迫从南洋公学退学,流亡日本,在日本因为数学的优势一直在横滨中华学堂从事数学教学,开始了其教学生涯。1904年回国,次年在芜湖安徽公学教化学。1906年受黄炎培邀请回到上海,并在黄炎培主持的广明学堂任教,担任示范班(一年毕业)算术、小学英文、理科(自然)的教学。1907年因为广明学堂的合并转而进入当时著名的学校浦东中学教学。俞子夷善于思考,教学认真,但由于对学生要求太高,引起一些学生的不满,甚至有些学生在考试时交白卷以示抗议,这也从一个侧面反映了当时从事教学改革的不易。也因为这一事件校方于1908年将俞子夷调至上海浦东川沙青墩小学,这是一所典型的乡村小学,然而"塞翁失马,焉知祸福",离开了城市的喧闹浮躁和传统名校的束缚,俞子夷在该小学大胆进行教学改革,开启了其教育实验之路,他后来的许多教学改革思想都在此开始酝酿。他在这所学校尝试的复式教学成效显著,被当时的省视学侯洪鉴称为"通省之冠"。改革的成功也为其打开了一扇幸运之门。当时恰逢江苏教育总会为推进小学教育筹办单级教授练习所,需要派遣有经验的教师赴日考察。俞子夷因为在小学实验中的开拓性成就有幸入选,1909年春他与周维城、杨保恒等人被江苏教育总会派去日本考察学习三个月,主要任务是考察单级(根据学生的年龄特征和学习特征把一定数量的学生编成班,由教师根据教学目的和任务,按照课程表和固定的课程对全班学生进行教学)、单级复式(即把同一个年级不同班的学生合成一个班,由同一位教师同时同科目而异教材进行教授)与二部制教学(中小学把学生分成两部轮流在校上课的教学组织形式)。这次日本学习让他的思想有了重大的转变,他开始转向探索革新教材教法。

  回国后,俞子夷以上海两所单级小学为基地,筹办单级教授法练习所以组织示范教学和实习。经过两个月的筹备,该所正式开班,此举被认为是中国近代中小学普及五段教学法和实施单级教学的开端,也给了他更多实践的机会。1912年俞子夷受聘于著名的江苏师范第一附属小学,并在该校进行大量的教学改革。但随着改革的深入,如何正确考核、考核依据问题等难题接踵而来,面对遇到的越来越多不能解决的问题,俞子夷感到非常困惑,然而这时幸运之神又一次向他敞开了大门。1912年12月著名的教育家、改革家黄炎培担任江苏省署教育司司长,黄炎培一直对学习日本教育不太满意,上任后便大力提倡学习西方教育。为了更好地学习西方先进教育模式,1913年冬,他派遣俞子夷与美国攻读博士学位的郭秉文、陈容三人组成考察团亲赴欧美考察教育。虽然此次考察行程因第一次世界大战的爆发提前结束,但在国外的这半年多时间里,俞子夷跑遍美国南北,详细研究了美国各个学派先进的教学理论和实验。在美期间,他研究了杜威的实验主义教学实验,并深入考察了哥伦比亚大学师范学院的两所著名附属小学。除了采用随堂听课的方式听取各年级各学科的教学情况,他还重点关注了教材教法,以及课堂教学中与生活实践"联络"的教材和设计教学法。除了参观哥伦比亚大学师范学院附小,他还用心研读了美国出版的一些教育理论著作。① 也正是这次机会让他第一次接触到世界先进的测验方法。据俞子夷本人回忆,他在美国采购了很多的材料,这些材料都是国内不曾见过的,包括克的斯算术测验、比纳-西蒙智力测验和桑代克的书法量表。特别是桑代克的书法量表,可以说是当时国际上最先进的一种教育测验,其编制经过了大量测试,客观性和有效性都达到了一定的标准,在美国公开发行供人使用,因此又称标准化测验量表。这些材料的获得让俞子夷在后来的研究中更加如鱼得水,也为他带领团队编造中国第一个书法测验量表奠定了基础。

1914年归国后,俞子夷在著名的江苏第一师范学校任教。在美期间,俞子夷深受美国实用主义教育思想的影响,所以特别重视实验,他一边教学一边在附小积极开展各种实验,因为实验与测验向来是紧密结合的,在实验的过程中,他也开始构思测验量表,这些经历和学习都为其日后教育实验的进一步实施以及教育测验的开发研究奠定了扎实的基础。1918年至1926年,俞子夷又调至南京高等师范学校任教,并主持南高师附小工作。这期间他对实验仍是高度重视,他认为高师学生是将来师范学校的教员,他们研究的目标,应当在中国教育界里有新发现、新创作,至少也应贯通中外,博采世界的美点,求怎样适应于中国。所以他主持的南高师附小特别注重实验,之后他在南高师附

---

① 徐彪."不安故常"的探索:俞子夷办学实践和思想研究[D].上海:华东师范大学,2012:10.

小进行了一系列实验改革,特别是主持的探究"设计教学法"实验,在全国产生了重大影响。1920年俞子夷又开始了一系列的"小问题"教育实验,关于实验的理论研究也相继发表在附小和其他学校联合出版发行的半月刊《教师之友》和季刊《初等教育》上。而实验的目标和实验效果检查都离不开测验,为配合这些实验,他同时编造了缀法、算数、问答法等各种测验,这些测验也随着教育实验的推广被广泛宣传和应用。

1926年秋俞子夷在江苏省立女子中学师范部任教并主持附小;1927年5月在教育厅主持初等教育,同年8月任大学区制普教管理处处长;1929年任浙江大学教育系教授,先后在杭州女子中学、杭州高级中学、杭州师范学校兼课;1933年他辞去所有行政职务专心授课和研究小学教学法。新中国成立后俞子夷仍笔耕不辍,发表了关于教育改革和测验的多篇论文,为我国教育实验和教育测验的发展做出了卓越的贡献。

2.俞子夷的测验理论与实践

综观俞子夷的研究经历,虽然他主要从事设计教学法的实验,但科学实验离不开测验,这一点他也有充分的认识。因此他在测验编制上也相当地投入,除了著名的书法、缀法等测验外,数学特别是算术测验编制方面也是成果颇丰。虽然教学法研究占了他大量的精力和时间,但他对测验的学习始终保持着较高的热情,对测验的研究也是相当投入,比如他本人在回忆当初受邀请和教育科同仁一起去济南做调查时曾说:"东大教育科师生四人,在彼工作月余,我随廖世承学到了一些当时崭新的教育科学研究方法……这些使我从设计迷转向科学化迷。"[1]在他的回忆录中也多次表示"设计教学法着重社会化,测验则着重科学化,我从设计迷转向科学化迷"。[2]

从实践看,俞子夷编制了大量的教育测验,除了测验运动初期编制的正书中字书法量表、正书小字书法量表、行书中字书法量表、行书小字书法量表、小学语文测验外,还有小学算术混合四则测验、小学算术应用题测验、算术练习测验、默读测验和小学社会自然测验等多种测验。其中,最具特色的是以适应

---

[1] 董远骞.俞子夷教育思想研究[M].沈阳:辽宁教育出版社,1993:30.
[2] 董远骞.俞子夷教育思想研究[M].沈阳:辽宁教育出版社,1993:27.

地区差异而编制的昆山算术标准测验。因为后期大家常用的算术测验都是标准化测验,所谓标准化测验,一是题型标准化,常用是非、选择、填充等测验题;二是答案的评分标准标准化;三是要有常模,所谓常模是指某年级或某一年龄儿童在测验上的分数分布情况。因为当时还没有课程标准,也没有其他标准做依据,编造的测验常模只能按被试群体,而这些群体都是选用北京、上海等较大城市学校的学生。俞子夷认为这种测验得出的常模,对一些小县城的学生来说往往偏高。为了更好地指导地方学校进行测验,俞子夷选了昆山这个县城学校的学生作为被试,在这个基础上编制了一套测验以适应地区差异,这就是后面比较适合中小地方县城的昆山算术四则测验,这也是中国测验史上第一个以地方学生群体为常模的标准测验。为了指导教师更好地使用这些教育测验,他还编制了《小学缀法测验量表及说明书》(商务印书馆1923年出版)、《小学算术混合四则测验及说明书》(商务印书馆1923年出版)、《小学算术应用题测验及说明书》(商务印书馆1923年出版)、《小学社会自然测验及说明书》(商务印书馆1923年出版)、《昆山算术四则测验及说明书》(商务印书馆1924年出版)、《昆山算术应用题测验及说明书》(商务印书馆1924年出版)、《算术练习测验及说明书》(商务印书馆1924年出版)、《小学书法测验量表及说明书》(商务印书馆1925年出版)等。

俞子夷对测验的贡献除了实践还有测验理论的建设。首先他的实验设计中就包含了丰富的测验思想,比如他写的《关于书法科学习心理之一斑》就特别提倡实验法与教育测验结合起来进行研究。[1] 其次他还深入研究了测验理论,发表了大量的论文,比如《教育测验法诊断的利用》(《吴县教育月刊》1922年第1卷第8期)、《小学校毛笔书法T成绩的算法》(《心理杂志》1923年第2卷第2期)、《问答法、选择法、是非法的测验哪一种可靠?》(《初等教育季刊》1923年第1卷1期)、《编造小学书法测验方法的概要》(《新教育》1924年第6卷第4期)、《编造小学书法测验方法的概要(续)》(《新教育》1924年第8卷第4期),此外《测验统计法概要》(商务印书馆1924年出版)、《测验统计术》(中华书局1932年出版)等也都是他测验思想的集大成之作。

俞子夷特别重视测验人才的培养,他所在的学校南高师附小本身就是南

---

[1] 董远骞,董毅青.俞子夷教育实践研究[M].杭州:浙江教育出版社,2008:90.

高师教育科的实验基地,所以对教育改革向来非常重视。俞子夷从1918年主持附小工作时起就特别注重团队建设,注重提高整个团队的研究和实践能力。他常常鼓励和组织教师们积极向杂志投稿,在测验编制和使用时也鼓励年轻教师多参与,在有关测验发表的文章中与其联名的情况特别多,比如改编的《算术练习测验》就是朱韵秋与其合作的成果。在俞子夷的带动下,附小教师一方面积极从事教学方法、教材的研究和实验,及时将结果整理撰写公开发表,发表了《东大附小一览》《最近教学研究》等文章;另一方面东大附小积极从事小学教材编写,出版了《社会算术教科书》《好国民》《自然研究》等,还与苏一女师附小、苏二女师附小、苏一师附小共同出版刊物《教师之友》(该刊主要以教材教法为研究内容),与中华教育改进社、江苏师范附小联合会共同出版刊物《初等教育》(该刊专门研究小学教育理论与实践),编制推广各类测验共十一种十九类,成为当时中国教育界从事小学教育实验和测验研究的中心。在测验运动的发展中,该校还担任了苏浙皖三省师范附小联合会和江苏师范附小联合会的常任测验研究组主任委员一职,承担了大量的测验研究课题。比如:调查编造三省小学校入学标准、B分数的验证、测验形式的研究、测验功能的研究等。测验运动初期,东南大学附属小学在俞子夷的带领下,始终把实验和测验科学研究视为小学教育的新生命,将丰硕的研究成果贡献于教育界,推动了教育科学化运动和测验运动的发展。

(二) 中国第一个自编测验——书法量表的编制

俞子夷无论在测验思想还是测验实践方面都是成绩卓越,但他对测验运动最大的贡献在于编制了我国测验史上的第一个标准测验——书法量表,该量表不仅编制程序规范,求有中国学生的常模,而且编制过程中大量运用了统计、测验等学科知识。所以,无论在理论意义还是实践意义方面都值得大书特书。

1. 书法量表编制的起因和依据

我国历朝历代都非常重视书法,书法作为一种主要表达方式被广泛应用,在当时被视为知识分子的一项基本功,所以书法在当时学校教育中特别受重视。而与其地位不相称的是对学校对书法成绩的考核。俞子夷认为,传统的书法考核"没有正确的法子""没有一定的度数",既没有标准也没有具体的衡量度数,仅仅是在学生书法作业上画叉或画圈,更先进一点的办法也是给批个甲乙丙等级,但这个等级也是随意性大,没有客观的标准。中国不仅毛笔书法成绩评价如此,就连几何等其他学科成绩都是不客观不科学的,所以"吾们不但要考究一种实测儿童成绩的平常器具,并且要想法一个精密很可靠的精良器具"。① 提倡书法考核改良的不只俞子夷一人,但只有他把这一想法转变为现实,而这一转变得益于其赴美考察期间获得的桑代克书法量表。

桑氏的书法量表首先收集了大量书法样本,然后按照字体的优劣排列,每一程度给出几种品质相同而体式不同的样本。这样评价学生成绩时就可以与量表中的具体样本做对比,评价者觉得学生写的字与量表上某一度数相近似,便给以几度的分数,从而得出具体的成绩。除了便于教师进行考核,该量表还可用于学生的自我评价。运用这种测验量表,既可以处理写字成绩问题,又可以鼓励学生,是当时教育界比较先进的方法。虽然编制书法量表的科学程序是通用的,但中美字体的书写方式不同,所以不论是选择材料还是样本资料结果的处理都需要另起炉灶。并且就书法这一学科而言,有正书中字、正书小字、行书中字和行书小字四种字体,其中正书的用途狭窄,行书的用途广泛;正书写得慢,行书写得快,但实际中要先学正书,后学行书,而两者兼顾方较为稳健。经过深思熟虑后,俞子夷决定以所任教的江苏省立师范第一附属小学的学生为研究对象,以附小全体教师为研究团队,开始了正书中字、正书小字、行书中字和行书小字四种书法量表的研究和设计。

2.正书中字书法量表的编制

书法量表编制首先考虑的是材料选择。经过全校教职员多次开会讨论,充分考虑了汉字的各种笔画、常用间架结构和行间距离等因素,1917 年 12 月俞子夷选择了"我等見樹及衣"六个字作为正书中字的测验材料,"十二月二十五日為共和紀念上午九時我等與先生對國旗行敬禮"二十七个字作为正书小字的测验材料。测验对象为江苏省立师范第一附属小学的全体学生,要求所有年级都要写正书,学过行书的都要同时写行书。正书、行书各写一张,每种

---

① 俞子夷.小学国文毛笔书法 Scale(等格)[J].小学校,1918(10):9.

要各写两行,时间不限,其中初二以上的一律用初二平时用的大字格纸书写。测验后共收到正书中字三百七十余份,行书中字七十二份,正书小字二百七十二份,行书小字一百五十份。学校研究部部员根据字的间架结构和行间距离,将收集上来的书法样本按照优劣分成不同的阶度,其中正书中字需要分为十阶度(后变为十四个阶度),正书小字分为十一阶度,行书中字和小字均分为七阶度,且各阶度的差度必须相等。

以正书中字为例,定好阶度后,每一个阶度要选一到四份,选择时要选各阶度相差明显的,然后请五十几位先生以字的间架结构和行间匀称与否为标准,给选出的书法样本打分。然后收集统计计算出这些有代表性的书法编号、成绩的中数以及各个中数的差度,并且定这些数据中中数值最小的为 X。具体数据见表 2-7:

表 2-7　附小正书中字书法阶度统计表①

成绩号数	阶度
25	X+0.12
103	X+0.52
29	X+1.04
10	X+1.88
177	X+3.05
104	X+3.92
193	X+4.61
148	X+5.18
105	X+5.48
251	X+5.87
213	X+6.91
238	X+7.48
236	X+8.12
211	X+8.26

上述代表性样本有了阶度,但是作为绝对阶度起点的 X 到底是多少这一

---

① 俞子夷.小学国文毛笔书法 Scale(等格)[J].小学校,1918(10):13.

个问题尚未解决,而这个又是书法量表评价中的关键性问题。从理论上讲绝对阶度应该是没有书法基础的人的成绩,遵循这一思路,研究者又找来了一些从没有学过毛笔书法的一年级学生,给他们样本让他们"依葫芦画瓢",因为他们从没有学过写过甚至接触过书法,所以写出来的有的不成字形,有的不成笔画。以这些人的书法为样本,从 X 起向下划分三阶度,按照之前选择的要求每一阶度选出两三份,再请五十几位先生按照原来的操作规范对这些学生的成绩进行评价并算出中数,最低的那个作为 0 度,其他的依次向上推,这样就形成了有绝对度数的量表。具体的正书中字绝对阶度统计数据如表 2-8 所示:

表 2-8　附小正书中字绝对阶度统计表[①]

成绩号数	绝对阶度	略数
402	0	0
404	1+0.12	1
403	1+0.40	1.5
405	2+0.98	3
401	3+0.48	3.5
25	4+0.12	4
103	4+0.52	4.5
29	4+1.04	5
10	4+1.88	6
177	4+3.05	7
104	4+3.92	8
193	4+4.61	8.5
148	4+5.18	9
105	4+5.48	9.5
251	4+5.87	10
213	4+6.91	11
238	4+7.48	11.5
236	4+8.12	12
211	4+8.26	12.5

① 俞子夷.小学国文毛笔书法 Scale(等格)[J].小学校,1918(10):15.

虽然有了绝对的阶度起点,但研究者觉得仍存在缺陷,因为所选的样本仅限于一个学校相对比较小,而作为量表应该是通用的,如果有的学校书法水平高于这个学校,那么编制的量表就不够全面。为了让量表更准确适用面更广,研究者又请了几位先生(其水平高于最高年级的学生)按照样字进行书写,再重新请五十几位先生按照原来的操作规范对这些学生的成绩算出中数(需要说明的是,因为考虑到成人写字水平要高于儿童,所以给出的中数是乘以0.7权重系数后的值,这样更科学合理)。扩大样本后的绝对阶度如表2-9所示:

表2-9 扩大样本后的正书中字绝对阶度表①

成绩号数	绝对阶度	略数
402	0	0
404	1+0.12	1
403	1+0.40	1.5
405	2+0.98	3
401	3+0.48	3.5
25	4+0.12	4
103	4+0.52	4.5
29	4+1.04	5
10	4+1.88	6
177	4+3.05	7
104	4+3.92	8
193	4+4.61	8.5
148	4+5.18	9
105	4+5.48	9.5
251	4+5.87	10
213	4+6.91	11
537	4+7.17	11
238	4+7.48	11.5
501	4+7.92	12

① 俞子夷.小学国文毛笔书法Scale(等格)[J].小学校,1918(10):16.

续表

成绩号数	绝对阶度	略数
510	4＋8.09	12
236	4＋8.12	12
211	4＋8.26	12.5
516	4＋8.36	12.5
550	4＋8.58	12.5
534	4＋9.05	13
525	4＋9.19	13
515	4＋9.48	13.5
511	4＋9.65	13.5
556	4＋10.29	14
552	4＋10.42	14.5
555	4＋10.67	14.5

为了便于操作，研究者又对该量表进行了细微的调整。主要考虑到差半度划分太细，差一度半使用起来不方便。而原来设计的初衷是使每个阶度是一样的，这就要考虑是否有遗漏的问题。所以俞子夷又请研究部成员重新到第一次统计的旧样本中筛选出可能遗漏的类似的样本，请五十几位先生拿出之前的量表重新比照，选出并计算出缺漏的度数。再把中间是半度的和有重复的样本的阶度删去，最终得到修正版的量表，如表 2-10 所示：

表 2-10　修正后的正书中字绝对阶度表[①]

成绩号数	绝对阶度	略数
402	0	0
404	1.12	1
605	2.00	2
405	2.98	3
25	4.12	4
29	5.04	5

---

① 俞子夷.小学国文毛笔书法 Scale(等格)[J].小学校,1918(10):18.

续表

成绩号数	绝对阶度	略数
10	5.88	6
177	7.05	7
104	7.92	8
148	9.18	9
251	9.87	10
213	10.91	11
510	12.09	12
534	13.05	13
556	14.29	14
552	14.42	14.5

这一量表从选材到修订后正式出台,程序复杂,运用了大量的统计测验学知识,前后共花了半年多时间,花费了大量的人力物力,光开会研究就多达三十多次,这也从一个侧面反映了该书法量表编制的科学性和严谨性。

3.其他书法量表的编制

相对于正书中字量表,其他量表编制程序与其相差不大,但明显比其简单。其中正书小字依然以中位数为阶度,而行书中字和行书小字则不用中数方法,改用直接比较法。对于行书中字,凡是批评者中71%认为"较好"的就是相差一度,对于行书小字,凡是批评者中76%认为"好"的就是相差一度。所以对于行书来说,列阶度相对比较简单。

"然而正书小字与行书中小字尚没有0度的起点,依然用X做起点。于是部员拿来与正书中字比较研究,乃定正书小字的X为三度,行书中字的X为五度,行书小字的X为六度。"三种量表的绝对阶度分别如表2-11、表2-12、表2-13所示:

表 2-11　正书小字绝对阶度表[①]

成绩号数	绝对阶度	略数
12	3.00	3
16	4.03	4
2	5.22	5
8	6.11	6
26	6.95	7
209	7.83	8
109	9.10	9
40	10.10	10
163	10.80	11
153	12.01	12
555	13.04	13
512	14.02	14
514	15.03	15
511	15.53	15.5

表 2-12　行书中字绝对阶度表[②]

成绩号数	阶度
26	5
1	6
13	7
40	8
44	9
46	10
536	11
516	12
514	13
512	14
555	15.5

① 俞子夷.小学国文毛笔书法 Scale(等格)[J].小学校,1918(10):19.
② 俞子夷.小学国文毛笔书法 Scale(等格)[J].小学校,1918(10):17.

表 2-13 行书小字绝对阶度表①

成绩号数	阶度
9	6.5
55	7
10	8
1	9
48	10
115	11
130	12
536	13
553	14
549	15

4.四种书法常模标准的制定

按照现代测验理论,标准化的测验包括试题编制标准化、测验施测标准化和测验结果标准化,其中编制常模就是测验结果标准化的结果之一。所谓常模就是正常群体在某一特质上的分布情况,如果说前面的量表仅仅提供了一个评价的标准,只能衡量学生个体的差异,那么常模的制定则提供了一个群体实际水平的比较标准,通过常模不仅个体可以清楚地知道自己在团体中的位置,学校也可以了解学生平均的发展水平。所以作为一种标准化量表,理应制做出常模,这也是标准测验的一个标志。

为了编写常模,俞子夷率领的团队以"三元坊滄浪亭"为正书中字及行书中字样本,"蠶娥色白有四翅膀六足二鬚雌娥產卵絲可織綢緞繭衣繭殼可制絲棉"为正书小字及行书小字样本,令全校二年级以上的学生各写一份。然后选十二位先生对这些样本进行评分,评分采用随机组合的形式,每组三人,每份都与编制好的量表进行对比,三人中必须有两人同意给确定的分数,如果不能一致,则需十二个人共同评分。然后统计出每一个学级不同学年的学生分数

---

① 俞子夷.小学国文毛笔书法 Scale(等格)[J].小学校,1918(10):17.

的中位数及 P.E.(即现在统计学上的四分位差)①,因为考虑到标准是不断修订的,低些容易鼓励人进步,所以标准定为中数加半个四分位差,相当于约有 63%的学生在标准之下。经过推算制定出各个学年学生四种字体的常模标准,具体如表 2-14、表 2-15、表 2-16、表 2-17 所示:

表 2-14　正书中字常模统计表②

学年	中数	P.E.	标准
二上	3.46	0.54	3.7
二下	3.73	0.69	4.3
三上	4.66	0.44	4.9
三下	5.19	0.63	5.6
四上	5.96	0.84	6.4
四下	5.87	0.60	7.2
高一上	—	—	8.0
高一下	8.34	0.72	8.7
高二上	—	—	9.2
高二下	9.23	0.85	9.7
高三上	—	—	10.2
高三下	9.68	0.68	10.6

表 2-15　正书小字常模统计表③

学年	中数	P.E.	标准
二上	5.02	0.69	5.4
二下	5.13	0.69	6.0
三上	5.85	0.70	6.6
三下	6.82	0.83	7.2
四上	6.97	0.70	7.8
四下	7.26	0.68	8.4

---

① 中数和四分位差在统计学上是衡量一组数据集中和离散趋势的量数。
② 俞子夷.小学国文毛笔书法 Scale(等格)[J].小学校,1918(10):33.
③ 俞子夷.小学国文毛笔书法 Scale(等格)[J].小学校,1918(10):34.

续表

学年	中数	P.E.	标准
高一上	—	—	9.0
高一下	7.74	0.66	9.5
高二上	—	—	10.0
高二下	9.64	1.77	10.5
高三上	—	—	11.0
高三下	11.14	0.70	11.5

表2-16　行书中字常模统计表[①]

学年	中数	P.E.	标准
四上	5.70	0.72	6.0
四下	5.71	0.81	6.6
高一上	—	—	7.2
高一下	6.19	0.71	7.8
高二上	—	—	8.4
高二下	8.51	1.03	9.0
高三上	—	—	9.5
高三下	7.68	0.55	10.0

表2-17　行书小字常模统计表[②]

学年	中数	P.E.	标准
四上	7.72	0.71	8.0
四下	8.47	0.64	8.5
高一上	—	—	8.9
高一下	7.72	0.67	9.3
高二上	—	—	9.7
高二下	9.59	1.04	10.1
高三上	—	—	10.5
高三下	9.87	0.85	10.9

---

① 俞子夷.小学国文毛笔书法Scale(等格)[J].小学校,1918(10):35.
② 俞子夷.小学国文毛笔书法Scale(等格)[J].小学校,1918(10):36.

5.书法量表的修订与影响

为了进一步验证量表的有效性,俞子夷又做了统计学上的验证,他带领的团队依据该校高一年级学生书法在量表上所得成绩数据画出次数分布图,结果显示得9度的最多,得7度的最少,得11度的亦最少,根据统计图可以看出"这正常分配图的性质"。按现代测验学的说法就是考核成绩呈正态分布,而书法能力作为人的一种能力,在足够大的样本下本身就应该是正态分布,这也在一定程度上验证了书法量表的可靠性。

由于编制好的量表和标准都是采用不限时间的方法得来的,所以只能供日常批阅成绩用。实际上,一个好的标准测验除了日常考查外,还应该在期终考查、整理学级编制、学务调查、入学考试甚至一乡或一学区的参考中都要发挥作用。为此,俞子夷又思考进一步完善修订。他借助江苏各师范附小联合会这个平台,广泛收集了江苏各个小学学生的书法成绩样本,分别在1920年夏季和1921年冬季进行了两次大的修订。新的书法量表有正书小字和行书小字两类,测验用的字是"四只小鸟他们在园中飞好像一个人字"(繁体)十六个字,这些字基本把汉字常用的间架结构和各种笔画都包括在内,从小学二年级到初中二年级均可使用,平常三年级到六、七年级使用最宜。新量表既可以测品质又可以测速率,正书测验限定的时间为4分钟,行书测验限定的时间为2.5分钟。这个测验非常有趣,常常寓教于乐。俞子夷的长女俞锦球在七十多岁时仍能回忆起当时书法量表的测验情况,她说:"小学写字量表,表上有同样字的分数,用'一双小鸟在园中飞好像一个人字',儿童写好后(也有别的字写,只要包括各类笔画部首),在表上自己对一对,若写的字形和60分一样,自己就给60分,若字形像90分一样,自己就给90分。写的字虽然不同于表上的字,可是要符合表上的间架结构。写的字由老师指定。所以儿童们对写字比较有兴趣。"[①]

书法量表的编制可以说是石破天惊,迅速在江苏各小学展开,并取得了不错的成绩。但俞子夷带领的团队并没有就此停止研究,而是再接再厉转而编制其他学科的标准量表。1919年俞子夷以"树"为题目着手文语体缀法测验

---

① 董远骞.俞子夷教育实践研究[M].杭州:浙江教育出版社,2012:87.

量表的编制,此次研究共收集成绩三百份,分成十五类,按照毛笔书法编制程序又编了文语体缀法 scale(因为编写程序与书法类似,所以这里不详细展开,具体见 1919 年《小学校》第十一号)。虽然书法量表与后期的标准测验比还不够理想,但它是近代国人编制的第一个标准的教育测验,在教育史第一次实现了评价成绩优劣由质的形容向量的转变,具有重要的开创意义。

四、测验组织及对测验的推广

由一连串"突发"的单个行为发展成运动,离不开个体之间的联结,而联结需要组织。组织为个体提供了可以在其中生长的特别的"寄主"环境,使持续性的集体行动成为可能。测验运动发轫期虽然还没有形成大的组织,但小的组织已经慢慢生成,主要表现为提倡教育改革的著名学校和小的民间团体。

(一)东南大学及对测验的推广

测验运动初期虽然没有出现中华教育改进社、中国测验学会等大的组织,但提倡教育改革的学校因为拥有为数众多的业内学者而自动形成团体。这期间比较有影响力的学校组织就是东南大学和它下属的东南大学附中。

1. 东南大学和东南大学附属中学(南高附中)

东南大学是中国测验史上第一个将智力测验纳入入学考试的高校,也是第一个开设测验课程的高校,拥有大批从事测验研究的国内外知名学者。在测验运动初期就已经形成了一个以廖世承、陈鹤琴为核心的宣传、研究、推广智力测验和教育测验的学术群体。这个群体一方面著书立说、不遗余力地宣传测验理论,另一方面和众多中小学合作,研究编制适合中国教育的测验量表,还通过校内培养、暑假讲习会培养等多种形式为社会输送专业测验人才,是初期名副其实的测验运动中心,为中国测验运动的发展做出了不可磨灭的贡献。

民国元年体制更新导致全国各地办学之风大兴,在江苏尤为明显,为缓解师资困难,江苏第二师范学校校长贾丰臻等上书教育部拟在江苏省成立一所高等师范学院。教育部接受该建议,决定在之前的两江师范学堂原址上兴建南京高等师范学校,并任命原教育司司长江谦为首任校长,南高师于1915年正式成立。江谦上任后即聘请留美博士郭秉文为教务主任,留美硕士陈容为学监主任,开创了教育家办学治学的风气。1918年3月,江谦因积劳成疾而离职休养,推荐郭秉文为校长,郭秉文于1919年获教育部任命,从此南高师翻开了飞速发展的新一幕。东南大学领导非常重视科学,郭秉文曾说:"不发扬民族精神,无以救亡图存,非振兴科学,不足以立国兴国。"具体管理学校事务的刘伯明也认为:"我们正处于科学昌明之世,要想成为真正的学者,必须行严格的科学训练。科学之用于教育,足以培养独立精神和高尚思想,并促进教育的科学化。"①在校领导的大力倡导和郭秉文的精心筹划下,南高师注重科研,注重实验和测验,迅速网罗了一大批国内外教育改革专家和学者,特别是陶知行任教务主任和教育系主任时,更大力提倡教育学要科学化,涌现了廖世承、陈鹤琴、俞子夷、陶知行等一批测验界精英,也使东南大学在20年代迅速崛起,开拓了"北有北大,南有南高"的辉煌局面。特别值得一提的是,南高师始终不忘教育服务社会的理念,首次在国内开办暑假教师培训班(具体见表2-18)。从1920年开始每年开办一期,学员包括各类各级学校从事教学和行政的人员,还有私塾先生,来自全国20多个省市甚至朝鲜等周边国家。教师除了南高师的教授,还聘请张耀翔、舒新城、袁希涛、黄炎培、杜威、推士等国内外名流,开设课程高达100多门。对于这些培训,不论是南高师还是受邀专家都是相当重视的,培训班上用的很多资料甚至还是国内首次公开的,比如张耀翔就曾将他留学搜集的及个人编制的一些测验样张首次公开,并专门陈列于两间教室进行展览。

表2-18 东南大学1920—1923年开设暑假培训班情况统计表②

	第一期	第二期	第三期	第四期
开办时间	1920年	1921年	1922年	1923年
学员人数	1041人	950人	931人	893人

① 朱斐.东南大学史(1902—1949)[M].南京:东南大学出版社,2012:57.
② 朱斐.东南大学史(1902—1949)[M].南京:东南大学出版社,2012:48.

南京高等师范学校附属中学(后改为国立东南大学附属中学)是近代史上一所非常著名的中学。最早是南京高等师范学校中学部,原定于1916年春季开办,后因时局影响改为1917年夏正式筹备,1917年9月24日正式开校。学校开始都是借用南高师的校舍和设备,直到1919年建成附中一院才正式有了自己的校舍,1922年又建成附中二院。虽然与南高师不在同一校园内,但南高师(东大)对附中是相当重视的,"自1921年至1925年间,共投资30余万元,为同类学校中少见"。① 南高附中除少量专职人员外,其他均由南高教职工担任,附中和南高师关系密切,南高附中是名副其实的南高师教育实验基地,也是南高师教育科实验中等教育理念的场所。受南高师的影响,附中也特别重视实验和测验,特别是在测验专家廖世承主持工作期间,附中集中了许多热心教育改革的人才,比如测验运动中的活跃人物邰爽秋、王克仁等都在该校从事测验研究工作。

在近代测验史上,附中曾因两大成就而名声远扬。一是选课制的推广和实验,"附中在民国八年冬季就开始筹备选课制,那时因为没有章程可以参考,一切办法都由教职员共同商议订定,足足商议了三四个月"。② 可见当时附中对选课制是多么重视和投入。二是验证道尔顿制,面对20世纪20年代道尔顿制的风靡一时,以廖世承为核心的附中人坚持科学研究,用实验方法验证,最终证明道尔顿制不适合中国。这两个实验的主要功臣就是测验。附中人认为既然要实验,就必须拿出十分科学谨慎的工具,否则只会遗人笑柄。为了更好地设计和验证实验,在廖世承的带领下东大附中研究编制了大量的测验,在学校内多次开展实验,为了更科学地甄选人才,东大附中还大胆创新,将常识测验(词句一两百种,短时间内考各种科学知识和常识知识)和智力测验(30分钟左右)引入入学考试中,对已有的考试方法进行改革,成为当时最早施行测验式考试法的中学。

20世纪20年代的东大附中也因为这些成就,一跃成为全国中学竞相模仿学习的对象。为了更好地实现学术交流,附中人还创办了《中等教育》杂志,及时将本校的测验思想和各种实验改革进行宣传和推广,附中也一时成为国

---

① 朱斐.东南大学史(1902—1949)[M].南京:东南大学出版社,2012:83.
② 附录:介绍新书[J].中等教育,1922(2):1.

内教育测验界的排头兵。

2. 陈鹤琴、廖世承及其对测验的贡献

如果说东南大学是当时测验运动的中心,那么陈鹤琴、廖世承可以说是这个中心的中心。多年来他们精诚合作、强强联手,开创了东大的几个"第一"。比如为东大创建了第一个心理实验室,第一次在东大开设测验学程,第一次将智力测验引入入学考试中,还合编了中国第一部测验汇集《智力测验法》。

(1) 陈鹤琴及其对测验的贡献

陈鹤琴(1892—1982),浙江上虞人,是我国近代著名的儿童教育家和测验专家。1914 年毕业于北京清华学堂,并考取庚子赔款奖学金,同年 10 月进入美国著名的约翰斯·霍普金斯大学。1917 年修完了必修的课程,获霍普金斯大学文学学士学位,秋季进哥伦比亚大学师范学院,师从著名的教育家克伯屈、教育史家孟禄和心理学家桑代克,主要学习教育学和心理学。1918 年获哥伦比亚大学硕士学位,随即继续攻读心理学博士。在此期间,因为受资助年限和其他因素影响不得不肄业回国。后受郭秉文的邀请,1919 年开始到当时的南京高师任教。1923 年任东南大学教务主任,同年创办我国最早的幼儿教育实验中心——南京鼓楼幼稚园;1927 年出任晓庄试验乡村师范学校第二院院长、南京市教育局特别学校教育科科长;1928 年出任上海公共租界工部局华人教育处处长,并创办多所幼稚园;1929 年创建儿童教育研究社,提倡用科学的方法研究教育;1931 年参与发起了中国测验学会并一直担任重要职务。

早在留美期间,陈鹤琴对科学研究方法就有着浓厚的兴趣,他在回忆自己的留美生涯时也多次表示:"到国外游学,最重要的不是许许多多死的知识,乃是研究的方法和研究的精神……若得到研究的方法和研究的精神,你就可以任意去开知识的宝藏了。"[①]国外系统的学习和国内多年的实践让他在测验研究上成果丰厚,除了和廖世承合作出版《智力测验法》和《测验概要》外,还发表有《心理测验》《小学常识测验》《读法测验》《一个算学测验》《一个填字测验》《一种国文测验》《测验在教育上之价值》等众多关于测验理论和实践的论文。

---

① 北京市教育科学研究所.陈鹤琴全集:第 6 卷[G].南京:江苏教育出版社,1992:592.

世人曾评价说:"廖世承、陈鹤琴由美归来掌教东大,提倡测验不遗余力,开测验学程也,编造测验也,同学生往各处测验也,而测验之事业,遂日形发达矣。"①

(2) 廖世承及其对测验的贡献

廖世承(1892—1970),字茂如,上海嘉定人。1912年进入北京清华学校高等科(理科)学习,1915年赴美,先在布朗大学插班进入二年级学习,攻读教育学和心理学。经过刻苦学习,1918年5月廖世承同时获得哲学学士学位和文科硕士学位,他申请硕士学位的主要科目是教育学,次要科目是哲学和心理学,大多数课程都获得了A。他还趁暑假时间参加了哥伦比亚大学师范学院办的暑假课程班,系统学习了教育心理和统计的实际应用、小学教育测量等课程。1918年9月廖世承申请攻读博士学位,通过了公共考试,被著名教授科尔文(S. S. Colvin)录取。但在收集博士论文材料期间,因经济和家庭原因,廖世承不得不在1919年提前回国,其博士论文《非智力因素的量化研究》(*A Quantitative Study of Non-intellectual Elements*)也是国内写好后寄去美国的,最终获得布朗大学哲学博士学位。他是第一位获得布朗大学博士学位的亚洲人,也是我国近代最早获哲学博士学位的留学生。廖世承留学时正值美国重视实证研究,教育测验风行,这种重视科学研究的风气对他的一生产生了重要的影响,决定了他终生从事测验研究的方向。他本人也多次表达对测验的执着,他说:"我在美时,喜研究测验,尔时各种测验,已日渐发达,但注意之人,尚属少数。"②在智力测量得到快速发展和应用的同时,廖世承还积极提倡非智力测验,曾编有两项非智力因素测验——道德判断测验和智力诚实测验,虽然因为种种原因没有正式发表,但这两种研究在当时是非常超前的。

1919年廖世承留美回国后,受聘于南京高等师范学校(后改为东南大学),担任教育科教授,主讲中学教育、教育心理学等课程。他思维活跃,上课认真,深受学生们欢迎。教书不到两个月,廖世承又担任附属中学主任。他以东大附中为基地,积极探索测验理论研究和测验编制。在廖世承的主持下,东南大学附中与中国中等教育协进社合作,编制了各种初、高中用的各科测验。

---

① 北京市教育科学研究所.陈鹤琴全集:第5卷[G].南京:江苏教育出版社,1991:958.

② 廖世承.三三制问题[J].教育汇刊,1922(4):1.

尤其值得一提的是,当时编制的各种测验一般只用于个人,而廖世承编制的测验,不但可以用于个人,还可以用于团体,四五十名学生可以同时进行;不仅可以应用于文化方面,还可以应用于道德意识、时事政治等方面,这些测验方法也被称为"廖氏之团体测验",这是我国测验史上又一项新的创造。

除了测验实践,廖世承在测验理论研究上也是成果丰富,特别是他在东大附中做的各种实验,在国内中等教育领域位居首位。《第一次中国教育年鉴》对其评价说:"在中国利用实验方法以研究教育上的问题,首推前东南大学附属中学主任廖君茂如。"[①]实行了众多的教育测验后,廖世承认为个体差异明显,既与个体的遗传因素有关,也与个体所处的环境和接受的训练有关。这些个体差异对教育的影响又是非常大的。经过多次的测试并将结果进行统计分析后,廖世承发现经过一段时期的学习以后,同一个班级中总有一些学生成绩好、进步也非常快;但同时也有一些学生成绩比较差、进步也非常缓慢。所以只有让好的、中庸的、差的学生都得到适合他自己的学习方式,才是教育的真谛。这些理念和认识也是他后来在东大率先实行选课制、验证道尔顿制的理论先导。在测验所得数据基础上,廖世承先后撰写了《新学制与中学教育》《实施新学制后之东大附中》《东大附中道尔顿制实验报告》多篇论著,用测验统计等实验方法为当时的道尔顿制、选课制、新学制等教育改革问题指出了科学发展的方向。

离开东大后,廖世承又相继创办了上海光华大学附中和湖南国立师范学院。无论是做中学校长还是大学校长,廖世承始终强调教育理论要和实践打成一片,他为教育心理学、中等教育、教育测验及统计等领域的发展贡献了自己的一生。

3.东南大学的测验学程与测验考试

使国民对测验有更多的认识和了解始于测验学程在东大的开设和把测验纳入正式考试中。因为将测验列入师范学生学程就等同于认定测验是教师应有应备的素养和能力,提高了测验在教育中的地位。而中国历来重视评价、重

[①] 教育部中国教育年鉴编审委员会.第一次中国教育年鉴:戊编[Z].上海:开明书店,1934:192.

视考试,将测验纳入高利害的大学入学考试无疑将提高测验在国人心中的重要地位。而在这两个方向"第一个吃螃蟹"的就是东南大学,具体设计实施的则是廖世承和陈鹤琴。

东南大学是国内首个设置测验学程的高校,这一点毋庸置疑,但关于测验学程的开设时间国内学者的研究结论却并不一致。有学者认为:"民国八年各大学教育科设有测验学程。"① 还有学者则认为:"1919年他们(廖世承和陈鹤琴)学成回国,任教于南京高等师范学校,并率先使用心理测验测试该校学生,继而于1920年首设测验课程。"② 测验课程究竟在什么时间开设也是本研究要澄清的一个问题。当事人陈鹤琴、廖世承在合编的《智力测验法》一书(商务印书馆1921年7月出版)的序言中曾明确说过"吾们根据一年半教授的经验编成了这部书",③ 落款时间为"民国九年十二月十五日"。从该时间可以推论出测验或相关的学科开始时间应该是1919年6月左右,这个时间也刚好是计划新学期开课的时间,所以测验作为课程首次正式进入高校是1919年。南京高等师范学校是教育界的领头羊,一直是其他高校学习和参考的样板,所以测验学程设置对其他地区高校必然会产生影响。北高师、武昌高等师范学校也相继增设了心理测验学程,之后其他高校也纷纷效仿,从此测验课程正式进入各大学的教学计划,这在一定意义上也宣告了测验学科的确立。

东南大学另一大创举就是将测验列入正式入学考试中,有学者甚至认为:"九年,廖世承与陈鹤琴在南京高等师范担任教职时,开始用心理测验考试投考学生,此为我国学者正式介绍科学的测验法之始。"④ 众所周知中国是考试大国,考试在整个教育体系中往往是牵一发而动全身的,测验纳入考试对测验的传播和推广意义非凡。其实国外考试向来都重视测验,早在1918年,"美国哥伦比亚大学入学试验与普通旧法试验作为考试的材料,任新生选择其一"。⑤ 而南京高等师范学校更进一步,直接纳入入学考试。"自上年南高招考新生,加用心理测验,颇引起教育界之注意。本年苏皖及内地如河南等省,

---

① 孙邦正.心理与教育测验[M].上海:文通书局,1948:14.
② 胡延峰.留学生与中国心理学[M].天津:南开大学出版社,2009:247.
③ 陈鹤琴,廖世承.智力测验法[M].上海:商务印书馆,1921:序1.
④ 王书林.八年来中国测验运动之经过[J].教育研究(广州),1936(66):1.
⑤ 北京市教育科学研究所.陈鹤琴全集:第5卷[G].南京:江苏教育出版社,1991:395.

中等学校,多有取法仿行者,除心理测验外,尚有常识测验。"①为什么要加心理测验和常识测验两种测验呢?主要是因为"盖用此种测验之法,第一如学生有经心理测验,认为智力甚高,而学力甚差,或智力既低,而学力反高者,则可研究其故,由于家庭环境之不良乎?由于学校教育之不善乎?种种问题,得有引线以求解决之方;第二,如入学时,智力学力俱佳,究与入校后成绩有何关系,亦得显明;第三,专门智识丰富而常识缺乏,不仅徒示教育之缺点,亦实有碍于社会上共同之生活。故加常识测验,实属必要"。② 这也充分说明把测验纳入入学考试是有依据可寻的。

此外按照测验理论,标准化测验除了测验本身标准化,测验施测也要标准化。科学的测验在当时有专门的程序:首先是做法说明——无论哪种测验,必须有个做法说明,叫被试的人明白进行的程序。第二是指导做法——指导做法分为以下五种:(1)主试先把测验卷子拿起一本,对儿童说:"我要发给你们每人同样的卷子一本,不要先翻开来看,等到我叫你们做的时候,才可把它翻开去做。"(2)按每行人数发给卷子,皆每行第一人向后分发。(3)卷子分发以后,主试先叫儿童把那姓名年月表填写好了;然后再把封面上的做法说明,须用清朗的声音,向他们念出来,叫他们仔细听着。(4)然后主试就叫他们把卷子翻开去做,同时把时间记下来。(5)读完做法说明后,主试要对儿童声明下边几点:"做时不准发问";"做时不要谈话或偷看";"每个人必须服从主试的'停''做'的号令";做完后仍请每行第一个人向后把卷子收集起来。③ 关于南高师首次测验的进行情况,我们可以通过当事人的回忆来重温当时的情景。当时参加考试的学生张兆林是这样描述的:

> "预备!笔举起来,头抬起来,眼睛看着我……","做!快些做……",这是一个炎夏的下午三点钟,在一片广大的草地上,盖着一座很大的芦席棚子,棚子里坐着一千二百几十个投考的青年,每个青年右手拿着笔,左

---

① 王克仁.教育界近讯国内之部:学校入学考试之改良[J].中华教育界,1921,11(3):1.
② 王克仁.教育界近讯国内之部:学校入学考试之改良[J].中华教育界,1921,11(3):1-2.
③ 杨成章.教育测量是什么?[J].平民教育(测量专号),1923(63/64):5.

手扣着卷子,眼睛全望着讲台上的一位青年教授,全场静肃到纸扇的声音也没有,只听到这位青年教授,解释试题和发着命令:中国是民主共和国,这句话是对的,那么在括弧里加"+"号。地球是月亮的卫星,这句话是错的,那么在括弧里加"—"号……大家懂得做吗?……那么听我的命令,不可做假,预备!做!快些做……",全场青年立即照他的命令飞快地做着。这时候,全场只听到铅笔擦着纸面的声音,比一所大育蚕室里成千上万蚕吃桑叶的声音更清脆、更响亮。约莫过了五分钟,站在讲台上的青年教授突然又发命令:"停!笔放下来,卷子扣起来,再听我的解释……"青年教授把第二种试题解释明白以后,接着又发命令:"预备!做!"全场青年又依照他的解释急速地做去,又过了五分钟,这位青年教授又发出"停!"的命令,接着第三种试题又开始,又经过一番解释,又发出"预备!做!"的命令,全场青年又依照着命令做去。这样足足做了二小时,做了五种试题,助考员收去了试卷,全场青年从几个进出口依次出场。这是二十年前南京高等师范和东南大学合并举行入学考试中智力测验的一课,是全部考试中最新奇而又最紧张的一课……

这位青年教授,就是当时南高和东大的教务长陈鹤琴先生。① 根据作者序言落款时间可推测出这次考试的时间是 1920 年。陈鹤琴在《智力测验法》一书第二章智力测验的用处中也提到"南京高等师范也于今夏招生时除平常考试外,加以智力测验。其结果与甄别新生的普通考试有密切之关系"。② 所以,张兆林的回忆就是南高师首次进行测验的情景,从描述看,当时用的是测验法中最常见的是非题;从程序看,此次南京高师的测验也完全符合标准测验的要求。心理测验在入学考试中的成功也让测验使用扩展到中学入学中,南高附中"在民国九年秋季,开始用心理测验,到了十年夏季,做成了一套中学用的智力测验,招新生时就用他"。③ 这次考试中还有一个理论上的创新就是记分方式,《东大南高招考新生情形》记载:"头场试验科目,计分常识测验、心理

---

① 陈鹤琴.我的半生[M].上海:上海三联书店,2014:序 14-15.
② 北京市教育科学研究所编.陈鹤琴全集:第 5 卷[G].南京:江苏教育出版社,1991:395.
③ 廖世承.智力测验报告[J].中学教育,1922(2):1.

测验、国文、英文、数学五门……常识最高的不过四十三分,最低的倒负十余分。"其附后的常识测验原题显示,题目一共八十个,全是是非题,出现负分的记分方式也是国内创举。

4.第一本测验著作——《智力测验法》

1921年7月,初廖世承、陈鹤琴合作的《智力测验法》一书由商务印书馆出版。这本书可谓集大成于一体,一经出版即被规定为高等师范教材之用。这本书既是推动我国测验运动开展的早期经典之作,也是我国测验界出版的第一部比较实用的开山之作。因为这本书意义重大,所以有必要对其进行详细介绍。

(1)内容

该书总共十四章,从第一章到第七章是普通的讨论,主要探讨智力测验的性质、功用、标准和用法。从第八章到第十一章是测验的主体部分,主要对各种测验进行了分类,一共有35种测验量表,分为智力测验简易类、普通类、高深类和智力个人测验。其中简易类有7种,包括填图测验、谬误测验、迷津测验甲、划去余型测验、划去余点测验、形数交替测验、填字测验甲;普通类有16种,包括方形分配测验、双方分析测验、圆形分类测验、较对数目测验、算学巧数测验甲、算学巧数测验乙、立方体测验、词句重组测验B、模型再认测验、填字测验乙、形数交替测验、比喻测验甲、比喻测验乙、智识测验、词类选择测验和道德判断测验甲;高深类有6种,包括分配几何形测验、指使测验、词句重组测验A、迷津测验乙、填字测验丙、道德判断测验乙。智力个人测验有6种,包括机械的记忆测验、背述测验、四形机巧板测验、五形机巧板测验、"提尔摆尔恩"的巧板测验、方块叩击测验。测验种类丰富,除了智力测验、教育测验,还有道德测验。其中12种是自己编造的,23种是转译欧美的智力测验,但都有进行相应修改。每一种测验后面都有关于测验的性质和说明。第十二章到第十四章介绍了测验核算的方法和校阅的标准,并报告了前述测验的标准答案。书末附有参考书和中西名词对照表。

(2)创新

这本书中的测验体现了一定的本土化,正如作者本人在书中序言所讲,

"35种中12种是自己造的。此刻每种测验已得到一个初步的标准"。① 从这些描述中也可以看出,虽然在测验运动前期大量测验是模仿国外的,但并不等于完全照搬照抄,在测验题目的改编、测验时间的要求、测验常模的重新修订中都融入了中国测验学者的思考。比如关于测验九,作者就说:"这个测验,桑代克为测验寄居美国的华侨以及本国聋哑用的。所定的时间,本来是4分钟。但我们测验高小和中学学生之后,觉得4分钟太长,所以改为2分钟。"②关于测验二十一知识测验的常模,作者也说:"南京高师教育科三年级6位学生做的,从测验结果看似有价值。"③关于测验二十八填字测验(丙),"中文填字测验,测验了400余人,觉得这个测验,实在有很大的价值"。④ 据统计,这本书列举的35种测验中,除了5种个人测验外,其他测验均在南京、苏州等地各类学校(包括幼稚园、小学、中学、师范、贫儿院等)不同年级学生中施用,测验的详细样本在书中都一一罗列,关于测验结果也列有分数中数、年龄中数、施测人数及学校等详细信息。⑤

(3) 评价

因为这本书是廖陈二氏归国后积一年半教学与试行智力测验的成果,也是我国第一部系统介绍智力测验知识的书,在某种意义上可以说,它是我国教育测验运动开端的标志。⑥ 所以,这本书基本上可以看出当时测验的水平。"虽然这本书还存在中国化程度不够,理论介绍深度有限等种种不足,但毕竟为教育测验运动的开展做了知识上的铺垫,奠定了较为广泛的群众基础,不仅使一般教育工作者了解到智力测验是怎么一回事,而且了解了一般智力测验从设计量表到分析结果的基本过程。"⑦正如郭秉文所说:"一方引起国人之注

---

① 陈鹤琴,廖世承.智力测验法[M].上海:商务印书馆,1921:序1.
② 北京市教育科学研究所.陈鹤琴全集:第5卷[G].南京:江苏教育出版社,1991:439.
③ 北京市教育科学研究所.陈鹤琴全集:第5卷[G].南京:江苏教育出版社,1991:464.
④ 北京市教育科学研究所.陈鹤琴全集:第5卷[G].南京:江苏教育出版社,1991:484.
⑤ 陈鹤琴,廖世承.智力测验法[M].上海:商务印书馆,1921:21-24.
⑥ 胡延峰.留学生与中国心理学[M].天津:南开大学出版社,2009:248.
⑦ 张振助.庚款留美学生与中国近代教育科学化运动[J].高等师范教育研究,1997(5):77.

意,俾了然于其价值之所在,而一方又示明种种方法,俾用之者所率循,将来纸贵一时,无可待言。"① 因为编译此书时廖陈二氏刚从美国回来,尚无经验可循,所以这本书更多的是翻译介绍加稍微的"自己创造",也同时存在很多问题。比如所定的标准是否符合我国情形尚未确定,有些测验使用的材料也没地方购买,仿制起来又很难。还有一个问题是当时 TBCF 并不盛行,分数解释还没有一个统一的标准。

5. 东大附中编制的测验

如上所述,东大附中是中国教育史上一所著名的实验学校,新学制、选课制均曾在这里试行过,道尔顿制也在这里得以验证,而这些都离不开具体的测验。为此,东大附中编制了大量科学标准测验,这些测验如表 2-19 所示:

表 2-19　东大附中成立至 1921 年 7 月编制的标准测验统计表②

编制及合作者	测验分类
廖世承	常识测验、英文测验、智力测验
陈杰夫	化学测验(翻译)、物理测验
汪桂荣、倪道鸿	算术测验
陆云章	几何测验
周葆儒	识字测验
欧梁	默字测验
洪北平	填字测验
黄甲三	成语测验
吴企南	国文常识测验

这些测验不仅是东大附中人多次实验的结晶,也是其测验思想的最好体现,为东大附中新学制、选课制实验的顺利开展立下了汗马功劳,在当时开风气之先河,同时其科学性、可靠性也非常之高。其中常识测验是针对小学生设计的,共有 50 道题,包含国文、历史、地理、博物、音乐、数学和社会知识。该测验共试验了 520 个新生(不包括插班生),采用判断式评分法,做对得 1 分,为

---

① 陈鹤琴,廖世承.智力测验法[M].上海:商务印书馆,1921:序 2.
② 根据 1922 年 4 月出版的第二期《中等教育》测验专号整理而成。

了减少猜测的概率,做错扣 1 分,不做不得分。测验共实施了两次,分别在 1921 年 7 月和 1921 年 12 月举行,测验结束后,分别对测验的总体分布、两次测验结果比较、做错做对题目进行统计分析。从测验结果统计看基本符合正态分布,这也在某种程度上验证了该测验的严密性。之后将题目重新排列后又做了一次统计,结果证实两次测验比较一致,这也从一定程度上验证了测验的可靠性。对比以往采用笼统题目考核常识,这种测验更有客观标准,题目选用判断式更利于客观评价,且核算方便;题目比较多,覆盖面广,效度相对高,且节约时间,大约 20 分钟就可完成。虽然在当时没有计算公布信度、效度等质量指标,但从测验的操作可以看出,该常识测验实际有运用计算信效度的方法,因而具有一定的超前性。此外该测验还有诊断的功能,通过题目分析可以明确学生缺乏哪些常识,从而让教师更有针对性地进行教学。

关于智力测验,东南大学附中早在 1920 年就已经使用过智力测验,1921 年夏季又在之前测验的基础上进行修订,修订测验于 1921 年招新生时使用。所用材料一共五种,三种是直接选用美国标准测验的材料,两种是附中老师自己编制的,这五种均试测过数百名中国学生。正式测验则在附中内进行,受测者共计 643 人。为保障测验的信效度,智力测验的施测过程均由廖世承和附中教师黄甲三亲自主持,并对试验程序做有明确的要求。

表 2-20　东大附中智力测验题型、题数及时间统计表[①]

序号	题型	题数/道	时间/分钟
1	分配几何图形	15	3
2	指使测验	10	3
3	算学巧术	25	3
4	词句重组	20	3.5
5	填字	15	4

测验组还对智力测验与常识测验等成绩进行了相关比较,结果显示二者具有一定的相关性,同时也显示智力基本呈正态分布,智力程度随年级增加而增加,年级越高相差越小。这个结果一方面验证了附中已有的测验英文、国文、数学、常识的可靠性,另一方面也为智力测验纳入入学考试提供了依据。

---

① 廖世承.智力测验报告[J].中学教育,1922(2):3.

算术测验非自编,采用的是吴狄麦柯尔测验,其中测验甲35题,测验乙34题。该测验共测试85人,其中一年级甲组42人,乙组43人,结果证实该测验具有较好的信效度,可以用于中国的算术测验。英文测验主要为了英文的能力分组而编制,包括填字、文法和拼法三种测验,测验成绩验证了按照能力分组的正确性。物理测验、几何测验、识字测验等也都选择了一定的样本进行验证,最后结果均证实了测验的效度高,可进一步推广和使用。附中的自编测验是中国测验史上第一次单个学校大规模多学科测验的尝试,也为中国自编测验的开发和研制提供了很好的范本。

(二)民间学术团体及其对测验的推广

运动的发展与组织密不可分,除了上述有影响的学校外,这个时期也出现了少量专业民间团体组织。它们有的是地方性的或者几个学校的联合组织,有的则是全国的综合性组织,虽然研究推广测验并不是这些组织唯一的目的,但它们关注教育改革,提倡科学研究方法,这在一定程度上推动了测验的发展。

1.全国教育会联合会及其对测验的提倡

全国教育会联合会是近代中国第一个全国性教育组织。虽然是民间组织,但其会员均为各省教育会的成员,而各省教育会又与各地的学校血脉相连,所以全国教育会联合会对民初中国教育界的影响非常之大。自江苏教育学会成立后,各省的教育学会不断涌现,建立一个可以凝聚全国教育界力量以影响国家教育政策制定和发展的全国性组织势在必行。1914年直隶省教育会提议筹建全国教育会联合会,并致函教育部和各省教育会,1915年在天津召开第一届年会,全国教育会联合会正式成立。虽然全国教育会联合会研究的主要是各类教育及教育制度的整体设计,但对教育改革和教育科学化发展一直较为关注。其对教育的关注主要体现在年会的提案与决议上,从1915年到1925年共召开了11届年会,每届都有大量的议案公布,对当时教育界的影响颇大。

其中,在1921年召开的第七届全国教育会联合会是历届年会中规模、影响比较大的一次。这次年会共有福建、广东、广西、云南、湖南、安徽、江西、江苏、浙江、河南、山东、直隶、北京、京兆、山西、吉林、绥远等共17个省区35个代表出席,开审查会9次、谈话会5次、讲演会1次,值得一提的是孟禄也出席了会议,开讲演会1次,谈话会3次。有国际代表出席也充分说明了这次会议通过的议案既是当时中国发展亟须解决的问题,也是国际发展的大势所在。这次会议的议案也特别多,"十月二十七号在广州,十一月七日闭会,收到议案三十件,通过十五件"。[①] 其中河南代表提出"拟推各省教育机关组织客观测验方法研究会案",该提案认为:"考欧美各国学校多采用客观测验法,按学生年龄程度,关于体力、智力、心理、常识各方面制定测验标准,随时施行,考查既极周详,时间亦甚经济,近来我国办学者于测验方法主义研究者已不乏人,惜无具体办法,宜由各教育会联合本地各校教职员,组织客观测验方法研究会,详细试验,制定标准,既便于考察学生成绩,兼使一切教育设施得所依据矣。"[②]该议案在会议上一致通过,并由全国教育联合会通函各省区教育会,这也是中国教育史上第一次在全国范围内对测验的推广。

令人遗憾的是,这次会议后未见关于各地教育会对此研究的后续报道,只有在1924年召开的全国教育会联合会会议乙组审查报告中有关于推行教育心理测验案的记录,该记录称:"心理测验以客观的方法测验学生最为正确,亟应广为推行以利教育之进展,本会第七届大会曾通函请设各省区教育行政机关设客观测验方法研究会在案,兹拟具推行办法如下:(一)宜由各省区教育会或教育行政机关酌设立教育心理测验讲习会俾各校教职人员入会讲习。(二)全国师范大学及师范学校宜增设教育心理测验学科。(三)各师范学校宜多置测验图表及用具就附设学校实施教育心理逐渐推行于各学校。审查结果:本案拟通函各省区教育会及教育行政机关协力进行至明年大会报告并推行办法。"[③]从该审查报告也可以推断当时的决议并没有实质性的进展。但值得一提的是,全国教育会联合会第八届年会在学制改革的同时组织了"新学制课程标准起草委员会",委员会认为以心理测验这种客观的方式测验学生,最为科

---

① 第七次全国教育会联合会始末记[J].教育杂志,1921,13(12):3.
② 组织客观测验方法研究会案[J].教育杂志,1922,14(1):13.
③ 杂录:广东省教育会图书馆概况:推行教育心理测验案(乙组审查报告)[J].广东省教育会杂志,1924,2(4):8.

学,有利于教育,并建议全国师范大学及学校增设教育心理测验学科。[①] 并于1923年4月和6月两次会议中复订了《师范科和职业科课程标准纲要》。其中规定了师范必修课除实习外共有8门,"教育测验与统计"就是其中的一门,这也为测验进入师范课程奠定了良好的基础。随着北伐战争的推进,1926年年会被取消,全国教育会联合会退出历史舞台,关于测验的推广再无后续报道。

2.中华心理学会及其对测验的宣传

中华心理学会是近代中国教育界第一个心理学术团体组织,创建于1921年,当时在南高师组织的大规模暑期讲习会期间,有学员提出组建心理学会以解决当下学术组织松散、学术研究不能深入发展的尴尬局面,这一提议得到当时参加讲习会的众多教育心理学界学者专家们的一致认可。经过商讨,遂在南高师临时大礼堂召开学会成立大会,并命名为"中华心理学会"。根据选票,张耀翔当选为会长兼编辑股主任,陈鹤琴当选为总务股主任,陆志韦为研究股主任,其中总会及编辑股办事处设于北京高师内,总务和研究两股设在南京高师内。从学会机构组织成员看,负责人为张耀翔、陈鹤琴、陆志韦,主要成员有廖世承、刘廷芳、凌冰、邰爽秋等。他们不仅是心理学的专家,更是当时测验界响当当的人物。因为心理学中测验本身就是比较科学通行的方法,所以中华心理学会的成立不仅是中国教育史上两大学术群体在研究上的第一次合作,也是教育心理测验史上的一大盛事。

中华心理学会成立后对测验也是极力宣传和推广,特别是其旗下的《心理》杂志,几乎每期都刊有测验方面的文章,成为20世纪初期宣传测验、研究测验知识的主要平台,这一点从其发表的文章就可以看出。有学者对该杂志中的测验文章进行统计,具体见表2-21:

---

① 璩鑫圭,童富勇.中国近代教育史资料汇编:实业教育 师范教育[G].上海:上海教育出版社,2007:879-880.

表 2-21 《心理》杂志发表测验文章情况统计表①

发表期卷	测验种类	作者	文章题目
1卷1号	智力测验	张耀翔	智力测验缘起
		廖世承	智力测验的历史
		陈鹤琴	智力测验的用处
	教育测验	张耀翔	教育测验缘起
		张耀翔	识字测验
1卷2号	智力测验	张耀翔	智力之定义及范围
		张耀翔	八卦测验
	教育测验	张士一	研究注音字母四声标法的一个测验
		廖世承	读法测验
1卷3号	智力测验	程时奎	日本学者对于皮奈西门测验法之研究
	教育测验	张耀翔	见闻测验
1卷4号	教育测验	吴定良	美国标准的教育测验
	职业测验	张耀翔	中学四年级生职业选择之调查
2卷1号	智力测验	吴定良	美国团体智慧测验之种类
	教育测验	程时奎	南满教育测验
2卷2号	教育测验	俞子夷	小学校毛笔书法T成绩的算法
2卷4号	智力测验	张耀翔	果性测验
	教育测验	罗志儒	教育测量中三种尺度
3卷1号	智力测验	曾作忠	智力测验和教育(翻译)
		陈鹤琴	小学常识测验
	教育测验	俞子夷	小学算术应用题测验
3卷2号	智力测验	廖世承	团体智力测验
		钱鹤	日本国民智力测验法
3卷4号	智力测验	欧阳相	美国与外国儿童智慧测验上之比较(翻译)
	教育测验	陈裕光	中学科学测验
4卷2号	智力测验	张耀翔	大学入学智力测验

从上述统计表可以看出,《心理》杂志发表的文章中既有教育测验和智力

---

① 胡延峰.留学生与中国心理学[M].天津:南开大学出版社,2009:255.

测验,又有职业测验;既有关于测验的历史研究,又当时最新测验的介绍。而且这些文章的作者也都是当时积极推动测验运动的学者专家,所以中华心理学会为测验运动的宣传和发展做出了很大的贡献。

3.江苏师范附属小学校联合会及其对测验的研究和推广

江苏师范附属小学校联合会成立于民国六年,其成员包括江苏省内的各个师范学校。因师范学校与附属小学关系密切,所以该会的成立利于当时江苏师范界和小学界的合作,对江苏省教育的影响比较大。江苏省一些重要活动比如派遣赴欧考察都会专门为该会留出名额。① 自成立后,联合会每年开会两次,分别在春季 5 月、秋季 10 月,开会时间不超过 3 天。第一次会议在上海举行,之后轮流在江苏省各个城市开会。会议主要是将平日各校发生的议题上报联合会商讨解决,并用组织的力量协调各个下属学校进行协作和推广。比如我国最早的书法量表的修订工作就是由江苏师范附属小学校联合会推进的,把学生成绩样本由一校扩展到一省,根据扩大的样本分别在 1920 年冬季和 1921 年夏季进行了两次修订,为此还设立专门的测验委员会,使书法量表得以在更大范围内推广,为更多人所认识。

该会对测验的研究和推广也是相当重视的,比如 1919 年 5 月下旬召开的第五届会议曾就当时最重要的改革进行讨论,其中第一条就是关于书法的,"第一件:议请一师报告各校书法试验结果并印发缀法试验标准及实施方法于各校,以便试行案议决考查之,成绩愈多试验标准愈正确。凡本会各校在本年十二月或明年一月内务需将全校书法成就就近寄高师或一师,乃请该二校考查将所得结果分别报告"。② 第八条则是关于智力测验的,"请景女师将所译试验智力标准印送各校以资参考,如景女师欲借试验智力标准试验各学校学生,各校可任景女师选试"。③

江苏师范附属小学校联合会还牵头组织了暑假讲习会筹备委员会,设计教学法、道尔顿制和测验法等科目都被规定为主要教授内容,影响极大。其下属的各个学校对测验推广也相当重视,比如江苏省立第一师范学校 1921 年就

---

① 省长训令第六〇六号一月二十二日[J].江苏教育公报,1921,4(1):5.
② 江苏师范附属小学校联合会第五届会议记事[J].每周大事记,1919(17):1.
③ 江苏师范附属小学校联合会第五届会议记事[J].每周大事记,1919(17):1.

为其示范区内的吴县、吴江、常熟、昆山、太仓等县教职工暑假举办了讲习会，虽然只有短短三个星期，但学程就包括设计教学法、小学教育实际问题之研究、心理测验法、国语国文教育法、小学理科实验法、玩具模型制作法和英语语音学(后三种得选一二种)多种，而且每日下午还安排了名人讲演或研究会；江苏省立第二师范学校也同样在1921年暑假举办暑期讲习会，共两个星期，学员除本校毕业生外还有本师范区内各县小学教员，包括上海、松江、崇明三县各二十人，南汇、青浦、奉贤、金山、川沙、嘉定、宝山等七县各十人。学程包括设计教学法、心理测验法、复式学级教学法、儿童读物之研究、国语教学法(注音字母及语法)、理科教学法、玩具制作法、小学体育教学法、特别讲演(欧美小学教育之新调查及国语教学的商榷、哲学与教育等)。

江苏师范附属小学校联合会之后的常务会议讨论中也都把测验研究和推广作为重头戏，比如1924年的第十二次会议曾由东大附小牵头的测验委员会对之前的测验推广做过总结："(一)默读测验，做到统计求 T、B、G 编说明书和测验书。(二)白话文量表第一类，做到阅卷，第二类，做到编号。(三)书法量表，正书的，已经求得标准，交商务印行，行书的，做到阅卷。(四)混合四则测验，已经求得标准，交商务印行。(五)克氏算术练习测验，已经求得标准，交商务印行。(六)初小算术测验，已经求得标准，交商务印行。(七)常识测验，做到统计求 T、B、G 编说明书和测验书。(八)调查学生常写的字，已求得结果，见初等教育第二卷第一期。(九)识字测验，做到收集材料。(十)书法练习测验，开始进行。"①之后该会又联合浙江、安徽等省师范学校成立了苏浙皖三省师范附属小学联合会，设立了专门的测验组，极大推动了测验运动的发展。

4.中国中等教育协进社及其对测验的宣传和推广

中等教育协进社的建立与东大附中对测验的推广是密不可分的。东大附中的一系列测验改革让其声名鹊起，前来学习交流的学校领导和学者专家们络绎不绝，虽然其创设的《中等教育》为推广和宣传提供了非常便利的交流平台，但仅靠刊物交流还远远不能满足大家的学习热情。为了更方便地面对面交流，东大附中决定联合北京北高附中、南京省立一中、苏州省立一师、厦门集

---

① 江苏师范附属小学校联合会第十二次常会议决案[J].新教育,1924,9(1/2):362.

美师范学校、长沙岳云中学、吴淞中学等六所著名中学成立一个研究中学实验和测验的教育组织,并于1921年11月在东大附中正式宣布成立。这个组织就是中国中等教育协进社,它的宗旨是"联络全国中等学校及中等教育人士,谋求中等教育事业改进与发展"。其事务所和执行部设于南京东南大学附中,设主任干事一人,执行部理事一人。团体社员有东南大学附中、北京师范大学附中、南京省立一中、苏州省立一师、长沙岳云中学、北京北高附中、厦门集美师范学校、吴淞中学全国著名中学,个人社员也有一百余人。执行部一共设有六股,分别是编辑股、研究股、总务股、调查股、测验股和交际股。社务包括"编辑有关中等教育之书报,研究中等教育之实施方法,施行中等教育之各种测验,调查中等教育之实际状况,联合各国中等教育之机关"五种,[①]编制、实施各种关于中等教育的测验是该社的主要工作。该组织除了《中等教育》杂志外,还编有《青年之友》,此外还与中华教育改进社合编《新教育》。

中等教育协进社将当时全国教育改革推进较好的中学聚集到一起,将东大附中的成功经验推广开来,推动了当时中学测验的研究和发展。

---

① 卢浩.中华教育改进社:中国近代教育模仿美国的主要推动者[D].上海:华东师范大学,2003:37.

第三章　测验运动的高潮期

毛主席说:"历史上的运动不论是哪一种,无不是出于一些人的联合。较大的运动,必有较大的联合。最大的运动,必有最大的联合。"①正如没有领袖的民众是一群乌合之众,没有组织领导的运动注定只能是一场动乱。一个运动要想达到高潮,一是要有正确的方向,二是要有能把各种力量动员组织起来沿着正确方向迈进的强有力的集体,这两者的完美结合始于中华教育改进社成立后麦柯尔的访华,测验运动也由此进入了高潮期。

一、测验运动进入高潮的动因

运动的发展有螺旋式的上升也有波浪式的前进,决定其进展方式的因素很多。测验运动能在短时间内进入高潮主要有两个原因,一是中华教育改进社强大的组织影响力激发了全国教育测验学者的合作热情,实现了真正意义上的南北合作;二是麦柯尔访华带来了当时世界上最先进的测验技术,激发了中国测验界蓄势已久的创造潜能,测验运动也随之被迅速推向高潮。

---

① 中共中央文献研究室,中共湖南省委《毛泽东早期文稿》编辑组.毛泽东早期文稿(1912.6—1920.11)[G].长沙:湖南出版社,1990:338.

(一) 中华教育改进社的组织保障

组织是决定一个运动发展的关键所在,尽管测验运动发轫期有了一些倡导测验的组织,但不论规模还是号召力都略显不足。随着教育改革的不断发展,民间教育团体间的联系越来越紧密,活动也越来越频繁。为了发挥更大的作用,小的社团不断被合并成具有更强号召力的大团体。引导推动测验运动走向高潮的中华教育改进社就是在这一背景下成立的。

为什么要成立一个中华教育改进社?"教育事业范围很广,不能专靠政府所设的几个机关来主持;要全国教育家来共同计划共同进行。方今全国的省教育会每年开一次联合会,很有许多贡献。但是所议的,多限于普通教育一方面。决议的案,只能送教育部请他采用;自己没有一个永久机关可以执行几件事。教育部组织了一个教育调查会,各方面的都延请几位,而且有一个常年办事的机关,但人数有限。经费全由政府支给,近年政府不能按期发款,诸事都停滞了。我们要有一种改进教育的机关,是固定的,不是临时结合的;是普遍的,不限于一地方一局部的;是纯然社会的,不受政府牵制的;所以组织这个中华教育改进社。"[①]蔡元培在中华教育改进社第一届年会上的发言既针对这个问题给出了非常清晰的答案,又重申了中华教育改进社的责任,那就是通过民间的力量解决教育改革问题。而要完成这一使命非有大的组织不可,中华教育改进社也就应运而生。要了解中华教育改进社,首先要了解它的三大源头。

1.新教育共进社与《新教育》杂志社的成立

新教育共进社(当时名称为中华新教育社)的发起人为民国著名教育家蒋梦麟。蒋氏1912年毕业于加州大学伯克利分校教育学专业,之后在美继续深造,1917年获美国哥伦比亚大学哲学及教育学博士学位。深受西方文化熏陶的蒋梦麟归国后对"吾国所出新书无一可读"的现状非常不满,为了改变这一现状,他希望与商务印书馆合作,实现其"拟邀集同志故交,以进步之精神,协力输入欧西基本之文化"的设想。虽然商务印书馆对此并不感兴趣,但其设想

---

① 蔡元培.附录:第一次年会日刊发刊词[J].新教育,1922,5(3):728.

得到了一直提倡学习西方文化、大力改革国内教育的黄炎培的支持,于是在他的支持和鼓励下,蒋梦麟开始酝酿成立专门的机构。

经过多方筹划,1918年12月在蒋梦麟的力邀下,袁希涛主持的江苏省教育会,蔡元培、胡适主持的北京大学,郭秉文、陶知行主持的南京高等师范学校,黄炎培领导的中华职业教育社,还有地处广州的暨南大学五家组织决定联合组成中华新教育社。因呈报教育部立案时上海的书业团体中已经有了"中华新教育社"这一名称,后经过商量又改名为新教育共进社,并于1919年1月16日获教育部批准立案,新教育共进社从此正式成立。其宗旨为"集合国内教育团体或教育家,以联络国外教育团体或教育家,输入新教育,共同研究进行,并宣布国内教育状况于国外"。① 1919年10月,天津南开大学、南京河海工程专门学校、上海高等工业专门学校、同济医工专门学校、全国青年会协会等组织纷纷加入。② 之后北京高等师范学校、江苏省立师范附属小学联合会、南通中等以上学校联合会、集美师范学校、菲律宾华侨教育会、南洋华侨中学也相继加入。③ 随着成员规模的扩大,新教育共进社在江苏省教育会内成立了专门的办事处,在国内教育界的影响力也日趋增强。

《新教育》杂志社的诞生与新教育共进社息息相关。按照蒋梦麟的构思,新教育共进社创立的初衷是"欧战既告终止,此后立国以学术为基础。教育同人慨吾国学术之堕落、著作之缺乏,以编译东西洋学术著作作为必不可少之举"。④ 所以,出版西洋著作是新教育共进社成立后的首要任务,早在该社成立之初就计划出版教育丛书18册、教育期刊30期。当时由于五四风潮,丛书计划没能实现,但期刊的发行行情却是出奇的好,"八年一月开始编辑……月刊出版未久,既推销至三千余份"。⑤ 这里所说的月刊实际就是《新教育》杂

---

① 中国第二历史档案馆.中华民国史档案资料汇编:第3辑 教育[G].南京:江苏古籍出版社,1991:835.

② 中国第二历史档案馆.中华民国史档案资料汇编:第3辑 教育[G].南京:江苏古籍出版社,1991:832.

③ 中国第二历史档案馆.中华民国史档案资料汇编:第3辑 教育[G].南京:江苏古籍出版社,1991:837.

④ 朱有瓛.中国近代教育史资料汇编:教育行政机构及教育团体[G].上海:上海教育出版社,1993:318.

⑤ 朱有瓛.中国近代教育史资料汇编:教育行政机构及教育团体[G].上海:上海教育出版社,1993:318.

志,本来是新教育共进社的机关刊物,但由于种种原因,该编辑部在组织归属上却不是新教育共进社的下属部门,而是作为一独立机关出现,这个机关就是《新教育》杂志社。作为"(20世纪)20年代中国影响最大的教育杂志之一",[①]《新教育》杂志在推动中国教育改革的发展中扮演着重要的角色,教育界曾评价它说:"对于中国教育之改进,功绩甚大。"[②]

2.实际教育调查社的成立

实际教育调查社是为了配合孟禄(Paul Monroe)来华做调查而成立的办事机关。1918年夏季,严修、范源濂等人在美国考察教育时结识了哥伦比亚大学教育学院主任孟禄,曾力邀请其访华"诊断"中国新教育的发展,指导中国的教育改革,孟禄当时允诺等待机会访问中国。为了配合孟禄可能进行的教育调查,严修、范源濂回国后专门发动组织了教育调查会,为此教育部于1918年12月30日还专门颁布了部令九十三号文《教育调查会规程》。[③]尽管后面孟禄因为诸多原因没有来,但教育调查会第一次会议还是在1919年4月如期召开,当时教育界改革领军人物范源濂、陈宝泉、蔡元培等六十多人均出席会议,并选范蔡二人分别为正副会长,这为后来实际教育调查社的成立奠定了先期的组织基础。

1919年冬,袁观澜、陈筱庄又组织欧美教育考察团赴美,为重申严范之约,他们又一次力邀孟禄"诊断中国教育之弱点,并示以改良进步的方法"。面对中国教育家的两次盛情邀请,孟禄这次态度积极。刚好1921年夏季北京协和医院新校要举行开学典礼,作为董事的孟禄被特邀来华参加典礼。中国教育界获知消息后遂致电孟禄,请其延长在华时间以调查中国教育,孟禄应允,同意延长四个月的时间。因为这次时间比较长,且孟禄之行需要到各地调查,需要一定的费用,还有调查的区域日程、相关陪同随行人员安排等事宜,都需

---

① 凯南.郭秉文、蒋梦麟、陶行知与新教育改革运动[M]//周洪宇.陶行知研究在海外.北京:人民教育出版社,1991:165.
② 教育部中国教育年鉴编审委员会.第一次中国教育年鉴:戊编[Z].上海:开明书店,1934:163.
③ 中国第二历史档案馆.中华民国史档案资料汇编:第3辑 教育[G].南京:江苏古籍出版社,1991:732.

要有一个专门的接洽部门。为了更好地配合孟禄来华做调查,中国教育界一批知名人士决定组织一个办事机关,"以为此次进行调查的枢纽,及将来组织一永久研究教育的机关的预备。于是而有实际教育调查社之组织"。① 考虑到北京是全国政治教育的中心,北京高等师范学校又是北京研究教育的最高学术机构之一,所以经协商后将孟禄接洽筹备处设在北京高师,由北京高师校长邓翠英出任临时主任,该校职员王文培、汪懋祖负责具体事务。实际教育调查社因此正式成立。

3.中华教育改进社的成立

从上述所谈的两个组织成立初衷看,新教育共进社和《新教育》杂志社主要是宣传和推广西方教育理论,实际调查社是调查现实,两者表面上看似乎并无交集。但其实当时的教育界已经注意到太多的教育团体各行其是不仅让研究过于分散,而且也造成了人力、财力和物力等的浪费。所以把不同的组织联合起来成立较大的组织,以推动教育改进之效,就成为教育界首先要解决的问题,而孟禄的访华刚好为不同组织的统一提供了契机。1921年12月中旬,实际教育调查社协助孟禄完成了对中国9省教育状况的调查,范源濂等约集江苏、浙江、山东、山西、河南、直隶、奉天等省教育界人士七十多人在北京与美国教育家孟禄博士召开教育研讨会,这次会议上代表们纷纷表示由于"南北分裂,政局迄未统一"从而导致"教育事业限于停顿之象",既然中国之教育"势既万不能不改良",而"欲改良又非群策群力不可",与其"设三团体",不如"合并为一",如此"将不再费力多而成功少"。② 也在这次会议上,"会场上一团和气,真要令人认为黄金时代了……那时大家深恶门户之见、派别之分,都愿意牺牲己见,力谋合作。社会团体如新教育共进社、《新教育》杂志社、实际教育调查社的当事人,都自动的要把三个机关合并为一个机关,结果就于23日长生出了中华教育改进社"。③ 12月14日新教育共进社、《新教育》杂志社和实际教育调查公推陈宝泉、李建勋、马叙伦、朱经农、陶知行为中华教育改进社筹

---

① 王卓然.中国教育一瞥录[M].上海:商务印书馆,1923:5.
② 张礼永.教育建设的第三条道路:民国时期教育研究组织之探析[D].上海:华东师范大学,2011:104.
③ 教育界七团体之欢迎宴纪[N].申报,1922-2-7(14).

章起草员。12月21日三社代表联合开会讨论,出席者有北京高师的李建勋、北大的蔡元培(谭鸿连代表)、南开的张伯苓、江苏省教育会的袁希涛、东南大学的陶知行和实际教育调查社的代表们,当即通过简章草案。23日续开大会,推举蔡元培、范源濂、郭秉文、黄炎培、汪精卫、熊秉三、张伯苓、李建勋、袁希涛等9人为董事,孟禄、梁启超、严修、张仲仁、李石曾等5人为名誉董事,公决各团体来年担任经费,至少维持前三社经费总数,拟设总事务于京师。① 中华教育改进社遂宣告成立。

至此,中国教育界有影响力的三家大汇合,"形成了教育界血气方刚、热心改革的青年学者与思想进步、顺应潮流的中年专家的精英聚合,使借鉴美国模式改革中国教育的涓涓细流,逐渐汇成滚滚大潮"。② 这次大潮的一个非常重要的体现就是测验运动。

(二)麦柯尔的技术支持

如果说中华教育改进社成立为测验运动的进一步发展提供了组织保障,那么麦柯尔访华则把国际最先进的测验理论和方法传递到中国,点燃了中国学者们研究编制测验的热情,为测验运动的正确发展指明了道路,推动了测验运动快速进入高潮。麦柯尔的访华并不是偶然事件,中华教育改进社选择麦柯尔来华指导测验,与前期的两位美国学者来中国引起的轰动效应所做的铺垫有很大关系,这两位学者就是享誉世界的杜威和孟禄。

1.杜威、孟禄的前期访华

客观上讲,测验运动的快速发展与中国教育界对教育研究科学化、实证化倾向的国际大趋势的认识是密不可分的,而强化国人对此的认识和理解又与美国人杜威、孟禄先后来华的前期宣传密不可分。最早来中国宣传实证科学思想的美国学者是杜威。杜威是美国实用主义哲学的重要代表、著名的教育改革家、芝加哥机能主义心理学派创始人,同时也是美国实用主义教育理论的

---

① 朱有瓛.中国近代教育史资料汇编:教育行政机构及教育团体:第2版[G].上海:上海教育出版社,2007:562.

② 李华兴.民国教育史[M].上海:上海教育出版社,1997:580.

创始人。20世纪初,杜威的教育思想不仅在美国而且在世界都处于领先地位,当时人评价说:"今日教育新思潮之领袖,当推约翰·杜威。"①1919年2月杜威的弟子、北京大学教授胡适得知其在日本游历,立即致函陶知行商讨邀请杜威来华,适逢郭秉文欧洲考察经过日本,遂由郭秉文当面向杜威发出邀请,杜威欣然同意,并于1919年5月3日抵达上海,开始了中国之行。至1921年7月离开中国,杜威在华访问的时间长达2年2个月又2天,足迹遍布中国14个省,巡回演说近200次。以杜威在当时世界的号召力和影响力再加上其中国弟子的大力宣传,杜威在中国宣传的频率之高、覆盖面之广乃是前所未有的,杜威的实用主义可以说荡涤着20年代中国的各个角落,在国内引起了很大的反响。

虽然杜威的演讲内容林林总总,但宣传的都是其实用主义思想,而实用主义思想的核心就是提倡科学的态度和实验的精神。陶知行就评价说:"杜威之集成于教育哲学也,以试验。"②其高足胡适也认为杜威实用主义理论的主要精神就是实验主义。③ 而实验主义又是最一般的科学研究方法论。杜威的宣传虽未专门提及心理及测验方面的内容,但是实用主义在具体研究和实践中的运用就是科学的方法。虽然杜威访华主要是宣传其实用主义教育思想,对中国的实际教育调查很少关注,但他提出的基于实用主义教育理论的中国教育改革方案被广泛宣传,国人在学习和传播实用主义教育理论的同时,也会把实验主义有意识地运用到教育研究和实践中,这一具体表现就是测验和实验,这些无疑对测验理论起到了宣传作用。

杜威讲学的巨大成功使得美国教育理论在中国风靡一时,大大增强了中国教育界对美国教育的信心,加速了中国近代教育全面模仿美国的进程,同时也为其他美国教育家来华讲学做了很好的理论先导。杜威宣传的只是一种理论,而学校教育中具体操作的问题仍未解决,中国教育亟须美国其他学者来华指导,这之后的学者就是孟禄。孟禄不仅是近代教育理论和思想的传播者,更是近代教育实践的积极参与者,他给中国传递的不是单一的"学理上的学问",

---

① 郑宗海.杜威氏之教育主义[J].新教育,1919,1(2):129.
② 陶知行.试验主义之教育方法[J].新教育,1918,1(1):3.
③ 卢浩.中华教育改进社:中国近代教育模仿美国的主要推动者[D].上海:华东师范大学,2003:39.

而是一种"实际上的学问",这也更符合美国实用主义教育的精神。如果说杜威来华使学术界思想为之一振,那么孟禄来华则为中国教育的具体实践指明了道路,同时促成了20年代最有影响力的民间教育组织——中华教育改进社的组建。保罗·孟禄是哥伦比亚大学师范学院教授,20年代美国著名教育学家、教育史家,在教育实践改革方面成绩卓著。如前所述,在中国教育界学者的一再盛邀下,孟禄于1921年9月开始了真正的中国调查之旅。尽管孟禄一生曾十余次来中国调查教育、讲学和从事文化交流活动,但这次是孟禄在华活动时间最长(1921年9月5日抵沪,1922年1月7日回国)、活动范围最广的一次,也是直接影响最大的一次。孟禄此次中国调查的时间长达4个月,其足迹遍及上海、北京等9个省份,专门调查了18个市200多处教育机构和设施,与各地教育界、实业界官员举行座谈,发表演讲60余场,力陈教育在中华文明复兴中的重要性。调查结束后,孟禄直接指出研究缺乏科学的方法是中国教育落后的主要根源。他的批评可谓一针见血,引起了教育界的强烈反响,也使得中国教育界开始认真思考如何走科学化的研究道路。对于杜威和孟禄的来华,中国学界一直是心存感激的,"杜威、罗素来华,给我们学理上的学问,而孟禄博士此次来华,给我们实际的学问","此次博士来华,以科学的目光调查教育,以谋教育之改进,实为我国教育开一端新纪元"。[①] 如果说杜威来华为中国教育界输入了新的教育理论,为后面的引进做了思想上的引导,孟禄则提倡科学问题,通过实在的手段为中国教育实际做了诊断。杜威和孟禄的先后来华,实现了近代中国实用主义教育从理论到实践的转变。如果说杜威已经基本完成了在中国传播实用主义教育的使命,从宏观上影响了中国教育,那么孟禄则从宏观和中观上影响了中国的教育理论和实践,这是一个自然演变的过程。但实用主义教育还须深入到中国教育更微观的实践层面,这一任务就交给了后面来华的麦柯尔。

2.麦柯尔的访华

杜威、孟禄的先后来华让中国教育从理论到实践开始重视实证,但具体如何操作、选择什么工具仍是教育界亟须解决的问题。因为测验是实用主义教

---

① 孟禄与中国教育界同仁在中央公园饯别会之言论[J].新教育,1922,4(4):653-654.

育哲学在技术上的具体体现,编制测验也就被提上了日程。其实中国教育界在测验方面已经有了一定的基础,但和国际测验比尚存在一定差距。为了更好地使用教育科学方法,1922年孟禄向中华教育改进社推荐了美国教育心理测量专家、哥伦比亚大学师范学院心理学教授麦柯尔。为了规范和进一步推进这一项工作,中华教育改进社也欣然接受了孟禄的推荐,聘请麦柯尔来华主持编制测验事宜。

麦柯尔是美国著名的测验专家。生于1891年,1911年毕业于哥伦比亚大学获理科学士学位,1912年获文科学士学位,1911—1913年担任该校心理学讲师,1914年获哥伦比亚大学师范学院硕士学位,1915年担任该校教学心理系讲师。1916年获博士学位,师承美国著名心理学家桑代克,主要研究领域为教育测验、教育统计和教育实验方法等。同时他还是美国教育会联合会、美国科学改进社、美国心理学会、美国全国教育研究会董事会成员,著名杂志撰稿人和审稿人,出版专著多部,是"第一位知识渊博的教育实验研究的理论家"。[1]

1922年9月麦柯尔抵达上海,开始了他为期一年的中国之程。[2] 麦柯尔对这次中国之行是相当重视的。据麦柯本人说:"在离美之先,我就邀哥伦比亚大学中国的留学生,和从中国休假回国的教会学校的教育家,以及其他一切对于此事能帮着建议的人,开了几次预备会。随后就备办了一套专门的书籍,搜集了各种心理测验身体测验的样本,和其他一切专门的格式,并购买了各种统计的书籍和仪器。"[3] 同时中国教育界对麦柯尔的到来也充满了期待,为了便于麦柯尔在全国开展工作,中华教育改进社在南京、北京两地各组织了编制

---

[1] 李维.国际教育百科全书:第3卷[Z].贵阳:贵州教育出版社,1990:323.
[2] 关于来华时间,陶知行的社务报告中有提"孟禄博士代本社请了两位学者来讲演……一位是麦柯尔先生,大约九月八号可到中国,将来在南京与北京各讲半年",参见《社务会议记录》(《新教育》1922年第3卷第5期)。《时报》1922年8月29日0005版"美国教育测验专家将来华麦柯尔博士将于九月五日抵上海"。关于离去时间没有详细记载,只有麦柯尔博士讲,杨贤江、杜元载记《教育心理测量》(《新教育》1923年第7卷第2、3期)中麦柯尔自述"前两个礼拜,中华教育改进社招集各省代表组织教育心理测量讲习会……我对于中国教育界所负的责任,已经宣告终止,今天特来此地与诸君话别"。根据记载,教育心理测量讲习会在8月6日到8月18日,1923年的年会是在8月20日到26日,可推断其约在1923年8月26日之后离开,在中国大约一年的时间。
[3] 麦柯尔.中国教育的科学测量[J].平民教育(测量专号),1923(63/64):1.

测验委员会,制定南北两地的编制计划。南京编制测验委员会有东南大学教授张士一、陈鹤琴、朱斌魁、廖世承、陆志韦、麦柯尔、徐则陵、俞子夷;北京委员会委员有查士钊、张敬虞、张耀翔、刘廷芳、推孟、麦柯尔诸教授及其学生等。而南北委员会的会务组织和委员的召集均由中国教育改进社总干事陶知行主持。①

麦柯尔来华的一年时间里,前半年在南京,后半年在北京,可以说是马不停蹄、鞠躬尽瘁。他认为"教育科学研究法大概可分为四类:即身心测验、统计方法、实验性的研究、求因性的研究",而通常说来,"现在人所最注意且最有力的运动,就是智力测验。因为(1)智力测验是组织共同研究之中心点;(2)智力测验对于增进教育之效力有莫大的影响。学校测验和智力测验一样,如初学(包括幼儿园和国民一、二年级)和大学的各种测验,我们也要注意"。② 在麦柯尔看来,教育测验是教育科学研究方法中最重要的一种,而以智力测验和学校测验为代表的教育测验是各种教育科学研究方法中最重要的,而且也是当前教育界关注的焦点,因此他来华工作的重点是编制教育测验。③ 麦柯尔把美国最先进的测验介绍给中国学者,在麦柯尔的指导和帮助下,中国教育界编造了智慧测验10种、教育测验23种、特别测验及有关系之材料9种。这些计划的测验基本在其回国前已完成并进入实验,回国后廖世承、陈鹤琴和俞子夷等继续编制测验,一直持续到1925年,测验常模基本求得。除了编制测验,麦柯尔还统一了测验的标准,即 TBCF 制。此外他还特别注重人才的培养,通过演讲、导师会、讲习所等形式为中国测验界培养了很多后起之秀。

中国的报刊宣传界对麦柯尔的测验指导也表示了相当的热情,当时许多的教育刊物报道麦柯尔在华的论述和演讲,比如发表于《平民教育》"教育测量专号"的《中国教育的科学测量》,《新教育》第5卷第5期的《教育科学》,《学灯》1923年8月1日的《测验》,《中华教育界》第13卷第6期的《施行教育心

---

① 卢浩.中华教育改进社:中国近代教育模仿美国的主要推动者[D].上海:华东师范大学,2003:30.
② 卢浩.中华教育改进社:中国近代教育模仿美国的主要推动者[D].上海:华东师范大学,2003:30.
③ 卢浩.中华教育改进社:中国近代教育模仿美国的主要推动者[D].上海:华东师范大学,2003:34.

理测验捷径》,《教育杂志》第 15 卷 12 号的《教育心理测验之施行办法》,《新教育》第 7 卷第 2、3 合期的《教育心理测量》,等等。中国学者对他在我国测验运动中所做的努力和带来的影响也给予了高度评价,杨国础在《平民教育》"教育测量专号"发刊首语中就盛赞说:"他日我国教育,得着长足之进步,不能不归功于这个异国的博士。所以我们为代表中国教育界感谢麦柯尔博士起见,为纪念麦柯尔博士起见,特发行这专号。"中华教育改进社在年会上也多次表达对麦柯尔的感谢,1923 年社务会议表决的议案第四条致谢麦柯(尔)先生与其他合作人员,由大众一致起立表决,以示敬意。董事会记录八中也记载"由董事会提议,经社务会议通过,以全体名义赠麦柯(尔)博士纪念品"。

麦柯尔访华对中国测验理论与实践的发展有着深远的影响,《第一次中国教育年鉴》在回顾我国测验运动历史时指出"至麦柯尔来华,于是中国测验运动发展极速"。[①] 曹日昌也明确表示:"在麦柯尔的指导下所编的测验,照当时的标准判断,大多数都是很满意的……我国的测验运动,可说是在那时立了一个很好的根基。"[②]麦柯尔的访华在某种程度上说是实用主义教育思想在中国实践层面的再传播,翻开了近现代中外教育交流史上重要的一页。在中华教育改进社强大的组织保障,国际学者带来的最先进的测验技术,教育界的精诚合作和全力投入的共同推动下,测验运动进入高潮期。

二、中华教育改进社对测验的提倡与推广

中华教育改进社是 20 世纪 20 年代中国教育界最大最具有影响力的民间组织,在当时甚至有"官方以教育部为大,民间以中华教育改进社为尊"之说,虽然提倡测验并非改进社的唯一内容,但能让中国测验界抛下门户之见、派别之分,聚集一堂,真正做到"人不分中外,地不分南北",本身就具有非凡的意义。同时其历届年会也把测验作为主要讨论研究的内容,并形成议案落实推

---

① 教育部中国教育年鉴编审委员会.第一次中国教育年鉴:戊编[Z].上海:开明书店,1934:193.

② 曹日昌.我国测验运动的回顾与展望[J].教育杂志,1940,30(7):5.

广,对测验的宣传可谓不遗余力。

(一)中华教育改进社推广测验优势明显

中华教育改进社能够在众多民间团体中异军突起,在中国教育改革中处于领导地位,得益于其强大的组织能力、号召力及影响力。

1.社员众多、影响力大

陶知行说:"服务社会,一人之力不如一团体,一团体之力不如各团体联合会。"[1]首先从发展历程看,中华教育改进社是由新教育共进社、《新教育》杂志社和实际教育调查社三家单位联合而成,既能做教育理论研究,又能把理论用于实际,指导中国教育改革的实践,同时还有自己的宣传机构。所以其社务非常广泛,包括"一、通信或实地调查各种教育状况;二、依据实际问题研究解决方法;三、辅助个人或机关对于教育之实施或改进事项;四、编译关于教育之书报;五、提倡教育事业之发展及学术之研究;六、其他关于教育改进事项"。[2]虽然不是直接研究测验,但研究的都是中国当时亟须解决的问题,都需要用到最先进实用的研究方法,对测验的关注也就不言而喻。

其次从团体成员看,中华教育改进社前身之一的新教育共进社包括国立北京大学、南京高等师范学校、国立暨南大学和中华职业教育社。实际教育调查社因为设在北京高等师范学校,本身就是教育界的领头羊。中华职业教育社及其背后的江苏省教育会是当时教育界改革卓有成效的组织,素以推进教育改革而蜚声于学界。国立北京大学和南京高等师范学校既是全国教育研究的中心,也是当时致力于教育改革的两大堡垒。把当时全国最厉害的改革组织汇集到一起,让教育界富有改革力的专家学者们互相联络,消除各种注意及方法的冲突,促进人才物质之经济,真正做到地不分南北、人不分中外,除中华教育改进社再无第二个组织。

最后从个人成员看,领导层也是教育名师荟萃,集中了一批中外著名教育

---

[1] 华中师范学院教育科学研究所.陶行知全集:第8卷[G].长沙:湖南教育出版社,1992:67.

[2] 中华教育改进社缘起及章程新教育[J].教育杂志,1922,5(3):344.

家,如董事成员中的蔡元培、范源濂、张伯苓、袁希涛、李建勋、黄炎培、郭秉文等。名誉董事中的张謇既是著名的教育家也是著名的实业家。梁启超是著名思想家、学者、中国思想启蒙运动的领袖人物。外籍名誉董事杜威是美国著名哲学家、教育家,孟禄是著名教育家。除了在教育界有影响外,中华教育改进社在政界也影响巨大。除蔡元培、范源濂、袁希涛主政过教育部外,熊秉三曾担任过国务总理。他们与政界亲密的联系以及在政界的影响,使中华教育改进社易得到政府的承认和合作。① 特别值得一提的是,长期担任中华教育改进社总干事的陶知行一直认为"中国政治虽不统一,但教育是统一的。我们深信统一的教育可以促成统一的国家"。② 所以在被聘为改进社总干事后极力促进测验界的合作,为改进社的发展可谓竭尽全力。为了更好地投入改进社的工作,他还辞去了东南大学教职,举家迁居北京。对一个运动来说,只有参与人数多,社团的规模才足够大,才会有运动色彩。中华教育改进社在这一点上可谓实力雄厚,拥有数量众多的社员,社员分布也是遍布全国。有人对历年的社员情况进行了统计,具体如表3-1所示:

表3-1 中华教育改进社社员统计表③

统计时间	机关社员/家	个人社员/人
1921年12月	61	43
1922年6月	81	49
1922年12月	117	394
1923年6月	118	865
1923年12月	118	972
1925年8月	150余	2000余

社员既有个人社员又有机关社员,其中个人社员多是当地著名教育机构有影响的人物,在当地可以说是一呼百应;机关社员则是各地的中小教育团

---

① 王巨光.民国教育社团与民主教育[D].武汉:华中科技大学,2007:172.
② 华中师范学院教育科学研究所.陶行知全集:第5卷[G].长沙:湖南教育出版社,1985:498.
③ 汪楚雄.中国新教育运动研究(1912—1930)[D].武汉:华中师范大学,2009:135.

体、学校等教育机构,这些团体和学校又包含了无数的社员、教职员和学生,所以中华教育改进社犹如由众多团体和社员组成的金字塔。这些人与教育都有着密切的关系,是各地推动教育发展的主要力量。社员不光人数多,职业分布也非常广,包括了教育的各行各业,这一点从两届年会中到会成员的职务分布可窥豹一斑,具体见表3-2:

表3-2 第一届与第二届到会成员职务人数统计表[①]

单位:人

类别	第一届年会人数	第二届年会人数
中等学校教职员	82	89
高等专门大学教职员	77	100
学术及其他团体职员	54	55
中等学校校长	44	53
省教育行政人员	20	40
高等专门大学校长	15	15
初等学校教职员	14	48
初等学校校长	12	40
中央教育行政人员	10	14
县教育行政人员	7	18
未详者	31	98
总计	366	570

2.分组会议保障研究专业化

除了吸纳了众多的社员外,中华教育改进社在组织架构上也做了很多创新。首先在组织上分为董事部、总事务所和年会三部分。董事部成立于1922年2月8日,是主持社务开展和实施的领导机构;总事务所是一个执行年会和董事会决议事务的事务性机构,成立于1922年4月12日,下设学术委员会、学术部、事务部和分事务所;年会每年召开一次,是中华教育改进社的最高权

[①] 各组事务报告:到会人员职务图表[J].新教育,1922,5(3):723.

力及决策事务大会。

中华教育改进社认为前期组织对教育改进贡献不大的主要原因是把教育看作一个囫囵的问题,研究博而不精,讨论的问题和形成的议案也往往没有执行到位。要改变这一状况,就需要对教育问题进行分门别类的研究讨论。鉴于此,中华教育改进社把年会分成了全体会议和分组会议两种。分组会议就是在年会上采用分组会议形式,由具体领域的专家对这个领域的议案进行讨论,形成专业的看法和意见,最后将讨论结果提交大会。这种形式避免了前期只是笼统地谈教育问题的缺陷,使教育问题研究更加专业、更加细化深入。为了"把这种分组会议设为永久机关,俾能继续研究",第一届年会的最后一次全体学术会议上,决议把分组会议变为学术委员会。从第一届年会后,总事务所下设了32个学术委员会,这种设置使中华教育改进社更能分门别类地、专业性地解决各类教育问题。32个学术委员会中有一个就是心理教育测验委员会,这个委员会不仅是测验的学术研究机构,也是测验会务活动的策划和组织者。其主任为张耀翔,副主任为陆志韦,书记为陈鹤琴,都是当时测验运动中的领军人物。

为了更好更全面地反映教育问题,年会议案一般向各地征集,由提议人或团体寄至改进社,然后改进社审查后发给各委员会,由其组织在分组会议上进行讨论。会议结束后均由中华教育改进社将决议案抄送给各有关机关,有向教育部教育厅和各地方教育行政机关建议的,有向内政部财务部及其他官厅建议的,有向各个学校建议的,还有向教育团体或学术团体建议的。为了沟通有无,使会员清楚全部讨论内容和明确共同努力的方向,所有的议案都在大会上向全体会员宣告。

中华教育改进社自成立后共召开了四次年会(具体见下表),每次年会都会引起教育界的轰动。规模之大、议案之多、参与人数之多、讨论问题之深入和广泛,在当时还没有其他团体能与之相媲美。

表 3-3　中华教育改进社四次年会基本情况统计表①

年会	时间	地点	代表数/人	出席者	代表省区市族	分组数/组	议案数/件	大会讲稿场次(外籍)/场
1	1922年7月3日—8日	山东济南	366	—	18省区48都市	20	119	8(2)
2	1923年8月20日—26日	北京清华学校	570	—	21省区	32	120	6(2)
3	1924年7月3日—9日	南京东南大学	600	2000余	蒙藏两族无人	24	127	5(1)
4	1925年8月17日—23日	山西太原	700	约2000	五族共和	24	78	6(1)

3.《新教育》在宣传上不遗余力

孙中山曾说过:"革命成功极快的方法,宣传要用九成,武力只可用一成。"②媒体书报向来都是运动发展的助推器。中华教育改进社深知宣传力量的效应,其总干事陶知行一方面办好刊物,使《新教育》成为"供给全国教育界一个公开的论坛";③另一方面出版丛书,如"平民丛书"和"中华教育改进社丛书"都是中华教育改进社宣传其教育改革的成果。相对于书定型后波动不大,报纸杂志对于教育新潮的转向,教育研究风气的形成有着重大的影响。二者之中,《新教育》更受重视。"调查与研究所得,决不能秘而不宣,不许布告于国人,于是乎编译事业尚已……本社之编辑物,有新教育杂志,一年出十册……无论为本国的或外国的,报告于国人。有时亦宣布之于外国人。"④首先该杂志把中华教育改进社的年会情况进行及时全面的宣传,为此专门出版了四期特别号,分别是《新教育》1922年第5卷第3期第一届年会报告号,《新教育》

---

① 根据卢浩的《中华教育改进社:中国近代教育模仿美国的主要推动者》(华东师范大学硕士论文2003年第8页);汪楚雄的《中国新教育运动研究(1912—1930)》(华中师范大学博士论文2009年第137页);朱有瓛等编的《教育行政机构及教育团体》(上海教育出版社1993年版)相关内容整理而成。
② 孙文.孙中山选集[M].北京:人民出版社,1956:493.
③ 华中师范学院教育科学研究所.陶行知全集:第1卷[G].长沙:湖南教育出版社,1984:567.
④ 陶知行.中华教育改进社第一次年会开幕典礼记事[J].新教育,1922,5(3):359.

1923年第7卷第2、3期第二届年会报告号,1924年第9卷第3期第三届年会报告号和1925年第11卷第24期第四届年会报告号。

《新教育》既是宣传新思想的平台,也是扩大教育舆论的阵地,其作用不容小觑,对于这一点改进社的负责人有着非常清醒的认识。作为中华教育改进社的主要宣传力量,《新教育》从民国八年二月创刊,到民国十四年十月停刊,共出版了11卷,每卷5期,总共53期。为了扩大影响,《新教育》杂志社在全国各地都设置了代派处,负责发行杂志。除了在上海等大城市设置代派处外,全国主要的35个城市(包括香港)均有设置,最多时曾达到60个,可以说是覆盖到全国,甚至还到达过东京等海外城市,影响范围较广。① 总干事陶知行任《新教育》主编时,特别重视理论和实践的结合,下设了14个主要编辑组,编辑人员多达52人。② 各参编单位都指定代表,杂志内容分组编辑,按组指定中外编辑员,任务到人,各负其责。作为20世纪"20年代中国影响最大的教育杂志之一",③教育界评价它"对于中国教育之改进,功绩甚大"。④

《新教育》杂志社的测验学术研究力量也不容小觑,其主编按时间先后分别是蒋梦麟、陶知行和徐则陵,三位均毕业于当时美国测验运动的圣地——哥伦比亚大学,所以对测验也相当重视。编辑组专门设置有教育心理编辑组,负责对心理及测验的编辑宣传事宜。教育心理编辑组编辑分别为汪懋祖、凌冰、陆志韦、张耀翔、陈鹤琴、黄希生、廖世承和刘廷芳,⑤其中汪懋祖、凌冰、张耀翔、陈鹤琴均毕业于教育测验的发源地——哥伦比亚大学师范学院。《新教育》对测验推广和介绍也是相当重视的,有学者研究过,《新教育》投稿人中发表过5篇以上文章的31位作者中,曾在哥大学习或者毕业于哥大的就有12位,再加上2位哥大教授,共占总数的45.1%;发表文章数在前8位的作者都曾在哥大学习或毕业于哥大,《新教育》杂志甚至被认为是哥伦比亚大学毕业

---

① 周晔.《新教育》与中国近代化[J].高等教育研究,2005(1):88.
② 卢浩.中华教育改进社:中国近代教育模仿美国的主要推动者[D].上海:华东师范大学,2003:12.
③ 凯南.郭秉文、蒋梦麟、陶行知与新教育改革运动[M]//周洪宇.陶行知研究在海外.北京:人民教育出版社,1991:165.
④ 教育部中国教育年鉴编审委员会.第一次中国教育年鉴:戊编[Z].上海:开明书店,1934:163.
⑤ 王西征.从新教育到新教育评论[J].新教育评论,1926,3(1):12.

或学习工作过的群体的"同人杂志"。这些都使得《新教育》杂志社和《新教育》在测验的宣传和推广上有着天然的优势,教育测验专家俞子夷就夸赞说:"期刊《新教育》有相当声誉。"①

4.中华教育改进社重视国际交流

中华教育改进社不仅在国内影响巨大,而且特别重视和国际的联系与交流,为中国积极融入国际新教育运动潮流作出了巨大的贡献。美国人韦棣华就中华教育文化基金会基金使用问题在美国国会作证时就曾称赞说:"教育改进社是哥伦比亚大学孟禄博士赞助组成的。据我所知,这个教育团体在中国是最有力量的。"②

首先是积极邀请国外学者访华,中华教育改进社审时度势,先后邀请罗素、杜威、孟禄、推士、麦柯尔等世界名流来中国访问演讲,他们的来华无形中也成为世界了解中国的窗口。改进社对这些专家学者也相当重视,除了丰厚的酬金和专门的接待,应邀在改进社年会大会上发言的国外专家也不乏其人。比如第一届年会上有麦克乐的《中国体育应有之改革》和推士的《科学与教育》,第二届年会上有麦柯尔的《教育心理测验》和德尔满的《教育调查报告》,第三届年会上有林泰贤的《宗教之本质与佛教之地位》,第四届年会上有帕克赫斯特(Helen Parkhurst)的《道尔顿制概要》。中国如果想在国际上有较大的影响,除了引进专家还需要输出教育,让世界了解中国,中华教育改进社为此也作出了巨大的贡献。

民国成立的最初几年,政府也曾想动用各种力量向世界输出中国教育,比如1914年朱胡彬夏被派出参加世界儿童幸福研究会第三次会议,杨泰出席第四届世界家庭教育会议,1915年陶履恭出席世界教育联合会议。但因为当时的中国教育成就有限,输出效果不明显,所以国际影响微乎其微。之后因为国内教育一直无强有力的组织领导,所以在国际教育舞台上也一直处于缺席状态。直到1921年8月,范源濂三任教育总长期间,派出蔡元培等五人出席在

---

① 俞子夷.一九二七年前几个教育团体:回忆简录[J].华东师范大学学报(教育科学版),1989(2):95.
② 何树远.中华教育改进社与中华教育文化基金董事会[C]//中国社会科学院近代史研究所·青年学术论坛.北京:社会科学文献出版社,2011:161.

美国召开的太平洋教育会议,但也因准备不足,蔡元培最后只好以《教育独立议》作为论文提交大会。①

这一局面在中华教育改进社成立后得以大大改善,改进社连续三次联合国内其他教育团体和机构派员参加"世界教育会联合会"(以下简称"世教联"),郭秉文更是四次当选为世教联副会长。"世教联"于1923年6月28日至7月6日在美国举行成立大会,接到邀请函后,中华教育改进社总干事陶知行立即部署准备大会材料,并发表《对于参与国际教育运动的意见》一文,表达了改进社对国际交流的态度。他在文中一再重申"第一要自己晓得自己,第二要自己晓得别人,第三要别人晓得自己。自明,明他,他明"。② 因为当时"政治上的分歧使教育部不可能搜集到不直属北京政府管辖之各省的材料",为"必要承担这一责任",中华教育改进社向全国发出调查表格,开始统计全国教育状况。调查工作从1922年5月持续到1923年4月,共制成56种表格,最后形成《中国之教育统计》一书。"其统计范围之广,表格制作之精,在中国教育史上都是空前的。"不仅如此,改进社还请梁启超、胡适、黄炎培等20多位专家准备了25种材料,经过反复讨论最终选出17种用英文撰写报告书,编辑成《中国教育状况》一书,呈交给"世教联"。改进社对世教联会的开会内容也是相当重视与及时宣传的,比如第二届年会本应在6月举行,为等待与会代表归来报告会议情形特意推迟到8月,由殷芝龄在大会上做"世界教育会议之经过"的报告。1925年7月召开第四届年会时正值"世教联"第一届年会在爱丁堡举行,中华教育改进社与全国教育会联合会联合派出5名代表参会,陶知行在会上还特意展示了参加会议的中国代表凌冰寄回的信件。虽然后期因为各种原因改进社年会没能再召开,但1927年8月7日到12日在加拿大多伦多举行的第二届年会上也有中华教育改进社成员的身影。③ 这些都彰显了改进社在国际舞台上的影响力,在改进社的带领下,中国如愿以偿地融入世界教育改革的潮流中,不再是落后的代名词。

---

① 汪楚雄.中国新教育运动研究(1912—1930)[D].武汉:华中师范大学,2009:150.
② 陶知行.对于参与国际教育运动的意见[J].新教育,1922,4(3):522-523.
③ 汪楚雄.中国新教育运动研究(1912—1930)[D].武汉:华中师范大学,2009:152.

(二)中华教育改进社测验议案的形成与推广

虽然测验不是中华教育改进社唯一的研究内容,但绝对是主要的研究内容。改进社的宗旨是"利用合作力、用科学解决教育问题",测验就是科学的工具。清华校长曹云祥在第二届年会开幕式讲话中也曾总结过改进社的主要任务是:"(1)智力测验 以利收纳所传之道,及所授之业。(2)科学教授 以增进授业之方法。(3)中学课程 以促进教育普及并不失实际。以上三者与夫其他问题,皆用科学之法以解决之。"① 其中智力测验是测验的一种,其他问题均需要科学的方法解决,所以作为科学工具的测验自然是改进社的重中之重,这一点在每届的年会上都有所体现。因为每届年会所讨论的问题都代表着中国教育界的信仰和思潮,决议案更是这些信仰和思潮的缩影。尽管不同年会决议案数量不同,但都是关于测验的议案,也再次验证了改进社对测验事业的重视。

1.第一届年会及其对测验的提倡

1922年秋中华教育改进社在济南召开第一届年会,早在筹备会上测验就作为主题出现,《年会筹备之进行》中记述:"在分类征集教育统计图表,供到会人员参考,其中就有陈鹤琴、廖茂如先生中国的心理测验……在专门研究的进行,陆志韦、张耀翔、陈鹤琴、廖茂如智慧与教育测验的修订。"②

为了便于测验的研究和推广,改进社在最初成立的20个小组中就特别设立了心理教育测验组。从公布的注册信息看,参加心理教育测验组的本应有8人,包括邀请者张耀翔、刘树仁、陈鹤琴,个人社员方永蒸、刘廷芳(北京燕京大学教员),旁听者左宗干(曲阜第二师范教务主任)、刘坤山(济南模范小学教员)。但由于各分组刚刚成立且心理教育测验组与中等教育组的内容有些重合,最后参加该组的人员与注册人员有所出入。正式出席心理教育测验组的人员共计7人,名单如表3-4所示:

---

① 年会开幕大会纪事:演说词[J].新教育,1923,7(2/3):31.
② 社务纪要:二、年会筹备之进行[J].新教育,1922,4(5):956-958.

表 3-4　第一届年会心理教育测验组成员统计表①

到会人员	职务	学校	参会资格
张耀翔	教授	北京高等师范学校	邀请
吴肇基	不详	不详	旁听
张体芳	不详	不详	旁听
刘树仁	校长	武昌武汉中学	邀请
陈鹤琴	教授	东南大学	邀请
方永蒸	社员	北京高等师范学校附属中学	社员

心理教育测验组 4 日上午在济南的商埠小学召开了会议,虽然人数不多,但与会人员进行了非常认真的讨论,讨论议案有三个,分别是:"(一)请本社设学校调查部(江苏省立第二女子师范杨鄂联教员提出的)。(二)制定中学国文标准试验(方永蒸等提出的)。(三)关于测验(张耀翔等提出的)。其中关于测验的有四件,分别是:(1)由中华教育改进社呈文教育部饬令全国大小公立学校对于心理测验及教育测验团体或个人经中华教育改进社或中华心理学会或高等学校专任心理学教授介绍者有许其自由测验并襄助一切义务,不得故意推诿。(2)由中华教育改进社呈文教育部饬令全国大小公立学校将心理检查加入每年入学考试内与身体检查并重。(3)制造一组国家的智力测验,内含有八或十种不同性质材料,体例如美国军人测验或该国国家的智力测验,为测验一般国民用,由中华教育改进社聘请国内外专家(八人或十人)担任,每人担任一种材料。(4)由中华教育改进社聘请桑代克博士或其他齐名教育心理专家来华教授讲演并指导教育心理测验事,以一年为限。"②虽然直接与测验有关的只有四条,但这四条显示了当时中国教育界对国内测验需要广泛开展以及测验技术应与国际接轨的渴望。

大会经过认真讨论,最后议决通过案三件,具体如下:"一、请中华教育改进社聘请或推定专家组织教育心理常期委员会,执行下列事项:(一)测验。(1)智力;(2)教育;(3)职业;(4)其他。(二)实验。(三)调查。(四)编辑。

---

① 根据《旁听社员一览表》《邀请社员一览表》《社员一览表》等统计整理而成,具体见《新教育》第一次年会报告号,1922 年第 5 卷第 3 期。

② 分组会议记录:第十七心理教育测验组[J].新教育,1922,5(2):553.

(五)推广。二、原提议第一案(本社设学校调查部)第二案(制定中学国文标准试验)第三案第三条(制造一组国家的智力测验内含有八或十种不同性质材料,体例如美国军人测验或该国国家的智力测验,为测验一般国民用,由中华教育改进社聘请国内外专家八人或十人担任,每人担任一种材料)与第三案第四条(由中华教育改进社聘请桑代克博士或其他齐名教育心理专家来华教授讲演并指导教育心理测验事,以一年为限)本组同人认为重要,俟教育心理常期委员会成立后,再议详细办法执行之。三、由中华教育改进社呈文教育部饬令全国大小公立学校对于心理测验及教育测验团体或个人经中华教育改进社或中华心理学会或高等学校专任心理学教授介绍者有许其自由测验并襄成一切义务,不得故意推诿。"①

从以上通过的决议案可以看出,中华教育改进社对测验问题从一开始就持非常务实的态度,提出的每一项决议都是经过深思熟虑的,对于能执行的绝不拖泥带水,但对于超前的和推行暂时困难的,也能洞悉操作难度,既不敷衍了事也不一推了之,而是积极创造条件从长计议,留有伸缩的余地,也体现了改进社办实事的一贯作风。因为第一届年会距离改进社成立不到半年,各方面工作还是百废待兴,所以参与人数过少,但这一状况在第二届年会有了大大的改善。

2.第二届年会及对其测验的提倡

第二届年会虽然与第一届只间隔一年,但这一年在麦柯尔的指导下,中国测验界学者通力合作,使测验发展上了一个台阶。首先从年会规模看,第二届年会与会人员来自全国21个省市,提议案249件,通过议案130件,明显超过第一届。测验也成为改进社的主要研究领域,名誉董事梁启超在开幕会上说:"最主要的就是教育测验一件事,我们实行教育测验以后,把从前主观的教授法改变了,这是一种新经验,实在是为教育界开一个新纪元。"②陶知行在《年会开幕大会纪事——社务报告》中也说:"兹将社中近日所发生且较有关系之事,简略报告如下:万国教育会议、心理教育测验和平民教育……心理教育测验本社所编成者四十余种。其间自有不妥之处,然不妥即为他日研究进步之

---

① 全体学术会议记录:心理教育测验组议决通过案[J].新教育,1922,5(2):554.
② 杨卫明.中华教育改进社的教育交流活动略论[J].成都大学学报(教育科学版),2007,(12):8.

机会。测验之编造,第一步即为改视察为指导。普通视察为主观的,以一人而视察多校,既少专门才识,又无辅助工具,乃为指导之工具,可用以了解教育之真相,为教育界之显微镜、听肺机、X 光线。有此工具则视察制度为之一变。一省可用以观察县教育状况,校长可用以观察教师效率,教师可用以考察学生成绩,实开教育上之新纪元焉。不过所谓新纪元,此乃其起点耳。"①可见测验在中华教育改进社事业推广中的重要性。尤其在向世界展示中国教育成就的万国教育会议上,测验也作为重头戏被改进社推出,"本年六月二十八日至七月六日在美国旧金山举行,经沪津两次董事会会议,蔡元培、范源濂、黄炎培、郭秉文、张伯苓、胡适、汪兆铭、陶知行八人赴会。就中国教育问题单行本二十五种,其中有麦柯尔中国之教育心理测验"。②

相对于第一届年会,第二届年会组别划分更细。尤其是心理教育组,经过一年的宣传与推广,取得了显著的成效。召开第一届年会时,出席代表仅 4 人,而第二届年会代表人数达到了 20 人,增幅居各组之首,具体见表 3-5 所示:

表 3-5 第一届和第二届年会各组到会人数统计表③

单位:人

序号	组别	第一届年会	第二届年会
1	教育行政组	25	77
2	初等教育组	11	73
3	中等教育组	41	60
4	师范教育组	24	39
5	国语教学组	12	35
6	职业教育组	31	35
7	女子教育组	23	24
8	体育组	18	24
9	图书馆教育组	5	23

---

① 陶知行.年会开幕大会纪事:社务报告[J].新教育,1923,7(2/3):25.
② 派代表赴万国教育会议之筹备[J].新教育,1923,6(4):631.
③ 根据《第一届年会与第二届年会各组出席人数比较图》《新教育》第二次年会报告号,1923 第 7 卷第 2、3 期整理而成。

续表

序号	组别	第一届年会	第二届年会
10	幼稚教育组	—	21
11	历史教学组	9	21
12	心理教育测验组	4	20
13	义务教育组	9	20
14	高等教育组	10	16
15	生物学教学组	6	15
16	童子军教育组	7	14
17	地理教学组	11	14
18	教育统计组	—	14
19	数学教学组	—	12
20	教育卫生组	9	11
21	科学教育组	2	10
22	美育组	9	10
23	成人教育组	1	9
24	外国语教学组	—	9
25	商业教育组	—	9
26	农业教育组	—	8
27	工业教育组	—	8
28	公民教育组	11	8
29	国际教育组	—	7
30	国民音乐组	5	6
31	医学教育组	—	3

心理教育组分组会议从8月20到22日共开会议三次,本届会议主任张耀翔、副主任陆志韦、书记陈鹤琴。出席会议的有王广田、刘湛恩、林钦台、方省之、姚孟宗、张孝友、赵洒传、宋焕达、欧元怀、刘树仁、何作楫、麦柯尔、纪会绶、杨成章、韦博士、德尔门、刘廷芳、庄泽宣、赵崇华、布尔特(Alice L. Bueter)20人,由于正副主任、书记因事均未到会,心理教育组从当日到会人

员中推选主席书记,以维会务,所以临时主任为刘湛恩,临时书记为赵崇华。①除了人员增多,出席人员的地域分布范围也比较广,此外还有国际学者参与。具体人员名单如表3-6所示:

表3-6 第二届年会心理教育测验组开会成员情况统计表②

到会人员	职务	单位	参会资格
王广田	不详	山东私立玉成蒙养园	社员
刘湛恩	教育干事	上海中华基督教青年会全国协会	社员
林钦台	科员	福建教育厅	社员
方省之	教务长	杭州蕙兰中学	社员
姚孟宗	省视学	湖南教育司	社员
张孝友	县视学	奉天西丰县劝学所	社员
赵逎传	教授	北京师范大学	社员
宋焕达	教员	湖南省立第一中学	社员
欧元怀	教授	厦门大学	不详
刘树仁	校长	武昌武汉中学校	社员
何作楫	委员、主事	云南教育局教育委员会、昆明师范附小	社员
麦柯尔	教授	中华教育改进社特聘	特邀
纪曾绶	不详	北京西郊公立第四小学校	旁听
杨成章	不详	不详	不详
韦博士	主任	武昌文化大学图书馆	不详
德尔门	教授	北京师范大学	社员
刘廷芳	教授,心理学主任	北京大学、北京师范大学,燕京大学	社员
庄泽宣	教授	北京师范大学	社员
赵崇华	所长	北京西郊劝学所	社员
布尔特(Alice L. Bueter)	不详	金陵大学	社员

---

① 第二十九 心理教育测验组[J].新教育,1923,7(2/3):291.
② 根据《到会人员一览表》《新教育》第二次年会报告号,1923 第 7 卷第 2、3 期整理而成。

由于参会人员多,所以这次会议议案首先在小组内进行讨论,形成共识后再提交大会讨论。小组主要是对杨成章提出的议案进行讨论,议案:(一)请教育部通饬各省教育厅组织教育测量委员会;(二)拟请本会将附设之教育心理测验讲习会明年继续举行并应分区增加会所;(三)函请各省省教育会筹设教育心理测验讲习会或研究会;(四)请严定测量员资格案。经过小组内部讨论后决定将提案前三件合并为一件,修正为推广教育心理测验案并通过,第四件则保留。最后形成决议案如表3-7所示:

表3-7 心理教育测验组的推广教育心理测验案①

主文	教育心理测验案
理由	教育心理测验,在近年才开始推行,人才是很缺乏的,虽然今年举办了一次讲习会,但是分配到全国,仍然是差得太多。所以要继续举办,才能够供给需要;并且多举办几次,也可以引起社会上的注意,增加研究人员兴趣,与教育测验的前途是很有裨补的
办法	1.本社应将附设施行教育心理测验讲习会继续举行并分区增加会所 2.函请各省省教育会筹设教育心理测验讲习会或研究会 3.请教育部通饬各省教育厅组织施行教育心理测验讲习会

因为测验案考虑周到,实施办法切实可行,该议案在大会上一致通过。除了这个议案,庄泽宣还在大会提议讨论心理测验名词汉译问题,讨论通过了七项原则,分别是:"(1)普通心理学名词优先译出;(2)中国已经译出名词择可用者用之;(3)可归并者归并之;(4)过于普通之字不译;(5)用处太少者不译;(6)可用可无者不译;(7)见于别种科学者不译。"②这也充分体现了改进社对测验研究国际化的重视。

对测验的宣传和推广固然重要,但是关键在于决议的落实与实施,吸取之前的教训,中华教育改进社随后对测验统计决议案实施情况进行了调查。因为统计与测验的关系素来紧密,对统计科的议案也进行了调查,具体结果见表3-8:

---

① 第二十九 心理教育测验组[J].新教育,1923,7(2/3):292.
② 第二十九 心理教育测验组[J].新教育,1923,7(2/3):292-293.

表 3-8　中华教育改进社统计测验决议案实施情况调查表①

被调查机关	决议案	实施状况	有无窒碍
察哈尔教育厅	推广教育心理测验案	本区于教育行政讲习时已注重推行教育心理测验	无
奉天沈阳教育局	推广教育心理测验案	由奉天及北京教育讲习会毕业人员分赴各区教育会,召集各校教员讲习教育心理测验并拟于本届暑期教员讲习会列为学科以资推广	无
直隶龙关县教育局	教育统计科之推行于人才之培养案	师范讲习所添教育统计学	—
直隶吴桥县教育局	教育统计科之推行于人才之培养案	查敝县师范学校尚未设立,矣开办时即添设统计学科以符原案	—
直隶赤城县教育局	教育统计科之推行于人才之培养案	现未施行	—
直隶青县教育局	教育统计科之推行于人才之培养案	拟请教育局先开办讲习会得有师资以后各县自易举办讲习会员拟照四项办理	此事由省款拨补再由各县分担少许办理自少窒碍
直隶唐山县公署	教育统计科之推行于人才之培养案	将来师范讲习会开办后课程内亦可添教育统计学一科	—
山东郓城县公署	推广教育心理测验案 教育统计科之推行于人才之培养案	未实施	缺乏相当之指导员
山东清平县教育局	教育统计科之推行于人才之培养案	设有此项讲习会即行选送合格人员	—

① 根据《附录:议决案施行状况调查表》(《新教育》1925 年第 9 卷第 4 期,第 9 卷第 1、2 期)和《附录:议决案施行状况调查表(续)》(《新教育》1925 年第 10 卷第 3 期)整理而成。

续表

被调查机关	决议案	实施状况	有无窒碍
河南汉川县教育局	教育统计科之推行于人才之培养案	已请师范学校添设此科并拟于暑假中选送该科教员赴省讲习	—
河南南辉县教育局	教育统计科之推行于人才之培养案	空白	—

从抽样地区的广度可以看出,测验统计的范围非常之广,基本实现预期的宣传效应;从实施来看,省级单位对测验相对比较重视,推广也比较好,而到了基层县级教育机关相对重视不够,重视程度自上而下呈递减趋势。此次调查一方面反映了测验的推广工作仍需加强,另一方面也折射出测验人才的匮乏。在一定程度上为测验运动的发展指明了方向。除此之外,改进社也考虑到了麦柯尔离开后测验编制的可持续性发展问题,决定"由董事部聘请德尔满先生任本社教育心理测验研究副主任"。

3.第三届年会及其对测验的提倡

虽然随着麦柯尔的离去测验发展有所减缓,但第三届年会对测验依然重视,董事会题名议请麦柯尔先生担任心理测验名誉顾问。心理教学组还提出了五项议案,具体见表3-9:

表3-9 第三届年会十七组心理教学组提出五项议案[①]

提案人	主文
张合浦	(一)请本社为初级师范学校及小学教育编定心理教育测验课本以便推行应用此项工具之方法案
陈鹤琴 赵惠谟	(二)请本社将国中现行八种智力测验底相关度求出以便定采用标准案
陈鹤琴	(三)测验中之B表应加修正案 (四)请本社选派对于测验及数学均深有研究者二人前往美国专门研究测验统计之高深理论三年所有费用均由本社设法供给(或代请官费)回国后即在本社服务案
苏儒善	(五)请本社函全国高级中学师范科添设心理教育测验学程案

---

① 第十七心理教学组[J].新教育,1924,9(3):577.

针对这五项议案,心理教学组7月4日到7月7日共召开了四次会议,其讨论内容和决议见表3-10:

表3-10　第三届年会十七组心理教学组四次会议讨论情况统计表①

时间	主持及参与人	讨论内容	决议
7月4日	临时主席:刘湛恩 临时书记:薛鸿志 参与人:赵惠谟、周调阳、钱希乃	对京兆视学张合浦提出的(一)决议案进行讨论	请本社聘定专家编著关于心理教育测验初步方法之课本内容以适用于初级师范学校为准,统计之理论及方法以测验方面所需要者为限
7月5日	主席:陆志韦 书记:赵惠谟	讨论张合浦提出实施测验时的困难: (1)学生二人共一席,互相阅看 (2)教育测验(查良钊制)于六十分钟后只有少数人作完。智力测验则十分钟后即有多数人作毕,互相看阅 (3)智力测验内容有模棱两可者 (4)测验二十余校之结果,皆智力数高于教育数	(1)一人一席,或两人分作不同种的测验 (2)缩短智力测验时间,使学生无暇互阅 (3)测验本身改良
		陈鹤琴、赵惠谟提出的(二)理由: 各种测验是否同属可靠?若两种测验之结果相差太远,易引起用者误令测验本身不可靠;各种智力测验之制成者日见其多,若不由本社略定标准,用者将不知究以采用何种为宜	(一)测验人数以二百人为限,分为十组,以十一二岁儿童为限 (二)经费由本社支给,以两百元为限 (三)测验人员委托北京师大及东南大学教育系主任,分请专家在北京南京各测一百儿童(男女不分),由社给相当津贴 (四)测验后,若某种测验发见(现)不妥之处,由本社通知原作者,请其自行修改

① 本表根据《第十七心理教学组》,《新教育》1924年第9卷第3期第三次年会报告号第577页到582页议案内容整理而成,因7月6日会议讨论的问题到会人少且此案又极为重要,只是略加讨论,在7月7日的第四次讨论会上才表决。

续表

时间	主持及参与人	讨论内容	决议
7月6日	临时主席：陈鹤琴 书记：赵惠谟	陈鹤琴提出的(二)理由： (一)本社所出版之各种小学测验,均采用修订比纳-西蒙智力测验之B表,按B表时根据二千四五百个儿童之成绩而定。夫用如此少数儿童之成绩,而作为一种普通之B表,恐与事实不相符合。且B表之上下两端,纯用数学推理而成,尤难可靠 (二)以事实论东大附中附小施行各种测验后,皆找得B表之上下两端校正数太大。从上两点看来B表似有修正之必要。 办法：(一)由本社委托相当学术机关,代聘专家之人,实地施行测验以求B表。(二)用智力测验一种,教育测验两种,将七岁至十八岁各年龄之儿童,各测五百人。查其B表之曲线,是否始如现刻所用B表所有者。(三)测验及统计期间,一共以半年为限。(四)经费共两千余元——测验材料七百套,约三百五十元。测验员主任半年薪水九百元,统计员私人半年薪水共四百八十元。测验员川资三百元。以上,可由本社请报留学术机关分头担任	(一)由本社委托相当学术机关,代聘专家四人,实地测验以求B表 (二)用智力测验一种,教育测验两种,将七岁至十七岁各年龄之儿童,各测验五百人,查其B表之曲线,是否恰如现刻所用B表之曲线 (三)被测验儿童约五千五百人,分别在武昌、北京、南京、云南四处举行 (四)各测验员每日测验一组学生(二十人),三种测验,一次试毕 (五)测验期十五周,统计九周,共限半年完成 (六)经费共需两千四百元。(1)测验员四人半年薪水一千二百元,(2)统计员二人半年薪水五百元,(3)测验材料费四百元,(4)测验员川资三百元 (七)以上经费,除由本社担任七百元外,余请北京、师大、东南大学及武昌、云南、地方长官,各捐助五百元
7月7日	主席：陆志韦 书记：赵惠谟	请本社选派对于测验及数学,均深有研究者二人,前往美国专门研究测验统计之高深理论三年,所有费用,均由本社设法供给,(或代请官费)回国后,即在本社服务	通过
		苏儒善提的请本社函全国高级中学师范科添设心理教育测验学程案	(一)心理教育测验学程定为师范学校,及高中师范科,最末学年第一学期之必修科目 (二)本学程以一学期修完,定为三学分

从上述决议案的讨论中也可以看出,中国教育界不再仅仅是编制推广测验,而开始对测验发展进行反思,比如议案中对麦柯尔测验之 B 表是否适合中国儿童,对测验常模的编制、测验样本的选取和数量等问题进行了反思。求八种智力测验的相关度不仅是教育界对过多智力测验的统一问题的反思,也是对测验质量特性即信效度问题的反思,也预示着教育界开始反省测验理论储备不足的问题。

4.第四届年会及其对测验的提倡

由于国际平民运动的蓬勃发展及五卅惨案后引起的国人对帝国主义的仇视,这时期改进社关注的重点也转移到平民教育和教育主权的回收问题上,虽然形势变化关注重点不同,但测验仍是改进社推进的任务之一。

此次年会上,心理教育测验组提出的议案共有四件:"(一)请各省区利用假期设立心理教育测验讲习会案(张清源、柳文藩提出);(二)请各省区教育会组织心理教育测验研究会案;(三)各级学校入学考试应加入心理测验一门,与体育检查或其他科目并重;(四)测验蒙藏人民智力为将来设施该区教育之基础案。"[1]议案具体内容、解决办法和最后的决议具体见表3-11:

表3-11　第四届年会心理教育组测验议案情况统计表[2]

提请人	议案	理由与办法	决议
张清源 柳文藩	(一)请各省区利用假期设立心理教育测验讲习会案	旧式考试,流弊多端。心理教育测验,为代替方法之最善者。急宜推行于全国学校,从速采用。惟学校教职员对于各种测验法多未能彻底明确,所谓心有余而力不足,影响教育进步,殊非浅鲜。应由本社呈请教部,通饬各省区教育长官利用暑假或寒假在一年以内设立心理教育测验讲习会召集各校教职员,聘请专家教授,庶可收改进教育之益。倘各省区不能独办时就大学区数省合办亦可	通过

---

① 心理教育测验组[J].新教育,1925,11(2):309.
② 心理教育测验组[J].新教育,1925,11(2):309-310.

续表

提请人	议案	理由与办法	决议
张清源 柳文藩	（二）请各省区教育会组织心理教育测验研究会案	心理教育测验法，为最近教育上之大发明。各先进国提倡不遗余力。吾国年来教育名流亦已积极提倡，惟一般办学人员，对于各项测验方法，彻底明了者究属少数。应请各省区教育从速组织心理教育测验研究会，招集教育行政机关人员及学校教职员从事研究，以便实行	通过
张耀翔	（三）各级学校入学考试应加入心理测验一门，与体育检查或其他科目并重案	智慧（指学力）与学识一属先天，一系习得，二者皆然不同。学子缺一不可。世固有具相当学识，而无相当学力以随某等学校之某级学习者。亦有相当学力而无相当学识与人一处学习者。惟现行入学考试，皆偏重学识方面，所谓国文试验、英文试验、数学试验等等，无一非学识试验。彼有相当或超人智慧而无机会详究各种学识者（此种人在教育不发达之区域颇多），处今日入学考试制度之下，则不免于埋没。或曾有相当学识，而今则脑力衰弱者，亦得随班听讲甚非教育之道。入学考试，注重心理测验一门，正所以免除此二弊也。至于测验应用之材料，或自制，或取专属及心理杂志上已见者均可。已见之测验，取练习不易进步者最妥	通过
张耀翔	（四）测验蒙藏人民智力为将来设施该区教育之基础案	人之智力因种族而异，蒙藏人民同而不同族，其智力如何，非经一番测验不能解答。施教不用测验，亦若施药不用诊断。方今本社既有蒙藏教育之议，此种测验，尤刻不容缓。为此特请本社从速组织一"蒙藏人民智力测验委员会"，或就北京现有人民（按自班禅抵京后蒙藏人民到京顶礼者以千计）测验之，或专派人前往测验。其详细办法，由委员会规定之	通过
刘树仁	（五）请由本社呈请教育部通饬各省区教育长官就所辖大学区按期分设心理教育测验讲习案	—	与一合并

相对于前几届年会议案，第四届年会议案没有提出什么新颖的问题，只是再次重申了以前的议案，这也在一定程度上预示了对测验的提倡不再积极。第三届和第四届年会均没有再公布测验组出席会议的具体人数，明显该组人

数也在减少,这固然与时局发展和教育界出现的各种矛盾有很大关系,但对测验的关注度降低也是一个不争的事实。虽然如此,但因为中华教育改进社这个大招牌依然存在,对测验的提倡推广也依然存在。

三、测验的编制与 TBCF 制的统一

从 1922 年 9 月麦柯尔访华到 1923 年其离去,"中国测验运动发展极速"。[①] 正如麦柯尔本人所说:"我未来中国之前,中国的学者关于心理测验运动,已经开始进行,不过尚是初步,均不像今年这样的努力和奋勉,但我考察世界各国的教育心理测量,当推中国为首屈一指。何以故？因美国以二十年时间,和百数十员的大心理学家所研究而得的结果,却被中国的四十几位心理学家,于短时间利用了。中华教育改进社做了这番伟大事业,可算是中国教育史上开了一个新纪元。"[②] 测验运动进入高潮有两个标志,一是编制了大量的标准测验,二是使用了统一的测验标准。

(一)标准测验的编制

在测验运动的发轫期中国学者也编制过测验,但这些测验模仿痕迹明显,施测样本相对小,测验普遍没有求出常模,也就失去了比较的意义。这一状况在麦柯尔的指导下大大改观,不仅编制的测验种类多,而且程序科学,都求有常模。

1.智力测验

智力测验是所有测验中运用最广的测验。在麦柯尔的帮助下,中国测量界编制了大量的智力测验,既有团体测验又有个人测验,既有文字智力测验又

[①] 教育部中国教育年鉴编审委员会.第一次中国教育年鉴:戊编[Z].上海:开明书店,1934:193.

[②] 麦柯尔.教育心理测量[J].新教育,1923,7(2/3):389-390.

有非文字智力测验。这些测验中影响最大的当属廖世承的团体智力测验和陆志韦修订的比纳-西蒙个人测验。

(1)廖世承的团体智力测验

该测验是廖世承参照美国国家智力测验编制的,有甲乙两种量表,每种量表又包含五个分量表,主要适用于小学三年级到初中二年级,量表施测时间大约40分钟。测验内容种类很多,有速度测验,有难度测验,有的注重计数,有的注重理解,有的注重字汇,还有的注重常识。具体分类见表3-12:

表3-12 廖世承的团体智力测验甲乙表

种类	分量表	考核目的	题量	难易安排
甲表	算术理解题测验	测量算术的理解能力	15题	由浅到深
	填字测验	求填字测验与各种智力测验的相关	21题	由浅到深
	理解的选择	求理解的选择与各种智力测验的相关	32题	前面有几题相对比较难
	同异	通过分别字义的相同或相异以测量判断力	15题	由浅到深
	形数	测量记忆与联想的能力,同时也可测量做事的敏捷和准确	140题	难易相等
乙表	算术演习	测量计算的能力,以判定智力的高低	22题	由浅到深
	常识	测量儿童应用知识的多少,以断定其天赋	35题	由浅到深
	字汇	测量文义的了解,这与智力的关系很大	32题	由浅到深
	比喻	测量推理的能力	32题	由浅到深
	校对	测量注意与准确的能力,这种能力与智力有关而为智力的要素	50题	由浅到深

测验题型有问答题(树上有五只麻雀,飞走两只,问树上还有几只麻雀);填空题(东风向＿＿＿吹,西风向＿＿＿吹);选择题(人 身体 手杖 头 鞋子 牙齿);判断题(身体高的人叫侏儒)。题目做完后根据不同题型的得分进行统计,然后把做对的题目分数与专门的量表分数对比找到T分数,具体见表3-13。相对于之前只能测单个人的智力测验,廖氏的团体智力测验一次可以测量四五十人,可以经济有效地应用于高小入学考试、各个年级能力分组、学务调查等方面,是当时应用比较广的一种测验。并且该测验的效度曾由俞子夷

在东大附小对全体学生测试检验过，按照测验与各科成绩的相关得出相关系数为 0.669。虽然样本不是很大，但也在一定程度上验证了该测验的有效性。该测验在南京、无锡、苏州三处施测，其中量表甲共试测了 2222 个学生，量表乙试测 2251 个学生，[①]并求有常模。

表 3-13 廖世承的团体智力测验原有分数与 T 分数对照表[②]

做对的分数	T 智力 量表甲	T 智力 量表乙	做对的分数	T 智力 量表甲	T 智力 量表乙	做对的分数	T 智力 量表甲	T 智力 量表乙
0~1.9	17	13	66~67.9	62	47	132~133.9		73
2~3.9	20	15	68~69.9	64	48	134~135.9		74
4~5.9	23	17	70~71.9	65	49	136~137.9		75
6~7.9	26	18	72~73.9	66	49	138~139.9		76
8~9.9	28	19	74~75.9	68	50	140~141.9		76
10~11.9	30	20	76~77.9	70	51	142~143.9		76
12~13.9	31	22	78~79.9	71	52	144~145.9		77
14~15.9	32	25	80~81.9	72	52	146~147.9		77
16~17.9	33	26	82~83.9	74	53	148~149.9		78
18~19.9	34	27	84~85.9	75	54	150~151.9		78
20~21.9	35	28	86~87.9	76	55	152~153.9		80
22~23.9	37	29	88~89.9	77	56	154~155.9		80
24~25.9	39	30	90~91.9	78	56	156~157.9		80
26~27.9	40	30	92~93.9	78	57	158~159.9		81
28~29.9	42	31	94~95.9	79	57	160~161.9		81
30~31.9	43	32	96~97.9	81	58	162~163.9		81
32~33.9	45	33	98~99.9	83	59	164~165.9		81
34~35.9	46	34	100~101.9	85	60	166~167.9		82
36~37.9	47	35	102~103.9	87	61	168~169.9		83
38~39.9	49	35	104~105.9	89	62	170~171.9		85
40~41.9	50	36	106~107.9	91	63	172~173.9		87

① 廖世承.团体智力测验[J].心理,1924,3(2):23.
② 廖世承.团体智力测验[J].心理,1924,3(2):15.

续表

做对的分数	T智力量表甲	T智力量表乙	做对的分数	T智力量表甲	T智力量表乙	做对的分数	T智力量表甲	T智力量表乙
42~43.9	51	37	108~109.9	93	64	174~175.9		89
44~45.9	52	38	110~111.9	95	64	176~177.9		91
46~47.9	53	39	112~113.9	97	65	178~179.9		93
48~49.9	54	40	114~115.9	99	66	180~181.9		95
50~51.9	54	41	116~117.9	101	66	182~183.9		97
52~53.9	55	42	118~119.9	103	67	184~185.9		99
54~55.9	56	43	120~121.9	105	68	186~187.9		101
56~57.9	57	44	122~123.9		70	188~189.9		103
58~59.9	58	45	124~125.9		71	190~191.9		105
60~61.9	59	45	126~127.9		72	192~193.9		107
62~63.9	60	46	128~129.9		73	194~196		109
64~65.9	61	47	130~131.9		73			

(2)陆志韦修订的比纳-西蒙智力测验

除了廖世承的团体智力测验,另一个影响比较大的就是陆志韦修订的比纳-西蒙智力测验。比纳-西蒙智力测验是国际上最流行也是最有权威的智力测验,从发明之后各国都有修订。因为"自心理测验法输入吾国后,教育界皆认为极正确而有兴趣之事业。惟于智慧测验方面苦无适当表度,若直接采用西方,则又未必适合国情"。[①] 鉴于此,中华教育改进社决定与东南大学心理系联合,"就皮奈西蒙测验加以修正,先往江浙各大城市测验,以为制造表度之根据。现由东大心理系陆志韦、陈鹤琴、廖茂如三教授一再讨论,决定本月初旬协同南高教育科同学十余人,分道出发。此行须经大城市十余处。费时须三月,预计当可测验千五百儿童云"。[②]

其实,早在1922年春季廖世承、陈鹤琴就率领南高师学生进行过测试。调查对象包括扬州、如皋、南通、镇江、苏州、无锡、上海、嘉兴、硖石、海宁、杭州等各地的公私立校测验的学生1400多人,年龄从3岁至20岁,年级从幼稚园

---

① 心理测验团出发[J].新教育,1922,4(5):939.
② 心理测验团出发[J].新教育,1922,4(5):939.

至高小,也包括少数中学生。麦柯尔来华后,推定陆志韦主持修订《比纳-西蒙智力测验》,中国教育界对这次修订也相当重视,为此还专门成立了修订测验的组织委员会,委员会领导成员包括东南大学校长郭秉文、中华教育改进社总干事陶知行和中华教育改进社测验指导员麦柯尔,成员包括东南大学的七名著名教授,分别是朱斌魁(东大教育系教授)、俞子夷(东大附属小学主任兼教育系教授)、徐则陵(东大历史系主任兼教育系教授)、陆志韦(东大心理系主任)、陈鹤琴(东大心理系教授)、张士一(东大英文系教授)、廖世承(东大附属中学主任兼心理系教授),可谓测验界的高手云集。

因为调查预备测验这种量表的时候费用浩大,所以由东南大学与改进社各任半数,在春季调查基础上又做了更细致的测验统计,测验分为预备测验和正式测验,其中预备测验有11个分测验,如表3-14所示:

表3-14 修订后的比纳-西蒙智力预备测验[①]

1.解说图画	4.对答问句	7.顺背数目	10.有意义的记忆
2.说出书名	5.说钱币名	8.倒背数目	11.词语重组
3.解说物名	6.方形分析	9.方块叩击	

测验时首先要用预备测验,如果测验有时间要求也可以单用预备测验,预备测验每个记分数。记分方式以预备测验中的解说物名为例。首先施测者问:"凳子是什么东西?"如果被测者不能回答,施测者再问:"什么叫凳子?"以此类推,施测者可以问筷子、桌子、笔、狗等任意物名,每问一分,最多五分。答案可举功用、形色、性质、动作、别名等。如把名字重说一遍,"就是凳子"或答案完全不对,不算通过。

正式测验共54个,题目有的是原版的,有的是各家修订量表中采用的,有的是新加入的。大部分为文字,兼用问答形式,还有语言、图画和事物等。每个记通过与否。测验结束后根据测验分数对应说明书分别找出对应的TBCF分数,根据测试结果求出常模,并在民国十三年正式出版了比纳-西蒙智力测验说明书。修订后的正式测验如表3-15:

---

① 陆志韦.订正比纳西蒙智力测验说明书[M].上海:商务印书馆,1924:7-21.

表 3-15　修订后的比纳-西蒙智力正式测验①

1.指出身上各部	19.指出图中缺点	37.说出二物的同点
2.比较线的长短	20.分明左右	38.匣子计算
3.数铜圆四枚	21.说出日期	39.复杂的迷津
4.说出自己的姓	22.摹画菱形	40.皇帝与总统
5.辨别形式	23.说明字义	41.比喻
6.说出自己的年龄	24.寻找失物	42.填字(简易)
7.数铜圆十三枚	25.数学巧数(简单)	43.数学巧数(复杂)
8.摹画方形	26.正确答案	44.说出三物的同点
9.说明性别	27.找寻图样	45.时辰计算
10.三种指使	28.找寻数目	46.心算
11.问手指数	29.归纳测验	47.解决问题
12.早上与下午	30.说出二物的分别	48.解说抽象字
13.倒背数目	31.一笔画	49.填字(复杂)
14.拼三角形	32.对校	50.分别抽象字
15.美恶的比较	33.指出谬误	51.几何形分析
16.简单的迷津	34.描画图样	52.巧算
17.心算	35.剪纸	53.理解问题
18.打纸包	36.填数目指使	54.数立方体

(3)其他智力测验

德尔满调查用非文字测验。该测验由燕京大学教授德尔满编制,主要适用于小学初级三年级至初中二年级学生,因为可用作各省调查之用因而得名。测验共有90格,每格有5个图,5个图中只有一个图形与其他图形不同或者无关系,被测者需要找出来并且在该图形上画一个×。

德尔满机械智慧测验。该测验也是由燕大教授德尔满编制,是职业指导中用来发现机械智慧的测验,常用来做职业指导的参考,适用于高级小学和中学,共有20题。题目是把数种较简单的机械物件按其构成,将各部分拆开来放在左右不同的格子里。被测者根据理解将左右格子中的5个图形自由配合

---

① 陆志韦.订正比纳-西蒙智力测验说明书[M].上海:商务印书馆,1924:23-66.

以展示其技巧才能。这个测验同时也存在一些问题,因为涉及很多器具,印刷不够精致,如果不仔细审查很难辨别出来,并且很多实物不是儿童环境里能想象出来的。

刘廷芳中学智慧测验。该测验由燕大教授刘廷芳编制,测验共分为两类,每类的具体种类相同,各包括 10 个测验。具体有见闻(24 题)、最好答案(13 题)、字义(31 题)、推理的选择(21 题)、算术(12 题)、句义(25 题)、类推(24 题)、杂句(18 题)、类别(20 题)、数系(14 题)等。

刘湛恩非文字智力测验。该测验由中华基督教青年会全国协会教育部总干事刘湛恩编制,因为以往的智力测验大多涉及语言文字,而现实中语言文字好、说话伶俐的不一定智慧高。为了克服文字障碍更好地反映智慧,刘湛恩在纽约某校选了包括华童在内 2000 多个学生,又从世界最好的无文字测验中选了 9 个量表进行了测试。根据测验的结果与 5 个标准做比较,最后定出 5 种测验作为智力测验标准(一是填图,二、三是数形交替,四、五是差误订正)。该测验编制程序规范科学,在一定程度上填补了我国非文字智力测验的空白。

陈鹤琴非文字图形智力测验。该测验由东南大学教授陈鹤琴编制,主要有两类:第一类适用于小学生初级用,包括 5 个测验:谬误、填图、画圈、拼图、较图;第二类适用于小学生高级用,包括 5 个测验:填图、分类、拼图、辨图、交替。此外,陈鹤琴还编制了适合中学用的 6 个测验:填图、填数、图形分析、计算立方体、辨图、交替。

2.教育测验

教育测验是麦柯尔访华期间编制最多的测验,几乎囊括了中小学各个学科,主要测验有国文、算术、英文、历史、地理等学科测验。

(1)国文测验

国文测验是教育测验中种类最多最全的测验,包括默读、默字、文法、常识、书法、缀法测验等。其中比较著名的测验有:

陈氏中小学默读测验。该测验是由陈鹤琴编制的,包括中学 2 类小学 5 类,这些测验除内容不同外,类别性质格式都完全相同,每类有 10 篇文章,每篇文章文字二三十字到 200 字。正式测验前都提供 3 个例子供被测者练习和明了做题程序,每篇文章后均设有三四个选择题。该测验既是难度测验同时也是速度测验,测试时间为40分钟。

陈氏初小默读测验。因为考虑到初小学生学习程度比较低,还达不到前面测验要求的水平,陈鹤琴又编制了初小默读测验。该测验有两类,每类由四个单独的分测验组成,分别考儿童辨字、用字、释字、造句能力。比如辨字测验有40行,每行5个字,这5个字实际只有一个是真实的字,其他则像字而非字,让学生把是字的圈出来。用字测验是向被测者提供30字句子,每句多一个字,儿童需要圈起来使其变成通顺有意义的词或者句。所有测验用字均参考陈鹤琴的语体文应用字汇。

其他还有陈氏小学默字测验,专为小学三、四、五、六年级准备的,共两类,字也都是来自陈鹤琴的语体文应用字汇,从最常用的2000个字中随机选择方法得出来,每隔40个字取2个请被测者默写;廖氏国文常识测验,专为初中和高中用,共两类,每类100个题,包括应用文、声韵、作品、作家、经史、诗词和新文学等材料;廖氏文法测验,有两类,每类30个句子,适合初中和高中学生用;陈氏小学文法测验,共50个句子,每个句子有错字请学生找出来;俞子夷小学书法测验,包括正书中字、正书小字、行书中字和行书小字测验,是在之前编制的书法量表基础上的修订,修订后的测验除了测质量还可以测速度;俞氏小学缀法量表,为小学二年级到初中三年级设计,样本共18篇,也是对之前缀法量表的修订。

(2) 算术测验

算术测验包括两种,四则测验和应用算术测验。其中四则算术是最基本的算术,掌握四则算术后才能进行应用算术。这些测验包括:

德尔满算术混合四则测验。是由麦柯尔、德尔满编制,并在北方试用求得标准,"在四则测验中要算首屈一指"。[①] 测验题目共80个,根据算术本身的难中易程度排列,规定时间12分钟。该测验具有速率、正确、诊断三种性质,前后期小学都可以用,应用面相对比较广。

俞氏小学算术混合四则测验。共有两类,原为获台和麦柯尔合编,经俞子夷改编求得常模。题目根据学生做题的难易程度排列,是一种难度测验,不能作为诊断测验。

---

① 廖世承,陈鹤琴.测验概要[M].上海:商务印书馆,1925:152.

昆山算术四则测验，共2类，是专为前期小学编制的，也是俞子夷参考同期昆山各学校自编测验而编的；俞麦练习测验，是由俞子夷与麦柯尔参考美国克的斯和史蒂倍克(Studebaker)的练习测验修订编制而成的，采用了前者的内容和后者的格式，该测验有两类，每类54张，包含加、减、乘、除、小数5种基本算术；俞氏小学算术应用题测验，共4类，有专门期刊发布；汪桂荣、廖世承中学混合数学测验，共两类，每类60题，包含四则、代数、几何及三角四种问题，专门用于测验初中和高中的学生。

(3) 英文测验

祁司氏文法与语法测验，是祁司为调查中国学生在英文文法上犯的错误而编的，包括7大类26种。其中一、二类测验主要针对二到六年级学生，三、四、五类测验主要针对四到八年级学生，六、七类测验主要针对六到九年级学生；祁司字汇测验，该测验共三类，其中A、B类测验主要针对二到八年级，C类测验主要针对二到四年级；祁司听意测验，包括两大类，每类有60个问句；冰氏英文默读测验，主要参考陈氏测验，共四类，主要测验中学学生；安氏混合英文测验，包括字汇两种、填字、文法、缀法、看意和听意。

(4) 历史地理常识等测验

陈氏小学常识测验，是陈鹤琴在1920年编制的测验基础上修订而成的，共有两类，每类包括100个问题，采用四选一题型；杨氏本国地理测验，共两类，每类52个题，主要测试三年级到初中二年级学生；韦闰珊、廖世承中学混合地理测验，共两类，每类66个题目，测验内容既有世界地理知识也包括本国地理知识，主要针对初中及高中学生；苏毓芬、廖世承中学混合历史测验，共两类，每类有100个题，适合初中及高中学生；廖世承、陈兆鹏混合理科测验，共两类，每类100题，题目包括物理、化学、动物、植物、生物、生理等多个学科。此外，还有徐则陵本国历史测验、陈光裕理科测验等。

3. 评析

1922年中华教育改进社公布的"麦柯尔之研究调查计划"（民国十一年九月二十日通过）中对测验的编制曾做过详细规划，该规划包括："（一）叙述之调查（甲）编造以下之测验：(1)无文字的初小智慧测验；(2)无文字的高小智慧测验；(3)用文辞的高小智慧测验；(4)用文辞的中学智慧测验；(5)用文辞的大学智慧测验;(6)初小高小个人智慧测验;(7)高小与中学机械技能测验;(8)算学之四则诊断与速度测验;(9)理解式的算学测验;(10)初小高小算学四则之练习测验;(11)初小默读测验;(12)高小中学默读测验;(13)国语朗读测验;(14)初小高小默读练习测验;(15)书法测验与量表;(16)书法练习测验;(17)缀法测验与量表;(18)标点测验;(19)历史测验;(20)地理测验;(21)图书测验与量表;(22)普通作业方法测验;(23)公民资格量表;(24)应用字汇研究。"①与该计划同时公布的是一个保守的估计——"上列事项,究竟能办到什么地步,全靠专家协助和统计助手之多少为准"。②但从上述出版的测验看,实际编制已远远超出了计划规定。这些测验大多求得中国学生的常模,测验说明书也相继由商务印书馆或中华书局出版发行。正如麦柯尔本人在其后来撰写的《中国教育中的科学测验和相关研究》所言:"现在让我讲上列各种测验下一个价值的评判。倘若这价值的评判是一种比较的,那末我们应该将各种测验先与美国最相仿佛的测验相比较。因为每种心理测验,都在美国达到最高的发展,而远驾乎世界各国之上。我们如用这个标准来评判我们在中国所造的测验,我相信可以下这个结论:我们所造的各种测验,至少都与美国的标准相等,有许多竟比美国的为优。"③

除了编制了众多的测验,此时的测验也显示出了中国化的趋势。主要表现在两个方面:一是编制了大量的国文测验,因为国语更具有中国本土化的特点,不容易借鉴国外。所以国文测验的大量出现,在一定程度上反映了中国学者在标准测验编制上已具备相当高的水平;二是测验施测和常模均选用了中国学生,大多数测验的名称也以中国学者的名字命名。但测验编制也存在一些问题,以智力测验中的德尔满非文字测验为例,该测验用到的图不够精致,不仔细审查的话很难辨别出来,并且很多实物不是儿童环境里能想象出来的。同时关于语数英等学科的测验比较多,而一些综合性测验,比如人格测验等尚无编制。此外从测验应用看,关于中小学的很多,大学或成人的几乎没有。

---

① 规程计划:麦柯尔之研究调查计划[J].新教育,1922,5(4):889.
② 规程计划:麦柯尔之研究调查计划[J].新教育,1922,5(4):889.
③ 陈选善.教育测验讲话[M].上海:世界书局,1947:25.

(二) 非标准测验的编制

以上的测验都是在麦柯尔的帮助下编制的标准化测验,所谓标准化包括测验程序标准化,分数解释也统一用了麦柯尔设计的 TBCF 制,这些测验主要集中在智力和教育上,对于情绪、意识等更复杂的心理结构则没有涉及。值得庆幸的是,这个时期已经有学者意识到这种问题,并借鉴测验的形式设计实验了相关的内容,虽然标准化程度不高,但在不同的领域进行了有益的探索。

1.民意测验

民意测验是用来调查民众的心态、看法和意见的一种客观测试方法。虽名称为测验,实际更类似一种调查。我国最早的民意测验是张耀翔1922年在北高师进行的,是年11月14日,北京高等师范举办14周年校庆纪念大会及成绩展览会。在心理学研究室主任张耀翔的主持下,就当时的一些时政热点问题对参加庆典活动的来宾进行了一次民意测验,目的是"窥测我国真正舆论之所在"。"主要是问卷形式,内含问题八条,关于最近国家大事三条,关于地方内政的三条,关于社会心理两条,关于风俗改良一条……来宾逾千人,都是知识分子。其中许多是教育机关及各校派来的代表……是日收到答案九百三十一份,为国内空前大规模知识阶级心理测验。"[①]此次测验采用匿名的形式,题目共8个,分别是:"1.你赞成子女参政吗?2.假使你有选举权,你将举谁做下一任大总统?3.你喜欢读的中国旧小说是哪一本?4.当今活着的中国人你最佩服哪一个?5.你相信宗教有存在的必要吗?6.中国有许多不良的风俗和习惯,你觉得哪一样应该先改良?7.北京地方上急当设立的是什么?8.北京地方上急当取缔的是什么?"[②]为保障结果的科学性,所有问卷由张耀翔带领北高师教育研究科第三班,女高师家事科、英语部、教育哲学系、国文历史系五班学员进行统计,并将结果在《北京晨报》上发表。

虽然该测验严格意义上只是问卷调查,还不能算是真正的测验,但引起了

[①] 民意测验[J].心理,1923,2(1):1.

[②] 民意测验[J].心理,1923,2(1):1-2.

很大的反响。特别是第二个问题的结果显示孙中山得票最多,而当时当权的黎元洪、段祺瑞居然远不及他。由于北方民众对于孙中山认识尚浅,所以这个测验就相当于把知识界对这个问题的意见明确告诉大众。而民意往往会随着知识界的意见而转移,测验会无意识地把个人单独的信念促成社会意识或者舆论,以至于张耀翔回忆说,后来有穿军服的找他谈话,无奈次日在日报上登了启示,明确表示可以把全部答案公开。[①] 这也从侧面反映了民意测验的重要价值。

之后,1923年1月东南大学进行了"名人选举"的民意测验,1923年12月17日北京大学庆祝建校25周年时又举行了"世界第一伟人"的民意测验。类似的民意测验后来不断出现,民意测验作为社会测验的一种主要方法开始在新闻媒体和社团中被广泛应用。尤其是在国民党执政期,上海市党部为考察民意曾进行过多次的民意测验。这对了解政党的执政情况以及民众对于时政问题的看法和意见都有着十分重要的意义。

2.情绪测验

中国历来不重个人,"中国患精神病者应较各国为多,惜此种病象多潜伏,不易察觉耳",[②]所以进行情绪测验非常必要。鉴于此,张耀翔借鉴了美国哥伦比亚大学心理系教授伍德沃斯的情绪测验,并在1921年南高师暑假演讲会期间译为中文,初名为"情绪稳定测验",后简称为"情绪测验"。考虑到中国文化等具体实际,对题目进行删减,最后保留116个题,全部采用是非题的形式。先用了一年时间测试了6个学校137人,后又陆续测验,"前后共试验了两千余人,得到一种常模"。[③] 这里所谓常模,只是把存在问题最多的和最少的十个问题罗列出来,所以还不能算真正意义上的常模。但有了这个结果,学生的情绪测量就有了客观的标准,不再像过去一样仅靠主观判断,大大提高了情绪测量的科学性。

之后葛承训用该测验又试验了85个师范生,也报告了相同的结果,虽与张耀翔的结果稍有出入,但在某种程度上验证了该测验的信度和效度。后来

---

① 张耀翔.我的教学生活[J].心理季刊,1935,2(2):120.
② 张耀翔.情绪试验[J].心理,1922,1(4):1.
③ 民意测验[J].心理,1923,2(1):1.

该测验专为诊断及预防精神问题之用,"自是各处采用者颇多,且有以专册报告期试验之经过及结果者。仅由作者发出之测验样本,已达万份,足资流传"。

3.道德判断测验和公民教育测验

道德判断测验是廖世承编制的,共有两个量表,每个含有十条大纲,每条大纲底下有五个解释缘由,这五个缘由本身没有对错,但其中只有一个是最好的,被测者根据自己的判断要在最好的下面做记号。比如量表 A 大纲三题目是借人家东西应当退还,下面列五个缘由:"1.借了不还,人家下次便不肯再借于你。2.你欠债多了不容易还清。3.法律上说不过去。4.无信用的人做事一定失败。5.无信用的人是害群的。"[①]施测者可通过该测验较准确地了解被测者的道德观念和道德倾向。

公民教育测验是刘湛恩 1924 年 3 月在广州编制的,测验是为了提高公民自身觉悟,使公民自查缺点优点,发现问题并进行改良以培养健全公民。考查包括德育(合群、守法、公正、服务)、智育(语言、史地、内政、外交)、体育(体格、精神、卫生、游戏)在内的 12 项内容。类似于今天的自陈量表,每一个选项下都有不同的选项。该测验借鉴当时先进的测验方法,通过可测量的数字将"受测验的人明白自己是怎样的公民"准确直观地表达出来,不仅为公民教育实施者进行有针对性教育提供了客观测量的工具,而且丰富了社会科学领域的研究方法,增强了公民教育的效果。

(三)统一的测验标准——TBCF 量表

麦柯尔曾说:"中国行测验法,只有一二年,结果比美国好。中国所用的方法,根据一种原则,教师能够应用一种方法……美国不是如此,所根据的,不是同一的基础。"[②]这里的"一种方法"指的就是统一的解释分数标准——TBCF 量表。

---

① 李清悚.品格测验论[J].中华教育界,1928,17(1):8.
② 麦柯尔.智力测验[J].新上海,1927,2(8):118.

1. TBCF 量表及其优点

什么是 TBCF 量表？麦柯尔本人对其解释是"测量脑力的度量衡有四种，第一以 T 字为单位……只是代表一个人的全部能力……标准单位是 T。T 就是 total ability 的意思。智慧的分数用 B 做单位，B 就是 Brightness 的意思。我们在分组问题上应该零(另)想一种符号去表明他。所谓另想的符号，就是 C。C 就是 Classification 的意思。此外另有一种标准，表明努力的程度……应该还有一种 F 标准，F 就是 Effort 的意思"。[①] 从上述表述我们可以看出，TBCF 量表就是解释测验分数的一套符号系统。

标准测验除了内容标准化、施测指导过程标准化，还要有分数解释的标准化。所谓分数解释的标准化就是利用统计学的方法，把不具备解释意义的原始分数转化为一种具有特定意义的、能够反映不同分数在团体中地位的分数或符号系统。就这一点而言，当时的欧美学者编制比较随意，解释分数的量表多种多样，有年龄量表(age scale)、年级量表(grade scale)、T 量表或者其他差异分配的量表(percentile scale)等。这些量表虽然都能进行分数解释，但由于不统一，在比较和具体解释中存在诸多不便。对于此，麦柯尔早有认识，为保证编制的教育测验符合中国国情并行统一之效，麦柯尔在一开始就提出了编制测验的两条准则，他说："(1)对教育须有积极的影响，比如编制算学测验，凡复杂的问题必须避去，所选的问题必须和近世教育所要求之最高限度相齐，且须适合原定标准；(2)编制各种测验时务求其将来结果可供实用，可资研究且须有系统的标准。"[②] 这两个指导原则一个是保证编制测验的先进性，另一个就是统一标准，保证编制测验的适用性。为此，麦柯尔专门提出了 TBCF 制，其目的就是"编造心理的测验和身体的测验，并制定尺度，划一标准"。[③]

TBCF 制中，最基础最重要的是 T 分数，其他分数都是在这个基础上的转换。不管是心理测验还是教育测验，被测者得到的分数只能代表其卷面成绩，比如两个难易不同的测验，假设每个题分值是相同的，那么做对相同的题数就会得到相同的分数，但这两个分数本身的意义并不相同。再如不同质的

---

① 麦柯尔.智力测验[J].新上海，1927,2(8):117-118.
② 麦柯尔.教育科学[J].新教育，1922,5(5):970.
③ 麦柯尔.中国教育的科学测量[J].平民教育(测量专号)，1923(63/64):1.

两个测验,同一个人得到的分数可能相差很大,但这两个分数在团体中所处的位置是一样的,所以对这个人来说意义就是一样的。所以如果想要让测验分数有解释意义的话,必须同可参考的资料或标准进行比较,为此就要设计能够解释原始分数的方法。已有的解释分数系统很多,其中百分量表就是算出每个分数对应的团体向下累积百分比;年龄量表就是为不同年龄组建立常模,通常以该年龄段成绩的平均分数或多数能通过的题目量为标准,比如比纳第一个智力量表就是以每个年龄段能通过的题目量为标准的;年级量表是通过建立不同年级学生测验平均分与年级当量的对应关系来解释的。上述几种方法在我国测验运动发轫期都被使用过,但存在明显的缺陷:百分量表计算复杂,需要统计所有人员的分数才能得出,而年龄量表和年级量表虽然解释直观,对于部分身心特征具有一定的解释意义,但由于这两套系统都属于发展常模解释系统,而人的很多心理特征在不同年龄和年级发展速度并不同,且学校课程种类繁多,不同学校、不同教师使用的教材不同、课程内容不同、进程也不一致,如果不适合的也用年龄量表和年级量表,科学性就会大打折扣,也就失去了标准分数比较解释的意义。而T分数不仅适应面广、功能性强、科学性高,而且在很大程度上可以弥补上述分数解释系统的缺陷,同时也体现了当时国际测验最新发展的动向。

2. T 分数的计算与解释

从现代测验理论解释看,T 分数实际是一种地位量数。相对于其他的解释分数,计算比较复杂,需要借助统计学的相关知识。T 分数计算需要以下几个步骤。[①]

第一,根据测验中的随机抽样原则,选择出足够大、能够代表总体的样本(本样本选取的是 12～13 岁儿童)进行测验。因为标准测验题型固定且每种题型记分都有要求,只要按照要求就可以求出被测者的得分,比如某测验共 10 题,每题得分为 1 分,有 20 人参加考试,将 20 人的原始分数分别记录下来。接着统计出每个分数点的人数,分别列在表 3-16 中的第一、二栏中。然

---

① 为了使读者比较明确其计算解释过程,本部分内容将采用举例解释的方式来说明。

后求出每个分数点的累积得分人数,列在表 3-16 的第三栏中。

第二,统计出每一个分数点对应比例的比例中点,加上得该分以上的人数,除以参加考试的总人数,通过这个公式得出一个比率。比如表 3-16 中 2 分这个分数点对应的人数是 2,按照得分人数的一半计算规则,就是 1,再加上得该分以上的人数 17,1＋17＝18,18 就列在表 3-16 中的第四栏中,其他以此类推。第五栏的数值就是第四栏的数值除以参加考试的总人数,还是以 2 分为例,18÷20＝0.9,换算成百分数就是 90。而第五栏的数据与 T 分数具有一一对应关系。根据第五栏中这个比率,查表 3-17 中的均方差值(S. D. value)与百分比对应表,便得出 T 分数,具体见表 3-17。比如在表 3-17 中我们可以看出百分比为 90.32,对应的均方差值为 37,而上面求得的 90 接近 90.32,所以转换为 T 分数就是 37。如果查表时没有直接对应的数据,可采用接近法或者是插入法求取。①

表 3-16　原始分数推导 T 分数计算举例表

原始分数	得分人数	累积得分人数	超过数＋1/2	超过数＋1/2 的百分比	T 分数
0	1	20	19.5	97.5	30
1	0	19	19	95	33
2	2	19	18	90	37
3	2	17	16	80	41
4	3	15	13.5	67.5	45
5	4	12	10	50	50
6	3	8	6.5	32.5	55
7	2	5	4	20	58
8	2	3	2	10	63
9	0	1	1	5	66
10	1	1	0.5	2.5	70
—	20	—	—	—	—

---

① 插入法的具体计算请参考统计学的有关书籍。

表 3-17　均方差值(S. D. value)对数表①

均方差值	百分比	均方差值	百分比	均方差值	百分比	均方差值	百分比
0	99.999971	25	99.38	50	50.00	75	0.62
0.5	99.999968	25.5	99.29	50.5	48.01	75.5	0.54
1	99.999952	26	99.18	51	46.02	76	0.47
1.5	99.999938	26.5	99.06	51.5	44.04	76.5	0.40
2	99.99992	27	98.93	52	42.07	77	0.35
2.5	99.99990	27.5	98.78	52.5	40.13	77.5	0.30
3	99.99987	28	98.61	53	38.21	78	0.26
3.5	99.99983	28.5	98.42	53.5	36.32	78.5	0.22
4	99.99979	29	98.21	54	34.46	79	0.19
4.5	99.99975	29.5	97.98	54.5	32.64	79.5	0.16
5	99.99966	30	97.72	55	30.85	80	0.13
5.5	99.99957	30.5	97.44	55.5	29.12	80.5	0.11
6	99.99946	31	97.13	56	27.43	81	0.097
6.5	99.99932	31.5	96.78	56.5	25.78	81.5	0.082
7	99.99915	32	96.41	57	24.20	82	0.069
7.5	99.9989	32.5	95.99	57.5	22.66	82.5	0.058
8	99.9987	33	95.54	58	21.19	83	0.048
8.5	99.9983	33.5	95.05	58.5	19.77	83.5	0.040
9	99.9979	34	94.52	59	18.41	84	0.034
9.5	99.9974	34.5	93.94	59.5	17.11	84.5	0.028
10	99.9968	35	93.32	60	15.87	85	0.023
10.5	99.9961	35.5	92.65	60.5	14.69	85.5	0.019
11	99.9952	36	91.92	61	13.57	86	0.016
11.5	99.9941	36.5	91.15	61.5	12.51	86.5	0.013
12	99.9928	37	90.32	62	11.51	87	0.011
12.5	99.9912	37.5	89.44	62.5	10.56	87.5	0.009
13	99.989	38	88.49	63	9.68	88	0.007
13.5	99.987	38.5	87.44	63.5	8.83	88.5	0.0059

① 廖世承,陈鹤琴.测验概要[M].上海:商务印书馆,1930:278.

续表

均方差值	百分比	均方差值	百分比	均方差值	百分比	均方差值	百分比
14	99.984	39	86.43	64	8.08	89	0.0048
14.5	99.981	39.5	85.31	64.5	7.35	89.5	0.0039
15	99.977	40	84.13	65	6.68	90	0.0032
15.5	99.972	40.5	82.89	65.5	6.06	90.5	0.0026
16	99.966	41	81.59	66	5.48	91	0.0021
16.5	99.960	41.5	80.23	66.5	4.95	91.5	0.0017
17	99.952	42	78.81	67	4.46	92	0.0013
17.5	99.942	42.5	77.34	67.5	4.01	92.5	0.0011
18	99.931	43	75.8	68	3.59	93	0.0009
18.5	99.918	43.5	74.22	68.5	3.22	93.5	0.0007
19	99.903	44	72.57	69	2.87	94	0.0005
19.5	99.886	44.5	70.88	69.5	2.56	94.5	0.00043
20	99.865	45	69.15	70	2.28	95	0.00034
20.5	99.84	45.5	67.36	70.5	2.02	95.5	0.00027
21	99.81	46	65.54	71	1.79	96	0.00021
21.5	99.78	46.5	63.68	71.5	1.58	96.5	0.00017
22	99.74	47	61.79	72	1.39	97	0.00013
22.5	99.70	47.5	59.87	72.5	1.22	97.5	0.00010
23	99.65	48	57.93	73	1.07	98	0.00008
23.5	99.60	48.5	55.96	73.5	0.94	98.5	0.000062
24	99.53	49	53.98	74	0.82	99	0.000048
24.5	99.46	49.5	51.99	74.5	0.71	99.5	0.000037
						100	0.000029

虽然这种计算方法与今天的 T 分数计算过程有所区别,但基本原理相似,都是把样本看作是正态分布,进行比例与标准分数的转化。这种转化后的分数没有单位,所以可以把不同的学科不同团体的成绩放在一个符号系统中比较,从而摈除了学科不同、试题难易不同对学生产生的影响。

3.B 分数的计算与解释

B 分数是衡量一个学生在一定标准的学校内应归入班级的单位,是在 T 分数基础上转换来的,计算稍微复杂些。第一步要计算出被试群体每个人的实足年龄。因为中国传统上用阴历,所以要明确求实足年龄的方法。这一方法要明确儿童的阴历年龄与生日,然后从测验的日期(阴历)减去生日(阴历),倘若得的是正数,就加在减去 1 岁的年龄上;倘若得的是负数,就从减去 1 岁的年龄上减去。这样得到的就是儿童换算 B 分数所用的年龄。第二步按照不同年龄段进行统计,分别分为 10～11 岁、11～12 岁、12～13 岁、13～14 岁,把各个年龄段在同一测验考试成绩的次数分别统计列出,同时要把前面已经计算出来常模的 12～13 岁的群体在该测验上的 T 分数罗列在最旁边。具体见表 3-18:

表 3-18 各年龄的 B 分数计算演示表

原始分数	年龄段			
	10～11 岁	11～12 岁	13～14 岁	12～13 岁(T12)
0	1	0	0	30
1	1	0	1	33
2	0	1	0	37
3	2	0	1	41
4	3	2	1	45
5	2	3	3	50
6	1	2	5	55
7	0	1	3	58
8	0	2	2	63
9	1	1	1	66
10	0	0	1	70
—	11	12	17	—

第三步分别求出各年龄人数总人数及一半人数。比如表 3-18 中三个年龄段经过计算,其总人数的一半分别为 5.5、6 和 8.5;然后由高往低累积,直到等于或超过一半数为止。比如表 3-18 中的第二列计算后为 1+0+1+2+3/2=5.5,

第三列计算后为 1+2+1+2+3/2=7.5,第四列计算后为 1+1+2+3+5/2=9.5。

第四步按照 13 岁以下的将第三步算出的数除以 12～13 岁的总人数,13 岁以上的则除以本年龄的总人数的原则再进行计算。比如第二列是 13 岁以下的群体,所以计算为 5.5÷20×100=27.5,第三列也是 13 岁以下的群体,所以计算依然是 7.5÷20×100=37.5,第四列是 13 岁以上的群体,所以计算公式变为 9.5÷17×100=55.8。

第五步分别找出这些百分比对应的 T 分数,比如 27.5 对应的是 56,37.5 对应的是 53,55.8 对应的是 49,再找到计算半数对应的各个年龄段的具体分数,比如对于 10～11 岁这一组,其对应的是 4 分,也就是 4 分对应的 T 分数是 56;对于 11～12 岁这一组,其对应的是 5 分,也就是 5 分对应的 T 分数是 53;对于 13～14 岁这一组,其对应的是 6 分,也就是 6 分对应的 T 分数是 49。找到同样的原始分数对应的 12～13 岁这一组的 T 分数。4、5、6 对应的 T 分数分别是 45、50、55。它们相减得到的就是各个年龄组对应的 B 校正数,表 3-18 中的三列分别是 56－45=11、53－50=3、49－55=－6。得到各年龄的 B 校正数后,推算出每月的 B 校正数,具体见表 3-19 所示。校正数加 T 分数得到的就是 B 分数。

表 3-19　每月的 B 校正数表[①]

实足年龄	B 校正数表	实足年龄	B 校正数表
10－6	11	12－2	1
10－8	10	12－4	1
10－10	8	12－6	0
11－0	7	12－8	－1
11－2	6	12－10	－2
11－4	4	13－0	－3
11－6	3	13－2	－4
11－8	3	13－4	－5
11－10	2	13－6	－6
12－0	2	13－8	－7

① 廖世承,陈鹤琴.测验概要[M].上海:商务印书馆,1925:284.

4.C 分数的计算与解释

C 分数是用来分配不同年级的,这里只和年级有关,与年龄无关,其计算也是在 T 分数的基础上。首先将各年级里的不同分数对应的次数乘以该分数对应的 12~13 岁群体的 T 分数,比如五年级分数 0 对应的次数是 2,2 乘以 30 等于 60,七年级分数 6 对应的次数是 4,4 乘以 55 等于 220,其他的以此类推。其次将各年级的 T 分数加起来,除以人数得到的平均数即为该年级的常模。比如五年级总 T 分数为 823,平均为 41.4,按照此种计算,分别得出五年级常模为 41.1,六年级常模为 47.1,七年级常模为 50.5。举例计算如表 3-20 所示:

表 3-20　C 分数计算举例

年级	五		六		七		12 岁群体 T 分数
分数	次数	T 分数	次数	T 分数	次数	T 分数	
0	2	60	1	30	0		30
1	3	99	2	66	0		33
2	4	148	0		1	37	37
3	3	123	2	82	2	82	41
4	4	180	3	135	2	90	45
5	2	100	4	200	3	150	50
6	1	55	2	110	4	220	55
7	1	58	2	116	2	116	58
8	0		1	63	1	63	63
9	0						66
10	0						70
总数	20	823	17	802	15	758	
年级常模		41.1		47.1		50.5	

最后根据这一计算方法求出更具体的年级 C 分数。假定秋季始业,举行测验的时间在阳历一月左右,则 41.1 为五年级中间程度,47.1 为六年级中间程度,50.5 为七年级中间程度,然后分配到具体月份。具体见表 3-21:

表 3-21　具体年级 T 与 C 对照表[①]

T 分数	年级 C 分数	T 分数	年级 C 分数
41.1	5.6	47.5	6.7
41.7	5.7	47.8	6.8
42.3	5.8	48.1	6.9
42.9	5.9	48.5	7.0
43.5	6.0	48.8	7.1
44.1	6.1	49.1	7.2
44.7	6.2	49.5	7.3
45.3	6.3	49.8	7.4
45.9	6.4	50.1	7.5
46.5	6.5	50.5	7.6
47.1	6.6	50.8	7.7

因为测验的时间不同,为了更好地反映年级当量,需要在前面计算的基础上进行校正,这就需要有 C 校正数。校正是根据测验的时间进行的,比如有学生的年级为 3.1,他是春季始业,但测验是在 4 月进行的,就要查表 3-22 中 4 月份的校正数,该数为+0.2,那么 3.1+0.2=3.3(前期小学三年级三个月的程度),该学生的年级就调整为 3.3。同理有学生的年级为 10.8,而他在秋季始业,测验也在 4 月进行,那么查表 3-22 中 4 月的校正数是−0.3,10.8−0.3=10.5(高中一年级五个月的程度),该学生的年级就调整为 10.5。校正数具体如表 3-22 所示:

表 3-22　C 校正数与距开学月对照表

	阳历月终									
秋季始业用	9	10	11	12	1	2	3	4	5	6
春季始业用	2	3	4	5	6	9	10	11	12	1
C 校正数	+0.4	+0.3	+0.2	+0.1	0	−0.1	−0.2	−0.3	−0.4	−0.5

---

① 廖世承,陈鹤琴.测验概要[M].上海:商务印书馆,1925:287-288.

5. F 分数的计算与解释

F 分数是衡量学生努力的单位。理论上任何教育测验的 T 分数减去智力测验的 T 分数,得到的就是 F 分数。但这种计算方式常常会出现负数,与我们的常规习惯不符,为了符合人们使用分数的习惯,需要对上述得出的分数采用线性变换的方法,即 F＝教育测验的 T 分数－智力测验的 T 分数＋50。之所以加 50,主要从统计学的角度考虑能与 T、B 分数做比较。

与前面几种分数比,F 分数计算不仅手续简单、容易理解,而且用处也相当大。首先可以清晰地反映学生的努力情况,如果 F 为正,说明学生功课用心;如果 F 为负,说明学生懒惰懈怠不够用心;如果 F 为 0,则说明学生用力平常。既适用单科也适用合科,还可以衡量一个班级和一个学校,一个地区、县、市的努力。其次可以了解和提高学校的效率。根据 F 分数可以计算出全校每生之教育努力,然后再计算出每生平均用费,平均用费除平均努力就可以得出每一分钱努力之分量,这也是学校的效率。各个学校可以相互比较,找出原因求得以后改良的方向,所以用 F 分数可以减少学校经费到最低限度而不有损教学效率。通过 F 分数,可以鼓励教师努力增进其奋勇精神;可以自然显示高效率学校应得多量之经费;将学生对于学科之努力作为教师薪水高低之分辨;使学校减少无益之设备与装饰;使学校不保留毕业生,以增加表面之成绩;学校以地位之关系而多聪明之学生者,不足以为效率之表示;使学校延长授课时日,减少缺课人数;使学校减少留年龄大的学生于低年级之倾向。再次也可以利用这个分数做理论上的探讨。F 分数也可以和其他计算相关,与教师薪水求相关,可知薪水是如何影响教师努力的程度;与教师计分求相关,可知教师对学生的影响与努力的关系;与学校卫生求相关,与每生的平均用费求相关,比较以上各种相关,可以明确哪种因素是影响努力的关键因素,对学生、教师、学校和管理部门都大有裨益。

四、测验大规模应用宣传与测验人才的培养

测验运动的发展离不开测验的宣传,中华教育改进社的历届年会宣传及测验议案的推广执行的确为测验做了很大的宣传,但推动测验运动迅猛发展还需要更大的宣传效力。这期间举行的大规模调查把测验推向了全国各个角落,而测验人才的大量培养更加大了测验的推广力度。

(一)全国大规模测验调查的举行

"调查教育实况,研究教育学术力,谋教育进行"是中华教育改进社的宗旨,[①]即从诞生之日起调查中国教育实况,以求改进就是改进社的首要任务。测验是调查的主要工具,早在计划编制测验时,麦柯尔就提议使用测验对不同代表性地区展开调查"以检验中国教育效率"。他在演讲中也多次提及测验与调查的关系,他说:"教育调查不是随便看几个学校,做几篇报告就算了事,乃须用科学的测验法,将学校成绩测量出来,其用以测量的方法有二:一教育和心理的测验法。二效率标号法。"[②]只是当时教育界集中精力编制测验,还未将调查提上日程。随着编制的标准测验增多,人们对测验的科学性也更加认可,中华教育改进社也意识到使用测验进行大规模调查的时机已经成熟。所以,下半年当麦柯尔在北京提出应用测验进行大规模调查时,得到了积极的回应,"有了这种教育测量的工具和方法后还需要使用以检验中国教育效率,这就是大规模的调查"。一场中国近代教育史上规模最大的应用测验调查拉开了序幕。

1.测验调查的目的

如上所述,测验只是一个工具,测验编制的目的就是应用。首先应用测验

---

① 中华教育改进社简章[J].新教育,1922,5(3):746.
② 麦柯尔.教育调查法[J].平民教育,1923(70):7.

进行调查可以客观地反映中国教育的现状。近代中国战乱频繁,对教育状况一直无精密统计,国人无从了解,所以不可能对教育有所关心,教育的各项工作也就无法得到大众的支持。要彻底改变这一现状,要先对中国教育的现状有精确的调查,这包括若干事实,比如学龄儿童多少、儿童智力学力等方面应有的基础,等等。通过调查,能使所有帮助儿童进步的人真正知道儿童;能用公平的客观的方法评定儿童的分数;能使儿童自己或他人晓得他是否尽了学习的责任;能按儿童真正的能力定他的班次;能使教师与父母引导儿童对社会做最大的贡献;能使办教育的人对他们的事业有新生气与新兴趣;能引起各地居民对教育发生信仰,使他们在各方面帮助教育事业的进行;能使社会上人人常想到和谈论教育的问题;能用科学方法解决许多难解决的教育问题。通过调查可以解决教师所要解决的问题,比如辨别学生智愚好坏、给的分数是否公平、学生的努力、学生智力及各种学科成绩与常模的比较、班级成绩与其他班级成绩的比较,等等。通过调查,还可以解决地方人士对学校认可的问题,比如我们学校学年期限的长短是否适当,本地方对于教育所用之经费是否充分,是否可以使所办之学校到最高之效率标准,中国的男女学童的智力比外国的学童如何,本地学童的智力比别处学童如何,改进本地方的教育应由何处着手等问题。

其次让更多的行政部门在了解教育现状的基础上,采取相关措施提高教育效率,从而达到改进中国教育的目的,这也是中华教育改进社推广测验的最终目的。"自本社延聘麦柯博士来华与国内心理教育专家多人,制成各种心理及教育测验之后,即规划应用测验数种举办学校教育调查,期以此种测验工具见诸实行,俾收根本改进教育之效。"[1]比如各地区全国学生智慧分数、教育分数常模的公布可以让学生、学校和各地区明确自己在同类群体中的位置,通过学习借鉴和改进明确努力方向,提高自身的效率。行政主管部门、学校领导层也可以利用此结果考察教师教学效率,教师可通过了解儿童知识认知程度改进教学方法,等等。

2.测验调查的前期准备

中华教育改进社对此次调查非常重视,1923年8月由改进社牵头,成立

---

[1] 章洪熙.社务报告(七)调查学校教育[J].新教育,1923,7(1):146.

了由麦柯尔、查良钊等人领导的科学测验委员会，委员会经过商量决定任命北京师范大学查良钊教授和燕京大学德尔满教授分别负责政府主管学校和非政府主管学校的调查事宜，并制定了详细的调查计划。具体见表 3-23 所示：

表 3-23　中华教育改进社大规模测验调查计划表①

筹备主任	地点	时间
查良钊（北京师范大学）	北京及其附近	1923 年 9 月 27 日—12 月 8 日
凌冰（天津南开大学）	天津	1923 年 10 月 1 日—7 日
王世栋、完颜奎祯（山东省立第一师范学校）	济南及其附近德州、泰安、潍县、登州等处	1923 年 10 月 8 日—22 日
陈鹤琴（南京东南大学）	南京及其附近芜湖、镇江、怀宁等处	1923 年 10 月 23 日—31 日
朱经农、章伯寅（商务印书馆编辑部）	上海及其附近无锡、苏州、杭州、宁波等处	1923 年 11 月 1 日—10 日
王彦和（福建教育厅）	福州及其附近兴华、延平、桃松、福兴、厦门等处	1923 年 11 月 12 日—18 日
金湘帆（广东高等师范学校）	广州及其附近香港、惠州、汕头、新东等处	1923 年 11 月 21 日—30 日
吴树丹（江西教育厅）蔡漱芳（江西省立第一师范）	南昌及其附近九江、抚州、吉安、樟树等处	1923 年 12 月 5 日—13 日
李鹿方（武昌高等师范）	武昌及其附近长沙、汉口、汉阳、岳州等处	1923 年 12 月 14 日—19 日
王幼儒（河南教育厅）	开封及其附近	1923 年 12 月 19 日—23 日
张见安（直隶省立第二师范）	保定及其附近定州、高城等处	1923 年 12 月 26 日—31 日
张清源（山东省立第一师范）	太原、太谷、汾州等处	1924 年 1 月 1 日—10 日
不详	西安、武功、绥远等处	1924 年 1 月 11 日—20 日
不详	开封、常德、渭惠等处	1924 年 1 月 20 日—23 日
谢演苍（奉天教育厅）	奉天、辽阳、新庙、山海关等处	1924 年 2 月 8 日—14 日
不详	成都、重庆等处	1924 年 2 月 8 日—14 日

---

① Terman.*The Efficiency of Elementary Schools in China*（中国全国小学校概况）[M].上海：商务印书馆，1924：34.

此次测验调查涉及面广,为了更好地进行测验,中华教育改进社就计划和调查日程与中华基督教教育联合会以及政府与教育界领袖多次沟通并得到认可。上层的有效沟通和认可无疑为测验调查的开展打开了方便之门。随后中华教育改进社成立学校教育调查委员会,并敦请查良钊及德尔门二先生为学校教育调查主任……后请薛远举、杨继宗二先生协助关于此项调查各种事务。① 为便于调查主任到时易于着手施行,各处约请专人组织各地学校调查委员会。各地组织调查委员会又分为执行委员会和测验委员会。前者由地方教育行政人员及各校校长充任,执行委员会事务包括:规划本地教育调查程序;与各学校接洽教育调查事宜;将学校调查表发给愿受测验各学校填写,然后收回,留交于调查主任,以备支配测验员人数及实践等之参考;邀请测验员;预备集会会场及召集测验员开会等事;收集各学校所认之测验费用;筹划本地测验所需之经费。测验委员会事务包括:分任各学校实施测验事宜;校对测验答案之对否;会同各学校教员核算测验之分数。因为测验委员需要直接测验,所以担任测验委员有特别要求:"(1)语言清楚,能说明作测验之方法,使被试验之学生容易了解;中小学教员,师范学校高年级学生,大学及专门学校学生。测验人员名额受测验班次及学生数目定,大约每处五十至一百名。"② 学生不但包括本地国立和教会的,还要召集调查附近各地的学生。对于测验的费用,除了中华教育改进社承担费用两万元,所有购买调查测验材料的经费由各校或全城承担。

　　计划制定好后又开始设计调查工具。此次测验主要是四到八年级学生,需要测验教育能力和智力两种。测验既要能全面测出这些能力,又要适应所有年级的学生,同时还要考虑操作简单方便。考虑到以上因素且经过专家讨论,最终选择了德尔满的非文字智力测验和查良钊的调查用教育测验为此次调查的主要工具。其中教育测验分为两类,每类都包括140个项目,前100题为选择题,包括历史、地理、自然科学、阅读和算术五个学科,每个学科各有20题;后40题是基本数学计算,包括加、减、乘、除四种,该测验既可以测速度又可以测准确度。测验编排分8页,第1页为指导语,第2~7页为前100个选择题,

---

① 章洪熙.社务报告(七)调查学校教育[J].新教育,1923,7(1):146.
② 章洪熙.社务报告(七)调查学校教育[J].新教育,1923,7(1):149.

第 8 页为计算题。测验规定 60 分钟,前 100 题 45 分钟,后计算题 15 分钟。

智力测验考核的是非语言智力,包括算术的基础和机械智力,编制时主要考虑两个因素,一是题目简单,即使没接受过训练的学生做起来也不存在困难,二是因为此次是全国范围的调查,题目的图片不能有某些地区所特有的。这一测验经过大量施测和修改,最后选 80 题组成正式测验用量表。上述两种测验都计算出 T 分数(具体见表 3-24、表 3-25),并准备有调查手册。

表 3-24　调查用教育测验 T 分数转化表[①]

原始分数	Te	原始分数	Te	原始分数	Te	原始分数	Te
11	10	46	34	81	50	116	71
12	11	47	34	82	51	117	72
13	12	48	35	83	51	118	72
14	13	49	36	84	52	119	74
15	14	50	36	85	52	120	75
16	15	51	37	86	52	121	75
17	16	52	37	87	53	122	75
18	17	53	37	88	53	123	77
19	18	54	38	89	53	124	80
20	19	55	38	90	54	125	80
21	20	56	38	91	54	126	80
22	23	57	39	92	55	127	81
23	24	58	39	93	56	128	81
24	24	59	39	94	56	129	82
25	24	60	40	95	56	130	82
26	24	61	40	96	57	131	82
27	25	62	41	97	58	132	83
28	25	63	42	98	59	133	84
29	25	64	42	99	59	134	84
30	25	65	43	100	60	135	84

① Terman.*The Efficiency of Elementary Schools in China*(中国全国小学校概况)[M].上海:商务印书馆,1924:46.

续表

原始分数	Te	原始分数	Te	原始分数	Te	原始分数	Te
31	26	66	43	101	60	136	85
32	26	67	44	102	61	137	85
33	26	68	44	103	61	138	86
34	26	69	44	104	62	139	87
35	27	70	45	105	62	140	87
36	28	71	45	106	63	—	—
37	29	72	46	107	63	—	—
38	30	73	47	108	64	—	—
39	30	74	47	109	65	—	—
40	30	75	48	110	65	—	—
41	31	76	48	111	66	—	—
42	32	77	49	112	67	—	—
43	32	78	49	113	68	—	—
44	32	79	49	114	69	—	—
45	33	80	50	115	70	—	—

表 3-25　中华教育改进社调查用智力测验 T 分数转化表[①]

原始分数	Ti	原始分数	Ti	原始分数	Ti	原始分数	Ti
10	25	30	34	50	52	70	78
11	25	31	35	51	53	71	79
12	26	32	36	52	54	72	79
13	26	33	36	53	55	73	80
14	27	34	37	54	56	74	81
15	27	35	38	55	57	75	82
16	27	36	39	56	57	76	84
17	27	37	40	57	58	77	85
18	28	38	40	58	60	78	87

---

① Terman.*The Efficiency of Elementary Schools in China*（中国全国小学校概况）[M].上海:商务印书馆,1924:47.

续表

原始分数	Ti	原始分数	Ti	原始分数	Ti	原始分数	Ti
19	28	39	41	59	61	79	88
20	28	40	42	60	63	80	90
21	29	41	43	61	64		—
22	29	42	43	62	65		—
23	30	43	44	63	66		—
24	30	44	45	64	68		—
25	31	45	46	65	70		—
26	31	46	47	66	72		—
27	32	47	48	67	73		—
28	33	48	49	68	74		—
29	33	49	50	69	75		—

3.测验调查的进行

此次调查于1923年9月1日正式从北平开始,覆盖华北、华中、华南三大区域21个大的城市地区和11个中小城市地区,做了35次演讲,培训了1970名施测者,测试了9万多名学生。除了这些大中城市,掌握技术和标准的施测者又在这些城市之外测试了11000多名学生,总受测人数达到10万多人,规模之大史无前例。测试的学校也种类齐全,包括24所大学和学院,50所较好较大的中学,600多所小学,其中2/3是政府和私立学校,1/3是教会学校。[①] 囊括了各级各类学校,地区分布较广,比较有代表性。具体调查学校和人数见表3-26:

表3-26 中华教育改进社大规模调查样本统计表[②]

调查城市	受测学校数/所	受测人数/人	训练的施测者人数/人
北京	51	7000	50
天津	29	7000	35

---

① Terman.*The Efficiency of Elementary Schools in China*(中国全国小学校概况)[M].上海:商务印书馆,1924:9.

② Terman.*The Efficiency of Elementary Schools in China*(中国全国小学校概况)[M].上海:商务印书馆,1924:14.

续表

调查城市	受测学校数/所	受测人数/人	训练的施测者人数/人
德州	7	500	25
济南	23	4000	50
泰安	不详	500	25
南京	26	7000	100
苏州	45	5000	150
上海	46	12000	210
杭州	22	4000	200
福州	58	7000	175
厦门	39	3000	100
广州	不详	6000	125
南昌	20	2000	70
九江	不详	500	15
武昌、汉口、汉阳	37	4500	100
长沙	35	5000	240
开封	20	2000	100
太原	17	2000	100
保定	14	2000	100
上述21城市小计	—	81000	1970
其他11个地区	—	11000	—
总计	—	92000	1970

调查的基本程序是首先各地负责人要与当地教育主管部门见面,与各个调查校领导见面告知测验事宜同时获得地方支持。然后选择训练施测者,该项任务原计划三天完成,但各地对于测验的兴趣和投入相当大,所以往往一天就可以完成。除了各城镇组有测验施行委员会外,并有德尔满亲赴各地进行解释说明与指导测验。对于测验调查的具体执行,张宝琨在《记测验之经过情形》一文中做了详细的描述,他说:"今国内政教舞弊,外交失策,清理整顿正需人才。而今国中非无人才也,或以处境不同,或以富贵界严,或如千里驹未遇伯乐……中华教育改进社有见于此,故特创测验之举……测验分两类,一文字

测验(含地理、历史、算术等科),二非文字测验(图画,含人花兽草食物用具等),在苏测验员约两百有奇。小学教员有之,大学教育科生有之,师范二三年级生又有之(吾校师范二三年级同学为测验员者共十余人)。第一日上午德尔满先生在青年会有二十分钟之演讲,及测验员先被测验。下午二时在乐群社,杨先生(杨继宗)有一模范测验。次晨八时半,测验员分赴所派定之学校测验,有二人或三人赴一校不定……下午二时至教育局校正卷子。约五时许,全体合辑一影。晚七时德尔满先生有在乐群社演讲,所讲之中,除如何平均人之智力及体力外,又云及此测验之法。经测验数处之中,曾查出二三学子,年幼俱天才。"[①]测验调查的具体执行由此文可窥其一斑。

4.测验调查的结果

此次调查不仅获得了大量一手资料,而且"全国学童之年龄常模与班级常模均已求出;同时求得其他统计数字亦复不少"。具体的 T、B、C 分数常模见表 3-27、表 3-28、表 3-29:

表 3-27 不同地区教育、智力测验 T 分数常模表[②]

	Te							Ti						
	3	4	5	6	7	8	9	10	3	4	5	6	7	8	9	10
北京	24	33	45	56	53	55	55	—	40	48	48	53	53	54	43	47
保定	24	33	45	45	52	51	68		49	46	53	54	55	62	62	—
太原	33	36	43	52	57	66			45	45	53	55	59	59		
济南	17	43	42	48	48	62	64		40	49	49	52	57	59	63	69
泰安	20	31	41	47	47	56	60		41	43	48	52	53	52	58	58
汕头公立学校	26	33	42	49	49	—			42	47	48	53	55	62	58	60
汕头教会学校	24	33	39	46	46	54	62	—	39	45	47	52	53	53	55	55

---

① 张宝琨.记测验之经过情形[J].景海星,1924(5):23-24.
② Terman.*The Efficiency of Elementary Schools in China*(中国全国小学校概况)[M].上海:商务印书馆,1924:172.

续表

	Te								Ti						
	3	4	5	6	7	8	9	10	3	4	5	6	7	8	9	10
开封	33	38	45	53	53	61	47	—	44	46	51	56	54	61	57	57
南京	26	32	41	46	58	58	58	62	44	43	46	50	59	60	62	65
上海	27	36	45	52	58	59	61	60	41	43	51	57	57	52	58	55
苏州	22	32	41	49	50	60	—	—	38	45	48	53	54	58	—	—
杭州	21	30	38	45	47	51	60	—	31	40	48	53	54	53	40	58
武昌汉口汉阳	29	37	40	49	50	58	56		39	45	48	52	56	54	59	—
长沙	31	38	46	49	57	57	69	52	45	49	51	54	57	54	56	
南昌	32	37	45	53	57	59	62	—	44	49	50	55	55	55	64	
福州	33	43	44	47	53	63	78	75	48	49	50	57	59	59	64	64
广州	28	35	43	49	53	58	61	64	43	47	51	56	58	61	59	61
梧州	25	33	38	43	49	57	—	—	44	46	48	51	55	53	—	—
华北常模	25	35	40	50	53	58	59	59	43	46	50	51	55	59	57	58
华中常模	27	35	42	49	54	57	61	58	40	45	49	53	56	55	57	59
华南常模	29	37	42	46	52	59	69	69	45	45	50	55	57	58	62	62

表 3-28 不同地区教育、智力测验 B 分数常模表①

	Be								Bi						
	3	4	5	6	7	8	9	10	3	4	5	6	7	8	9	10
北京	37	40	43	49	51	52	54	50	54	57	51	52	49	47	45	47
保定	36	39	48	48	49	48	55	—	55	47	50	49	50	49	48	—
太原	41	43	45	51	47	53	53	—	53	51	54	54	49	46	—	—

① Terman.*The Efficiency of Elementary Schools in China*（中国全国小学校概况）[M].上海：商务印书馆，1924：173.

续表

	Be								Bi						
	3	4	5	6	7	8	9	10	3	4	5	6	7	8	9	10
济南	35	39	41	46	46	49	40	52	50	50	46	50	49	47	57	47
泰安	23	27	35	36	43	44	48	46	46	39	41	41	41	38	46	40
汕头公立学校	33	36	41	42	42	47	—	—	50	50	50	46	46	—	—
汕头教会学校	30	35	35	38	39	28	47	43	45	45	42	45	40	41	40	39
开封	46	46	47	52	54	50	42	44	55	52	49	53	62	44	—	—
南京	35	46	42	45	52	50	51	51	51	52	49	49	52	51	51	50
上海	39	39	45	48	48	49	51	48	55	49	52	52	53	51	47	45
苏州	31	38	44	43	45	49	—	—	50	31	49	50	50	47	—	—
杭州	32	35	42	40	43	49	50	—	45	47	50	47	44	44	47	54
武昌汉口汉阳	39	43	41	42	49	41	45	—	50	48	47	44	50	44	47	—
长沙	46	48	46	49	53	50	52	—	49	56	54	53	52	46	46	—
南昌	42	47	53	49	51	48	52	—	50	49	54	52	49	47	51	40
福州	32	37	42	44	48	55	—	—	53	52	50	52	53	47	40	47
广州	37	39	42	44	46	47	45	43	51	51	49	51	52	49	45	47
梧州	32	33	38	39	41	44	—	—	49	51	49	48	47	40	—	—
华北常模	35	39	43	45	46	46	48	47	51	49	48	49	48	45	47	43
华中常模	38	42	45	45	49	48	50	49	50	47	50	50	50	47	48	47
华南常模	34	36	41	42	45	49	45	43	51	51	50	50	51	45	43	47

表 3-29 不同地区教育、智力测验 C 分数常模表[1]

	Ce						Ci				
	3	4	5	6	7	8	3	4	5	6	7	8
北京	1.1	3.0	4.6	6.0	6.6	8.7	4.1	5.3	5.6	6.4	6.6	7.1
保定	2.2	3.8	5.6	6.2	7.4	7.7	5.6	5.1	6.3	6.6	6.7	7.7
太原	2.7	3.3	4.5	5.9	7.0	8.7	4.6	4.4	6.1	6.5	7.3	7.5
济南	2.1	3.6	4.4	5.2	6.3	7.5	4.2	5.3	5.8	6.1	6.9	7.1
泰安	1.5	2.4	4.3	5.2	6.9	7.0	4.4	3.8	5.7	6.2	6.3	6.1
汕头公立学校	1.1	3.0	3.8	5.3	5.7	7.7	4.2	4.9	5.6	6.0	6.5	7.2
汕头教会学校	1.0	2.3	4.0	4.9	5.2	6.6	3.6	4.3	4.9	5.8	5.7	6.3
开封	1.4	2.5	4.6	5.9	6.5	6.5	4.6	5.1	6.0	7.7	8.8	7.7
南京	2.4	2.7	4.2	5.3	7.0	7.3	4.3	4.5	5.6	6.0	7.2	7.9
上海	2.2	3.7	4.9	5.9	6.7	5.6	4.4	5.2	6.1	6.9	7.2	6.9
苏州	1.8	3.0	4.4	5.7	6.8	7.4	4.1	5.1	5.5	6.2	6.8	7.2
杭州	1.8	2.7	4.0	5.3	5.0	4.4	3.3	4.3	5.6	6.6	5.0	7.5
武昌汉口汉阳	2.6	3.8	4.1	6.4	6.8	7.2	4.3	4.5	5.1	6.6	6.8	6.6
长沙	2.5	4.7	5.1	5.8	6.9	6.8	5.0	5.7	5.9	5.3	7.0	6.3
南昌	2.9	3.7	5.0	6.0	7.0	7.1	4.6	5.5	5.6	6.4	6.4	7.0
福州	2.1	3.1	4.7	5.3	6.2	7.0	5.4	5.8	5.0	7.0	7.5	7.6
广州	2.3	3.2	4.6	5.3	5.3	7.2	4.4	4.9	5.9	6.8	6.5	7.8
梧州	1.5	2.2	3.3	4.0	6.4	6.8	3.9	4.6	5.1	5.6	5.9	6.2
华北常模	1.6	3.7	4.5	5.6	6.6	7.6	4.3	4.8	5.8	6.4	6.9	7.1
华中常模	2.3	3.5	4.5	5.8	5.9	6.5	4.3	5.0	5.6	6.3	6.6	7.1
华南常模	2.0	2.8	4.2	4.9	6.4	7.0	4.6	5.1	5.3	6.5	6.6	7.2

[1] Terman. *The Efficiency of Elementary Schools in China*（中国全国小学校概况）[M].上海：商务印书馆，1924：174.

除了求出各地区常模,这次调查还求出了全国不同年段学生智力教育 T、B、C、F 分数常模。具体见表 3-30:

表 3-30　全国三至八年级学生 T、B、C、F 分数常模表[①]

年级	三年级	四年级	五年级	六年级	七年级	八年级
Te	26	35	42	48	53	55
Ti	42	46	49	53	56	57
Be	36	39	43	45	47	47
Bi	50	49	49	49	49	46
Ce	2.0	3.0	4.5	5.5	6.4	7.1
Ci	4.4	4.9	5.6	6.4	6.7	7.1
F	35	40	43	46	48	51

此次调查还根据结果对智力、学业成绩的地区差异、性别差异、不同类型学校的差异进行了分析,每一所学校根据自己所处地和全国的分数常模,可以研究自己学校的分数,发现在同类学校中所处的位置及努力的方向。这次调查的最大价值是教育主管部门和学校运用这些数据结果真正了解学习过程中教师起到了什么作用,不同群体的学生应该达到什么水平以及要达到最好结果的最成功的方法是什么。

特别值得一提的是,这次调查还发现了一个问题,就是中国的学校分班普遍不合理。为了进一步澄清问题,调查组对不同学校不同年级的 455 个学生进行随机抽查,结果显示 40% 的学生并不适合现在的分班情况,其中 26% 的学生应该降一个年级,也就是说他们这部分学生在努力做的是他们没有能力做的;而 14% 则应该升一个年级,也就是说这部分学生能够做的比现在要求做的要更多。调查数据如表 3-31 所示:

---

① Terman. *The Efficiency of Elementary Schools in China*(中国全国小学校概况)[M].上海:商务印书馆,1924:202.

表 3-31　具体问题抽查样本统计表①

城市	学校类型	年级	学生数量/人	正常年级之下/人	正常年级之上/人
长沙	女子实习学校	6	38	12	2
南京	公立中学	7	39	7	7
上海	教会女校	5	47	2	16
南昌	教会男校	8	49	13	3
福州	公立女校	4	31	11	11
太原	示范校	5	32	17	3
天津	教会男校	3	30	7	6
潍县	教会男校	4	35	2	10
济南	示范校	3	31	5	1
济南	女子学校	5	54	9	1
武昌	公立实习学校	6	38	11	1
武昌	示范校	7	31	20	1
合计	—		455	116	62

5.测验调查的影响

首先，这次调查范围广、规模大，每到一处都能引起当地的轰动，以长沙当地报道为例，该报道称："（得知你们要来调查）这里的人们都陷入了忙碌中……这个城市所有的学校都被提醒和问能提供多少人参加测验，周围地区的学校也都准备好参加，政府官员们被要求提供足够的资金支持调查……这里的每一个人都完全准备好随时为调查组提供帮助。"②人们对调查的关注无形中也为测验做了有力的宣传，"这次大规模的调查，颇引起教育界对于测验的注意"。③麦柯尔来华后，虽然编制了大量的测验，但主要集中在江南和北京一带，测验的学校也往往是当地的公立名校。而这次大规模调查波及全国大

---

① Terman. *The Efficiency of Elementary Schools in China*（中国全国小学校概况）[M].上海：商务印书馆，1924：165.

② Terman. *The Efficiency of Elementary Schools in China*（中国全国小学校概况）[M].上海：商务印书馆，1924：10.

③ 陈选善.教育测验讲话[M].上海：世界书局，1947：26.

部分城市地区,随着调查的开展,测验的相关知识和理论也被输送到全国各地。

其次,激发了各地对以测验为代表的客观方法的研究兴趣,为测验运动的开展培养了人才。虽然中华教育改进社先后设立了教育心理测验讲习会和导师会,北高校、南高师设立的暑假讲习会也曾开设有测验相关课程,但辐射面窄而且偏于理论。而这次调查覆盖了全国的大部分地区,所到之处均需设有专门的测验委员会负责具体的操作,委员会成员不仅有大学生还要有当地师范学校学生和中小学教员,因为测验人员名额是由被测试学生数目而定的,所以需要的测试人员数目庞大。同时因为测验人员的主要任务是科学测试和分数统计,所以除了理论知识,培训的内容相对偏于实践,更有利于对测验的掌握和传播。据统计,调查过程中共培养了接近2000的施测者,这些人分散在各地,在测验运动的后续发展中发挥了重要的作用。

最后,强化了中国教育界的合作。麦柯尔在演讲录中曾说过:"此次中国各地对于教育心理有研究的人,南自广东,北至北京,都肯尽心尽力,极其大量的受改进社的指导,把测量的事情办成功了……这种牺牲精神,具见中国教育界的互助和合作……自欧战以后,有这样的全国一致的大事业的,只有中国。"[1]运动的发展离不开合作,测验运动能短时间内进入高潮期也和教育界的通力合作有关,而此次的大规模调查更进一步强化了这种互助和合作。通过这么一个全国的合作计划,各地学者打破了地域限制,以极大的热情投入这场测验运动中,也为其后续的合作发展奠定了基础。

这次调查也是对前期测验编制的一种检验。比如所有的测验结果显示,随着年级的增长学生的智力水平也在增加,而根据现代的智力理论,儿童的智力是随着年龄的增加而增加的,这也从侧面反映了当时编制测验技术的准确和成熟。调查中也发现了许多的问题,比如"此次教育调查颇引起一般人士之研究兴味,在各处实施测验时间,有人提出讨论之问题:究竟此次所用之两项测验,其材料是否适宜,其难易是否相等诸问题,皆有研究之必要。调查主任查勉仲先生特为此事商同薛远举先生先将京师调查结果,作精密的研究,以资

---

[1] 麦柯尔.教育心理测量[J].新教育,1923,7(2/3):390.

参政"。① 这些问题激发了学者们的研究热情,在一定程度上推动了测验运动向纵深发展。

(二)报纸杂志对测验的宣传

运动要保持活跃和持久离不开群体的联结。除了组织,出版业使广泛的联盟、持续性的集体行动成为可能,正如安德森(Anderson)所说的那样"一旦发生,就进入了报纸堆积的记忆中……这种经历被上百万印刷词汇塑造成报上的一个概念,并在恰当的时候,变成一种思想模式"。② 报纸杂志在一定意义上传播了运动的思想,使运动向新的人群扩散。

1.杂志宣传

笔者经过统计发现,高潮期以测验命名发表的文章将近四百篇,居于前五名的教育类杂志分别是《教育杂志》(52篇)、《新教育》(41篇)、《心理》(36篇)、《教育与人生》(13篇)、《中华教育界》(12篇)。

(1)《教育杂志》对测验的宣传

《教育杂志》创刊于1909年2月,由商务印书馆创办,是我国近代教育期刊中历时最长的老牌杂志,对测验一直青睐有加。从民国初年就开始刊载介绍智力测验的文章,比如以志厚署名发表在第4卷第7期的《比奈氏之智能发达诊断法》、以天民署名发表在第5卷第9期的《以相关法测定智能等级说》,这两篇可以说是国内比较早介绍西方科学测验的论文。随着测验运动的发展,《教育杂志》对测验的宣传和推广更为积极,在介绍和引进西方测验,尤其是美国的测验理论和方法方面做出了突出贡献。"仅从第12~25卷,就刊发了有关教育测验和智力测验方面的论文近70篇,其中对美国教育心理学和教育测验的创始人桑代克的学说给予了相当的关注,专门的译介文章有6篇。"③比如第14卷第4期中刘建阳译桑代克的《教育测量》就详细介绍了桑

---

① 社务报告(六)教育调查[J].新教育,1923,8(2):319.
② 塔罗.运动中的力量:社会运动与斗争政治[M].吴庆宏,译.上海:译林出版社,2005:64.
③ 周谷平,朱有刚.《教育杂志》与近代西方教育的传播[J].教育评论,2002(3):59.

代克的教育心理学。特别是麦柯尔来华期间,《教育杂志》更是发表了大量测验文章给以宣传,有钱希乃的《麦柯测验编造的 TBCF 制》(第 15 卷第 9 期)、薛鸿志的《TBCF 制之量尺制作法》(第 16 卷第 6 期)等,赵轶尘发表的《测验之一般理论》(第 23 卷第 12 期),系统阐述了教育测验的意义、性质及其价值,可视为对前一时期中国教育测验运动的一次理论总结。①《教育杂志》还大量介绍了西方各国测验的现状和测验运动的发展史,具体见下表 3-32。经过其大力宣传,测验作为教育研究科学化的一种方法和工具被当时的教育界所认同,对教育改革实践产生了深远的影响。

表 3-32　测验运动高潮期《教育杂志》发表的测验文章统计表②

内容	数量/篇
国外译著或国外测验介绍	9
国内关于测验理论的探讨	9
具体测验编制及报告	27
关于测验团体消息的	7

(2)《新教育》对测验的宣传

作为中华教育改进社旗下的杂志,《新教育》对测验的宣传可谓不遗余力。为了将中华教育改进社的年会测验议案进行及时的宣传,专门出版了四期年会特别报道号,分别是 1922 年第 5 卷第 3 期的第一届年会报告号,1923 年第 7 卷第 2、3 合期的第二届年会报告号,1924 年第 9 卷第 3 期的第三届年会报告号和 1925 年第 11 卷第 24 期的第四届年会报告号,及时将测验的议案内容、讨论情况、是否通过及执行情况告知大众。

《新教育》发表的以测验命名的文章也是内容丰富。但与《教育杂志》偏于理论探讨有所不同,《新教育》更倾向于国内自编测验的发表,这为具体测验的编制和实施起到了宣传作用。具体发表文章见表 3-33:

---

① 周谷平,朱有刚.《教育杂志》与近代西方教育的传播[J].教育评论,2002(3):60.
② 根据晚清、民国期刊全文数据库相关资料统计整理而成。

表 3-33　1922—1925 年《新教育》杂志以测验命名发表的文章统计表①

类别	篇数	主要内容
测验理论	2	人格特性测验的最新进展、标准测验理论
年会测验议案报道	24	议案内容、讨论情况、是否通过及执行
具体测验	13	各科测验法
规程与要闻	2	各校默读测验，书法测验，算学、国文测验等的具体实施及结果

(3)其他杂志对测验的宣传

对测验报道比较多的还有中华心理学会的会刊——《心理》杂志。中华心理学会主要研究心理学理论与实践，测验本身就是心理学重要的研究内容，《心理》杂志对测验的宣传更是不遗余力。该杂志几乎每期都有关于测验方面的文章，具体包括教育测验(11 篇)、智力测验(12 篇)、职业测验(1 篇)，涉及测验的学理、历史、用途等方面。《中华教育界》《平民教育》也对测验进行了大量的报道，还出版有测验测量专号。

2.报纸及其他宣传

除了杂志，报纸对测验也进行了大肆的宣传。以当时的《时报》为例，1922—1925 年共发表关于测验的报道 68 篇，其中 1922 年 15 篇、1923 年 35 篇、1924 年 15 篇、1925 年 3 篇。从文章栏目也可以看出测验宣传普及效果很好，有不少县一级的关于测验的报道。

表 3-34　1922—1925 年《时报》关于测验的报道统计表②

单位:篇

栏目	各县消息	本埠新闻	小编译	国内小新闻	本埠小新闻	要闻	电报	其他	合计
数量	27	15	4	3	2	2	2	13	68

书籍的出版也有利于测验基本知识的普及，这期间出版的书有:朱君毅的《统计与测验名词汉译》(1923 年春)，华超的《教育测验纲要》(1924 年 8 月)，

---

① 根据晚清、民国期刊全文数据库相关资料统计整理而成。
② 根据晚清、民国期刊全文数据库搜索的资料整理而成。

程浩译的《学龄儿童智力 X 测验法》(上海商务 1924 年 11 月),廖世承、葛承训编的《五项测验》(上海商务 1925 年 7 月),《教育杂志》社编的《团体智力学力测验法》(上海商务 1925 年 7 月),俞子夷的《测验统计法概要》(1924 年),孟宪承的《测验之原理的研究》(1925 年),等等。特别值得一提的是,1925 年廖世承和陈鹤琴合编的《测验概要》一书,可以说是当时所编的各种测验的汇编。全书共六十五章,对测验的性质、效用、种类、智力测验与教育的材料、实施的过程、统计的方法、编制测验的原理与经验、图表的样式等方面都做了详细的说明。并且每章的结尾都附有中文参考文献以备有兴趣的研究者参考,全书末尾还附有测验及统计的英文参考文献。《测验概要》一书可以说是奠定了我国中小学教育测验的基础,在当时处于世界领先水平,"广度上,从专门智力测验拓展到一般心理与教育测验;深度上,加深了有关测验的编造和实施的办法,完善了测验结果统计与内容处理的方式,是测验运动广泛开展后教育界统计水平普遍提高的反映"。[①]

(三)测验人才的培养

测验运动的可持续性发展离不开基层人员的努力,而中华教育改进社第二届年会对实施测验方案的抽样调查结果显示,中小学普通教师和地方基层相关人员缺乏必要的测验知识是阻碍测验运动进一步发展的瓶颈。为了培养更多的测验人才,同时让更多的基层人员了解掌握测验知识,在麦柯尔的倡导下,中华教育改进社开始筹备培训测验人才。培训分为两种不同的形式,一种是针对在职人员,一种是针对青年学生,与之相对应的分别是教育心理测验讲习会和导师会。

1.教育心理测验讲习会

教育心理测验讲习会主要是针对在职人员开办的,其主要目的是"培养施行教育心理测验人才以求教育上实际之改进"。讲习会共举办了两期,第一期

---

① 张振助.庚款留美学生与中国近代教育科学化运动[J].高等师范教育研究,1997,(5):77.

于 1923 年在北京举行,负责讲习会的教授是麦柯尔(中华教育改进社教育心理研究主任、美国哥伦比亚大学教育学院教育学教授)和刘廷芳(国立北京大学、北京师范大学心理学教授,燕京大学主任),时间安排从 8 月 6 日至 18 日,共计 13 天。学习的成员包括各省视学及县视学、教育局局长或劝学所所长、中小学校长、师范学校的专任教员及教育心理教员。所有符合资格者都要附专门的履历表(具体见表 3-35),经报送机关同意盖章后寄至改进社总事务所,由总事务所审核通过公布才有资格参加。

表 3-35　教育心理测验讲习会会员履历表[①]

姓　　名		别　号		男或女	
年　　龄		籍　贯		通信处	
学　　业					
经　　验					
现任职务		是否本社社员			
保送机关盖章					

基于中华教育改进社强大的组织宣传能力和领导能力,此次培训也引起了教育部的重视,其颁发的《教育部训令第一九九号》对这次讲习会也大力推荐,训令称:"凡各省的省视学及县视学、教育局长或劝学所长、中小学校长、师范学校的专任教员及教育心理教员均可赴会学习,此事关系改进教育至为重要甚,望贵部令各省教育厅照章派员赴会学习以便将来实施测验等情。"[②]改进社本身的号召力再加上教育部的宣传吸引了众多人报名,第一期参加培训的人员将近 300 人,其中男学员 269 人,女学员 26 人,直隶、奉天、山东、山西、陕西、河南、江苏、浙江、福建、安徽、江西、湖南、湖北、四川、察哈尔、绥远、京兆等各个省区均派相关人员前来学习,还有美国男子 1 人,女子 1 人。

为了让众多的学员在短时间内尽可能全面系统地掌握测验知识和编制技巧,教育心理测验讲习会对学程和内容都做了精心的安排。具体见表 3-36:

---

① 筹备施行教育心理测验讲习会[J].新教育,1923,6(5):113-114.
② 教育部训令第一九九号[J].江苏教育公报,1923,6(6):2.

表 3-36 教育心理测验讲习会学程及内容①

序号	内容
（一）	估量学校的房屋及设备对于教学之适用与否
（二）	选择良好教师的标准
（三）	断定何时及何种学生可入初等小学、中等学校或高等学校
（四）	区分已收入之学生俾得组成相当班级享受有效力之教育
（五）	显示各生特殊之优点与弱点以指导教师施教之方法
（六）	依据学生之资质判断学生学业之进步
（七）	使客观的教材适合于各个学生之智力，俾天资优越者进步，敏捷鲁钝者亦不致灰心
（八）	详细表明任选一学科之教学技术
（九）	编订学校考试方式内容与及格点
（十）	断定学生何时可以升级与毕业
（十一）	供给有统系之学校记录及报告表册
（十二）	估量教学法及教材
（十三）	测量教学上的效率
（十四）	测量一学校的效率
（十五）	测量一地方学校制度的效率

所使用的教材包括测验及各种器械，共计 42 种。其中智慧测验 10 种，教育测验 23 种，特别测验及有关材料 9 种。具体见表 3-37：

表 3-37 教育心理测验讲习会教材及适用范围统计表②

类别	测验名称	适用范围
智慧测验	柏氏无文字智慧测验	式一与式二为一年级至四年级用，适用于团体
	刘布氏无文字智慧测验	式一与式二为四年级至八年级用
	廖氏文字智慧测验 量表 A	式一为四年级至八年级用
	廖氏文字智慧测验 量表 B	式一为四年级至八年级用
	刘氏文字智慧测验	式一与式二为八年级至十二年级用
	张氏文字智慧测验 量表 A	式一与式二为大学与大学入学试验用
	张氏文字智慧测验 量表 B	式一与式二为大学与大学入学试验用
	张氏文字智慧测验 量表 C	式一与式二为大学与大学入学试验用
	陆氏校正皮奈氏智慧测验量表	式一为三岁幼儿至成人用，适用于个人
	德氏机械智慧测验	式一与式二为五年级至十二年级用

---

① 中华教育改进社附设教育心理测验讲习会简章[J].新教育，1923,6(5):746-747.
② 中华教育改进社附设教育心理测验讲习会简章[J].新教育，1923,6(5):747-749.

续表

类别	测验名称	适用范围
教育测验	陈氏默读测验	式一与式二为一年级至四年级用
	陈氏默读测验	式一、二、三、四、五为四年级至八年级用
	陈氏默读测验	式一、二为八年级至十二年级用
	白氏英语默读测验	式一、二为五年级至十二年级用
	克氏英语相反识字测验	式一、二、三、四为五年级至十二年级用
	克氏英语听解测验	式一、二为五年级至十二年级用
	克氏英语了解测验	式一为八年级至十二年级用
	克氏英语文法成语测验	式一、二为五年级至十二年级用
	俞氏国语作文量表	式一为一年级至十二年级用
	蒲氏英语作文量表	式一为六年级至十二年级用
	俞氏楷书量表	式一为一年级至十二年级用
	俞氏行书量表	式一为四年级至十二年级用
	陈氏拼字量表	式一、二为三年级至八年级用
	德氏算术混合四则测验	式一、二为三年级至八年级用
	俞氏算术问题测验	式一、二、三、四为三年级至八年级用
	张氏代数基本测验	式一、二为八年级至十二年级用
	张氏代数方程测验	式一、二为八年级至十二年级用
	张氏代数问题测验	式一、二为八年级至十二年级用
	俞氏整数小数测验	式一、二实用功课五十八课为四年级至八年级用
	陈氏普通科学测验	式一、二为三年级至八年级用
	陈氏科学测验	式一、二为八年级至十二年级用
	徐氏中国历史测验	式一、二为六年级至十二年级用
	张凌氏公民目标及测验	为一年级至十二年级用
特别测验及有关材料	麦氏康健测验	为一年级至十二年级用
	德氏调查用无文字智慧测验	式一、二为四年级至八年级用
	查氏调查用教育测验	式一、二为四年级至八年级用
	麦氏标准游戏运动技能之量表与分数表	为一年级至十六年级用
	朱涂氏评定校舍分数表	—
	陈氏国语字汇	—
	陈氏国语词汇	—
	朱氏测验与统计名词	—
	德氏标准测验汇记表	—

教育心理测验讲习会不仅有理论学习还有实践活动，比如讲习会会员统一到北京香山慈幼园进行实地测验。为了鼓励学员投入学习，讲习会规定学习有成就者将由中华教育改进社颁发证书，与之前针对在职人员的暑假讲习会等其他培训形式相比，教育心理测验讲习会更能提高学员的学习积极性。次年 8 月，中华教育改进社又举办了第二期性质相同的讲习会。经过这两次大规模的培训，测验方面的基层人才队伍逐渐形成，测验的各项工作更加有序开展。

2.导师会

在麦柯尔的帮助下中国专家们编制了大量标准测验，但同时也意识到为了应用这些测验需要"先培养施行教育心理测验的人才"。为了实现中国测验人才的可持续性发展，改进社又开办了导师会，与上述讲习会不同，导师会主要是培养在校生或刚毕业的学生。

导师会总共举办了两班，一班是在南京，从 1922 年 9 月 25 日开始上课，由中华教育改进社与东南大学教育科合设，主要培训对象为东南大学和在南京各大学优秀学生；帮助南京这一班并做重要导师的除了麦柯尔，其他都是东南大学著名的教授学者，有廖世承、陈鹤琴、张士一、陆志韦、朱斌魁、俞子夷、徐则陵等。另一班设在北京，从 1923 年 4 月开始上课，由中华教育改进社与北京高师、北京女子高师、燕京大学、北京大学四校合设，主要培训对象由上述四校及北京高校对于测验有研究的学生组合而成；做北京这一班重要导师除了麦柯尔，其他都是北京高校著名的教授学者，有查士钊、张敬虞、张耀翔、庄泽宣、张彭春、程裕光、刘廷芳、路易斯、凌冰、德尔满等。

导师会的目的是培养测验界的后备力量，因为学员具有一定的水平才便于讲习测量，并帮助测验的准备、应用、作尺度、定标准等事，所以学习者必须是三年级以上程度的。为了培养高素质的人才，导师会还专门开发了"测验之编造与应用"学程，该学程内容包括："（一）各种测验方法包含标准之定力等级尺之编造；（二）用统计方法整理材料；（三）实习结果之应用。"[①]与之前的讲习会内容相比，导师会的学习内容更系统也相对更深，同时上课形式多样，对实

---

① 规程计划：东南大学教育科、中华教育改进社合设测验之编造与应用学程办法[J].新教育，1922,5(4):890.

践也更加重视。比如南京这一班上课以共同讨论分头指导为主,不去班级形式。在学程办法第十一条中专门规定学员必须到城外实地测验,每人不超过两星期。① 而北京这一班则是每星期三下午三时至六时由麦柯尔博士讲演心理测验,刘廷芳君翻译。每星期五下午三时至五时编造心理测验:计中等科学测验组11人,主任陈预裕君;学校调查测验组14人,主任查良钊君;中等科智慧测验组24人,主任刘廷芳君;大学心理测验组29人,主任张耀翔君。② 这种周三演讲、周五分组编造心理测验的教学方式有利于学员们快速便捷高效地掌握测验理论和技术,成效显著。

为了鼓励优秀学生积极参加导师会,导师会规定在校学生可以把学程转化为一定的学分,对于已经毕业的学生将优先推荐进入美国名校深造,学程办法规定"各大学优秀学生与优秀毕业生要由其校长负责审查成绩来学,有2~5学分及格的各校要承认,如果有毕业的留美时由本会向哥校提供证明"。导师会的设立"有力支援了刚刚起步的中国测验运动,为测验的研究、编制与应用培育了一批可用之才,他们毕业后多半奔赴全国各地的基层教育部门,成了测验运动的具体执行者"。③

除了系统的培训,麦柯尔还利用培训空隙发表公开演讲,1923年4月,他在教育部大礼堂为北京中小学校教职员做公开演讲。1923年6月29日、30日两天晚上8点他又在北京大学第二院大礼堂做了"智慧和中华社会的前途"的演讲。④ 在中华教育改进社的领导、麦柯尔不遗余力的帮助和报纸杂志书籍的大量宣传共同推动下,测验运动步入高潮。正如麦柯尔所说:"我考察世界各国的教育心理测量,当推中国为首屈一指。何以故?因美国以二十年时间,和百数十员的大心理学家所研究而得的结果,却被中国的四十几位心理学家,于短时间利用了。中华教育改进社做了这番伟大事业,可算是中国教育史上开了一个新纪元。"⑤

---

① 规程计划:东南大学教育科、中华教育改进社合设测验之编造与应用学程办法[J].新教育,1922,5(4):891.
② 社务报告(二月及三月):麦柯编造心理测验[J].新教育,1923,6(24):639.
③ 胡延峰.留学生与中国心理学[M].天津:南开大学出版社,2009:257.
④ 麦柯尔博士特别讲演[N].北京大学日报,1923-12-9(1).
⑤ 麦柯尔.教育心理测量[J].新教育,1923,7(2/3):390.

第四章　测验运动的高原期

从事物发展规律来看,任何事物都不可能一直处于高潮,高潮后停滞不前是运动发展的必然,也是一种理性的回归。法国社会学家勒庞认为运动大都带有非理性色彩。[①] 高潮时人们容易头脑发热,虽然其间也有头脑清醒者,但他们的声音往往会在狂热中被淹没,而这种狂热容易产生失衡之弊,这些弊病在高原期就会显现出来。与此同时,理性的回归也带来了反思,思想文化领域往往在反思后再次迎来新生。

一、测验运动进入高原期的原因

如上一章所述,在中华教育改进社的领导和麦柯尔的指导下,测验运动短时间内进入高潮期,一时风光无限。但随着麦柯尔的离去,测验运动又迅速进入高原期。究竟是什么原因让测验运动风光不再?过往的研究大多只是笼统的叙述,缺乏较深入系统的研究,而深挖这背后的原因不仅能让我们更好地了解民国测验运动的发展,而且对当今的实证研究发展也有一定的借鉴意义。

(一)日益恶化的生存空间让测验运动中的问题不断凸显

从国外测验运动的发展历程看,测验的发展离不开阶段性的积淀和无数

---

① 汪楚雄.中国新教育运动研究(1912—1930)[D].上海:华中师范大学,2009:173.

次的堆积,而我国测验的发展显然缺乏这一自然演变的过程。一旦社会环境变化,其问题就暴露出来。

1.国内的教育生态日益恶化

首先在政治上,政治风云扑朔迷离,军阀战争愈演愈烈,大大小小的军阀混战频繁,全国一片动荡。以当时教育发展迅速的江浙一带为例,在1924年到1926年之间先后爆发了多次军阀混战,有齐卢战争(1924年9月3日—1924年10月15日)、第二次直奉战争(1924年9月4日—1924年11月5日)、胡憨战争(1925年2月20日—1925年3月19日)、奉浙战争(1925年10月16日—1925年11月7日)、郭松龄反奉战争(1925年11月22日—1925年12月24日)、奉直联军与国民军之间的战争(1926年1月—1926年4月15日)。① 频繁的内战也给国外势力提供了可乘之机,他们不仅在经济上疯狂压榨中国,在社会上也不断制造血案。比如1925年法国政府逼迫段祺瑞政府承认金法郎案,导致中国损失1.1亿元。1925年5月30日,英国巡捕开枪杀害了上海爱国群众十多人,制造了震惊国人的"五卅惨案",这一惨案激起全国反帝狂潮,直接影响到省港大罢工(1925年6月—1926年10月)的爆发,而大罢工又引发段祺瑞政府制造了"三一八惨案"。1926年9月5日,英国军舰又在四川万县制造"万县惨案",这些战争和惨案使北洋政府的财政陷入绝境。因为军费浩大,所以政府的教育投入不断缩减。据北京政府筹备国会事务所等单位档案记载,1925年中央岁收入60433758元,军政经费27812004元,军事行政费22488996元,军费合计50301000元,占年中央总收入的83.23%,比例之大,实属骇人听闻。② 到1926年,全国军费占年支出总额的45%,而教育经费只占2%。到1927年,这两个比率分别为87%和1.7%。

其次在经济上,庞大的军备开销需求使得北洋政府采取更极端的财政政策,除了大肆举借外债,政府在国内大量发行公债,这给新式工业招股带来了巨大的困难,新式工业资金来源越发短缺。同时政府为了增加税收,还大兴苛捐杂税,这在很大程度上增加了企业的生产成本,利润的减少使得产品的竞争

---

① 汪楚雄.中国新教育运动研究(1912—1930)[D].上海:华中师范大学,2009:166.
② 熊贤君.论民国时期教育经费的困扰与对策[J].湖北大学学报(哲学社会科学版),1996(5):96.

力大幅度下降,商品流通被人为阻碍,新兴工业资本积累困难。为了生存,不仅是新兴工业企业,许多老牌的企业也不得不缩小生产规模,甚至是被迫负债经营,不自觉地陷入恶性循环。从1922年起,中国资本主义企业开始由"黄金时代"转入停滞与衰退。同时政府的急功近利使得经济发展缺乏规划性,各地经济因为过于自由也纷纷走向盲目发展的境地,经济发展一片萧条。

"教育之发展,必赖有大宗经费以济其用。"①政治动乱、经济不景气使得教育事业陷入一片混乱的局面。面对教育的混乱,政府一方面采取高压政策限制言论自由,妄图扭转失控局面;另一方面继续减少财政支出,克扣教师工资,甚至从1925年开始断绝北方各校教师薪金。1924年2月23日,教育部颁布了《国立大学条例》,其中明文规定大学校长由教育总长聘任,学校中的董事也由"教育总长就部员中指派",此举明显是为了控制大学,激起一片反对。但政府一意孤行,继续用高压手段逼学校就范。比如王九龄1925年3月16日到北大就职时被校职员代表100多人"挡驾"唾面,政府急派警察保护,其到任后立即取缔社团禁止各种集会,辜鸿铭和颜惠庆重回北大后大搞复辟,强迫学生读经义学八股文,要求男女学生要分座听训。北京各大学一时间乌烟瘴气。除了北京,其他地区的生存环境也是相当恶劣,1927年,黄炎培被认为是"学阀"受到通缉,中华职业教育社随后也被查封;陶知行也受到通缉,晓庄学校亦被查封;胡适的"新月派"也受到国民党的围剿,他被迫辞去中国公学校长之职。正如陶知行慨叹那样:"现在教育界的四分五裂是无可讳言的。"②

教育界的乌烟瘴气不仅影响了教师们正常的工作,更给教师们带来了生存上的压力。因为教师也是普通人,也需要生活,而学界欠薪严重影响了学者们的生活。北大著名教授顾颉刚曾在1925年日记中记载过:"1月薪金,拖欠半年后分三次领取,到6月17日取22元,6月25日取70元,7月16日取8元;2月薪金,拖欠4个月,到6月24日取100元;3月薪金,拖欠将近半年后分三次领取;4月薪金,拖欠将近半年后分两次领取。"③连著名教授都是如此,何况普通的教师。拖欠也就罢了,更让人无奈的是经常拿不到足额。当时的北大教授李宗侗就回忆说:"由民国十二年起,到民国十六年夏天为止,我在北

---

① 舒新城.中国近代教育史资料:上册[G].北京:人民教育出版社,1981:265.
② 陶知行.四年前的这一周[J].新教育评论,1926,1(5):3.
③ 廖保平.民国教授的外快门道[J].文史博览,2015(8):30.

京大学担任教授共有四年的时间,正好北洋政府经济困难,公教人员的薪水全发不下来,所以总是在欠薪的状态中,我在这四年中,薪金是每月两百二十银元,但是事实上,我每个月只领到一百一十元,恰好是半薪。"① 另一测验运动的中心东南大学也面临同样的境地。虽然在郭秉文的运作下比北京高校好一些,但同样也面临经费问题,"及江浙战事开始,苏省收入,全充军费,学校方面,益感困难。计民国十三年五月经费,尚未领全,至六、七、八、九、十、十一、十二以及十四年一月止,总共积欠十万元之巨"。② 有数据显示,到1925年7月,江苏省财政厅短发东南大学的经费已高达38万元。③ 教师薪水的拖欠和减少,外加物价飞涨,使教师们的生活十分困窘。为了开拓更宽的财源,教师们不得不想办法赚外快,正如李宗侗所说:"彼时北平的教育界,皆因欠薪而难维持生活,于是兼课之风大作。"④ 恶劣的生存环境下安心做学问的又有几人?这些对教学科研都产生了很大的冲击。教师忙着挣钱营利,根本没有时间与精力关注自身学术的发展,正如后面国联教育考察团在考察完中国大学后所指出的那样:"教授之态度竟有不幸而为商业化者……平时授课已虞不及,何有研究可言!"⑤ 更为可怕的是,这种恶劣的生存环境使得急功近利、投机取巧的心理潜滋暗长。"大家拼命地夺饭碗,争地盘,斗意气",又怎么会潜下心来研究教育问题呢?

2.轻视测验理论为测验运动步入高原期埋下伏笔

与西方国家教育改革不同的是,民国的测验运动的发生不是源于社会发展需求的自然演变的过程,而是落后国家为赶上发达国家采取的一种特殊的高效率途径,是一种被迫刻意学习的过程。我国教育被赋予太多的使命,与当时西方教育不同,他们的目的是适应资本主义社会的发展,我们的目的是救亡

---

① 梁晨.近代中国生活水平的个案研究:民国前期的清华教职员工[D].北京:清华大学,2007:217.
② 教育界消息:国立两大学之易长风潮[J].教育杂志,1925,17(2):8-9.
③ 许小青.从东南大学到中央大学:以国家、社会与政党为视角的考察(1919—1937)[D].武汉:华中师范大学,2009:19.
④ 廖保平.民国教授的外快门道[J].文史博览,2015(8):30.
⑤ 国联教育考察团.中国教育之改进[M].国立编译馆,译.北京:国立编译馆,1932:46.

图存、改造社会。从清末洋务派兴办洋务教育以来,各种教育运动和改革几乎都是抱着"教育救国"的思路而开展的,这种思想可以说是左右中国近代各种教育改革发展的主线。只要是国家政局不稳、民族危机严重、国家处于危险之中,这一思想就会不自觉地涌现出来。从某种意义上讲,振兴颓荡国势,挽救民族危亡是近代所有教育家们借鉴各种教育理论、宣传教育思潮、推行各种教育运动的立论依据。对此,长期担任中华教育改进社总干事的陶知行就直言不讳地说:"教育的目的在于解决问题。所以,不能解决问题的教育,不是真教育,不能解决国难问题的,尤其不是真教育……我们要对付国难,就须以教育为手段,使我们的力量起了变化,把不能对付国难的力量,变化能够对付国难的力量,这才能达到目的。"①

在20年代,教育改革是振兴国力的一个主要途径,而改革首先必须具备先进的教育工具,当时的工具就是测验。正如陶知行所言:"教育工具可以从外国运的……从外国运的第一是统计法,有了统计法我们可以比较,可以把偶然的找出个根本原理来……所以统计是不可看轻的。第二就是测验。"②因为被赋予这个使命,那么一定需要在短期内看到效果,这个过程不可避免急功近利,中国急需大量测验为新教育背景下的各种改革提供工具,所以就不可避免地把主要精力和战斗力集中在测验的编制上。对于这一点麦柯尔也心知肚明,所以他说:"这一年的研究,当为应用的,而不为纯理的;换句话说:就是研究要注重实际,至于理论方面,只可偶一提及。"③显而易见,中华教育改进社所要完成的任务就是"编造心理的测验和身体的测验,并制定尺度,划一标准"。④ 至于学理的研究根本没有重视,这也为后面测验运动走向高原期埋下了伏笔,因为任何研究缺乏理论的深入探讨都不会长久。

尽管我们对科学的理解已经脱离了技术层面,但繁华的背后依然是在延续这种技术认识,所以高潮期的测验更多是从实用、应用的角度来理解。同时

---

① 持大.陶行知与中国新教育[M]//孙铭勋,戴自俺.晓庄批判.上海:儿童书局,1933:160.

② 华中师范学院教育科学研究所.陶行知全集:第1卷[G].长沙:湖南教育出版社,1984:291.

③ 麦柯尔.中国教育的科学测量[J].平民教育(测量专号),1923(63/64):1.

④ 麦柯尔.中国教育的科学测量[J].平民教育(测量专号),1923(63/64):1.

从具体应用看,技术也相对超前,当时中国教育科学处在一个并不成熟的时期,中国教育还远没达到应用科学测验的程度,比如高潮期统一用的 TBCF 制,要理解就需要具备统计学基本理论常识,而当时几乎所有测验学书籍都没有涉及对测验的统计学原理知识的讨论。对于测验专家之外的普通教育工作者来说,教育心理测验的标准到底是什么,就只能是一团疑云。

3.知识分子的局限性在恶劣生态环境下再次显现

麦柯尔在评价测验的成功时曾说:"把测量的事情办成功了……这种牺牲精神,具见中国教育界的互助和合作。"[①]合作是一场运动稳定发展的前提,在中华教育改进社的强大组织的号召力下,中国知识界能破除门户之见固然值得赞赏,但这种合作只是一种暂时的合作,因为中国人一直缺乏合作精神,而这一点在知识分子身上更是表现得淋漓尽致。究其原因,首先在于长期的封建统治,读书做官、官本位的思想意识长期占主导地位,即使留洋多年,骨子里的东西也很难剥离。特别是在政局不稳、各方势力轮番登场的情况下,学术界要拥有更多资源往往要依附于一定的利益集团,学术官本位思想不断滋生。学者们如果缺乏自我反思批判和忏悔的精神,一旦拥有权力资源,就会有意无意地贬低排斥对其有不同见解的人。其次相对于其他职业,知识分子从事的职业是一种创造性很强的职业,虽然也需要分工和合作,但更多地依赖于个人的主动性和创造性,缺乏长期的交流和合作,所以很容易囿于一说,排斥其他,特别是稍有成就威望时,很容易有优于一般人的高高在上的感觉,这种自视清高实际上也是一种自大心理,反过来更进一步阻碍了合作的发展。再次因为知识分子从事的是创造性劳动,所以需要激情和热情,这实际是一种非理性的思维,长期的非理性思维容易让人在一定条件下走极端,缺乏包容和宽容。最后文化更多是精神产品,对这种产品结果的评价是没有统一标准的,因此难分优劣,很容易出现山头帮派。作为精神产品,人类文明要不断发展,需要人们不断地批判创造才能发展,所以文人对旧有的或者有缺陷的文明成果常会不自觉地提出批评意见,甚至是吹毛求疵,这种批判如果缺乏理性思维往往会变成一种苛责,这也是知识分子群体容易出现问题的文化根源。

---

① 麦柯尔.教育心理测量[J].新教育,1923,7(2/3):380-390.

其表现首先是学校地方之间的竞争,学术中心大都集中在北京,随着东南大学的崛起,相对于有限的资源,南北大学之间不可避免地存在某些竞争。当时的学者张其昀就说:"世人对北大南高有南北对峙的看法。"[1]不光地方之间,同一地方的高校之间也存在竞争。以北京高校为例,胡适在日记中曾记载,孟禄访问中国时,北京高等师范学校极力垄断孟禄,阻挠其与北大方面接触,以便"借他大出风头",结果弄得孟禄也觉得所处环境不妙,"很怕北大一方面因此同他隔绝"。当胡适前去看他时,孟禄脱口而出:"I don't want to be isolated(我不想被孤立)!"[2]教育改革的重镇江苏也一直存在北派与浙派之间的争斗,胡适就曾说过:"杭州的教育界有一个大病,就是一个陋字。陋知识眼孔小,凡争其所不值得争,都由于一个陋字。"[3]比如易长风潮中浙江省教育会支持郭秉文极力攻击马叙伦,有人就感叹说:"浙江省教育会向来有点像江苏教育会的支店之一,大家都是知道的,现在不过是更明显的表白出来罢了。"[4]

其次是个人的恩怨。就改进社而言,"人员分化,社务无形停顿"。[5] 虽然陶知行本人一直强调"我们深愿全国人士承认教育系国家之公器,断不能有丝毫私意存乎其间。我们还深望全体社员将本社之超然精神充分发扬"[6],但他与晏阳初的分道扬镳,就是人员分化的一个典型缩影。陶知行和晏阳初在测验运动高潮期曾是亲密合作的伙伴,但是在1925年秋,陶知行"向改进社董事会建议将平民教育会从改进社分离出去,不再从属于改进社,此社彼会也不再合署办公。本年秋分立完毕,此后陶知行、朱其慧即未参与晏阳初平教会活动"。[7] 对于二人突然决裂的原因,晏阳初本人曾说:"记得有一天熊夫人和陶行知二人来到会所,要审阅全部工作文件。原来他们得到会内打字员(该青年为陶知行外甥),说我寄外国信件中有 Russia 字样,其实是那个打字员之误认,后经熊夫人侄儿将所有英文信件全都译为中文,误会始告冰释。我当时想

---

[1] 张秀丽.反科学主义思潮下中国现代史学的人文指向:以"东南学派"为中心[D].济南:山东大学,2009:76.
[2] 陈文彬.五四时期杜威来华讲学与中国知识界的反应[D].上海:复旦大学,2006:92.
[3] 曹伯言.胡适日记全编:第4卷[G].合肥:安徽教育出版社,2001:108.
[4] 普照.浙江人的毛病[N].京报副刊,1925-3-13(7).
[5] 朱泽甫.陶行知年谱[M].合肥:安徽教育出版社,1985:115.
[6] 方明,主编.陶行知全集:第2卷[M].成都:四川教育出版社,2005:198.
[7] 朱泽甫.陶行知年谱[M].合肥:安徽教育出版社,1985:88.

士可杀不可辱,打算马上辞职,后经熊夫人的鼓励与自己的慎重考虑,为了平教工作,决定仍忍气吞声地干下去。"①如果从常理推断,这只不过是一个很小的误会,本来双方只要解释清楚就可以冰释前嫌,但是从晏阳初有些愤愤不平的回忆可以看出,这场误会后陶知行并没有表现出任何歉意,文中也只提到是熊夫人的鼓励,未见陶知行本人对此有什么反应,作者还用了"忍气吞声"这种词汇,充分说明二人隔阂猜疑已久,可见当时教育界是何等的猜忌。

  这些问题在改进社第三届和第四届年会上都有所体现。早在第三届年会就已经出现不和谐的现象,因为关于这个的记述不多,且测验的成果因为延迟性风头正劲,但从当事者的只言片语中还是可以看出来的。比如当事者俞子夷就回忆说:"编造测验是社中最重大的工作,然完成后不久,一切均停顿矣。某年在南京开年会,规模相当,颇有美国 NEA**派头。我临时被拉任小教组主持人,几天忙乱,自己也不知做了些什么。"②这里南京的会议恰好就是1924年的第三届年会。从他漫不经心的回答中可以看出,这届会议已经士气大减。而特地从浙江赶来参加年会的朱自清(时任中学国文教员,并非改进社的社员)充满戏谑的《旅行杂记》则很好地反映了年会官本位的尴尬局面。当到达车站时,作者就说:"这次中华教育改进社在南京开第三次年会,我也想观观光,故不远千里的从浙江赶到上海……一时之盛的光景,在车站的一角上,是显然可见的。"③会场更是官僚气氛浓郁,作者说到达会场,中间居然专门设立"军警席",以至于大家觉得"他们原是监视我们来的,好一个武装的会场!"④后面到了规定的开幕时间居然没有多少人到场,在千呼万唤中会议终于开了,而正台中央位置坐的竟然是齐燮元(江苏督军)、韩国钧(江苏省省长)和高督办,等他们一一致辞后,才轮到郭秉文讲话,作者回忆说:"我只记得他(郭秉文)说'青年的思想应稳健正确',旁边有一位告诉我说,这是齐燮元的话。"⑤所以,作者认为中华教育改进社全体大会"不过是那么回事"。在分会

---

① 王一心.劳谦君子陶行知[M].南京:南京师范大学出版社,2004:81.
② 俞子夷.一九二七年前几个教育团体:回忆简录[J].华东师范大学学报(教育科学版),1989(2):95.
③ 朱自清.背影[M].上海:开明书店,1928:99.
④ 朱自清.背影[M].上海:开明书店,1928:105.
⑤ 朱自清.背影[M].上海:开明书店,1928:107.

讨论时,学者们更是自视清高、无病呻吟、大搞一言堂。在作者参加的语文组的讨论上,有位先生提出"采用他、她、它案","足足议了两个半钟头,才算不解决地解决了",并且在讨论时,"很有英雄,舌本翻澜,妙绪环涌",使得作者茅塞顿开,不得不摇头佩服,以至作者讽刺说:"其实我第一先应该佩服提案的人!在现在大家已经'采用''他、她、它'的时候,他才从容不迫地提出了这件议案,真可算得老年持重。"后来的情形可作者说可能有些模糊,"大约便在谈笑中收了场,于是乎一幕喜剧告成"。最后说自己"不幸听了一次,便生了病,不能再去"。① 作为国文大组尚且如此,其他分组更是无需多言,以至于第三届年会上心理测验组在汇报决议时不免提到"因到会人数较少,而此案又极关重要,故只略加讨论,保留至下次表决"。② 改进社的衰落和测验运动走下坡路也就可想而知了。

虽然作为改进社总干事的陶知行对于第三届年会的认识与其他当事者并不完全一样,但第四届年会中,他也情不自禁地感叹说:"去年开年会的时候,中国教育界同人的精神是何等的融洽啊!过不多时,少数政客稍存私意,害得教育界一波未平,一波又起,甚至于多年知交从此不好意思见面。"③关于第四届年会发生什么大事,留下的记录很少,但我们从当年参加大会,并担任记录员的曲子祥40年后的回忆可以窥豹一斑,他说:"笔者担任大会记录……所有大会决议案、论文讨论、专题报告和学术讲演等,则脑筋中毫无印象,不能撰述。"④大会很是官僚,"大会期间,全盘事务,由陈主素负责。这位陈先生,年约五旬上下,原是北京私立中国大学的校长,其时可能是在野的名流身份"。⑤关于当时开会的背景和参会的人员,他又说:"时代是动荡的时代,沪案发生,全国掀起轰轰烈烈的反帝运动。北京政府穷途末路摇摇欲坠。南方以广州为

---

① 朱自清.背影[M].上海:开明书店,1928:109-113.
② 心理教学组[J].新教育,1924,9(3):580.
③ 陶知行.年会感言[J].新教育,1925,11(2):147.
④ 曲子祥.中华教育改进社在太原召开第四届年会的情况[C]//中国人民政治协商会议山西省委员会文史资料研究委员会.山西文史资料:第8辑.太原:山西人民出版社,1963:121.
⑤ 曲子祥.中华教育改进社在太原召开第四届年会的情况[C]//中国人民政治协商会议山西省委员会文史资料研究委员会.山西文史资料:第8辑.太原:山西人民出版社,1963:121.

中心,酝酿北伐。这一切使得这届年会变成'演武厅'、'打擂台'和竞争的讲坛。因此与会的人,形形色色,包罗万象。"①这里既有政界人士,也有学术界人士,还包括很多的文学家和作家。而改进社的团体社员活动非常地积极,都是旗帜鲜明、开门见山地争取群众。其中"国家主义派以陈启天,余家菊,曾琦为首。他们在会上,忙忙碌碌,异常活跃……余家菊将自己所主编的《中华教育界》,变成国家主义派的宣传刊物,并配合上他们的机关刊物《醒狮》,大量地在会上赠人……美国派的平民教育促进会……运来大批招贴标语和统计图表,宣传小册子……不仅在会场大量送人,还在街道上招贴散发,在各学校张贴……陶先生(陶行知)有口才,他的讲演,吸引了不少的群众……(梁漱溟)在大会上兜售困难,没有市场。但在会外,阎锡山曾亲自接见,会谈数次,梁的意外收获,倒可聊慰在会中的寂寞。(熊希龄)正在做蒙藏事务……领着蒙人……不论在大会上、在街市上,都十分引人注意……外国文言学校校长卫西琴在大会期间,占据小型教室,大讲'中的哲学'……讲坛很不叫座,甚觉寂寞无聊"。② 会议结束后,"阎锡山在军省两署自省堂,设宴招待全体工作人员和全体与会人员,阎亲自出席参加,身坐主位,吃的是西餐,喝的是白兰地和汾酒、竹叶青。各地社员中有些对阎唯山唯恐恭维不周,有失东道之欢心,于是有的喊'为阎先生健康干杯',有的喊'为模范省的荣誉干杯',更有人到阎的座前敬酒,这一场琼林宴,阎锡山异常高兴,暗喜不虚此举"。③ 从作者的描述可以看出,此次年会人浮于事、官僚气氛十足,虽然没有直接说到测验组,但大环境如此,小组又如何避免?

---

① 曲子祥.中华教育改进社在太原召开第四届年会的情况[C]//中国人民政治协商会议山西省委员会文史资料研究委员会.山西文史资料:第8辑.太原:山西人民出版社,1963:122.

② 曲子祥.中华教育改进社在太原召开第四届年会的情况[C]//中国人民政治协商会议山西省委员会文史资料研究委员会.山西文史资料:第8辑.太原:山西人民出版社,1963:123-124.

③ 曲子祥.中华教育改进社在太原召开第四届年会的情况[C]//中国人民政治协商会议山西省委员会文史资料研究委员会.山西文史资料:第8辑.太原:山西人民出版社,1963:125.

(二)中华教育改进社的名存实亡使测验运动日渐式微

如前所述,测验运动能快速进入高潮期的最大功臣当属中华教育改进社。其贡献第一是邀请麦柯尔,世人一般认为正是改进社和麦柯尔的访华将测验推向高潮,结束了原来测验运动无中心、无秩序、无规范的分散状态。第二是集中全国优秀测验界专家学者,形成了引导测验高速发展不可轻视的力量。就这两点来说,没有一个组织能有这么大的号召力,同时也使得测验运动的发展与改进社捆绑在一起。所谓"一兴则兴,一荣则荣",改进社这个把南北测验界人士聚集起来的大型组织的式微,也破坏了他们团结一致的合力,测验运动必然也走向低落。所以,在一定意义上改进社式微的原因也是测验运动式微的原因。那么改进社何时消亡?为什么会消亡?

1.中华教育改进社退出历史舞台

1925年后改进社依然存在,但所有的社务只是一个空头承诺,实际名存实亡。官方已有的说法显示,"1925年10月新教育停刊……1926年7月北伐战争开始,中华教育改进社渐渐停止活动"。[①] 这之后的活动报道鲜见。后续杂志在报告教学法时提及,"1927年3月美国教育家、设计教学法创始人克伯屈应中华教育改进社邀请,来华考察设计教学法"。1927年4月5日,改进社发布紧要通知——《致全体社员函》,函内称:"本社本年全体大会照山西大会决议在武昌或杭州举行,刻因时局未靖,交通阻梗,无法筹备,由董事会建议本年暂行停止,特此奉达。"年会从此再无召开,暂行变为永久。[②] 为数不多的报道给学者们研究中华教育改进社的尾声提供了很多研究空间,有的说"北伐战争开始后停止活动",[③]有的说1927年解体,[④]也有学者认为1928年,晓庄师

---

① 卢浩.中华教育改进社:中国近代教育模仿美国的主要推动者[D].上海:华东师范大学,2003:52.
② 王一心.劳谦君子陶行知[M].南京:南京师范大学出版社,2004:105.
③ 教育大辞典编纂委员会.教育大辞典 中国近现代教育史[Z].上海:上海教育出版社,1991:110.
④ 卢浩.中华教育改进社:中国近代教育模仿美国的主要推动者[D].上海:华东师范大学,2003:35.

范改名为晓庄学校,陶行知创立的"生活教育学说"开始成形,以晓庄学校为样板的乡村师范教育模式在当地开始向周围传播,晓庄模式引起国内外教育界和社会各界的关注,把"新教育运动"推向一个"新教育"本土化的新阶段。后因为政治原因而遭封闭,陶行知领导的中华教育改进社就此寿终正寝,也标志着"新教育运动"走向终结。①

笔者查阅资料发现,从1926年改进社就已经名存实亡了。"1926年7月9日至8月7日,中华教育改进社与清华大学合办第二届科学教员暑期研究会,但不是由改进社具名,而是由陶行知与马叙伦、曹云祥、高仁山、凌冰等联名发起的。"②1926年12月14日,陶知行在给改进社同僚凌济东的信中也称:"来书说到本社经济情形,已是山穷水尽,这是事实,谁也不能否定……本社之所以山穷水尽是因为中国教育已到山穷水尽了。"③不论是总干事陶知行本人的说法还是实际活动中表现出来的,我们都可以看出,从1926年改进社已再无从前的号召力。但资料显示改进社的招牌依然存在,1930年初陶知行制定个人当年计划时,还将"进行中华教育改进社社务"列为其中之一。④ 那改进社到底什么时间退出历史舞台的?1935年中国教育学会为了会务的推行,拟接收教育改进社的资产,不料却生出一个"误会",由此得知改进社的真实后续。⑤

1934年8月30日,中国教育学会在江苏省立教育学院召开了第二届理事第三次会议,讨论了"总会应与前中华教育改进社接洽移用该社北平所存社址图书及基款"的提案,议决推蒋梦麟、陶知行、张伯菩、常道直、杨廉负责接洽接收事宜。1935年1月20日,中国教育学会在苏州召开第四届理事会议,陶行知(此时陶知行已经更名陶行知)在会上报告称"前中华教育改进社产款书籍荡然无存,无法交涉"。⑥ 26日陶行知又致函当日会议主席称:"报载教育学会在苏州开会纪录,关于教育改进社之图书、资金一项,与鄙人当时报告,颇不

---

① 汪楚雄.中国新教育运动研究(1912—1930)[D].武汉:华中师范大学,2009:138.
② 朱泽甫.陶行知年谱[M].合肥:安徽教育出版社,1985:95.
③ 朱泽甫.陶行知年谱[M].合肥:安徽教育出版社,1985:101.
④ 王一心.劳谦君子陶行知[M].南京:南京师范大学出版社,2004:105..
⑤ 张礼永.教育建设的第三条道路:民国时期教育研究组织之探析[D].上海:华东师范大学,2011:107.
⑥ 张礼永.教育建设的第三条道路:民国时期教育研究组织之探析[D].上海:华东师范大学,2011:107.

相合。为大家明了事实起见,特将当日口头报告写给先生,尚希代为改正。"① 随后,陶行知详细叙述了中华教育改进社的尾声:"1927年董事会议决集中力量实验中国所需要之生活教育,俟试有成效再行推广,故从那时起所有款项,除社中少数维持费外,都用以创办晓庄,书籍、工具凡晓庄能用者都赠与晓庄;晓庄被封后,除少数地产为特约试验乡村学校使用者外,一切都被没收;发还晓庄令下后一直现在,只发还了少数之图书、陈列品,现归上海工学团使用;改进社总事务所内,现由熊秉三、张雪门先生办幼稚师范;改进社原无基金,会费及文化教育基金董事会补助费是领来即交晓庄,故无余款,尚留下债务数千元待还。"②中华教育改进社的终身主任干事陶行知的此番叙述算是说明了改进社的结局。此次"误会"之后,世上再无"中华教育改进社"的招牌出现了。③

2. 中华教育改进社衰落的原因

中华教育改进社的衰落一方面与时局变化有关,战争的频繁和经济的衰退使得社团发展的黄金时代已经过去,大的社团纷纷解体,改进社自然也未能幸免;另一方面改进社研究的重心发生转移,测验界的领军人物们也纷纷转向。

(1)时局的变化让改进社风光不再

团体组织的兴衰与时局的变化休戚相关,环境的动荡和经济的衰退使得改进社难现辉煌。从1926年起社团发展进入停滞期,有资料显示,自1916到1922年,社团总体来说在增加,新成立的教育社团有52个,占民国前期新建教育团体总数的54%,平均每年成立7个以上。而1926—1928年的三年时间里只成立8个教育社团,尤其是1927年,只有一个新教育社团成立,五四时期的那种繁荣发展局面已成为过去。大的教育社团纷纷解散,就连全国教育会联合会这样的团体都解体了,中华教育改进社更是难以独善其身。在社团萎缩的同时,教育期刊也出现了滑坡趋势。虽然《教育杂志》和《中华教育界》等老牌教育期刊在出版企业的运作下能继续维持,但是中华教育改进社的主要宣传力量——《新教育》因为资金等多种原因于1925年10月停刊,代之以

---

① 公文及函件:陶行知先生致刘廷芳先生函[J].中国教育学会会友通讯,1935(5):9.
② 公文及函件:陶行知先生致刘廷芳先生函[J].中国教育学会会友通讯,1935(5):9-10.
③ 张礼永.教育建设的第三条道路:民国时期教育研究组织之探析[D].上海:华东师范大学,2011:108.

《新教育评论》。《新教育评论》的第一条编辑方针就是"批评本国现时教育上之政策、主张与实施",就事实而论,从建设性到批评性就是运动高潮结束的标志。改进社的衰落似乎从《新教育》停刊中也可以发现些端倪。

"一份如此有声誉的杂志,为何落得如此寂寞。王西征认为改进社与商务的合作关系出了问题。"①1925 年 10 月改进社把年会报告稿寄给商务印书馆,但没料想商务竟然一直压到第二年三月才给出版。对此,改进社非常不满,认为将"失去时效的月刊赠送给社员,殊属无味",因此发函要求"停止购赠"。没想到商务因此不高兴,居然答复"不订,我们也不印了",同时将"已经校好待印的 11 卷 4 期的稿件一齐寄回,掉头竟去了"。②有学者认为,这反常的举动不是大公司实行资本主义压迫那么简单,实际是商务印书馆对改进社存有了戒心,不想影响自己的形象。商务印书馆经理张元济后面的表现似乎也验证了这一推测。张曾是中华职业教育社的发起人之一,与庄俞(商务印书馆职员,同时也是江苏省教育会的重要成员,与黄炎培等人关系较密)关系甚好。1919年,他托庄俞转函黄炎培、蒋梦麟,声明辞去职教社的议事员。原因是"该社近来与闻政治",但大家都是老朋友,故而请"伯俞代为婉转"。③何树远研究后认为:"改进社介入程度远甚于当年职教社,所以商务印书馆拖延《新教育》的印刷,可能暗示改进社知难而退。"④在与商务印书馆闹翻后,陶知行等人决定新办一份刊物,定名为《新教育评论》,并于 1925 年 12 月 5 日首次出版。该刊"创刊缘起"中这样叙述:"现代国家的教育,要本着民治的精神,科学的态度,去建设他的制度,分析和估定他们的内容,发明和实验他的方法,要考验他的效果。"⑤对于杂志本身,"在一切讨论里,不愿意参杂任何个人问题,也绝对没有党系的作用。只是根据着证明的事实和公认的原则,来作我们的批评和主张"。⑥后来王西征在 1926 年底写信给陶知行询问改进社该持怎样的颜色时,陶知行的答复也是一副超然的态度,他说:"您信中问到本社色彩,我现在

---

① 张礼永.教育建设的第三条道路:民国时期教育研究组织之探析[D].上海:华东师范大学,2011:125.
② 何树远.中华教育改进社与民国教育界(1919—1928)[D].广州:中山大学,2008:186.
③ 张元济,张人凤.张元济日记:下[M].石家庄:河北教育出版社,2001:808.
④ 何树远.中华教育改进社与民国教育界(1919—1928)[D].广州:中山大学,2008:186.
⑤ 方明,主编.陶行知全集:第 2 卷[M].成都:四川教育出版社,2005:216.
⑥ 方明,主编.陶行知全集:第 2 卷[M].成都:四川教育出版社,2005:215-216.

对您郑重宣言说：本社是透明的，不是白的、不是黑的、不是红的、不是灰的——是透明的，水晶样透明，使各种光、各种颜色都能透出真面目。"①但是在大变革的时代，又有几个人几个团体能独善其身？一个团体如果需要意识形态承认，就会被不自觉地卷入政治参与中，杨杏佛就曾评价改进社是"中国政客学阀合组之某教育社"。② 这些史料似乎已经告诉了我们答案。

(2)中华教育改进社的研究重心发生转移

作为教育改革最有利的科学工具，测验一直是中华教育改进社的力推项目，从四届年会也可以看出，都有关于测验的议案。1926年后改进社虽然存在，但对测验只字未提，除了缺乏再将测验界群体聚集一起的号召力外，还有改进社的研究重心发生了转移。

首先作为负责人的陶知行面对改进社的四分五裂，开始酝酿乡村教育运动，为改进社和新教育积极寻找新的出路。正如他在1926年12月14日给同僚凌济东的信中所说："本社之所以山穷水尽是因为中国教育已到山穷水尽了。……乡村教育运动，现正在杀机四伏中努力进行……这是天帝给我们另找生路的惟一机会。我们应当欢欢喜喜的接收这个机会，共同为本社找条生路。"③1926年底陶知行向江苏省教育厅提出申请，在得到批准回函之后，他开始着手建设晓庄师范学校。同时发行《乡教丛讯》，晓庄师范学校于1927年3月开学，设乡村小学师范院和乡村幼稚师范院，院长分别为赵叔愚和陈鹤琴，在此基础上发展出一批中心小学和多所幼稚园，再逐渐建成中学、实验民众学校、民众教育研究会、晓庄剧社、晓庄商店等。轰轰烈烈的乡村教育拉开了序幕。此后，国民党和共产党等不同的党派因为革命的需要，相继提出各自不同的乡村教育理论，并进行实验，乡村教育逐渐成为国人的共识。乡村教育是平民教育的一种发展和延伸。1926年以后改进社也改变教育改革的轨道，由城市转向农村。1926年12月3日，陶知行以中华教育改进社主任干事的身份发表了《中华教育改进社改造全国乡村教育宣言书》。陈良烈曾在报告中评论说："自中华教育改进社发表改造乡村教育宣言书之后，一般人士乃渐易其注

---

① 方明,主编.陶行知全集：第8卷[M].成都：四川教育出版社,2005：100.

② 何树远.中华教育改进社与中华教育文化基金董事会[C]//中国社会科学院近代史研究所・青年学术论坛.北京：社会科学文献出版社,2011：173.

③ 朱泽甫.陶知行年谱[M].合肥：安徽教育出版社,1985：101.

重城市教育之态度,而集中视线于乡村教育。"①而测验之前一直在城市进行,转向农村似乎一时无用武之地。

除了陶知行,改进社提倡测验的其他领军人物也纷纷转向。学术研究具有一定的独立性,除了合作外更多需要学者自身的单独努力。"一切事业都是人的问题,一门科学的发达与否,每每是因一二个有为的人在那里努力经营,肯卖力气去埋头研究,或者自己处领导地位,毫不嫌忌的扩充设备,鼓励他人研究。"②同时学术发展也需要有一个或几个带头人。"我们认为一门学术人的关系是非常重要的,权威资望每每决定一切。"③改进社之所以能领导测验运动,是因为拥有强大的专业学者群体。但自改进社式微后,这些人也纷纷转向。其中有些因帮派斗争而转向平民教育运动,比如陶知行、陈鹤琴;有些是个人兴趣转移,如陆志韦虽然后面与吴天敏合作修订比纳智力量表,但后任文学院院长,兴趣转移到文学诗歌语言学等领域。再比如刘廷芳1920年获哥伦比亚大学哲学博士,其博士论文《学习中文的心理研究》针对汉字字形、字音对字义理解的影响进行研究,开启了中国汉语教育心理学方面观察和实验的先河,但后面也转向宗教、教会诗歌建设和文字事工方面。还有些是学而优则仕,走上从政之路。比如南开大学的凌冰1927年任河南省立中山大学校长,1928年任河南教育厅厅长,1929年任中华民国驻古巴全权公使。刘湛恩曾研究过非文字智力测验,后主要致力于中学职业指导理论探索和实践活动。1923年中华职业教育社设立职业指导委员会,刘湛恩担任主任。1925年,职业指导委员会为推广职业指导计划,推选刘湛恩赴北京、济南和太原等地协助各中学实施职业指导。此后,刘湛恩多次在各地领导和协助职业指导。1927年9月,中华职业教育社联合上海教育界、实业界人士成立上海职业指导所,由刘湛恩任主任、潘文安任副主任,开展职业指导运动。改进社的其他董事也先后星散,比如郭秉文被撤职后赴美,张容1926年8月去世,范源濂也于1927年12月去世,蔡元培后进入政界,汪精卫因权力争斗已无心社务,黄炎培正在为中华职业教育社积极寻找新的出路,张伯苓则忙于南开大学的事务。

---

① 陈良烈.考察江浙乡村师范教育报告书[R].广州:广东省教育厅发行,1929:2.
② 周先庚.心理学与"心理建设"[J].中山文化馆教育季刊,1935,2(2):423.
③ 周先庚.心理学与"心理建设"[J].中山文化馆教育季刊,1935,2(2):423.

改进社的事务只剩陶知行一人在苦苦支撑。

(三)东南大学的"易长风潮"让测验界分崩离析

测验运动能快速步入高潮期除了中华教育改进社的功劳外,另一个发挥巨大作用的就是东南大学。在中国近现代教育史上,东南大学(前身为南高师)地位极其重要,民国学界一直有"北有北大,南有南高"之说。① 东南大学人才济济,为测验界奉献了大批的人才,一时风光无限。但发生在1925年的"易长风潮"让东大开始走下坡路,测验界也随之人心涣散,难续辉煌。

1.东南大学执测验界之牛耳

民国元年体制更新,随着国家各项新教育法令的颁布,各地普遍兴起了办学之风。为缓解师资困难,江苏第二师范学校校长贾丰臻等上书教育部在江苏省成立一所高等师范学院。东南大学前身南京高等师范学校于1915年正式成立,夏天开始正式招生,地址为创设于1903年的两江师范学堂原址,并任命原教育司司长江谦为校长。江谦上任后聘请留美博士郭秉文为教务主任,留美硕士陈容为学监主任,开启了教育家办学治学的风气。南高最初是为了培养师资,后增加培养教育行政人员,再后来考虑到国家富强除了以教育为基础,还要有实业和科学,遂又增加了农、工、商三个专修科。1918年3月,江谦积劳成疾离职休养,推荐郭秉文为校长。被誉为"东南大学之父"的郭秉文早年留学哥伦比亚大学,师从孟禄,先后获教育硕士和哲学博士。哥大的深厚实用主义思想熏陶为其后面在教育领域大显身手奠定了良好的基础。1919年教育部任命其为南高师校长,从此南高师翻开了发展的一幕。

因为南高师是师范学校,所以其教育研究要更科学更深化,在陶知行任教务主任时,就提倡"教育学要科学化……教育的理论应植根于自然科学,并把教育学的研究成果,广泛的运用到实践中去"。② 后考虑办好南高师需上乘的师资,决定升办大学。"1921年教育部核准《东南大学组织大纲》,8月24日东

---

① 朱斐.东南大学史(1902—1949)[M].南京:东南大学出版社,2012:23.
② 朱斐.东南大学史(1902—1949)[M].南京:东南大学出版社,2012:47.

大预科与南高本科同时招生"。① 虽然正式成立东南大学,但南高师依然存在,只是教育、农、工、商四科十九个系划为东南大学,1923年南京高师全部并入东南大学。1927年又改名为国立第四中山大学(1927年6月,根据国民政府教育行政委员会改革教育管理制度规定实验大学院和大学区制,按省分为若干大学区,按北伐进度分别为第一广东、第二湖北、第三浙江和第四江苏中山大学,东南大学和河海大学、江苏政法大学、江苏医科大学等八所公立大学合并,改名国立第四中山大学,其中心理学系纳入自然科学院,教育学院下设一个系,两个科,分别是教育学系、师资科、附设教育专科),1928年2月29日又改名江苏大学,同年4月24日又改名国立中央大学,心理学系纳入理学院,教育学院下设教育学系、师资科、艺术专修科、体育专修科。②

在测验发展史上,东南大学的崛起与测验运动的迅猛发展几乎同步,东南大学的师生可以说是测验运动的中流砥柱。测验运动的发展与东南大学的教育系教授群体是分不开的,美国的测验运动发源地是哥伦比亚大学,而东南大学教育系汇集了全国主要的哥伦比亚大学毕业生,他们是测验运动高潮中的领军人物。在一定程度上可以说测验运动与东南大学是密不可分的,说到测验就绕不开东南大学,甚至有学者认为东南大学是"中国近代教育科学化运动的发源地"。③ 根据1923年1月制定的《国立东南大学教职员一览》,教育科设教育系、体育系和心理系,其中教育科主任陶行知(伊利诺伊大学硕士,哥伦比亚大学教育学院都市教育局长资格文凭),教育系有陶行知(兼教育系主任)、朱斌魁(哥伦比亚大学哲学博士)、孟宪承(美国约翰大学文学士)、陈鹤琴(哥伦比亚大学硕士)、廖世承(布朗大学教育学博士)、郑宗海(哥伦比亚大学教育硕士)等,心理系有陆志韦(美国芝加哥大学博士)等。④ 之后有更多学者加入,郭任远(加利福尼亚大学心理学博士)、俞子夷、郑晓沧、姜琦、朱君毅、陈

---

① 朱斐.东南大学史(1902—1949)[M].南京:东南大学出版社,2012:78.
② 李雪,张刚.刑天舞干戚,猛志固常在:国立中央大学(下)[J].科学中国人,2009(2):40-41.
③ 王剑.杜威、孟禄的中国之行与东南大学[J].东南大学学报(哲学社会科学版),2002(3):23.
④ 许小青.从东南大学到中央大学:以国家、社会与政党为视角的考察(1919—1937)[D].武汉:华中师范大学,2004:20-21.

剑修、程其保(哥伦比亚大学教育学博士)、凌冰、艾伟(芝加哥大学哲学博士)、程湘帆(哥伦比亚大学教育硕士)、汪懋祖、赵叔愚(哥伦比亚大学教育硕士)、董仁坚(康奈尔大学心理学硕士)、程锦章(哥伦比亚大学教育硕士)、徐则陵(伊利诺伊大学史学硕士、哥伦比亚大学硕士)等一大批留美归国的教育学者。① 统计显示,其中"教育科中在国外获博士、双硕士的8人,在国外获硕士的7人,在国外获学士学位或学习者的5人,无留学经历或档案不全的11人,外籍教师2人,总教授33人,留学及外籍教师比例66.7%"。② 不仅教师精英荟萃,学生也是非常优秀,"这些在读或刚毕业的学生,不仅能够在全国知名的《教育杂志》上发表文章,而且其数量仅南高师一校,从1922年开始就比全国所有大学教育学教师加起来的总数还要多。这或许可视为由陶知行主持,同时汇集了陈鹤琴、廖世承、郑晓沧、陆志韦等众多著名教育学家的南高师教育科办学成功的体现和标志"。③

2."易长风潮"始末

促使东南大学由盛变衰的是发生在1925年的"易长风潮",其中的关键人物就是被誉为"东南大学之父"的郭秉文。如上所述,东南大学20年代的辉煌与校长郭秉文的苦心经营是分不开的。郭秉文早年留学美国,先后获得哥伦比亚大学的教育硕士和哲学博士,其本人正如孟禄在其博士论文序中所写的那样,"不独扬己国之事迹,且俾西人,恍然有悟于中邦维新之变革"。④ 扎实的中国传统文化功底及哥伦比亚大学深厚的实用主义思想熏陶为其后面在教育领域大显身手奠定了良好的基础。自1919年被教育部任命为校长后,郭秉文就一直兢兢业业,对东南大学的建设可谓不遗余力。他特别重视人才和科学,为了聘用人才,他赴欧美考察时每到一处都特别留意当地的中国留学生,与他们一一见面甚至观察他们实验教学,认定有真才实学的就千方百计地聘回来。在其苦心经营下,"民国十年左右,南高与北大并称,隐隐然成为中国高等教育上

---

① 朱斐.东南大学史(1902—1949)[M].南京:东南大学出版社,2012:98-99.
② 朱斐.东南大学史:第1卷[M].南京:东南大学出版社,1991:127.
③ 肖朗,黄国庭.五四新文化运动前后《教育杂志》作者群体的转变:基于量化的分析[J].大学教育科学,2010(3):84.
④ 郭秉文.中国教育制度沿革史[M].上海:商务印书馆,1922:序6.

两大支柱"。① 因为其对东南大学的贡献,所以一直深受东大师生的爱戴。

但是1925年1月6日在没有任何先兆的情况下,教育部突然发训令免去郭秉文的校长职务。被免的消息在平静的象牙塔内掀起轩然大波,东大教授、学生、校董事会、江苏教育会和江苏地方政府都纷纷表示支持郭秉文。面对东大校内外和整个东南社会的反对,北京政府毫不退让,要求新任命的胡敦复迅速上任。3月7日胡敦复在其弟弟胡刚复的陪同下从上海乘车到南京准备接任校长,学校行政人员听闻此事第二天均未到校以表示抵抗。当时任副校长的任鸿隽也预感不妙,全力劝阻胡上任,可胡不听劝告,随后在3月9日到校长室索取校印,并在就职通告上盖章张贴于校园。当时因为学生上课未加注意,当下课时突然发现布告,顿时激起公愤,这就是东大史上著名的"三九事件"。这次事件中"教育科教授陆志韦撕去布告,号召学生喊打。教育科主任徐则陵,在图书馆月台演说,扣除秽语,反对部令",甚至有学生对胡氏兄弟拳脚相加,唾其面,逼其声明"永不就校长职",并把其赶出校园。

这场风暴越演越烈,教授们随之也分化为两派,有些教授认为:"以大学教授而指挥暴徒,莘莘学子,变为乱民,校风如此,良可痛心。"以竺可桢为首的16名教授更是联名发表抗议:"东大已陷于恐怖时期,极形纷乱……首先倡祸之教授徐则陵、陆志韦……嗣后如有发表只字一文,同人等概不承认。"②除了教授,学生也分化成了两派,本来学生对郭校长是非常有感情的,但由于当时舆论宣传使学生认为"学校当局接受地方军阀政府的经济来办学,实际上就是维护现状,并非保持超然和中立",③从而对郭说一套做一套产生反感。校内的分化令东大风波不断。此后两年多,学校元气大伤,日常研究教学都陷入混乱,许多教授愤而离去,教学科研处于混乱状态。比如陆志韦1926年去了燕京大学;徐则陵1928年受聘于金陵大学;陈鹤琴1929年辞去教职,赴上海工部局主持华人教育处工作,后又去江西办学;廖世承1927年8月离开,出任上海光华大学教授,后历任教育系主任、附中主任,后又成立蓝田师范学院,更多

---

① 王悦芳,胡玉苓.郭秉文与东南大学的学术文化交流[J].教育与教学研究,2014(1):13.
② 东大教授学生纷起反对暴行:教授十六人之声明[N].民国日报(上海版),1925-3-15(1).
③ 朱斐.东南大学史(1902—1949)[M].南京:东南大学出版社,2012:92.

是从事管理工作。此次风波不仅让东南大学从此走向衰落,而且也使得东南大学一直享有盛名的测验群体分崩离析,这在很大程度上加速了测验运动的式微。

3."易长风潮"背后的原因分析

"易长风潮"的发生既与郭秉文本人处事风格有关,也是其与他人恩怨所致,同时更是国民党党化教育对大学控制的必然,其背后隐藏的是一场政治意识形态的博弈。

东南大学表面上一片祥和,实际也存在耐人寻味的人际关系。1924年,在郭秉文的授意下东南大学重新修订了《国立东南大学校董会章程》,并取消了评议会。这一举动变相加大了董事会的权力,教授们也失去了公开评议校政的讲坛,这明显违背了郭一直倡导的教授治校的初衷,此举引起当时很多东大教授们的不满。随后在工科去留问题上,郭秉文也迁就董事会,没有与教师商量,在工科主任茅以升毫不知情的情况下毅然撤销工科,此举也引起工科主任茅以升和众多教授的不满;他与商科主任杨杏佛在办学理念、管理方面素有矛盾,在商科合并问题上竟然在未商量的情况下取消商科,以此逼走杨杏佛,更进一步激化了二人之间的矛盾。1924年杨杏佛出任孙中山秘书,联合国民党要员吴稚晖撤销郭秉文校长之职,似乎也有点公报私仇的味道。对此,胡适就评价说:"杨杏佛一个人的捣乱累得大家这样劳师动众,真所谓'世上本无事,佣人自扰之'。"[1]

如果说个人恩怨只是一个导火索,那么背后真正的原因则是东南自治力量和国民党崛起后掌握的中央力量之间的较量。这个东南自治力量指的就是近代第一个省级教育会——江苏省教育会。江苏省教育会原名江苏学务总会,成立于1905年,是江苏的地方人士为了协调本省南北教育而组织的省教育会。1906年7月,清学部颁布教育会章程后由江苏学务总会改名为江苏教育总会,并推举张謇为总理(后改为会长)。在1913年6月召开的江苏教育总会选举大会上,黄炎培被推举为副会长。后在黄炎培等人的领导下,江苏省教育会在教育研究和改革方面成绩卓越,是筹建中华教育改进社的中坚力量,不仅在江浙一带,在全国教育界也是声望极大,并且和政界也有着千丝万缕的联系。而江

---

[1] 曹伯言.胡适日记全编:第5卷[G].合肥:安徽教育出版社,2001:478.

苏在政治上又比较特殊,因为江苏省是直系军阀势力,直系军阀掌权时在政治、经济上都比较依赖江苏省,所以地方势力和中央的矛盾并不突出。但 1924 年 9 月爆发的江浙战争以直系军阀战败告终,代表皖系军阀势力的段祺瑞掌权。与此同时,国民党第一次全国代表大会于 1924 年在广州顺利召开,这也意味着国民党从此拥有了属于自己的政权,开始不断向北扩展。在共同的利益驱使下,1924 年国民党与皖系、奉系结下反直系三角联盟,并于 1924 年 12 月 22 日以北京政府的名义共同讨伐江苏军阀齐燮元。但国民党的野心远不止如此,随着北上,国民党势力从广州开始向北方渗透,在 1924 年底北洋政府教育部门的实权实际已被国民党所掌握。而此时的江苏省教育会依然势力强大,在很多事情上也与教育部对着干,当时郭秉文又与江苏教育会走得很近,自然会引起国民党的不满。

尽管郭秉文一直奉行不参与政治的原则,甚至在孙中山欣赏其对教育的贡献,邀请其参加革命大业时,仍以学者不参与政党政治为由而严词拒绝,他本人也的确没有参加任何党派,但在当时动荡不安的大背景下,大学校长能完全超脱政治似乎是不可能的事。比如当初奉命筹备东大时,为求社会力量赞助,郭秉文决定实施学校董事会制度,选聘地方上的名士作为校董,实际上校董会拥有绝对的决策权。而这些校董的背后势力就是江苏省教育会,这也为以后的"易长风潮"埋下了伏笔。另外为解决学校的资金问题,郭秉文和江苏军阀齐燮元走得也很近,这一点从东大图书馆建造和前述中华教育改进社第三届年会的描述中也可以看出。在国民党看来,郭秉文与江苏省教育会关系密切,又与地方势力关系密切,还能调解军阀矛盾,和军阀性质一样,是典型的学阀,必须除之而后快。正如当时《申报》公开的那样:"郭免职后,推倒董事会一层已为各方所共认,而铲除江苏省教育会把持之局,尤为执政府及国民党两方殊途同归之目标。"[①]时任东大副校长的任鸿隽也说:"东南大学者,承江南优级师范及南京高等师范之后,尝为江南教育界新旧势力角逐之场。当时校长郭秉文君与江苏教育会接近,甚为新派诸人所不喜。会民十三年冬,南方民党势力侵入北方,素不慊于郭者遂因而倾之。"[②]

"易长风潮"也充分说明在民国动荡的环境下,作为一所著名大学的一家

---

① 东大易长问题又起风波:萧纯锦致胡柳两氏函[N].申报,1925-3-5(11).
② 任鸿隽,樊洪业,张久春.科学救国之梦:任鸿隽文存[G].上海:上海科技教育出版社,2002:686.

之长是难以独善其身的。学者可以不问政治,但无法阻止政治不过问大学,正如东大代理校长刘伯明所说:"学者若过事活动,而废弃学术,则危险莫甚。"①郭秉文就是这场斗争的牺牲品。也因为这场政治斗争,"使东南大学这样一所蓬勃向上的大学失去了发展的基本环境……使中国现代大学发展的生态遭到破坏,使中国20世纪20年代学术思想和文化教育最为自由也最为辉煌的黄金时代过早过快终结。"②测验运动也随之步入高原期。

二、政府部门对测验的提倡与推广

因为上述种种原因,测验运动从1926年开始走下坡路,但这也并不意味高原期没有测验活动。就政府部门而言,南昌、上海、南京略有测验事业可见,虽没有大规模的编制测验,但对测验的调查和推广还是略有成效的。同时一些非官方组织也在一定范围内开展测验活动。

(一)江西儿童智力测验局对测验的调查与推广

江西儿童智力测验局成立于1928年3月,是江西省教育厅特别设立的。该局之所以设立,主要是因为"智力测验运动,在过去几年中,颇觉蓬蓬勃勃,为教育界所注意。但至现在,忽又沉寂。这虽或因时局的关系,无暇做这种科学的研究;可是因为学校当局或教员未曾受过这种训练,无从应用这种方法,恐亦不是少数"。③江西教育厅厅长陈礼江有鉴于此,"一方面利用这种科学方法,以为改进教学的初步;另一方面使该省教育界有志于此种研究者,可以有观摩或受训练的机会",④特设立儿童测验局,该局主要工作包括:"编制测验;介绍各种

---

① 胡焕庸.忆刘师伯明[J].国风半月刊,1932(9):27-28.
② 储朝晖.民国时期党化教育的牺牲者郭秉文与东南大学[J].华中师范大学学报(人文社会科学版),2012(6):162.
③ 杜佐周.一个应用智力测验的实例[J].教育杂志,1928,20(11):1.
④ 杜佐周.一个应用智力测验的实例[J].教育杂志,1928,20(11):1.

测验著作;训练实地测验人员;分发测验人员至本省各处实地测验儿童智力;汇集测验成绩,并核算统计之;报告测验成绩并贡献关于实施儿童教育之意见。"①特别是该局在江西省内进行的两次大规模的测验,从1928年持续到1929年,共分为四期进行,分别调查了赣东、赣西、赣北三处一万多学生,发行两期报告。报告称:"上述两次测验之施行,亦系该时期测验运动中可称重要的史实。"②

1.第一次测验调查

第一次调查是由杜佐周领导的,当时该局专职人员共7人,杜佐周博士主任其事,彭宏议、程宗宣、江澄、段铮4人为局员,章赞平、杜爱思2人为事务员。③据杜佐周本人称,第一次进行测验时原来的计划是自编测验,后因费用和时间关系,改用廖氏团体智力测验。这次调查在南昌、九江两地举行,由彭宏议、程宗宣、江澄、段铮分任主试,南昌测验分为3组,每组主试局员1人,助试事务员1人。先是用廖氏团体智力测验甲表测试了54校3603人。后为了比较及求量表甲与量表乙的相关度,又在南昌用乙表测验一次。在南昌测验完,原班人马即赶往九江,共测验16校605人。具体数据如表4-1所示:

表4-1 江西儿童智力测验局第一次大规模测验调查情况统计表④

时间	地点	所用测验	学校/所	男生/人	女生/人	总人数/人
1928年4月3日—5月16日	南昌	量表甲	54	2625	978	3603
		量表乙	10	—	—	842
1928年5月21日—5月26日	九江	量表甲	16	377	228	605
合计			80			5050

---

① 江西儿童智力测验局.江西学童智力测验总报告[R].南昌:江西儿童智力测验局发行,1930:25.

② 江西儿童智力测验局.江西学童智力测验总报告[R].南昌:江西儿童智力测验局发行,1930:25.

③ 江西儿童智力测验局.江西学童智力测验总报告[R].南昌:江西儿童智力测验局发行,1930:2.

④ 根据江西儿童智力测验局《江西学童智力测验总报告》(1930年2月出版)第5页整理。

2.第二次测验调查

1928年9月由于杜佐周调去厦门大学任教,测验局改由潘衡主持局务。潘氏对测验的开展依然重视,开第一次局务会议时决定继续在全省举行智力测验,同时增加小学默读和混合四则两种测验材料。第二次调查共分为三期,第一期由潘衡率全局人员于1928年10月至1929年2月在赣东各县进行测验,同时在南昌实行中小学默读测验;第二期也是由潘衡率全局人员于1929年3月至9月在赣北西各县进行测验,同时在南昌实行中小学算术测验;第三期因潘衡调离任总务科长,所以由其他局员负责,1929年10月至1930年1月,主要是补行赣东、赣北、赣西未测区域,同时在南昌实行特殊智力测验。具体测验安排如表4-2所示:

表4-2 江西儿童智力测验局第二次大规模测验调查情况统计表[①]

期数	时间	地点	所用测验	学校/所	总人数/人
第一期	1928年10月13日—15日	南昌	小学默读测验	20	1016
	1928年10月29日—30日	铅山	团体智力测验	不详	320
	1928年11月1日—2日	上饶	团体智力测验、小学默读、混合四则测验	不详	577
	1928年11月6日	弋阳	团体智力测验	3	100
	1928年11月7日	贵溪	团体智力测验	4	384
	1928年11月9日	余江	团体智力测验	1	41
	1928年11月10日	余干	团体智力测验	4	178
	1928年11月20日—21日	临川	团体智力测验、小学默读、混合四则测验	6	538
	1928年12月6日—7日	鄱阳	团体智力测验	不详	462
	1928年12月10日	景德镇	团体智力测验	不详	233

---

① 根据江西儿童智力测验局《江西学童智力测验总报告》(1930年2月出版)第2~11页整理。

续表

期数	时间	地点	所用测验	学校/所	总人数/人
第二期	具体不详	九江	小学默读、混合四则测验	不详	400
	具体不详	南昌	小学混合四则测验	24	2330
	5月		中学数学测验	10余校	1854
	具体不详	湖口	团体智力测验	不详	40余人
	1929年4月24日	丰城	团体智力测验	不详	156
	1929年4月26日	新淦	团体智力测验	不详	97
	1929年4月27日	峡江	团体智力测验	2	47
	1929年4月29日—30日	吉安	团体智力测验	10	851
	1929年5月2日	樟树	团体智力测验	2	200余人
	具体不详	清江	团体智力测验	2	100余人
第三期	1929年10月25日—29日	萍乡	团体智力测验	9	1123
	1929年11月1日—2日	宜春	团体智力测验	3	530
	1929年11月24日—25日	奉新	团体智力测验	6	200余人
	1929年11月27日—28日	靖安	团体智力测验	2	150余人
	1929年11月29日—30日	安义	团体智力测验	3	150余人
	具体不详	南昌	特殊智力测验、团体智力测验	8	1000余人

3.测验的结果及意义

此次调查的所有卷子都由测验员指导内事务员进行详细核算,检查每份卷子的正误,求出各个学童的 TBCF 分数,并将各个学校学生的分列报告表送至各校,作为分班、分组和个别教学的参考;同时在报告中也将主要城市学生的 TBCF 分数列出,以供参考。

与之前调查不同的是,此次测验不光使用了廖世承团体智力测验、陈鹤琴小学默读、俞子夷小学混合四则测验三种,还同时编有教师评判学生智慧的标准表,在测验时同步发放。调查表"把智力分为十五种精神作用,分别给分"。

其中最高分为10,最低分为0(划分也有具体的解释和表格,有科学的依据),目的是验证教师评判结果与测验结果是否一致。为了更进一步验证教师评判学生智慧的标准表,同时又制定了各科学业成绩调查表在测验时进行调查,结果通过加权平均数以观察智力结果与学业成绩是否相关。从调查的36所学校1504个学生的反馈结果看,廖世承团体智力测验结果与教师智力评判和学生学业成绩相关度并不高。具体见表4-3:

表4-3　廖氏智力测验与教师智力评判和学生学业成绩相关结果统计表[①]

内容	相关系数	误差
教师智力评判与廖氏智力甲表	0.29	0.015
教师智力评判与廖氏智力乙表	0.31	0.050
教师智力评判与学生学业成绩	0.35	0.024
量表甲与量表乙	0.721	0.130

同时调查结果也显示,廖氏团体测验年龄小的智力分数高,年龄大的智力分数比较低,说明标准需要修订。所以杜佐周提出:"无论根据标准分数或确度,均有不甚合实际情形之弊,而须从速修订,以求满足教育界的需求。智力测验尚算不受时效的影响的;他若我国十年前所编制的各种学科测验,则必更有急须修订的必要了。"[②]这也是对高潮期编制的智力测验的一个有效验证。因为调查发现陈氏小学常识测验与现行的课程标准不符,为适应新的要求,测验局又新编小学常识测验,包括三民主义(公民科)、史地、自然、卫生、普通常识5种共100题。同时为了使教师能更好地理解,又相继编制了测验浅释、测验实地指导和测验介绍三本指导手册。

此次大规模测验还有一个重要的内容,就是第一次鉴别特殊儿童。测验局专门在南昌实行特殊智力测验,共测了8个学校1000多人,具体见表4-4。这是我国近代教育史上第一次大规模鉴别天才儿童和低能儿童,具有重要的开拓性意义。

---

　①　杜佐周.根据施行廖氏团体智力测验的结果讨论国内各种测验之应修订的必要[J].测验,1933,1(4):51-52.
　②　杜佐周.根据施行廖氏团体智力测验的结果讨论国内各种测验之应修订的必要[J].测验,1933,1(4):52.

表 4-4　南昌地区天才儿童鉴别统计表①

单位：人

被调查学校	全校人数	高才生数	低能生数
市立实小	294	16	24
市立一小	189	23	7
市立四小	122	4	8
市立十小	42	7	10
市立十三小	93	7	12
市立十四小	26	0	2
市立十七小	32	2	2
市立十九小	24	0	4
总计	822	61	69

江西儿童智力测验局的创立为沉寂的测验运动增加了一些亮色。"两年来的工作，共测验南昌、九江、上饶、鄱阳、景德镇、湖口、奉新、安义、靖安、铅山、弋阳、贵溪、余江、余干、临川、萍乡、宜春、新喻、清江、吉安、峡江、新淦、丰城等二十三地。被测中小学校学童共一万零五百四十三人。所用测验材料有廖氏团体智力测验量表甲量表乙两种，小学默读测验第一第二两类，小学混合四则测验第一第二两类共六种。此外除编制测验用表格二十余种，报告二期外，尚编有小学常识测验一种，测验小丛书三种，正待付印。"②虽然其影响远不如中华教育改进社，但对测验事业的提倡引起了各地教育者对测验的重新审视。正如测验报告中所说的那样："各地热心的教师，若是愿悉心探究测验的结果，对于学生个性自能深一层的了解，于训育及教学，都大有帮助……各地学校既知道测验事业的性质，比较有研究性的校长教师们，也都起来实行测验的方法了。"③

---

① 引自江西儿童智力测验局《江西学童智力测验总报告》（1930 年 2 月出版）第 12 页。该表中高才生总计数为 61，而实际各项相加之和并不等于 61。但该报告 11 页又明确其数量为 61，所以笔者推测可能表中有学校统计的数据有误，但目前尚未找到确切资料进一步验证。上述所列表为报告中原表，特此说明。

② 江西儿童智力测验局.江西学童智力测验总报告[R].南昌：江西儿童智力测验局发行，1930：5.

③ 江西儿童智力测验局.江西学童智力测验总报告[R].南昌：江西儿童智力测验局发行，1930：1-2.

(二)上海市教育局对测验的编制与调查

大规模测验不仅花费巨大,而且需要投入大量的人力物力,非大的组织操作不可。当时的各省市一级的单位除了江西儿童智力测验局,有这个实力的还有上海市教育局。"因为缺乏经费的辅助,机关或团体的主持,所以消沉多时。只有上海南京特别市教育局,略有事业可见。"①其中的一个事业就是1928年上海市教育局在全市举行的智力测验。

1. 大规模智力测验介绍

为了对全市学生的智力教育情况进行摸底,以更好地指导教育实践,上海市教育局决定在1928年对全市学生进行大规模智力测验。"此次测验系分两部:即一团体智力测验;二个人智力测验。团体智力测验,系用笔试,适用于小学三四五六年级之学生。个人智力测验由本局测验专员熊文敏负专责……个人智力测验……由本局聘请大夏大学学生三十人,沪江大学学生七人,青年会会员八人,及本局测验专员担任主试,分别进行。"②其中的团体智力测验主要针对三到六年级的学生,使用的是廖世承团体智力测验甲表、乙表,两者并用,但有时因实际便利可能仅用一类。个人智力测验用的是陆志韦修订的比纳-西蒙智力测验量表,主要针对一、二年级的学生,测验从5月18日开始到6月30日完毕。共测验35所小学4551人,其中男生3218人,女生1333人。团体智力测验又分两期,第一期施测对象包括万竹、和安、西成、养成在内的39校,共4038人;第二期从1928年9月10日到10月5日,施测对象包括敬业、震修、务本、求知、适存、建成、树基在内的7个小学共1809人。两期总计46校,共5847人。③测验结束后编制了《上海特别市立小学个别智力测验报告书》《上海特别市立小学团体智力测验报告书》等,报告内附市立各小学受测学

---

① 江西儿童智力测验局.江西学童智力测验总报告[R].南昌:江西儿童智力测验局发行,1930:1.
② 教育纪载:上海特别市教育局业务报告(十七年五月份)[J].大学院公报,1928,1(8):105-106.
③ 第二批团体智力测验报告[J].上海市特别教育局月刊,1929(2):38-41.

生人数表、市立各小学各年龄学生实足年龄分配表、市立各小学各年级被试人数及各种平均分数总计表、TB分数之最高分数和最低分数及全距表等统计数据。

因为考虑到此次智力测验只是限于市区,为了更大程度地了解上海教育现状,上海教育局随后又对乡区小学进行测试。隶属上海的乡区小学共有130多所,其中多为复式或单级小学,设备与教学条件过于简陋,所以考虑时间、财力和人力限制,教育局决定从14个区学校中选择,最后以引溪、育才、培德等52校作为代表样本举行团体智力测验,此次测验对象为三年级到六年级学生,共2466名学生,并编有《上海市乡区小学智力测验报告书》,1931年5月由上海市教育局出版。同时比较市区与乡区小学学童智力,结果显示乡区比市区普遍简陋,应加大对乡区教育的投入。此次调查也引起教师们的注意,对于同班中同学智力相差过远者要加以诊断,并对学生的学级进行改编,以提高全市的成绩。调查结果也显示不管是市区还是乡村,上海儿童未能依照年级标准入学,入学的实足年龄均超出标准,并且乡村状况更明显。这也是当时全国教育状况的一个缩影,为当时教育政策的制定提供了科学的依据。

2.上海市教育局个人智力测验具体实施

上述只是对上海市教育局全部测验做了笼统的总结,具体的实施过程对于我们认识当时测验的操作可能会有更多的启发,这也是研究需要澄清的问题。但限于篇幅和收集的资料,本研究仅以个人智力测验实施为例加以说明。

关于全市大规模智力测验早在1928年施政大纲中就有规定,当时除了智力测验还有教育测验,因教育测验编制的问题所以先实施智力测验。具体实施过程如表4-5所示:

表4-5 上海市教育局办理个别智力测验日程表①

月份	日期	办理事项
4月	20日	拟具上海特别市立小学智力测验计划书呈市政府
	25日	印刷上海特别市立小学智力测验成绩表

① 上海特别市政府教育局.上海特别市立小学个别智力测验报告书[R].上海:上海特别市政府教育局发行,1928:17-18.

续表

月份	日期	办理事项
4月	2日	聘请个别智力测验主试员36人,(1)中国青年会会员7人 (2)大夏大学教育科及高等师范科学生29人
	4日	采购比纳-西蒙智力测验说明书及其他测验用品
	5日	派员到青年会及大夏大学训练主试员
	10日	呈报市政府小学儿童智力测验已开始办理
	14日	奉市政府第一五〇六号令准举行智力测验,并令将办理情形随时具报
	17日	测验主试员训练毕
	18日	开始委派测验主试员赴市立各校举行第一批测验
	24日	补抄市立小学儿童智力测验计划书呈送市政府
	25日	第一批测验成绩表送局
6月	1日	第二批测验继续举行
	7日	第二批测验成绩表送局
	8日	第三批测验继续举行
	15日	第三批测验成绩表送局
	16日	第四批测验继续举行
	23日	第四批测验成绩表送局
	25日	第五批测验继续举行
	30日	第五批测验成绩表送局
7月	2日	整理测验成绩表
	7日	整理测验成绩表毕
	9日	校对测验成绩表
	14日	测验成绩表校对毕
	16日	校对各校学生姓名年龄及班级错误
	25日	各校学生姓名年龄及班级错误校对毕
	26日	开始计算实足年龄及查改正数
8月	4日	实足年龄计算毕
	6日	开始计算T分数
	20日	T分数计算毕
	21日	开始计算B分数

续表

月份	日期	办理事项
9月	15日	B分数计算毕
	17日	编造G量表
	21日	G量表编造毕
	22日	开始计算C分数
10月	5日	C分数计算毕
	6日	编造市立各校个别智力测验成绩比较表
	20日	市立各校个别智力测验成绩比较表编造毕
	22日	编造市立各校个别智力测验总成绩表
	31日	市立各校个别智力测验总成绩比较表编造毕
11月	1日	抄录各校智力测验成绩表
	29日	各校智力测验成绩表抄录毕
	30日	编造市立小学一二年级最高最低T分数B分数及全距表
12月	1日	作市立小学一二年级个别智力测验学生人数比较图
	3日	作市立小学一年级学生实足年龄平均数比较图
	4日	作市立小学二年级学生实足年龄平均数比较图
	5日	作市立小学一年级学生T分数平均数比较图
	6日	作市立小学二年级学生T分数平均数比较图
	7日	作市立小学一年级学生B分数平均数比较图
	8日	作市立小学二年级学生B分数平均数比较图
	10日	作市立小学一年级学生C分数中数比较图
	11日	作市立小学二年级学生C分数中数比较图
	12日	编辑个别智力测验成绩报告
	20日	作结论

除了拟定详细的计划,此次调查还依照抽样原则选取样本,抽取学校35所,其中一年级2427人,二年级2124人,总计4551人,具体见表4-6。对测试过程的科学性也相当重视,动用主试人员共36人。除该局专门人员外,聘请大夏大学学生30人,沪江大学学生7人,青年会会员8人,及该局测验专员担任主试,分别进行。[①]

[①] 教育纪载:上海特别市教育局业务报告(十七年五月份)[J].大学院公报,1928,1(8):106.

表 4-6 上海特别市个别智力测验调查统计表①

单位：人

学校	一年级	二年级	总数
万竹	329	268	597
和安	216	304	520
西成	140	148	288
时化	127	135	262
南区	120	120	240
尚文	167	52	219
比德	81	114	195
唐湾	80	93	173
旦华	112	57	169
东明	111	49	160
隆德	70	76	146
肇庆	75	70	145
梅溪	65	71	136
明伦	64	52	116
中道	56	59	115
仓基	62	35	97
高昌	62	34	96
朝宗	49	46	95
新民	44	34	78
养正	—	69	69
大统	46	18	64
育德	50	3	53
德新	21	29	50
飞虹	31	18	49
阜民	34	14	48

① 上海特别市政府教育局.上海特别市立小学个别智力测验报告书[R].上海：上海特别市政府教育局发行,1928:19.

续表

学校	一年级	二年级	总数
惠风	30	18	48
培本	20	28	48
江境	22	26	48
崇正	37	11	48
异与	26	22	48
振东	26	13	39
芦滨	17	21	38
潭镇	27	1	28
海山	10	8	18
南薰	—	8	8
总计	2427	2124	4551

除了了解和掌握各校学生的智力水平,在调查中也发现现行的测验编制时间过早,很多内容与课程标准不符。为此,上海市教育局1930年发布第二〇一八号训令,要求上海各私立公立小学将各年级用的常识测验材料和考试题目整理统一上交,由教育局统一制定常识标准测验以适应上海新的环境。① 虽然此次调查与江西省儿童智力测验局的调查一样仅限于一个省市内,但为沉寂的测验运动带来了少许的生机,同时也为其他省份举行大规模调查提供了经验和范本,比如湖北省教育厅在1931年由第一科第三股举行了大规模的智力测验,包括小学三年级至六年级学生,6月2日开始,调查了21校,135个班,5120人,使用廖世承团体智力测验甲、乙量表。②

(三)中央国民政府对测验的计划与提倡

1927年宁、汉、沪三派合流后,国民党在南京成立了国民党特别委员会改组国民政府,确立了蒋介石对国民党的统治。1928年国民革命军北伐告成,

---

① 训令第二〇一八号[J].上海市教育局教育周报,1930(72):5.
② 湖北省政府教育厅儿童智力测验委员会.湖北省政府教育厅第一期儿童智力测验报告[R].汉口:新昌印书馆,1932:1.

国民政府定都南京,蒋介石奉行以党治国的原则,实行军事专制统治,国家教育进入训育时代。这一文化实际上是"一种形式上介乎专制与民主之间的权威主义的政治文化和体制化了的社会控制模式"。[①] 因为"以党义治国,是以党义治国,是以本党的三民主义来治中国",[②]所以党义成了训育的主要内容,而对训育的考核催生了中央政府测验机构的成立。

1. 中央训练部测验科成立及测验计划制定

"对于党员训练之实施,欲获得最大之效率,则对于训练之材料与方法,以及受训练者之智能等,必须为正确之度量。故实施训练,测验工作实不可少。"[③]为了更好地对党员实施训练,1928年中央设立了测验科,该科隶属于中央执行委员会中央训练部,拟采用测验方法以考查训练成绩。因为训练需要了解被试者已有的智力情况,所以测验科又分设智力测验、教育测验两股,其中测验科设主任一名,各股设总干事一人、干事助理若干人。随后颁布的《重要法规——中央执行委员会测验科办事细则》对各股的职务做了详细规定:"(一)智力测验股:1.办理关于智力测验行政上之文件,2.确定各项'个别训练'、'特别训练'之预断测验的标准及实施方案,3.编造各种智力测验范例(包括图表及机械应用),4.其他关于智力测验事项;(二)教育测验股:1.办理关于测验行政上之文件,2.确定党员训练、党务教育、党化教育实施期内及实施后,各种学科或门类的测验标准及实施方案,3.编造各种教育测验范例(包括图表),4.其他关于教育测验事宜。"[④]

随后各股又分别做了四期的详细测验计划。其中智力测验股工作计划是:"第一期(1)征集国内外各专家之意见(2)调查并征集各种测验作品(3)购置测验用具(4)与教育测验股合编测验编造与施行方法概要,及测验结果统计法概要;第二期(1)整理测验作品(2)精选可用之团体智力测验材料,草拟成人团体智力测验(3)草拟品格测验(4)精选可用之成人个人智力测验材

---

① 黄小燕.民国时期(1912—1949)中国语文教育现代化进程研究[D].上海:华东师范大学,1998:12.
② 熊明安.中华民国教育史[M].重庆:重庆出版社,1990:105.
③ 推进各级党部测验工作办法[J].中央党务月刊,1931(31):337.
④ 重要法规:中央执行委员会测验科办事细则[J].中央训练部部务汇刊,1928(1):9-10.

料,试行扩大陆氏修正皮奈西门智力测验至三十岁;第三期(1)举行成人团体智力测验之初试:被试年龄:自十三岁至四十二岁,除海外各地方,应测验之人数,将来再行决定外,在国内每一种,每一年龄,在每个地方,至少当测验三十人,总计在国内共须测验二十万二千五百人(每一地方,共测二千七百人,每一年龄,共测五千四百人)(2)举行品格测验之初试:品格测验的地点、年龄和人数与团体智力测验的同 (3)举行个人智力测验之初试:地点也与之相同,被试年龄:自十一岁至三十二岁,除海外各地方,应测验之人数,将来再行决定外,在国内每一种,每一年龄,在每个地方,至少当测验二十人,总计在国内共须测验三万三千人(每一地方,共测验四百四十人,每一年龄,共测一千二百人);第四期(1)求成人团体智力测验之标准 (2)求品格测验之标准 (3)求成人个人智力测验之标准 (4)实施智力测验 (5)实施品格测验。"①初试分布具体见表4-7:

表4-7　成人团体智力测验初试地点分布表②

调查的省份	调查的具体城市
广东	广州、汕头、韶州、肇庆
广西	梧州、桂林、南宁、柳州
福建	福州、厦门、延平、漳州
云南	昆明、思茅
贵州	贵阳、遵义
四川	重庆、成都、泸州、绥康
湖南	长沙、常德、衡阳、宝庆
湖北	武昌或汉口、宜昌、襄阳
江西	南昌、九江、赣州或吉安
安徽	安庆、芜湖、蚌埠
江苏	南京、上海、苏州或南通、淮阴、盐城、徐州
浙江	温州、台州、衢州、杭州、宁波
河南	开封、洛阳、归德、信阳

---

① 测验科智力测验股工作计划[J].中央训练部部务汇刊,1928(1):10-12.
② 根据《测验科智力测验股工作计划》(《中央训练部部务汇刊》1928年第一集)整理。

续表

调查的省份	调查的具体城市
陕西	西安
甘肃	兰州
山西	太原、大同、代县
绥远	归绥
察哈尔	张北
热河	承德
山东	济南、青岛、曲阜
河北	天津、北平、保定
奉天	沈阳、旅顺或大连、安东
吉林	哈尔滨
黑龙江	龙江、满洲里
新疆	迪化
蒙古	库伦
西藏	拉萨
海外	各总支部所在地

教育测验股工作计划是："第一期(1)征集国内外各专家之意见(2)调查并征集各种测验作品(3)调查并征集党员训练,党务教育,党义教育之各种教材(4)调查并征集各级学校党义学科,及社会学科所用教材(5)调查各教育行政机关所规定之各级学校党义学科及社会学科最低限度教材标准(或征集国内各教育专家之意见)(6)搜集本部各科所规定之各种训练最低限度标准(7)调查并征集各级党部,各机关所发行之宣传品,定期刊物与丛书(8)调查并征集各书店所发行有关党义之书籍,及定期刊物(9)调查并征集私人所发行有关党义之书籍,与定期刊物(10)与智力测验股合编测验编造与施行方法概要,及测验结果统计法概要;第二期(1)摘录总理遗书之要义(2)摘录本部各科各种训练材料之要点(3)摘录所收各级学校党义学科社会学科所用教材之要点(4)整理所收各种宣传品(5)整理所收各种定期刊物(6)整理所收各种有关党义之书籍(7)整理所收各种测验作品(8)整理并统计所收回之各种调查表(9)整理并统计所收各种最低限度教材标准(10)拟定

入党者必具的程度之绝对标准（11）拟定党员训练各期之绝对标准（12）拟定党务教育各期之绝对标准（13）根据核准后之各种绝对标准，分别实行各种暂用测验（14）草拟入党测验；第三期（1）修正入党测验（2）草拟普通党员测验（3）草拟党务人才测验（4）草拟海外党员测验（5）试为民众测验；第四期（1）求入党测验之标准（2）求普通党员测验之标准（3）求党务人才测验之标准（4）求海外党员测验之标准（5）试求民众测验之标准（6）施行各种标准测验。"①

从公布的计划看，测验科编制实施的测验包括智力、教育和品格测验三种，其中智力测验因为考虑到党员的不同文化程度，特别编制了非文字智力测验；教育测验虽然主要是党义测验，但也包括了社会常识等科。更为重要的是，此举也引发了政府对新法考试的重视。根据《国民政府组织法》和《考试院组织法》，国民政府考试院于1930年1月6日正式成立，其成立也意味着"由政府订出各种的标准测验与采行新的考试方法，以为教育人才与选拔人才的初步依据"。②考试院的成立也让考试被社会再次重视。从公布的程序看，各项测验都包括搜集资料、草拟测验、测验大规模试行、修改出台正式测验、分数统计及结果公布。并且在公布的《中央训练部部务汇刊》重要议案中还有专门编制的《成人团体智力测验审查公约》和《成人团体智力测验审查记载表》，其中对测验题目难易次序排列、测验的问题内容和形式、测验是否可用等方面均要求征求专家意见，可见至少在计划中测验研究还是非常规范科学的。

2.中央训练部测验科对测验的具体实施

测验的效果不能只停留在计划上，还要有具体的执行。关于执行情况，《中央训练部一年以来工作概况》报告声称已完成了三十项，分别是："测验科工作计划大纲、测验科工作提要、实施测验全部计划、测验科智力测验股工作计划、测验科教育测验股工作计划、成人团体智力测验题审查公约、成人团体智力测验题审查意见记载表两种、成人团体智力测验第一类问题难度初步统计表八种、成人团体智力测验问题难度第二步统计表一种、成人团体智力测验

---

① 测验科教育测验股工作计划[J].中央训练部部务汇刊,1928(1):8-9.
② 陈果夫.中国教育改革之途径[M].南京:正中书局,1944:128.

成绩记录表一种、各级党部举行行政军警各机关工作人员党义测验须知、政军警各机关工作人员党义测验个人成绩记录表一种、政军警各机关工作人员党义测验分数计算表、政军警各机关工作人员党义测验被实验人舞弊报告表、政军警各机关工作人员党义测验三异答报告表、政军警各机关工作人员党义测验问题难度第一步统计表、政军警各机关工作人员党义测验报告、拟制党义测验题共六百余个、编制皖鄂察哈尔河北四省党务训练所学生考察表四种,每种测验题二十四题、搜集党义测验材料、绘制非文字智力测验图三十二幅、审查各级党部报告十六件、拟定成人团体智力测验第一种两个量表、拟定成人团体智力测验第二种两个量表、拟定非文字的成人团体智力测验一种两个量表、加拟非文字智力测验一种四式、拟定测验科特别计划、拟定各级党部关于测验行政系统表。"①从公布的完成情况看,虽然三十项成果颇多,但完成的大多都是关于党义测验的内容。真正关于智力测验的只有五项,而这完成的五项也只是完成拟定计划,连基本的试测都未进行。

除了计划,测验科称正在进行之工作有四项,分别是:"1.党义测验题之拟制 2.初入党党员测验政治社会常识之搜集 3.非文字智力测验图纸绘制 4.计划品格测验。"②从正在进行的计划也可以看出,除了党义测验;其他测验并无实质性进展。在随后制定的省市以下各级党部举行测验暂行通则中也提出:在正式测验没有编制出来前,但各级需要的测验又很多的情况下,党义测验题选择法、是非法、填充法,对于智力测验暂时可采用廖世承团体智力测验、陈鹤琴编图形智力测验、推孟编调查用智力测验,与陆志韦订正比纳-西蒙智力测验。此举完全是不打自招,虽然计划很宏大很有决心,但真正执行实施的少之又少! 对此,测验科给出的答案是:"两年以来遇到了一些困难,一般人大都不知测验为何物,推行因感困难;党部负责考核人的人明了测验的也少,所以测验方法的运用,颇难尽合原理;本部工作人员太少,以致未能迅速完成;参考材料和测验用具也少,编造工作与宣传工作因之均不易推行。"③

之后的报道中,我们也未见测验科有大规模测验的实施,所以中央政府对测验的推广终究是"雷声大雨点小"。虽然如此,但也有少许成绩,主要表现

---

① 中央训练部一年以来工作概况[J].中央周报,1929(新年增刊):11.
② 中央训练部一年以来工作概况[J].中央周报,1929(新年增刊):11.
③ 中央训练部一年以来工作概况[J].中央周报,1929(新年增刊):12.

在：一是提议筹备了中国测验学会，二是提议设置了测验工作人员养成所，三是引起了人们对考试的重新重视。

3.测验工作人员养成所及其对测验人才的培养

在测验编制和实施中，测验科深刻认识到不管是教育心理方面，还是事务官任用、职工雇用方面，我国都处于萌芽期，主要是熟谙测验技能、明了测验学理的人才不多，所以要推行测验工作、培养测验人员是当务之急。鉴于此，测验科特请由中央训练部呈准中央于中央政治学校设立测验工作人员养成所，以培养测验之工作人员。《中央政治学校附设养成所办法大纲》于1930年2月23日经第七十五次中央常会通过，但在实施中发现规定的学员资格要求过高，所以在当年5月1日又经第九十次中央常会修正，函请中央政治学校照办。由该校当局商定该所制定了详细的简则、招考简章、招生应用表格等，分别函电各省市党部办理初试。办法规定报名人员"以本党党员自愿为党服务、明了党义、曾在旧制师范或高中师范科毕业者为合格"。① 由各省市党部推荐两名且复试合格方可入学。初试由各省市党部办理，考试科目有国文、党义、教育概论、数学。复试又分笔试和口试，科目包括党义、教育概论和数学。学员的名额暂定70名。②

但因为当时时局动荡，有些省被叛军占领，有些省则因为偏远来不及，所以经7月10日第一次中央常委通过，在8月28、29两日办理复试，9月8日正式上课。实际共有学员30名，来自各个省市，其中河南、河北、绥远、察哈尔、热河、北平、天津12人；陕西、山西、甘肃、宁夏、新疆7人；四川、西康、青海5人；云南、贵州、广西6人。虽然人员不多，但对教学及课程安排还是相当重视，主要由吴南轩负责，担任教授的有艾伟、陈鹤琴、王书林、郭一岑等，他们都是对测验学术有深入研究的。虽然主要学党义课程，但由于训练时间短，所以"须集中精力于测验学理与技术之训练，不能以多数时间支配党义课程"。③ 课程主要是使学员明了测验的历史功用和现有的测验概要、测验的原理和编造方法，具备实施测验的技能，特别强调了教育统计与数学。其设置的课程共有三类，具体安排如表4-8：

---

① 中央政治学校附设测验工作人员养成所简则[J].中央训练部公报，1930(1)：15-16.
② 中央政治学校附设测验工作人员养成所办法[J].中央训练部公报，1930(1)：14-15.
③ 中央政治学校附设测验工作人员养成所课程纲要[J].中央训练部公报，1930(6)：13.

表 4-8　测验工作人员养成所课程及教学时间安排表①

第一类		第二类		第三类	
课程	教学时间安排	课程	教学时间安排	课程	教学时间安排
教育心理	6小时/周（共4个月）	测验概论	6小时/周（共4个月）	党义研究	不定点钟/周（共6个月）
教育统计甲	6小时/周（共4个月）	测验编制	实习:6小时/周 演讲:6小时/周（共2个月）	—	—
教育统计乙	6小时/周（共2个月）	测验实施	实习:6小时/周（共2个月）	—	—
教育统计应用数学	3小时/周（共4个月）	新法考试	2小时/周（共2个月）	—	—

训练于1931年2月结束，因为某些原因，毕业只有20多人，由中央训练部派员会同该所举行毕业考试，除发给证书外，由中央训练部会商中央组织部，派各学员赴原籍或附近之省市党部从事测验工作。②

三、民间组织对测验的提倡与推广

除了上述政府组织对测验的提倡和推广外，还有少数民间组织对测验极力推广。其中，在测验推广方面卓有成效的当属中基会赞助下，由艾伟领导的国文测验调查和中华平民教育促进会定县实验区举行的测验。

(一) 中华教育文化基金董事会编制测验进行调查

中华教育文化基金董事会(China Foundation for the Promotion of Edu-

---

① 根据《中央政治学校附设测验工作人员养成所课程纲要》(《中央训练部公报》1930年第6期)整理而成。
② 教育部中国教育年鉴编审委员会.第一次中国教育年鉴:戊编[Z].上海:开明书店,1934:194.

cation and Culture)简称中基会,是民国时期非常重要的一个自然科学基金组织,对近代中国科学事业的发展具有重要的意义。

1. 中基会的成立和发展

中基会成立于 1924 年 9 月 18 日,起于美国第二次庚子退款。关于庚子退款前述已有提及,清华学校及派出的留美学生所花经费用的就是庚子退款,但这只不过是首次退还的款项。其实早在 1917 年美国就已经得到了"应赔"数目,但根据协约中国仍需赔付美国 600 多万美元,当时因为正值中德战事,所以该款项被允许暂缓 5 年。为了争取这笔款项为中国所用,中美热心人士发起了第二次退款运动。教育部专门成立了"筹办退款兴学委员会",中华教育改进社也成立了"赔款部",加上武昌文化大学图书馆美籍主任韦棣华女士和曾在中国实施大规模调查的孟禄教授的积极主张和努力,美国众议院和参议院分别于 1924 年 5 月 7 日和 12 日通过了第二次退还庚款议案。① 针对这笔赔款,中美双方政府经过交换照会后决定共同组建一个办事机构,中基会就是在这一背景下产生的。

接受赔款后,中国政府委托孟禄、当时的教育总长张金淦和外交总长顾维钧三人筹备成立董事会,草拟董事会章程,并初选出 15 位董事,于 1924 年 9 月 18 日在北京外交部召开成立大会,讨论并通过了《中华教育文化基金董事会章程》,中基会正式成立。初期,中基会租北京石驸马大街 42 号民房暂为事务所,虽然正式成立,但"其事业之开始,则在民国十五年二月以后"。② 1925 年 6 月 2 日到 4 日,在天津举行的第一届年会上中基会选举出了正式职员,同时对分款原则、会务细则和今后的工作方针都做了明确的规定。之后,事务所正式成立,随着各办事机构的成立和完善,中基会在中国的工作大面积铺开。1927 年中基会迁至北京南长街 22 号(自置会所),之后又在上海成立了财政顾问委员会。财政委员会、基金保管部、投资部等后迁至上海。总办事处在卢沟桥事变后也迁至上海。抗战期间中基会迁往重庆,抗战胜利后又返回上海,后因为科技界人士大多集中在南京,为了便于开展工作又迁至南京。新中国

---

① 赵慧芝.中基会和中国近现代科学[J].中国科技史杂志,1993(3):70.
② 任鸿隽.国内科学:中基会与中国科学[J].科学,1933,17(9):1521.

成立前夕中基会将所有现金资产和证券转移至纽约。1972年9月迁往台湾,对台湾的教育科学发展继续发挥作用。

2.中基会的组织及其对科学事业的提倡

中基会最高权力机构是董事会,由5个美国人和10个中国人组建,共计15人。第一任董事由中国政府指定,至于其任期将由第三届年会决定。之后的董事五年一任,任满可续任。设董事长1人,副董事长2人,到1949年,历任董事长分别是范源濂、颜惠庆、张伯苓、蔡元培和蒋梦麟5人(不包括非常时期),除了颜惠庆不是主要从事教育的,其他人都是当时教育界倡导科学改革的先锋。至1949年中美董事共计40余人,美籍董事也有12人,相对比较稳定,这些都为中基会提倡教育事业和自身事业发展的连续性提供了很好的保障。董事会下设执行委员会和财政委员会,前者由董事长、董事会秘书、干事长和年会投票选举的三位委员共同组成,主要执行董事会决定,办理董事会一切事务;后者由两位会计和年会投票选举的三位委员共同组成,主要拟定财政管理方案,管理各种资金的存放与投资。中基会具体办事机构则是干事处,由干事长、副干事长和秘书组成,其中干事长责任最大,负责执行董事会议议案及监督指导会中行政事务,要在每年的董事会上报告中基会进行的各种事业情况,在报告中还要对中基会未来发展提出建议,所以对中基会工作的开展有着很大的影响和作用。固定的部门还有财政部、投资部、基金保管部等。此外还有根据社会背景和事业发展临时设置的一些部门,比如财政顾问委员会、华美协进社等。

如上所述,中基会实际就是用所掌握的资金推动中国科学文化发展而成立的机构。其制定的《中华教育文化基金董事会章程》中明确提出:"使用该款于促进中国教育及文化之事业。"但教育文化事业非常广,对于钱用何处,各机关团体有的主张建理工大学,有的主张建图书馆。仅中基会成立几个月内,收到各地申请各种款项的报告就多达100份。为此,中基会还派出了强大的专家考察团进行考察。在1925年6月2日到4日天津举行的第一届年会上,参会人员对此又进行了讨论,结果进一步明确"发展科学知识及此项知识适于中国情形之应用其在增进技术教育科学之研究与表证,及科学教学之训练;促进永久性质之文化事业,如图书馆之类"。① 之后在 1926 年 2 月 26 至 28 日召开的中基会第一次常会上,又讨论了具体的细节,再一次明确其资金主要用于"科学研究包括物理、化学、生物、地学和天文气象学;科学应用包括农工商;科学教育包括科学教学和教育科学之研究,文化主要是图书馆"。②

3.中基会对测验的提倡

中基会对测验的提倡主要体现在对测验人才的培养和测验项目的财力支持上,对测验推进影响最大的是科学教席的设立。此举目的是造就良好的师资,改进中学的教学方法。中基会成立后就与各大学合作,相继在南京、武昌、北京、沈阳、广州、成都六地的师范大学或学院内设置教席。按照 1930 年的计划,北京学校有北京师范大学、北京女子大学、北京女子师范大学;南京学校有东南大学;武昌学校有武昌大学;沈阳学校有东北大学;广州学校有广东大学;成都学校有成都大学、成都高等师范。教席涉及物理、化学、植物、动物和教育心理学五大学科,科学教席数量如表 4-9 所示:

表 4-9 中基会 1926—1935 年度设立科学教席统计表③

单位:个

年度	1926	1927	1928	1929	1930	1931	1932	1933	1934	1935	合计
物理	4	5	5	6	6	6	2	1	1	—	36
化学	5	5	5	6	6	6	1	1	1	—	36
植物	2	2	3	5	6	6	3	3	3	—	30
动物	2	3	2	3	5	4	3	3	2	2	29
教育心理学	4	4	3	4	5	5	3	1	1	—	30
小计	17	19	18	24	28	26	12	9	6	2	161

中基会对科学教席也有严格的要求,其公布的《设立科学教席计划书和科

---

① 中国第二历史档案馆.中华民国史档案资料汇编:第 3 辑 教育[G].南京:江苏古籍出版社,1991:826.

② 中国第二历史档案馆.中华民国史档案资料汇编:第 3 辑 教育[G].南京:江苏古籍出版社,1991:827.

③ 黄翠红.近代中国科学事业的拓荒者:任鸿隽生平研究[D].扬州:扬州大学,2014:120.

学教席分配办法》中要求教席"对于本学科有精深之研究者；对于中等学校本学科师资之训练有特殊兴趣者"。[1] 虽然要求比较高，但科学教席的待遇也相当不错，"薪金由会依照指定学校之标准，按月付给；服务六年者得休假一年，由会支给半薪一年或全薪半年，外加旅费；因公身亡或残废者，由会给予教席家属抚恤金"。[2] 同时，《科学研究教授席办法》也规定除了按聘约，每席每年并得支设备补助费二千元，调查及助理费一千元以内。[3] 这在当时也是非常有吸引力的。因为测验是教育心理学的主要内容，所以教育心理学科学教席的设立对测验的发展起到了很大的促进作用。历任教育心理学科学教席名单如下：

表 4-10 中基会教育心理学科学教席情况统计表[4]

年份	姓名	毕业学校及学位	科目	所在大学
1927	张耀翔	哥伦比亚大学硕士	教育心理学	北京师范大学
	艾伟	佐治华盛顿大学博士	教育心理学	东南大学
	姬振铎	巴福楼大学教育硕士	教育心理学	东北大学
	李璜	不详	教育心理学	成都大学
1929	张耀翔	哥伦比亚大学硕士	教育心理学	北京师范大学
	汪敬熙	约翰·霍普金斯大学心理学博士	教育心理学	广东中山大学
	姬振铎	巴福楼大学教育硕士	教育心理学	东北大学
	艾伟	佐治华盛顿大学博士	教育心理学	中央大学
1930	艾伟	佐治华盛顿大学博士	教育心理学	中央大学
	邱大年	哥伦比亚大学师范学院哲学博士	教育心理学	北京师范大学
	姬振铎	巴福楼大学教育硕士	教育心理学	东北大学
	汪敬熙	约翰·霍普金斯大学心理学博士	教育心理学	广东中山大学

---

[1] 中国第二历史档案馆.中华民国史档案资料汇编：第5辑 教育[G].南京：江苏古籍出版社，1991：237-238.

[2] 中国第二历史档案馆.中华民国史档案资料汇编：第5辑 教育[G].南京：江苏古籍出版社，1991：238.

[3] 中国第二历史档案馆.中华民国史档案资料汇编：第5辑 教育[G].南京：江苏古籍出版社，1991：421.

[4] 胡延峰.留学生与中国心理学[M].天津：南开大学出版社，2009：258-259.

续表

年份	姓名	毕业学校及学位	科目	所在大学
1931	艾伟	佐治华盛顿大学博士	教育心理学	中央大学
	邱大年	哥伦比亚大学师范学院哲学博士	教育心理学	北京师范大学
	姬振铎	巴福楼大学教育硕士	教育心理学	东北大学
	刘绍禹	芝加哥大学博士	教育心理学	成都大学
	汪敬熙	约翰·霍普金斯大学心理学博士	教育心理学	广东中山大学
1932	艾伟	佐治华盛顿大学博士	教育心理学	中央大学
	邱大年	哥伦比亚大学师范学院哲学博士	教育心理学	北京师范大学
	姬振铎	巴福楼大学教育硕士	教育心理学	东北大学
	刘绍禹	芝加哥大学博士	教育心理学	成都大学
	庄泽宣	哥伦比亚大学博士	教育心理学	广东中山大学
1933	邱大年	哥伦比亚大学师范学院哲学博士	教育心理学	北京师范大学
	刘绍禹	芝加哥大学博士	教育心理学	成都大学
	庄泽宣	哥伦比亚大学博士	教育心理学	广东中山大学

"1926年中基会委托东南大学办理测验事宜,并设教育心理讲座于该校,艾伟任教授。1927年科学教席制度开始实施,测验师资人才的培养虽不是其全部话语,但却是题中应有之意。"[①]历来任教育心理学科学教席的基本是有留学经历的,并且大多毕业于美国测验运动的重镇哥伦比亚大学和芝加哥大学,就专业知识和水平来说是毋庸置疑的,并且艾伟、庄泽宣、张耀翔都是测验运动的热心倡导者,这样的教席阵容为测验师资及人才的培养奠定了较好的基础。从其讲授的科目来看,均为教育心理学,无疑测验知识的传授是其课程的主要构成部分;从科学教席任教的学校来看,分布于全国各个地区,这有利于测验在全国的全面推广和传播。总之,虽然中基会设立科学教席的目的并不仅仅在于培养测验所需的师资人才,但当测验已成为时代的话题时,这一举动无疑迎合了时代精神,成为测验运动的推动力量。从另一方面讲,时代的精

---

① 胡延峰.留学生与中国心理学[M].天津:南开大学出版社,2009:258

神也使得中基会对于测验钟爱有加,测验遂成为其事业之重要组成部分。①

除了科学教席之外,中基会还为国内研究机关提供财政支持。其中的教育研究机关包括"中华教育改进社、中华教育职业社、中华平民教育促进会、中山大学教育研究所"。② 这些机关虽成立多年但经费有限,勉强维持现状,所以中基会的赞助刚好弥补缺陷。除此之外,中华教育文化基金会还从多种途径资助科学教育文化事业,曾资助730多人次在国内外进行科学研究,通过研究培养了一批专家,使其成为几十年内起作用的学术带头人,这一作用是难以估量的。③

正如前面所谈,测验运动消沉的一个原因是缺乏人才,而中基会重视测验人才培养,以优厚的待遇支持学者们潜心研究,而教育心理学的研究与中小学教学结合紧密,所以学者们在与中小学的合作过程中又会不自觉地推广测验,在全国形成了一定的辐射。在当时财政困难、教育发展受到严重困扰的情况下,中基会给予高等教育及时的补助,为当时由注重教学向注重科研转变提供了更多的机会,也为萎靡不振的测验运动注入了一些生机。

4.大规模的中学文白测验调查

中基会对测验运动最大的贡献就是支持艾伟从事文白测验调查研究,为此中基会提供了两万元支持基金,后续的研究费用也由中基会提供。④ 文白调查共举行了两次,编制了文白测验共四种,调查人数接近一万两千人,是我国测验史上的一大盛事。

(1)文白测验调查起因

艾伟是我国近代著名的教育心理学家和教育测验专家(具体见第五章介绍),1925年归国后就在国立东南大学任职,对学科心理学一直持有浓厚的兴趣。早在1921年他就写过《中学数学心理学》由美国寄至北京师范大学《心理》杂志,后载入选存,这是我国第一篇学科心理学论文。同时国立东南大学

---

① 胡延峰.留学生与中国心理学[M].天津:南开大学出版社,2009:259-260.
② 任鸿隽.国内科学:中基会与中国科学[J].科学,1933,17(9):1525.
③ 张知非.中国科学基金制溯源初探[J].中国科学基金,1993(2):156.
④ 艾伟.中学文白测验结果之比较研究[J].国立中央大学心理教育实验专篇,1935,2(1):2.

教育科的中学学科心理的教学一直由艾伟负责。艾伟认为数学等学科心理存在共性，无国界之分，国外类似的研究可供借鉴，但国文一科特殊，需要有原创性的研究。适逢1926年中基会委托东南大学办理测验，并在该校设置讲席，这也为艾伟的研究提供了机会。因为"欲冀立国文教学于科学的基础上，非十年或二十年不为功"，艾伟决定先从中学入手。考虑到中学分初高中，高中分科比较复杂，并且在当时的社会情形下大多数学生初中毕业后未必能继续求学，所以初中的国文学习心理研究更为重要。

选择进行文白测验还有一个原因，就是当时社会存在文白之争，小学是否要教文言文，中学文白比例如何都是争论的焦点，解决这一问题也必须以客观事实为依据，而测验就是最好的办法。鉴于此，艾伟决定从初中文白测验入手。

(2) 第一次大规模测验与调查

大型调查首先涉及测验材料的选择。因为测验人数众多，所以不能是一般教材或课本中用到的，艾伟率领团队花了两个星期时间从各种杂志文集中搜集合适的材料，选出了十几篇，经过反复推敲论证，最后语体文从《小说月报》中选出一篇名为《感化》的德育故事，约1700字。考虑到描写文、叙述文和议论文不同的文体可以互相比较难易，文言文选了三篇，分别是归熙甫《野鹤轩壁记》、左宗棠《上贺蔗农书》、顾亭林《生员论》中的一段，文言字数每篇120～180字。考虑到初中学生已有的水平，怕出问答题因为写字之缘故影响其理解力的成绩，此外作为开放题全由学生答又恐怕答案千差万别，难以比较和评分，所以用选择题。语体文每篇文章后附几个问题，问题方式用四答选一法。同时计算时间，施测者每十秒按一次铃，被试要在文章中用撇做记号。

其次是抽样问题。根据抽样理论，抽取的样本要具有代表性。考虑到当时学校性质复杂，有国立、省立、县立、私立、教会学校多种，抽样的学校也按照一定的比例从这五种中选取，同时要求抽取的学校开办要三年以上，这已经和今天的科学抽样没什么区别。除了正式测验，此次调查还辅以谈话。为了保证测验的效度，先试测了南京某中学，根据结果对题意不明导致混淆的都删去，同时另拟明了的代之，最后形成正式测验试卷。

1926年11月28日，艾伟携助教易克槱，学生雷震清、周天冲和杨骏三人从南京出发，先后到苏州、上海、杭州、昆山、无锡、常州、镇江进行测试，共计三个星期，所到之处都有东南大学毕业生相助。1927年春拟继续到扬州、南通及其他江北地带考察,但因为军事原因未行。此次研究总共调查了30所学校3537人。后来因为负责东南大学附中的统计者不告而别导致初三卷子全部丢失,还有的学校因时间关系只从每级中选出一个班,有的学校人数过少答者未按要求,等等,除去这些,最终得有效试卷3248份。统计工作由艾伟亲自负责,浙江第十中学统计教员汤翼云辅助,前后花费了两个月,才统计公布了测验结果。具体如表4-11所示:

表4-11 1926年12月文白理解测验结果统计表[①]

		人数	文言理解测验				白话理解测验				白话理解速度		
			均数	标准差	中数	极差	均数	标准差	中数	极差	中数	标准差	极差
初中	一年级	1167	46.5	2.48	46.4	7.7	52.14	1.99	52.00	8.4	240	26.6	120
初中	二年级	1110	48.25	2.67	48.25	7.3	53.62	3.12	53.05	7.4	279	33.23	170
初中	三年级	808	49.4	1.96	49.25	8.1	53.95	2.08	53.68	9.0	292	31.6	140
高中	一年级	84	50.65	—	—	—	56.30	—	—	—	—	—	—
高中	二年级	61	50.95	—	—	—	57.20	—	—	—	—	—	—
高中	三年级	18	53.2	—	—	—	58.50	—	—	—	—	—	—
总计		3248	—	—	—	—	—	—	—	—	—	—	—

从表中可以明显看出,学生对文言文、白话文的理解能力均随着年级的增长而增长,但明显白话文一、二年级增长速度远远高于二、三年级,说明这种工具已渐完整。从横向看,文言成绩远远低于白话成绩,也充分证明二者皆为工具,不可偏颇。"假使文言文不能完全推翻,则小学期内应为磨治第一种工具之

[①] 艾伟.中学文白测验结果之比较研究[J].国立中央大学心理教育实验专篇,1935,2(1):附表一。

时,中学期内应为磨治第二种工具之时。中学毕业时,两种工具具备,可以运用无穷。较之只有白话文一种工具者,其生活之丰富,不可同日而语也。"①这些结论可以说为当时的教材编排指出了科学的方向。

(3) 第二次大规模测验与调查

为解决全部中学国文教学问题,艾伟在吸取第一次调查经验的基础上再次修订文白测验,并且第二次修订中对文言文的测验也加入速度要求。艾伟率领团队在原有量表资料的基础上重新搜集资料,选取顾亭林《书吴潘二子事》一篇,共计 926 字,编制问题 15 个,连同之前的《感化篇》(20 题)为甲表,测试初高中六级之理解与速度。选短篇白话文三篇,分别为《美国人的母亲日》(2 分钟 5 题)、《兵》(3 分钟 6 题)、《体操》(3 分钟 7 题),与之前的文言文三篇编为乙表,(5 题、4 题、3 题)测试初高中六级之阅读能力。1928 年 5 月 10 日在镇江、扬州、南通、上海、嘉兴、湖州、杭州、绍兴、宁波等处继续调查。此次调查因高中二、三年级人数不足,所以在 1928 年夏又利用中大举行入学考试的机会继续使用该测验。但补充后仍觉样本不足,于是在 1929 年 5 月 6 日又赴北京、天津及通州进行测验。第二次调查包括初一到高三 6 个年段,共计 8368 人。具体人数见下表:

表 4-12　第二次大规模文白测验调查统计表②

单位:人

学校	初中一		初中二		初中三		高中一		高中二		高中三		总计	
量表	甲	乙	甲	乙	甲	乙	甲	乙	甲	乙	甲	乙	甲	乙
国立大学附中	—	—	—	—	138	139	104	106	28	31	16	18	286	294
省立学校	255	201	224	210	191	182	505	482	477	457	238	273	1890	1805
县市立学校	261	401	176	277	273	189	131	72	88	21	—	—	929	960
私立学校	576	581	563	425	690	643	739	751	456	452	229	215	3253	3067
教会学校	80	188	60	157	190	295	300	342	252	199	171	189	1053	1370

---

① 艾伟.关于语体文言的几种比较实验[J].教育杂志,1934,24(4):52.
② 艾伟.中学文白测验结果之比较研究[J].国立中央大学心理教育实验专篇,1935,2(1):9.

续表

学校	初中一		初中二		初中三		高中一		高中二		高中三		总计	
量表	甲	乙	甲	乙	甲	乙	甲	乙	甲	乙	甲	乙	甲	乙
中山大学入学试验录取生	—	—	—	—	—	—	—	—	72	241	279	631	351	872
各校总计	1172	1371	1023	1069	1482	1448	1779	1753	1373	1401	933	1326	7762	8368

此次调查结果与之前结果一样,学生对文言文、白话文的理解能力均随着年级的增长而增长,以初中一到二年级进步最大,初中三年到高一最小,文白难度比大致为2:1,并求出了常模,具体见表4-13。艾伟也针对结果进行了分析,他认为该结果反映出高中国文入学考试无统一标准,所以导致滥竽充数者增多。此外,高中英语、算学、自然等科目学业过于繁重,所以导致学生国文学习只图及格、敷衍了事,同时也反映出高中英语课本过于深奥,初高中不能实现有效衔接。

表4-13 文白测验修订量表常模统计表[①]

类别		一年级		二年级		三年级	
		白	文	白	文	白	文
初中	理解	24.87	57.45	29.08	64.15	35.13	67.25
	速率	181	234	190	260	201	294
高中	理解	36.61	68.25	39.66	69.45	43.60	70.7
	速率	199	306	206	315	202	314

艾伟的两次大规模测验是测验运动高原期重要的史实,此次测验北到北京、天津,南到宁波、绍兴,不仅是对测验的一种宣传,更是解决了当时文白相争的问题,是测验应用价值的一次体现。在这两次测验调查的基础上,艾伟提出的初中文言文和白话文教学各占一定比例的意见为科学制定课程标准提供了依据,后来在教育部1929年、1931年制定的课程标准中都有所体现。

---

① 艾伟.文白争端与科学研究[J].教育与民众,1936,7(8):10.

(二)中华平民教育促进会应用推广测验

中华平民教育促进会是专门从事农村建设和平民教育的民间组织,因为农村建设离不开高素质的农民,所以开展平民教育是中华平民教育促进会的主要任务。平民学校(简称"平校")是开展平民教育运动的主要手段,虽然各级平校侧重点不同,但都包括文艺教育(识字、习字、注音符号)、公民教育(公民、卫生、阅报、周会)、技能教育(珠算、写字、记账、农艺)和休闲教育(唱歌、游戏、体操、运动)。这些教育效果如何评价都需要一个标准,周先庚认为:"文艺教育、生计教育、卫生教育与公民教育,无一种不是与心理研究有关系的。文艺、生计、卫生与公民问题,无一件是不可以得到现代应用实验学的帮忙。现代各种心理技术与乡村建设很有密切的关系。"①这里的心理技术指的就是测验。

中华平民教育促进会的具体实验主要在定县。自1926年在翟城村创办平校起至1929年平校已遍及定县全县。1926年至1936年,毕业于初、高级平校的学生就有十多万人。定县实验区对平民教育的学制、教育教学、教材教法、课程设置、测验考试、计划大纲以及训练、视导、推行等进行了一系列的研究实验,特别是测验方面,独创的挂图测验可以说是一种创举,很好地体现了测验的实际运用价值。主持定县教育心理研究工作的周先庚和诸葛龙对测验素有研究,自1926年开始,一共编制并应用了44种测验(44种测验共用了26种方式),每种测验有2~6种方式(每种方式有5~100个例题,每个测验有20~205个例题)。"自民国十六年至二十三年这七年,在定县平民学校受文艺教育的不下十数万人,其中三万六千多人的客观新法考试卷册都保留着。平教会总干事晏阳初因为认识这种科学材料的价值和意义,在二十一年七月间特设一教育心理研究委员会,负责(用科学的态度)分析研究过去已有材料,以为将来之借镜,同时还继续进行科学的客观新法考试(最经济最有成效最简单),以便测量平教工作(定县实验)的具体成绩……严格的说,他们不是标准测验,而只是利用测验法的一种客观新法考试。初级平校测验有分册编制的,

---

① 周先庚.平民识字的几个先决问题[J]民间(北平).1934,1(13):7.

有混合编制的,但高级平校都是混合编制的,市民的都是按册编制的。"①其中农民千字课测验、注音符号和珠算等测验、文盲测验、平民读物测验根据特为平民写的平民读物编制,这是后来继续编制一套标准平民阅读测验的起端。之后为了更好地推广平民教育测验,由武三多负责编制了适用于各种教材的标准识字测验、适用于识字与不识字之一切男女青年与成人之标准智慧测验。

表4-14 中华平民教育促进会定县实验区历年测验班与人数统计表②

测验类别	测验对象	学月	男 班	男 人	女 班	女 人	合计 班	合计 人
智慧测验	士兵与学生	—	27	1482	22	511	49	1993
成绩测验	初级平校	第一学月	116	2935	45	941	161	3876
		第二学月	104	2734	58	1409	162	4143
		第三学月	60	1159	29	529	89	1688
		第四学月	697	15444	264	5038	961	20482
		合计	977	22272	396	7917	1373	30189
	高级平校	第一学月	2	67	2	53	4	120
		第二学月	27	1079	11	228	38	1307
		第三学月	3	83	2	33	5	116
		第四学月	102	2441	30	436	132	2877
		合计	134	3670	45	750	179	4420
总计			1138	27424	463	9178	1601	36602

除了大规模测验外,定县试验区还独创了一种测验,这就是挂图测验。其具体操作为:"各种测验题放大分缮,一题一张,其式一如挂图教学所用之挂图,大小亦相仿,以二开之新闻纸一张写一题。每种测验备挂图一套,在测验时由主试逐题按照规定时间揭示之。学生所用之答案卷上不印题材,仅有空白格以写答案。"③设计有农民千字课挂图测验(上)、农民千字课挂图测验(下)及文艺挂图测验。因为"用此方法既可以减少备卷之费用,又可控制各题之时间",④同时还具备能集中被试注意、测验材料易守秘密,可以防止夹带作

---

① 周先庚.定县七年新法测验考试之实施及结果[J].民间(北平),1934,1(9):1.
② 周先庚.定县七年新法测验考试之实施及结果[J].民间(北平),1934,1(9):4.
③ 周先庚,诸葛龙.定县实验区学校式教育测验[J].测验,1934,2(1):18.
④ 周先庚,诸葛龙.定县实验区学校式教育测验[J].测验,1934,2(1):18.

弊等优点,这对当时被测数量庞大、只能利用有限资源进行的扫盲运动来说无疑是一个福音。

特别值得一提的是,根据测验结果,周先庚得出了一条从7岁到70岁被试者的识字能力曲线,在当时被称为"周先庚曲线",这条曲线表明了人在不同年龄识字能力的变化趋势。测验结果显示,人在16岁以前识字能力发展迅速,几乎是呈现直线式的上升状态,到16岁后上升速度逐渐缓慢,到21岁达到巅峰,30岁之前有些微的下降。周先庚对这条曲线的变化也作出了适当的解释说明,提出16~31岁这15年是受教育的最佳时期,这一发现为当时的教育工作者制定适宜青年和成人的教育学习方法和模式提供了可靠的心理科学依据。

定县的测验研究可以说是成人心理测验研究的典范。与以往只是关注学校教育测验不同的是,定县测验改革一开始就把目光投向农村一般识字与不识字之男女青年与成人,为我国成人文盲测验的编制做出了有益的探索,同时该测验的实施"并非一种仅以考察成绩为止之普通行政工作",而是利用这种科学的方法改进农村的实际问题,充分体现了测验在实践中的应用,可算是测验运动史上的一朵奇葩。

第五章　测验运动的再兴期

20世纪20年代后期,国民党平息各种内乱统一国家政权,这时国统区政局稳定、经济复苏,为教育事业的发展提供了物质基础。1931年成立的中国测验学会让测验发展有了更强有力的组织领导,测验运动一扫长期的沉寂,又步入新的发展时期,一直持续到1937年的"七七事变"。之后日本侵华战争打乱了测验运动发展的良好势头,随着各大文化机构被摧毁和各大学的内迁,测验工作大量减少,测验运动也因此走向衰落。

一、测验运动再兴的背景

20世纪20年代后期,蒋介石逐渐平息国民党内部的各种势力斗争,以其为首的国民政府通过两次北伐取代北京政府,统一了国家政权。随后经济文化各方面的发展为教育发展提供了良好的基础和背景,测验运动进入再兴期。

(一)国统区政局逐渐稳定

自从辛亥革命的果实被袁世凯攫夺后,中国政坛一直跌宕起伏,缺乏一个强有力的政权,使得各方军阀明争暗斗,社会一片混乱。面对军阀的混战,以孙中山为首的国民党人先后发动过三次北伐,虽然均以失败告终,但剿灭军阀、统一中国一直是国民党的心愿。1925年7月1日国民政府在广州成立,1926年7月6日国民党发表《为国民革命军出师北伐宣言》,7月9日蒋介石任北伐军总司令,北伐军先后攻克长沙、南昌、上海、南京,大有统一中国之势。虽然其后内斗不断,但国民党经过不断调整最终结束了军阀混战的局面,完成了统一大业。虽然之后也有反蒋势力的存在,但始终无法影响大局,军阀混战的局面终于在中国结束。从此中国政局相对稳定,这也为再兴期教育的各项改革提供了一个相对稳定的政治环境。

(二)经济改革全面展开

"现在世界纷扰争夺,称雄道霸,不出经济问题。中国今日的衰弱被辱,不克振拔,也是经济问题。国家能生存,民族能自强,非先发展国家经济实力不可。"[①]从国民政府统一之后,发展经济就一直是当政者的重要任务。早在1927年10月政府就成立了财政整理委员会,1928年南京国民政府又筹备成立"建设委员会",1928年6月和7月又分别召开了全国经济会议和全国财政会议,对国家的经济复苏和经济计划展开了详细的规划。

1.整顿税收

税收是国家收入的主要部分,发展经济要从整顿税收开始。首先,对外实现关税自主。鸦片战争后根据1842年8月29日签订的中英《南京条约》,中国被剥夺了关税自主权,进入了协定关税时期。1858年的《天津条约》又使中国进一步丧失了关税自主权。在国民政府的一再努力下,1928年后美德等国相继与国民政府缔结新关税条约,承认中国关税自主权,将协定税则改为国定税则。后面通过国民政府的努力,1930年5月中国与日本签署了《中日关税协定》,中国基本实现关税自主。关税的自主不仅让国家财政有了稳定的来源,增加了国家的收入,而且在很大程度上保护和促进了民族工商业的发展。

其次,对内重新划分国税地税。因为长久以来军阀割据,使得地方税收混乱,本来属于国税的也常常被地方扣滞。针对地方财政的混乱情况,1927—1928年,国民政府一系列措施厘定了国税地税的收费标准。盐税、海关税、印

---

① 杨荫溥.民国财政史[M].北京:中国财政经济出版社,1985:18.

花税、烟酒税、国家营业收入、中央行政收入及其他属于国家性质的现有收入统一属于国家税收,田赋、契税、牙税、市场税、营业税、地方营业收入、地方行政收入及其他属于地方性质的现有收入统一属于地方税收范围。税收的明确既有力保证了国家的收入,又防止了财政割据的出现。税收的整顿使得国家财政收入有了很大的保障,税收逐年上升。

2.统一度量衡和撤销厘金

首先,统一度量衡。军阀统治时期由于各地自成体系,度量衡制度混乱,给经济往来带来了诸多不便。早在1927年就有学者提出过统一度量衡,但由于时局不稳未引起重视。随着政权的统一,1929年工商部宣布采用万国公制,颁布新的度量衡法。1930年10月全国度量衡局成立,中央政府划一全国度量衡的工作逐渐走上正轨。度量衡的统一既有利于国内国际市场的流动,又有利于政府对经济进行控制,为国家经济发展扫清了障碍。

其次撤销厘金,实行统税。军阀割据时期中央无钱可用,主要原因之一就是厘金制度。厘金本是清政府为镇压太平天国运动筹集军费而设的,本身具有很强的封建性,不仅阻碍各地商品流通,而且还加重商品生产者、农民和一般民众的负担。虽然受人诟病,但由于其在混乱时期能为地方军阀提供赖以生存的财政收入而一直取消不了。这一制度随着军阀时代的结束和政权的统一,被逐渐废除。废除厘金制度,改征货物统税,促进了工商业的发展同时也增加了政府的收入。统一度量衡和裁厘从根本上解决了一直困扰中国商业流动的巨大障碍,促进了经济发展。

3.大力发展工业和基础设施建设

工业方面,1928年中央成立工商部,大力提倡国货。政府于1928年4月20日发布的通令就明文要求"提倡国货为先",[1]原有的民族企业比如面粉产业、棉纺产业、农业等因为政府采取的保护贸易政策而得到不同程度的发展。国民政府于1929年7月又公布了特种工业奖励办法,对能生产当时急需产品的工业以及新生工业按工业种类及取得的成绩给予专利、免税和降低费用等

---

[1] 史全生.中华民国经济史[M].南京:江苏人民出版社,1989:238.

奖励。在这些鼓励下,煤矿业、水泥业等逐步兴起和发展。据统计,1927—1937年,工业产值平均每年增长率为8.4%。① 1931—1936年是增长较快的时期,平均年增长率为9.3%。②

大力发展铁路、电报、矿业等基础工业。1928年南京国民政府筹备成立"建设委员会",1931年11月又成立"全国经济委员会筹备处",在其管理下,基础工业特别是电力工业有了长足的进展。1926年电力占中国现代工业的11.2%,1936年则占22.2%。③ 有数据显示,从1927年到1936年10年内共修建铁路3795公里,使中国本土(东北三省未计在内)铁路达到11700公里,修建公路干线21条、支线15条,总里程达109500公里,全国公路网已基本形成。④

(三)文化教育事业不断发展

政权统一为教育发展提供了稳定的外部环境,而经济的发展又为教育发展奠定了丰厚的物质基础,同时对人才培养也提出了更高的要求,大力发展教育事业也随之被提上了日程。在国民政府的倡导和努力下,各项教育事业开始稳步发展。

1.教育机构完善、教育法规齐全

政权稳定后国家的各项法规制度不断被完善,教育也步入正规化、法制化的发展轨道。首先建立了专门的教育行政组织。1927年政府颁布了《国民政府教育行政委员会组织法》,其中规定由教育行政委员会负责中央教育行政机关,后经历了大学院和大学区制,在1928年10月25日成立国民政府行政院,蒋梦麟被任命为教育部首任部长,新的中央教育行政机构就此成立,从此教育

---

① 李华兴.民国教育史[M].上海:上海教育出版社,1997:159.
② 章长基.1912—1949年中国的工业生产[M]//张仲礼.中国近代经济史论著选译.上海:上海社会科学院出版社,1987:311.
③ 陆仰渊,方庆秋.民国社会经济史[M].北京:中国经济出版社,1991:440.
④ 陆仰渊,方庆秋.民国社会经济史[M].北京:中国经济出版社,1991:452.

部成为国家主管教育的主要机关。① 为保证教育事业的有序开展,1928年12月11日政府出台了《教育部组织法》,1932年7月22日又出台了《教育部各司分科规程》,对教育行政机构及其具体职责做了详细规定。

国民政府重新拟定了教育宗旨和教育政策、法规。1929年4月26日国民党第三次全国代表大会通过了《中华民国教育宗旨及其实施方针》,规定"中华民国之教育,根据三民主义,以充实人民生活,扶持社会生存,发展国民生计,延续民族生命为目的;务期民族独立,民权普遍,民生发展,以促进世界大同"。② 为了进一步将三民主义教育与各级各类学校和所有课程设施紧密联系在一起,国民政府又相继公布了《确定教育实施趋向案》《中华民国训政时期约法》《三民主义教育实施原则》《依据训政时期约法关于国民教育之规定确定实施方针案》等法规,进一步确定教育目标:"以国民教育,养成健全国民;以生产教育,发展生产能力;以师资教育,培植良好师资;以人才教育,造就专门人才。"这些法律法规不仅涉及各阶层、各阶段的教育,而且实施内容十分具体,使各项工作有章可循。

教育部对大学也进行了重新地规范,相继公布了《大学组织法》《专科学校组织法》《大学规程》《专科学校规程》等教育法规,对大学进行重新整顿和严格管理。根据《大学组织法》,大学分为文、理、法、教育、农、工商、医等各学院,大学至少要有三个学院,凡不满三个学院的都称为独立学院,不能称为大学;大学要注重实用科学,必须设有理学院或者农、工商、医其他学院中的一个;没有经过教育部门备案的私立大学和独立学院的学生不能转学到公立和已立案的私立大学与独立学院。《大学规程》中对大学各个学院以及独立学院的各学系课程、实验及成绩、经费及设备、专修科等都有具体的规定,对之前大学的设立标准低、管理松散、学科比例不协调等问题进行了纠正。这对推动高等教育发展、提高大学办学质量起了积极的作用。据统计,1928年全国专科以上院校有74所,在校生人数为25198人,到1936年,学校共发展到108所,在校生人数也增加到41922人。③

---

① 广少奎.南京国民政府教育部及其行政制度研究[D].武汉:华中师范大学,2005:21.
② 中国第二历史档案馆.中华民国史档案资料汇编:第5辑 教育[G].南京:江苏古籍出版社,1994:125.
③ 史全生.中华民国文化史[M].长春:吉林文史出版社,1990:661.

2. 教育经费独立

教育经费是教育事业发展的基本保障。各级教育经费分配一般是大学、中央直属的学校经费由中央负担,私立学校、专门学校、各类学术团体由中央酌情补助,中学校及各省属学校经费由各省市负担。中央的经费主要是关税、印花税、邮电铁路等的直接收入,另外就是各省的国库收入。军阀混战时期教育经费常被挪用,教育事业难以发展。新政府成立后,首先要保障的是教育经费独立。

早在南京国民政府成立初期,蔡元培就针对军阀挪用费用的积弊提出过《提议教育经费独立案》,要求"筹备教育银行,指拨各项附税,充作基金,为增高教育经费之预备"。[①] 该议案虽颁布于各省市,但由于当时尚未真正统一,各地敷衍了事,特别是大学区制被废除后更是形同虚设。随着国民政府的稳固,1928年10月国民政府颁布的《训政纲领》中明确把保障教育经费作为重要纲领之一,明确规定了教育经费应占全国税收的比例。1929年2月18日又以行政院名义颁布《各省教育经费须保障其独立》,1930年又公布了《确定教育经费计划及全方案经费概算》,对部分和完全用作教育经费的来源做了详细的规定,明确了教育经费的来源和使用办法。1931年5月9日又出台了《地方教育经费保障办法》,这一系列的法规使得挪占侵吞教育经费的现象大大减少,至抗战前教育经费部分独立的有陕西、湖南、甘肃、贵州、安徽、绥远,教育经费完全独立的有河南、江苏、江西、浙江、福建、南京等省市。[②] 虽然因财力有限,教育经费占的比例不是很高,但与北洋政府时期比已经有了明显好转,且相对稳定逐年增加。后任部长王世杰在1936年的一次演讲中就自豪地说:"三四年来,岁有增益,则为可喜之事实……尤有一事,吾人极引为欣慰,即四年以来,中央直辖各校之经费,从未短欠,此实为民国以来空前之记录,高等教育之整理工作,倘稍有成就,此为主要原因。"[③]

经费的充足促进了各级各类教育的发展,特别是作为研究主力的高等教育获得了长足的发展。不光是学校经费得到保障,教师的工资也稳步提高。

---

① 李华兴.民国教育史[M].上海:上海教育出版社,1997:535.
② 广少奎.南京国民政府教育部及其行政制度研究[D].武汉:华中师范大学,2005:21.
③ 广少奎.南京国民政府教育部及其行政制度研究[D].武汉:华中师范大学,2005:21.

1927年政府颁布的《大学教员资格条例》明确规定了大学教师的收入:教授月薪是400～600元,副教授月薪为200～400元,讲师月薪为160～260元,助教月薪为100～160元,教授收入的最高级别相当于国民政府部长的收入水平。国家财政收入中教育的投入比例不断增长。据统计,1930年的教育经费只占国家预算的1.46%,到了1935年,教育经费占国家总预算的4.8%,几乎翻了一番。20世纪30年代初,大学教师的月薪平均为220元,当时上海普通工人的月薪为15元左右。① 从1932年起,一直到1937年,国家没有拖欠过教育经费投入,大学教授不用为生活担忧,全身心投入学术事业,成为民国以来大学教育的黄金时代。同时国民政府在大学研究上也加大了投入,其颁布的《大学研究院暂行组织规程》鼓励大学设置研究院,规定:"一、除大学本科经费外有确定充足之经费专供研究之用;二、图书仪器建筑等设备堪供研究工作之需;三、师资优越。"②国立、私立高等院校因为经费充足相继成立了研究院或研究所,培养高层次研究人才,教育研究事业也不断发展。

3.考试测验重新受重视

国民党对考试向来比较重视。国父孙中山就认为要选拔出德才兼备的合格官吏,必须有一个良好的考选制度;而要建立良好的考选制度,必须有一个完全独立于行政之外的健全的考试机构。因此,南京国民政府成立后就按照孙中山规划的"五权分立"的思想,建立了行政、立法、司法、监察、考试五院制政府,戴季陶被任命为考试院院长,主要负责公务员的选拔和考绩考核。1928年10月3日中央执委会政治会议第157次会议通过《中华民国国民政府组织法》,其第五章明确规定:"考试院为国民政府最高考试机关,掌理考选、铨叙事宜,所有公务员均须依法律经考试院考选、铨叙,方得任用……考试院对主管事项有提出议案于立法院之权。"自1929年8月起,南京国民政府又相继颁布了《考试法》《典试委员会组织法》《襄试法》《监试法》等一系列关于考试的基本法规,并经过多次修正公布。虽然考试院负责的只是文官考试,但为考试的理论研究和实践探索创设了良好的文化氛围。

---

① 杜小燕.简述民国时期颁布的新学制与教育立法[J].兰台世界,2011(7):41.
② 大学研究院暂行组织规程(1934年5月19日教育部公布)[M]//宋恩荣,章咸.中华民国教育法规选编.南京:江苏教育出版社,2005:400.

除了公务员考试,国民党当局对学校教育考试也是相当重视的,"中学规程"就要求教学和考试过程中重视实验和实习,学校要组织"日常考查、临时实验、学期考试、毕业考试或毕业会考"。特别是20世纪30年代后,国民政府为了考查学校办学成绩,统一毕业标准,区分学校高低,同时也通过迫使学生埋头读书,达到让学生少过问政治的目的,以压制日益高涨的学生抗日爱国游行,先后颁布了《中小学毕业会考暂行规程》《修正中学学生毕业会考规程》《师范学校学生毕业会考规程》等,规定各级地方公立以及已立案的私立中学、师范学校,由各省教育厅组织委员会负责办理毕业会考事宜。上述政策都彰显了国民政府对考试和以测验为主要方法的考核的重视。首任教育部部长蒋梦麟在《教育部一年来工作的回望和未来努力的标准》中说:"用科学方法增进教育效能。我国中小学教育,已经有应用科学方法的:例如考试则应用标准测验;教学则根据实验原则,读书有统计,写字有量表……研究日见精密,新理日渐发现。本部以为这种方法,是足以增进教育效能,宜由各教育行政机关,竭力提倡,使这种方法,推行普及于各地方各学校;凡以科学方法研究教育而得有结果的,教育行政机关便当奖励他,或者给以经费的助力,使格外努力的研究,至于本部则拟博采教育专家的意见,或调查实地研究教育者的实验结果,把学校设备行政教学训育等,都提出一个最低限度的标准来,以为全国各地方各学校的依据。"①对考试的重视使得测验这种科学的考试方法又重新回到了人们的视野中。

二、中国测验学会及其对测验运动的领导

在测验运动发展史上有两个全国性的领导组织存在过,一个是将测验运动推入高潮期的中华教育改进社,另一个就是带领测验运动再兴的中国测验学会。尽管两者的成立几乎相差了十年,但对近代中国测验的发展都做出了

---

① 蒋梦麟.专载:教育部一年来工作的回望与未来努力的标准[J].中央周报,1929(新年增刊):18.

巨大的贡献。相对于改进社这个综合的组织，中国测验学会更体现出了一个专业学术组织的特点，其召开的年会研究的都是专门的测验领域，专门领域的学术会议更有利于从事这一领域学术研究的学者们进行问题聚焦。其出版的杂志《测验》是专门针对测验领域的专业学术期刊，同时学会还配有资料室。其创立不仅统一了测验研究范式，提升了测验的研究氛围，而且更进一步推动了测验研究向纵深发展。

（一）中国测验学会的筹备

1930年秋冬之际，南京中央大学的艾伟、陆志韦、廖世承、陈鹤琴等测验界学者有感于之前测验运动只知道采用测验方法和改进测验技术，不能将测验真正推广与应用，更不能团结起来共同致力于学理的研究，在中央党部的戴季陶等人的支持下，遂倡议筹建组织测验的研究机关。[①] 此举得到测验界的赞同，除了上述4人，还有王书林、史维焕、史尚宽、丘景尼、朱经农、朱君毅、江光璧、易克橒、吴南轩、吴研因、吴大钧、邰爽秋、沈友乾、杜佐周、邱椿、苗培成、范锜、俞子夷、马超俊、梁寒操、郭一岑、许蟠云、陈念中、陈选善、陈剑修、陈大齐、唐钺、徐心荃、孙毓骐、夏承枫、张士一、张献君、张耀翔、章益、黄翼、黄龙先、常道直、庄泽宣、彭百川、赵迺传、熊子容、赖琏、潘菽、郑宗海、刘廷芳、刘湛恩、刘迺敬、鲁继会、蔡蕴之、韩定生、罗篁、顾树森、顾克彬等，共计57人，[②]均为教育界名流和测验界专家学者。

根据人民团体组织程序，发起的57人联名向市党部提出申请，很快经核

[①] 关于中国测验学会的发起人学界有不同的看法。有的认为"戴季陶、吴南轩两先生，鉴于中国测验事业之亟待提倡，拟发起一测验学会，以研究测验学术，推行测验方法为宗旨"（参见《中央党部请朱杜二教授为"中国测验学会"发起人》，《厦大周刊》1930年第10卷第5期）；有的则认为"1930年秋冬之际，南京中央大学的一班留学心理学者有感于过去测验运动的不足，故倡议组织测验的研究机关"（参见胡延峰《留学生与中国心理学》第272页）。笔者认为戴季陶当时属于中央党部，而测验学会一开始的费用和办事场所都由中央党部提供，且在中央党部测验科工作中也有提及筹建测验学会。虽然戴季陶不是专门从事测验研究的，但其在考试院工作，对考试和测验一直关注有加；且关于测验学会的后续报道中，赞助人名单中戴季陶也赫然在列（参见《中国测验学会定期开成立大会》，《浙江教育行政周刊》1931年第2卷第42期）。

[②] 中国测验学会定期开成立大会[J].浙江教育行政周刊,1931,2(42):3.

准并发给了许可证书。收到证书后即票选筹备员,组织筹备会。发起的57人中按规定时间寄回选举票的有52人,1930年12月6日下午三点,在北京的发起人借中央训练部会议室举行临时会议,公开开票。其结果为吴南轩、艾伟、易克橒、陈鹤琴、史维焕、顾克彬、庄泽宣、廖茂如、邰爽秋等9人的票数最多,当选为中国测验学会筹备员,陈选善、陆志伟、郭一岑、王书林、彭百川等5人得票次多数,当选为候补筹备员。票选的筹备会成员随即在13日晚借教育部会议室举行筹备会第一次会议。一致推选吴南轩、彭百川、易克橒等3人为常务委员,郭一岑、艾伟、吴研因3人为缘起草案审查员,艾伟、王书林、陈鹤琴、廖茂如、刘湎敬、潘菽等6人为组织及工作计划书草案审查员,唐钺、陈大齐、陆志韦、庄泽宣、陈剑修、陈选善、郑晓沧、彭百川、吴研因、顾树森、赵湎传、马超俊、史维焕、吴南轩、赖琏、张献君、郭一岑、艾伟、王书林等负责筹措经费,并议决其他要案多起。① 筹备办事处暂设于南京丁家桥中央党部训练部测验科。

首先,中国测验学会实行的是理事会制度,理事会具有对外代表本会、规定进行方针、核定进行计划、支配本会经费、筹备经济、组织各部、核定各部办事细则、审定会员资格的职权。同时设有理事7人,候补理事3人,均由全体会员公选。理事是会员在常年会员大会期前用记名连选法通过选举,密封送到理事会汇齐,并在常年大会中开票,票数最多的7人当选,按照票数后3人为候补理事。如果票数相同则由常年大会决选。选票由理事会制定并在常年大会期前一个月送交各会员。理事、候补理事任期均为一年,如果连选得连任。理事会由理事互推3人为常务理事,处理日常会务。设研究部和事务部,设主任一个,干事若干,主任由常务理事互推兼任。会员大会每年召开一次,理事会至少每3个月一次。②

其次,中国测验学会实行会员制,"凡个人对于测验或教育统计有专门学识或研究兴趣,或其事业与测验有关者,及各机关各团体有测验统计工作或有应用测验统计之需要者,均得应征。入会手续:一、凡入会者须有该会发起人二人以上之介绍。二、绍介人须填介绍书一份,入会者须填具入会申请书及履历表各一份,送交该会筹备会审查。三、经该会筹备审查通过后,即为该会会员"。③

---

① 中国测验学会筹备会成立[J].浙江教育行政周刊,1931,2(27):3.
② 中国测验学会征求会员[J].国立浙江大学校刊,1931(58):642-643.
③ 中国测验学会征求会员[J].国立浙江大学校刊,1931(58):642.

学会会员分为普通会员和特别会员两种,前者负责测验学术的研究和推广,后者负责学会经费的筹集和赞助。特别会员实际上是对组织的经费和事业发展负赞助责任的个人或团体。普通会员又分个人会员和团体会员(南京特别市党部训练科),个人会员与团体会员资格规定大体相同。

最后,关于经费问题,"经费一端……经常费至可恃者,考试院津贴月五百元,中央训练部津贴月三百元,教育部将来亦有相当希望,事业费则考试院中央训练部均尤为设法。至图书仪器暂时除考试院允为购一部分外,余可由中央训练部测验科借用,将来再图自行购买"。① 在简章草案第五章中专门列经费一项,会费分入会费和常年费两种,团体普通会员入会费 10 元,常年费每年 4 元;个人普通会员入会费 5 元(学生 2 元),常年费每年 2 元;个人特别会员入会费 100 元或以上,常年费 10 元;团体特别会员入会费 500 元或以上,常年费 100 元。② 在经费的第十八条中还专门对仪器书籍需要的费用做了说明:"关于本会订购书籍仪器等费,除在预定范围内支配外其不足之数由本会临时募集之。"③ 由于很多组织会刊因经费问题不得不停刊,测验学会还特别注意吸收特别会员入会,所谓特别会员是对于组织的经费和事业发展负责赞助的个人或团体。还有如会员特别捐助、国民党党部及政府的补助费、社会上团体或个人的捐助费以及各机关委托研究事项时所出的事业费等。这些为测验运动的顺利进行打下了稳固的经济基础。④

政府的支持、经济发展提供的物质基础、学术自身发展的需要以及人力资源在当时具备的条件,共同催生了中国测验学会。从 1930 年冬筹备到 1943 年停止各项活动,⑤ 中国测验学会活跃将近 13 年之久。不仅发行《测验》杂志,而

---

① 中央党部请朱杜二教授为"中国测验学会"发起人[J].厦大周刊,1930,10(5):17.
② 中国测验学会征求会员[J].国立浙江大学校刊,1931(58):643.
③ 中国测验学会征求会员[J].国立浙江大学校刊,1931(58):643.
④ 胡延峰.留学生与中国心理学[M].天津:南开大学出版社,2009:275.
⑤ 关于测验学会具体结束时间研究成果不多,胡延峰经过考证后认为 1943 年之后再也没有该会的消息,默认为止于 1943 年(具体见其著作第 283 页)。《科学大众》1948 年第 4 卷第 6 期刊登的《中国测验学会》一文中有提到"首届负责人为艾伟、易克槱及陈鹤琴三先生。自民国二十四年至三十二年,由萧孝嵘、艾伟及易克槱三先生负责。民国二十六年,本会会址遭敌机炸毁。负责人随政府西迁"。该论文中关于测验学会的消息也只谈到 1943 年,因为该文发表于 1948 年,如果测验学会之后仍有活动存在不可能不提及,所以笔者认同胡延峰的研究,测验学会的各项活动止于 1943 年。

且"与人事心理研究社合作为军、政、教育、工业及医学各机关编造心理测验及教育测验约二百种"。① 在其带领下,中国测验运动开始走向理性和秩序。②

(二) 中国测验学会的成立与初步发展

经过半年的筹备,1931年6月21日中国测验学会在北京举行第一届年会并正式宣告成立,确定学会以"研究测验学术,推行测验方法为宗旨",③并一致通过了中国测验学会简章和工作计划,拟定今后的主要五项工作:"一、宣传测验之功用;二、提倡测验学术之研究并推行测验之方法;三、编译及刊行关于测验及教育统计之书报;四、调查各地实施测验状况;五、办理各机关委托研究事项。"④研究的范围定为"智力测验、教育测验、品格测验、职业测验、教育统计及其它",因为统计是测验发展的理论基础,工作计划明确将统计纳入研究也表明了中国测验学从一开始就把测验理论研究作为主要方向。

从正式成立到1933年,中国测验学会各项工作开始稳步发展。这期间首先召开了第一届年会,这届年会选出了正式的理事,按照票数,艾伟、易克槱、陈鹤琴、顾克彬、廖世承、彭百川、史维焕等7人的得票最多,当选为理事,吴南轩、王书林、陆志韦当选为候补理事。这些理事中,"史维焕来自于立法院,易克槱来自于中央党部,彭百川来自于教育部,顾克彬来自于江苏教育厅,政界人士当选虽淡化了学会的学术氛围,但从另一方面而言,说明测验在当时已得到社会及政府部门的认可,他们的加入无疑将会在某些方面推动测验运动的发展"。⑤ 理事的职权除了规定和计划外,还有代表本会筹划经费的任务,这些教育部门党政机关人士的当选,为测验学会争取更多的经费起着关键的作用,也为测验学会顺利开展各种活动打下了良好的基础。可能是因为刚开始各项工作尚不完善,第一届年会并没有关于测验的具体学术问题的交流,主要通过了《中国测验学会简章》《中国测验学会工作计划书》,但为学会后面工作

---

① 萧孝嵘.人事心理与抗战工作(下)[J].中央周刊,1946,8(11):73.
② 胡延峰.留学生与中国心理学[M].天津:南开大学出版社,2009:272.
③ 中央党部请朱杜二教授为"中国测验学会"发起人[J].厦大周刊,1930,10(5):17.
④ 中国测验学会征求会员[J].国立浙江大学校刊,1931(58):642-643.
⑤ 胡延峰.留学生与中国心理学[M].天津:南开大学出版社,2009:273.

的有序规范发展指明了方向。学术杂志《测验》创刊发行,"在这段时间内《测验》杂志共出版四期;出版研究报告单行本五种:《四种手的动作研究》《目手相应动作之研究》《记忆形式发展之初步研究》《桑代克相属原则之解剖》《两种小数乘法数学的实验》;出版研究专刊十四种;出版研究报告二十种;举行公开演讲十次"。[①] 测验研究蔚然成风,测验研究事业也开始蒸蒸日上。

此期间最大的成就就是发展了不少会员。学会规定凡是对于测验或教育统计有专门学识者、对于测验或教育统计有相当基础而有研究兴趣者、其学业事业与测验有关系者均可以加入,良好的发展势头吸引了大量的会员。在第一届年会召开时,中国测验学会已经拥有个人会员138个,团体会员1个。具体见表5-1:

表5-1 中国测验学会成立时个人会员名单统计表[②]

会员姓名	单位或住址	会员姓名	单位或住址
史维焕	立法院	葛承训	扬州大汪边省立扬州中学
史尚宽	立法院	谷延隽	安徽宣城第四中学实小
赵迺传	立法院	赖琏	南京市政府
张献君	立法院	许蟠云	南京市社会局
易克櫄	中央党部	朗奎第	南京市教育局
苗培成	中央党部	王书林	南京市教育局
范锜	中央党部	顾锡康	南京市特别党部
徐心荃	中央党部	夏焕新	上海特别市党部
马超俊	中央党部	胡书异	上海市教育局
杨克敬	中央党部	陈鹤琴	上海江西路工部局华人教育处
朱元俊	中央党部	陈剑修	江西教育处
祁治平	中央党部	蔡蕴之	山东教育厅
吴鼎培	中央党部	周锡麟	山东教育厅
陈兆煜	中央党部	顾克彬	江苏教育厅
李清	中央党部	曹书田	江苏教育厅

① 胡延峰.留学生与中国心理学[M].天津:南开大学出版社,2009:275.
② 根据1932年《测验》创刊号《中国测验学会会员录》中的名单进行排列整理而得。

续表

会员姓名	单位或住址	会员姓名	单位或住址
蔡君翰	中央党部	张任天	浙江教育厅
孙毓骅	中央党部	曹意白	江苏省党部
吴大钧	中央党部统计处	邓惠人	湖南省党部（长沙）
陈大齐	考试院	王定华	云南省党部
罗篁	考选委员会	朱文显	河北省党部
史美煊	考选委员会	蒋慎良	天津省党部
彭百川	教育部	寇喻谦	陕西省党部
吴研因	教育部	胡玉麟	青岛市党部
黄龙先	教育部	上官修	绥远省党部
顾树森	教育部	方锡涛	湖北省党部
薛天汉	教育部	姚玉书	四川省党务指导委员会（重庆）
李燕	教育部	梁经	南京下关天宝里十五号
黄间歧	教育部	邰爽秋	南京成贤街文昌桥晒布厂四号
王万锺	教育部	常道直	南京文昌巷丙四号
薛诠会	教育部	陈念中	南京百子亭十一号
胡颜立	教育部	夏承枫	南京颜料坊四十四号
周邦道	教育部	袁建定	南京新菜市小学
朱希亮	北京大学	童润之	南京中华女子中学
邱椿	北平师范大学	丁正礼	南京米行街小学
韩定生	北平师范大学	李清悚	南京中区实验小学
唐钺	北平清华大学	林庚	南京新桥磨盘街
周先庚	北平清华大学	李炯如	南京中山门外遗族学校
陆志韦	北平燕京大学	慎雷渔	南京中山门外遗族学校
刘廷芳	北平燕京大学	马剑秋	南京小西湖普育小学
周学章	北平燕京大学	张家衡	南京小西湖普育小学
吴南轩	中央政治学校	张竹轩	南京三牌楼小学
程式	中央军官学校政训处	王芷湘	南京升平桥小学
丘景尼	北平宣外菜市胡同46号	刘迺敬	金陵大学
朱永思	北平德胜门内叶子街大成中学	朱经农	齐鲁大学（济南）

续表

会员姓名	单位或住址	会员姓名	单位或住址
艾伟	中央大学	陈剑恒	山东省立第一实小(济南)
潘菽	中央大学	周炎光	济南尹家巷一号
张士一	中央大学	王寇宸	山东平原县第五乡师
薛鸿均	中央大学	杜佐周	厦门大学
郑大源	中央大学	朱君毅	厦门大学
王素贞	中央大学	张宗麟	厦门集美学校
王素意	中央大学	刘湛恩	上海泸江大学
萧孝嵘	中央大学	鲁继会	上海静安寺路百禄里十号
曹飞	中央大学	章益	上海复旦大学
严铭吉	中央大学	季国庆	上海浦东中学
汤鸿见	中央大学	廖世承	上海光华大学附中
龚启昌	中央大学实验学校	陈选善	上海爱文义路文德坊一二二六号
庄泽宣	广州中山大学	沈有乾	上海胶州湾路FD三〇二号
郭一芩	暨南大学	熊子容	湖南大学
张耀翔	暨南大学	夏开权	长沙省立第一师范
李锡珍	暨南大学	胥梦周	江西临川八中实小
黄翼	浙江大学	梁寒操	—
郑宗海	浙江大学	赵廷为	—
俞子夷	浙江大学	蒋息岑	—
江标	江苏十金街船坊巷十号	左承恩	巴黎

从会员组成看,成员有的来自大学,比如北京师范大学、中央大学、北京大学、浙江大学、厦门大学、清华大学等 34 所高校,其中包括教会大学。还有的来自中小学,比如济南山东省立第一实小、上海浦东中学、长沙省立第一师范等基层教育单位。教育厅和各行政部门也有大批会员加入,比如中央党部就有 14 名会员、教育部 10 名会员、立法院 4 名会员。[①] 从分布可以看出各个省市都有,这也从一定程度上反映出自中国测验学会创立后,在其领导下,测验

---

① 胡延峰.留学生与中国心理学[M].天津:南开大学出版社,2009:287.

运动不论在横向还是纵向都有了很大的发展,测验研究已经从单一教育领域进入更多的社会研究领域。正如考试院院长陈大齐在第二届年会开幕式上回顾筹建以来的工作时所称赞的那样:"自贵会成立以来,测验学术界,顿呈蓬勃气象。"①

(三) 中国测验学会的蓬勃发展

中国测验学会经过了前期的筹备和第一届年会的召开,各项工作有序进行,到1937年全面抗战爆发之前,各项事业蓬勃发展。在第一届年会上提出的"筹建会所,设置研究室陈列图书仪器,供会员自由作长期之研究"已经落实,学会不再借用中央党部地方,而是以南京红庙七十四号为会所,并且设有图书资料室供会员查阅资料。《测验》杂志也继续按计划出版,共出版了五期。这期间召开了两届年会,学会的组织规模也不断扩大,和其他组织研制开发了大量的测验,测验理论研究也更深入。

1.第二届年会及其对测验的提倡

第二次年会"原定二十二年暑期举行,嗣因筹备不及,乃延至二十二年十二月二十九日在中央大学致知堂召开,到会者陈礼江等四十余人。大会中之议程,其最重要者,有陈鹤琴、朱君毅等宣读论文,及议决组织测验译名委员会等,改选结果,易克檩、萧孝嵘、艾伟、陈鹤琴、王书林、吴南轩、陆志韦七人,当选理事。廖世承、刘乃敬、黄龙先、候补"。② 从上述报告可以看出,第二届年会对理事进行了改选,萧孝嵘、王书林、陆志韦等测验界学者代替了第一届年会选出的顾克彬、彭百川、史维焕等党政界人士,也从一个侧面反映了中国测验学会希望打造成一个更专业的学会的决心。这届年会出席者有两百多人,对中国测验学会存在的可能性和发展的可能性进行了论证。首先论证了测验在今后考试中的重要性,"因为考试执行考试权,极希望有一种最可靠的考试方法和标准,庶几能将真正人才衡量出来……甄选真正的人才……须有各种

---

① 中国测验学会第二届年会纪盛[J].测验,1934,2(1):114.
② 刘乃敬.中国测验学会二届年会[J].时事月报,1934,10(2):65.

正确的标准……这种种急需要的标准,在现在是无法确立的,只有从测验方面着手研究,庶几能有确立的希望"。① 其次宣布了社会各界对测验的支持,特别是政府对测验的支持,"本党对于学术团体,无不热心赞助,对于贵会这种科学学术机关,尤其愿意提倡"。② 在资金方面,"教育部批准补助了一百元,虽还感不敷支配,教育部提倡测验的盛意却非常可感"。③ 再次确认了今后要办理的测验包括"编造中小学标准测验,幼儿智力测验,试办军警测验等"。④ 同时还拟定了今后的工作计划书、编译及出版、总务事项、推广事项等。

这届年会最大的特点是有了正式的测验学术交流。"本会认为年会的最大的意义,在于集合诸位会员于一堂,互相交换研究心得,借以引起新的问题"。⑤ 为此,从第二届年会开始,专门设置了在大会上宣读论文的环节,在筹备会中还专门成立了论文委员会。该委员会由艾伟负责召集,委员包括陈鹤琴、俞子夷、萧孝嵘、张耀翔、廖世承等测验界著名学者。提交的论文主要包括理论研究、方法和实际问题的探讨、研究报告和研究计划 4 种,经过删选共得论文 19 篇在大会宣读。具体论文见表 5-2:

表 5-2 中国测验学会第二届年会论文交流情况统计表⑥

序号	作者	交流论文题目
1	沈有乾	大学入学考试与学力测验
2	周先庚 诸葛龙	定县平教会之测验工作
3	周先庚 陈汉标	中国大学生之颜色嗜好测验
4	周先庚 朱景元	中美大学生变态心理之比较
5	周先庚 雷肇唐	美人判断汉字位置之分析

---

① 中国测验学会第二届年会纪盛[J].测验,1934,2(1):114-115.
② 中国测验学会第二届年会纪盛[J].测验,1934,2(1):114.
③ 中国测验学会第二届年会纪盛[J].测验,1934,2(1):104.
④ 中国测验学会第二届年会纪盛[J].测验,1934,2(1):110.
⑤ 中国测验学会第二届年会纪盛[J].测验,1934,2(1):105.
⑥ 胡延峰.留学生与中国心理学[M].天津:南开大学出版社,2009:287-288.

续表

序号	作者	交流论文题目
6	蔡乐生	汉字横直写速度之比较
7	艾伟	汉字测验
8	童润之	中学生毕业会考之研究计划
9	陈礼江	成人用非文字智力测验
10	左任侠	智力是什么
11	左任侠	行为样品说之实验计划
12	邬振甫	个人进动速率之研究
13	萧孝嵘	数种测验初步报告:(1)多方适应;(2)XO测验;(3)画人测验;(4)墨跋测验
14	陈鹤琴	幼稚儿童智力测验的初步报告
15	朱君毅	测验字汇
16	王书林	T量表
17	吴南轩	最近关于测验问题的研究及计划
18	龚启昌	国立中央大学实小自造之新法考试
19	易克橾	论述式试卷评判方法之初步研究计划

2.第三届年会及其对测验的提倡

第三届年会经过会员陈礼江、俞庆棠、高阳、童润之、陈友端等的精心筹备,于1936年5月2日在无锡教育学院大礼堂顺利举行,此届年会计二天,到会者有沈友乾、艾伟、俞子夷、刘廷芳、陈剑修、易克橾、俞庆棠、王书林、陈选善、陈鹤琴等,中央代表沈沛霖及江苏省政府教育厅代表高践四分别致词,对四个提案(1.审查本会经费出入案;2.测验译名初稿应如何处理案;3.设置名誉理事案;4.下届年会地点及日期案)进行了讨论,刘廷芳、艾伟等进行演讲,对于测验之理论及十余年来测验工作进行回顾。下午三时开会务会议,由陈剑修主持,首由理事会报该会工作及经济状况后,即讨论测验译名之后审问题,决推庄泽宣、俞子夷、沈友乾审查。三日继续开会,进行学术交流,年会论文交流情况见表5-3:

表 5-3　中国测验学会第三届年会论文交流情况统计表[①]

序号	作者	交流论文题目
1	陈鹤琴	一个机遇公式的商榷
2	陈礼江	成人用非文字团体智力测验编测经过及其初步结果
3	艾伟	文白测验结果之比较研究
4	萧孝嵘	墨跋量表之修订及其经过；军队测验编造之经过；罪犯情绪态度及人格倾向之实验研究
5	李清悚	中学会考问题之调查研究
6	宗亮东	机械能力测验标准化初步报告
7	沈有乾	标准差之常性误差及其校正方法
8	蔡乐生	汉字部首的学习迁移、国防教育与心理测验
9	陈选善	测验运动的前瞻
10	王书林	编制中小学校用各种教育测验工作的经过

这次会议对理事也进行了改选，根据开票结果，萧孝嵘、吴南轩、陈鹤琴、王书林、艾伟、易克樨、陆志韦等七人当选理事。廖世承、黄龙先、陈剑修为候补理事。年会还就测验的未来发展导向问题进行了规划，正如俞庆棠所说："以往中国许多测验方面有价值的贡献，未免偏重在学制系统中的学校方面，我们希望今后这种有价值的工作，逐渐扩充到广大的民众队伍里去……广大的民众队伍里，和成人学习方面，需要科学的调查、测量和测验，实在急迫得很。"[②]后期测验学会与政府和其他组织联合编制实施大量测验，也体现了测验学会对非学校教育测验的重视，这也在一定程度上强化了测验的应用功能。

3.中国测验学会职能机构不断扩展

1932年的学会职能机构中"只有编译委员会、研究部、事务部三个部门，随着学会事业的拓展，原来的机构显然已经不能应付，所以，在1937年的学会机构中，除了保留了原来的三个部门外，学会又拓展出了经济委员会、测验译名委员会、编制中小学标准测验委员会、设计委员会……这些专业研究委员会的成立有力地保障了学会工作有条不紊地进行，同时也使学会的各项事业呈

---

① 胡延峰.留学生与中国心理学[M].天津：南开大学出版社，2009：288.
② 俞庆棠.欢迎中国测验学会三届年会[J].教育与民众，1936，7(8)：1-2.

细致化和专业化的趋势,这对事业健康进展是非常必要的,它可以在一定时间内把经验丰富的专业人员聚集在一起集中精力和时间去解决某一问题,无论时间上还是资金上都是一种极大的节约"。①

同时第一届年会上曾设想过的"本会会所设于首都,遇必要时得设分所于各地"得以实现。随着学会各项工作的拓展,学会于北京、上海、杭州、无锡几个测验中心城市也设立了测验分支机构,其中驻平干事为周先庚,驻沪干事为廖世承,驻杭干事为沈友乾,驻锡干事为童润之。② 此外,学会会员的数量也在稳步增长,有学者统计,至1934年5月,该会已拥有基本会员160人。到1938年,会员有200余人,多为心理教育专家,已形成中国测验界之总汇。③《测验》杂志在这期间又出版了5期,编辑阵容也在不断扩大,1933年7月编辑人员只有25人,到1937年1月已有63人之多。④ 编辑阵容的不断扩大一方面说明了学界对创办《测验》杂志的高涨热情,另一方面也说明了杂志的创刊已得到越来越多专业人士的认可。⑤

在中国测验学会的带领下,各项测验活动稳步发展,但日本侵华战争这一历史因素打破了测验运动原本良好的发展态势。中国测验学会先后经历了会刊《测验》停办、年会停开,同时因为战事测验学会也不得不西迁至重庆等地。虽处于颠沛流离状态,依然从事各项测验工作(战后测验工作具体见本章第五节),但人和组织的力量在残酷的战争面前始终是有限的。随着战争的升级,生存空间越来越恶劣,很多研究工作已经到了无法正常进行的地步,测验学会最终无奈消散,这不能不说是中国测验史上的一大遗憾。

三、测验的理论研究、编制与宣传

在中国测验学会的领导下,测验界学者们吸取前期的经验教训,把测验运

---

① 胡延峰.留学生与中国心理学[M].天津:南开大学出版社,2009:282.
② 胡延峰.留学生与中国心理学[M].天津:南开大学出版社,2009:282.
③ 樊正.民国时期的中国测验学会[J].民国档案,1994(1):141.
④ 中国测验学会职员名录[J].测验,1937,3(1):226.
⑤ 胡延峰.留学生与中国心理学[M].天津:南开大学出版社,2009:282,285.

动发展的重点放在了测验理论研究上。编制测验的种类不断扩大,不仅中小学教育测验硕果累累,适合大学生、幼童的测验也数量可观。同时测验也不再局限于单一教育领域应用,而是向医学、军事、工业等不同领域扩展,测验宣传呈现更加专业化的趋势。

(一)测验理论研究的深入

理论研究既是前期测验运动反思的结果,也是测验运动向纵深发展的必然要求。这期间成立了众多的高校研究所。这些机构凭借其强大的人才资源优势,迅速成为测验理论研究的中流砥柱。

1.主要测验理论研究机构及其贡献

从1928年2月国立中山大学首先创办教育学研究所招收研究生后,各大院校研究机构纷纷建立。中央研究院于1929年成立了心理研究所。国立北平师范大学于1931年9月成立研究院教育科学门,1932年9月改名为教育研究所。江苏省立教育学院1931年设立成人心理研究室。中央大学于1934年2月27日成立教育实验所。研究所的成立也推进了政府的相关立法,南京国民政府相继颁布了《大学研究院暂行组织规程》(1934年5月)、《学位授予法》(1935年4月)、《学位分级细则》(1935年5月)和《硕士学位考试细则》(1935年6月)等法规章程,同时成立了教育部学术审议委员会,这些规程使得学术研究、教育研究机构的组织建制以及人才培养工作有章可循,研究机构也因为有了上级主管部门的领导和监管而走上更加有序、快速发展的轨道。所有研究机构中对测验发展贡献最大的当属中央大学的教育实验所和江苏省立教育学院的成人心理研究室。

(1)中央大学教育研究所

中央大学教育研究所成立于1934年,开始名称为实验所,1935年改名为中央大学教育研究所,由中央大学心理系教育系著名教授负责。从当时中央大学公布的名单看,心理系教育系教授有艾伟、萧孝嵘、吴南轩、潘菽、王书林、陈剑修等,他们都是测验界知名学者,向来重视测验研究、编制和实验。也因为这些研究者的学术兴趣,所以中大教育研究所也特别偏重于教育心理学的测量和研究实验。从组织看,该所分为研究部和陈列部,前者包括心理组和统计组,后者包括教育资料征集、教具、儿童玩具、中小学教本、心理仪器、统计图表等组。

中央大学教育研究所在测验理论研究方面成果卓越。在统计学方面,有王书林的均差差误研究,艾伟的曲线适合、概率与机误、对减计算法、均差等研究;在心理结构研究方面,有萧孝嵘的知动与学习研究、学习定律分析、相对反应之实验解剖、知觉单元之研究、桑代克相属原则之解剖,潘菽的对象行列与知觉之关系、部分刺激之效果、繁简对象之知觉时间研究;在教学教法教材方面,有小学各科教科书内容之分析、中学文白测验结果之比较分析、文白字数之比较研究、汉字测量、错字分析研究、国文横直读比较研究、初中国文成绩实验研究、学生教育成绩与其他学科成绩相关研究、中学国文理解程度研究、中学英文教学初步之考察、英语教学问题、初中英语文法错误之心理;在儿童心理研究方面,有萧孝嵘的教授记忆形式发展之研究、位置知觉与时间知觉之发展、手部动作之研究、数目知觉之研究、内外倾品质与年龄性别之关系、年龄性别与暗示感受性之关系;在实业心理方面,有萧孝嵘指导的郑丕留、宗荣庚二人的三种实业心理研究,萧孝嵘的工科学徒及指纹练习生选择之研究,陈剑修的疲劳研究。[①] 同时研究所还编辑发行了《心理教育实验专篇》(1934—1936年),该刊以心理教育报告发表为主,发表有艾伟的《汉字测量》《中学文白测验结果》以及萧孝嵘的《决定知觉单位之条件》等。

除了理论研究成果丰富,中央大学教育研究所在测验编制方面也是硕果累累,无论是数量上还是质量上都处于全国领先水平。据统计,至抗日战争前教育研究所完成的测验达五十多种,种类繁多,包括智力、教育、人格等多种量表和测验。教育测验方面,有王书林修订的算术诊断测验,艾伟带领团队编制和调查的高中及初中英语测验、文言文白话文测验、小学各科教育测验;智力测验方面,有萧孝嵘带领团队修订及编制的军队警官测验、各种幼儿测验、大学生智力测验等;人格方面,有吴南轩修订的心理卫生测验、萧孝嵘修订的邹麦二人个人事实量表、马氏人格评定量表、情绪测验、勒氏成人人格评定量表;等等。

该所还特别注重培养能从事实验和测量的人才,自成立后即招收研究生。但招生不是沿用传统的考试,而是由各大学教育心理系主任推荐面试录取,这

---

① 本校心理学系完成测验五十余种[N].国立中央大学日刊,1936-6-8(2).

在一定程度上保证了生源的质量。学习形式采取一半教授规定、一半自由研究,每月给予津贴30元或35元,学杂费全免,并提供图书仪器和其他相关资料。宽松的考评环境和优厚的待遇也让学生能安心于研究。在教授的指导下,这些研究生在汉字测量、知觉单元形成、沮丧儿童之分析、墨迹测验及作文评价等方面都小有成就。比如毕业生吴江霖的《赛斯通职业指导测验之标准化》、林富平的《中学会考成绩与原校成绩之相关》、汪百熙的《天才幼儿社会行为之发展》、蔡素芬的《初中儿童入学智慧测验》等研究在当时都具有一定的创新性。

(2)江苏省立教育学院成人心理研究室

江苏省立教育学院成人心理研究室成立于1931年冬,是当时中国民众教育的最高学府,其下的研究室与其他研究机构也有所不同,该研究室主要研究对象是失学的青年和成人,编制有大量适合成人学习能力和民众教育的测验,为当时的民众教育提供了科学的心理学基础。

研究室的工作主要有两大部分,一是成人学习能力研究,另一个是适合民众教育的各种测验的编制。前者包括儿童与成人的镜书实验研究、各年龄左手书写之比较研究实验、成人阅读兴趣与习惯之调查研究、成人学习意见的调查和农民社会心理调查与研究。[①] 虽然不是直接的测验,但这些研究本身需要用到大量的测验和问卷,研究也是测验施行的过程。测验有教育测验和智力测验,教育测验已经编制的有民众学校用的国语测验,共有7个分测验,其中测验一、二、三、五是仿效陈鹤琴初小默读测验,四是仿效祁氏的听意测验,六是仿效陈鹤琴小学默读测验,七是仿效陈鹤琴小学默字测验。该测验在无锡、溧阳、邹平、徐州等南北多个市区20个学校对518名成人测试,根据测验结果编制有常模。同时通过测验发现,"年龄与成绩有密切关系,年龄增加成绩增加,但23岁后年龄增加与成绩成反比。测验分数与教育程度依次递进"。这个测验结论也从一定程度上验证了民众教育的重要性,提高了社会对成人教育的重视。

和普通学校教育一样,民众教育也需要甄别智愚、分别班级、适应个性、选择职业等,所以也需要应用智力测验。但已有的智力测验主要针对中小学生,

---

① 陈友端.本院成人心理研究室测验工作述要[J].教育与民众,1936,7(8):47-49.

同时非文字测验也很少。因为"中国的文盲占全国人口百分之八十",[1]所以编制适合民众教育的非智力测验在当时更为重要。鉴于此,成人心理研究室决定编制成人用智力测验,作为民众教育实施的依据。编制的智力测验共三种,适合13岁到45岁各个年龄层。第一种是叶氏团体智力测验,有6个分测验,分别是两形交替测验、图形连续测验、比较立方体数测验、图形叙事测验、分析九形板测验和图形记忆测验。该测验曾试测过15个机关453人,年龄从12岁到63岁,从文盲到受过14年教育者都有。根据试测结果进行修订,正式测验共测试了1176人,并求得各年龄平均分、标准差、T分数量表。该测验曾被南京国民政府主计处统计局应用于江苏第一监狱犯人的智力检测中,在当时具有一定的影响力。第二种测验是袁氏非文字团体智力测验,包括8种分测验,分别是异同测验、迷津测验、时间顺序测验、划去异类测验、立方数配合测验、配对测验、节奏测验、几何形分析测验。曾试测过566人,并求出常模。第三种是陈氏智力测验,编制时参考了美国陆军测验和陈鹤琴图形测验。有6种分测验,分别是迷津(8题)、异同识别(30题)、划去异类(30题)、立方数配合(44题)、时间顺遂(58题)、几何形分析(32题)。在三种测验中该测验效度也是最高的。根据其公布的结果,该测验成绩与大学生学业成绩相关为0.784,与廖世承团体智力测验相关为0.786。[2]

除了民众学校用的国语测验和非文字智力测验,该所还编制有七巧板智力测验、工作测验、民众学校算术测验、民众学校常识测验等,研究有各年阅读能力进步研究、民众词汇研究等。[3]为当时的民众教育提供了科学的工具,有力地支持了近代民众教育的发展。

2.测验理论的研究

测验运动前期因为过于偏重量表的编制所以导致理论研究薄弱,测验运动也一度沉寂。在中国测验学会的宣传和倡导下,国内学者吸取之前的教训,把测验方向转移到理论研究上,研究主要集中在以下四个方面:

---

[1] 陈礼江,陈友端.成人用非文字团体智力测验编造经过及其初步结果[J].教育杂志,1936,26(1):107.
[2] 陈友端.本院成人心理研究室测验工作述要[J].教育与民众,1936,7(8):14-17.
[3] 王文新.成人心理室之过去及现在[J].校闻,1934,2(2):33.

(1)测验基本理论知识的研究

测验测的是人的心理属性,后者在测量学中就是一种假设的概念,也称之为结构,它是社会科学家们为了解释人的行为试图建立种种理论而想象出来的产物,这一产物是永远不可能被绝对证实的,只能通过其外显的行为进行推论。所以测验的理论首先是心理学相关理论。这期间对心理结构的研究主要是学习过程、知觉、记忆等心理特征的研究。其中萧孝嵘对桑代克的学习定律进行了深入剖析,他认为单纯的重复性练习不能从根本上提高学习效率,练习律应该分为用律和废律两种;同时指出桑代克提出的天然属性是学习前提的原则也具有一定的片面性,对此他进行了专门实验研究,并发表了《不相属的印象的相属性》一文系统阐述了自己的观点。因为桑代克在测验界中拥有至高无上的学术地位,所以当时许多研究者都视其结论为公理。萧孝嵘敢于批判,并且在实验的基础上提出自己的独到见解,在当时非常具有勇气,也体现了中国学者的批判精神和创新精神。同时萧孝嵘还通过实验,研究了时间条件与空间条件对知觉形成的影响,该实验由全体测验和部分测验两部分组成,样本选择符合要求,信度、效度也非常高,他将实验过程和结果进行整理并发表了《知觉单元形成之条件》一文,在当时属于比较前沿的研究。他指导的学生郑沛暾将这一研究进一步深入,对416人进行实验,并将结果整理成《知觉阈度之研究》一文,发表在当时比较权威的杂志《测验》上。此外,沈有乾对桑代克提出的练习律也进行了研究,发表有《教育心理学中练习律的改造》一文。除了知觉和学习过程研究外,学者们对智力也进行了理论探讨。智力有哪些?智力是两因子还是多因子?类似问题国内一直疏于了解,而智力因素的问题又是影响智力测验编制的关键。为此左任侠进行了梳理,并在《测验》杂志上发表《智力是什么》一文,结合自己的研究介绍和分析了四种智力观下的智力概念。萧孝嵘则结合自己应用甲种军队测验的调查,从智力发达之曲线、智力成熟之年龄、年龄与智力之差异度关系三个方面解答了智力发展中的种种问题。

其次是测验自身基本知识的研究。在具体测验介绍上,此时期的智力测验除了比纳-西蒙的智力测验研究,还有萧孝嵘的多方适应测验、古迪纳夫画人测验、迷津测验、黄觉民的幼童智力测验等。人格和职业测验方面有警察测验、赛斯通职业测验、护士候选人测验、情绪测验、运动标准测验、劳工测验、儿童情绪测验、前途之测验、公民测验、伦理测验等的翻译和研究。这时期测验研究的特点是不仅种类更多而且研究更细化。比如品格测验细化到意志测验、情绪测验、德性测验和美感测验。同时对测验的诊断性功能更加重视,袁湘槐的《学业测验的诊断化》强调了诊断测验的重要性,戴学如的《教育诊断测验略论》对诊断测验的意义、特性、种类都进行了探讨,刘哲庵的《诊断测验的应用》、盛振声的《小学算术补救测验及诊断教学》、葛承训的《中高级阅读诊断测验》、杨清的《小学国语默读诊断测验试编纲要》、杜元载的《教育诊断之理论方法与推行》等学术论文都详细介绍和探讨了诊断测验的具体应用。

最后是测验编写的研究,具体包括测验题型研究和试题编写规则研究。龚启昌在《编造新法试题的方法》一文中提出客观题的具体题型应该包括填空、是非、选择、配对、对比、重排、计算等 16 种,并探讨了测验项目设计蓝图、题库的制作和各种题型题目编制注意事项。比如填空题,他列举了 5 个编制规则:"每个空格要有一个意思,避免凭理智猜度的问题,一句内避免许多的空格,空格的虚线长短一样避免猜度,不能选从原书中节录的文句。"[①]这些原则也是现代测验理论中客观题编制的要求。杨仲谦的《成绩测验的选择法与填充法比较研究》对测验中最常使用的两种题型进行比较分析,同时他还撰写了《编制职业性向测验的步骤》《测验编造法述要(附表)》《怎样自编测验(附表)》《怎样编造测验式的试题》等论文。分别从不同角度研究了测验的编写理论,对提高测验试题的科学性和规范性具有一定的指导意义。赵廷为在《正误测验》中详细探讨了是非题的编写原则,提出的"一个题目只应该用一个句子叙述,而且也只能包含一个意思;用以确定题目真实性的形容词'一切的'、'每个'、'常常'、'未曾'等等,应该少用"等原则,与现代测验理论中测验题目编制指导思想几乎一致。这些研究和宣传为教师编制测验提供了科学的指导,同时也推动了新法考试的产生和发展。

(2)测验质量特性的研究

质量特性是测验科学性的一个重要体现,前期的很多测验之所以让公众失望,很大程度上是因为信效度不高,所以质量特性也是这时期研究的主要内容。首先是信效度理论模型的探讨,比较有代表性的是沈有乾,他在《测验结果的有效部分和可信部分》一文中对测验中的常性误差和变性误差的概念、来

---

① 龚启昌.编造新法试题的方法[J].测验,1932,1(2):12-13.

源以及与信度效度的关系进行了探讨,他认为:"一种测验结果所以可以分为三部分,一部分是所要测验而往往不能正确求得的真实数量,一部分是常性误差,一部分是变性误差。实得分数是三部分的和数,可信分数是实得分数减去变性误差,有效分数是实得分数减去常性误差,效度是实得分数和有效分数的相关,但实得分数和可信分数的相关不是信度,却是信度的方根。"[1]这一表达其实也是现代测验理论中的真分数理论。

其次是对信度、效度的探讨。郑大源在《测验的效度与信度》一文中分析了当下测验信度低的主要原因,他认为:"一是主试者的原因,说明不清楚,施行测验手续无划一标准,计时方法不一致,校阅计分不客观等;二是受试者的原因,受测验以外的原因导致先后行为发生差异;三是受试者两次测验兴趣不同,四是测验的时间及环境。"[2]他在分析基础上提出要通过增加题目适当的难度、保障测验长度、使用实验定量法等方法来提高测验的信度。还有些学者认为当下信效度计算过于混乱,应该在理论上有统一的办法。杨敏祺在《计算测验各问题效度之简法》中介绍了几种简易计算方法,比如两端分组法(高分组、低分组各占27%)、标准差与差异标准差的比值,等等。他的另一篇论文《信度及其机误》则介绍了三种信度计算法,"甲求两个同样测验之相关系数,即以此相关系数,作为其一之信度。乙求一测验同一人两次分数之相关系数,即以此系数,认为本测验之信度。丙将一测验分作两部,求此两部分数之相关系数,然后用可增信度公式以忖全测验之信度",[3]这些计算方法也都是现代测验中所使用的。

最后是难度的研究。除了信效度,难度也是质量特性的一个指标。陶鼎的《测验的难度及其诊断的价值》介绍了难度的计算及难度与效度的关系。他通过研究发现,难度在 0.5 左右,效度相对更高。施平宰的《如何断定测验问题的难度》主要是从能力常态分布下标准差等距划分理论角度进行研究,他通过对浙江省某小学 40 个学生的自然科学进行测验实验,验证了两种难度计算方法:一是以通过人数的比例,二是把通过人数比例转化为分数。从现代测验理论看,人数比例为顺序变量不能进行加减,特别是通过各个题计算总卷面的难度不合理,但这种难度计算方法"以每题艰难度值给分,那就以每题艰难度

---

[1] 沈有乾.测验结果的有效部分和可信部分[J].教育与民众,1936,7(8):1416.
[2] 郑大源.测验的效度与信度[J].心理半年刊,1934,1(2):3-4.
[3] 相当于现代测验理论信度中的重测信度、复本信度和分半信度。

值的大小,作为每题应得的分数,把全部的分数加起来,就得到这全部测验题的总分"。① 这在当时也是一种创新性研究。

(3)测验中猜测概率问题的研究

测验之所以结果客观是因为它拥有大量的客观性题目,而客观性题目中选择题和是非法题占了相当大比例,从统计学角度看,这两种题型都含有猜测的概率。"题目做对了得一分无甚问题,若做错了则似有猜答之嫌疑,猜答者应扣一分以示惩罚。"所以做错题目都要扣分以提高测验的准确性。之前测验界也一直沿用麦柯尔提出的通用公式$(S=R-\frac{1}{N-1}W)$,其中R为做对的题目得分,W为做错的题目得分,N为选项个数。② 但艾伟通过实验发现此法存在很大的问题,他在《测验学上对减错计算法的研究》一文中针对是非题进行了举例说明,比如当R为18、W为22时,S=18-22=-4;当R为20、W为20时,S=20-20=0。从这些也可以看出测验得分一个为负数一个为零,作答者经过测验后有的无成绩,有的竟然在无成绩之下,明显与事实不符。虽然记分时把负数按照零记,但也是与事实不符。之后也有不少学者进行研究,比如得成在《怎样补救新式测验扣分的流弊》一文中提出从增加题目的选项角度来减少猜测概率。但是根据测验理论,选项都要具有一定的似真性,虽然增加选项在理论上成立,但实际操作不易。而当时测验的效度普遍采用效标关联效度,题目的计算方法将直接导致效度的准确性,所以这个问题的解决在当时不仅重要而且特别迫切。

在所有的研究中,艾伟的研究似乎更有说服力。针对权威的概率问题,艾伟认为应分别对待,"当解答问题时,有知其必对者,有以为对者,有对否毫无把握者",③对以上三种情形他又进行了进一步分析,"学习之已成者,其解答问题,当然正确,毫无疑义;学习之未竟全功者,其答案有对有不对焉;对于无把握者,对于问题是否解答,在乎学生之投机与否。不投者于统计上无问题,若贸然答之,其成功固属偶然,其失败则三分之一之分数减去矣"。④ 而之前

---

① 施平宰.如何断定测验问题的难度[J].浙江小学教育,1937,5(3):18.
② 此公式适合选择题等再现知识性的题目,比如四选一则N=4,三选一则N=3,五选一则N=5,现代测验中选择题大多为四选一题。
③ 艾伟.初中国文成绩之实验研究[J].教育杂志,1927,19(7):9.
④ 艾伟.初中国文成绩之实验研究[J].教育杂志,1927,19(7):9-10.

的记分方法最大的问题就是没有做具体的区分,把所有作答归为最后一种情况处理。艾伟不仅在理论上阐述,还用实验进行证明,他曾用白话文15题、文言文20题,选择苏州振华女中初中部120人、天津南开中学450人进行测验,最终证明"机遇的假定应用于此处是完全不对的"。[①] 为了寻找更为合适的计算方法,艾伟又对中央大学教育学院统计班51人月考中的真伪题进行研究,并从效标关联效度结果进行推证,[②]从理论上进一步推出 $C = -\dfrac{r_{IR}\sigma_W}{r_{IW}\sigma_W}$。虽然作者自己也提出这种计算方法在经济上不甚使用,但把C作为一个动态的系数扭转了以前的错误,使包含大量真伪选择题的测验得分更公平公正,而且更好地反映了一个测验的真实效度,这对测验理论是一大贡献。

(4) 记分方法的研究

自从麦柯尔访华统一标准后,TBCF制一直是测验常模使用的标准,但在使用中也暴露出越来越多的问题。第一,这种方法过于晦涩难懂、计算烦琐,一般未受过专门训练之人难以理解;第二,该方法以学生群体为计算依据,不可避免会出现"矮子里拔将军"的尴尬局面。对于这一问题,许多学者进行了反思,比如王书林的《T量表之限制》、周学章的《TBCF制之检讨》等文章都从统计学理论上分析了T分数存在的缺陷,提倡用其他方法弥补其缺陷,从而掀起了记分法研究的热潮。

其中萧承慎的《分数及记分制度》、沈友乾的《谈记分法》、张达善的《等第记分法和S记分法》、沈金声的《单位百分记分法的研究》等文章对百分记分法、等第记分法、比较记分法[③]、常态分配法、SD记分法(K记分法)、应用智力测验单位记分法、AQ制记分法、S分记分法、均分法等方法进行了研究和探讨。还有学者亲自进行方法的实验研究,并列举了自己的实验结果,比如龚启昌的《应用标准测验单位的记分法》、葛诚训的《一个简易的记分法》、阴景曙的《单级记分法的研究》、江卓群的《改进等第的百分法》、戴世龙的《SD记分法之研究与新SD记分法之介绍》、沈金声的《单位百分比记分法的应用研究》等。

---

① 艾伟.测验学上对减错计算法的研究[J].测验,1932,1(1):5.
② 效标可以是一个公认的标准化测验,也可以是教师的评判分数,效标关联效度就是该测验成绩与效标成绩的相关系数,具体可参见统计与测量学的相关内容。
③ 基于正态的分布比例,先确定人数比例然后定等级。

在记分法研究上还一度出现百家争鸣的现象。比如蔡德恭的《一个百分和常态分配混合的记分法》发表后,俞子夷撰写了《一个简易的记分法》,吴龢也撰写了《对于一个百分和常态分配混合的记分法质疑》,对其所谈的总指数和总等第没有意义进行质疑,并提出个人的见解。针对萧启贤的《改良记分法》一文中提出的记分应该掌握的原则和各种公式,章棣的《对于萧启贤君改良记分法的商榷》,龚启昌的《小学记分方法的商榷》,徐则敏的《对于"记分方法研究"的商榷》都从不同角度进行了回应。曾克同、陈启肃对龚启昌的《记分法新公式的介绍》、虞祝平的《对于记分法新公式的商榷》、章棣的《曾陈"记分法新公式"的商榷》、萧启贤的《对于"记分法新公式的介绍"商榷》、沈友乾的《关于曾陈记分公式的商榷》等文章的质疑又撰写了《答沈萧卢三位先生关于记分公式的商榷》一文进行了解答。这些争鸣让学界对不同记分方法的优缺点有了更深的认识,更有助于直接指导实践工作。

(二)测验的编制与修订

这时期除了理论研究也修订编制了大量的测验,但与高潮期不同的是这些测验更贴合实际,能在平日检查中大量使用,且针对性比较强。

1.非标准性测验的编制

非标准性测验也称为新法考试。测验运动前期之所以提倡把标准测验用于学校考试,是因为旧法考试存在两大缺陷:一是出少数的题让学生长篇大论地做文章;二是时间冗长不加限制,忽略速率是一项重要的因素。标准测验代替旧式考试的确是教育科学化带来的一大进步,但事实证明标准测验并不能完全解决学校考试问题。虽然标准测验是一种考查教育成绩的科学方法,但每学期至多只能应用两次,而且标准测验的内容与不同学校不同地区的五花八门的教材不完全符合,用来作为考查学生平时学业成绩的工具,反而会得不偿失。这可能在一定程度上也是测验运动高潮期的大量测验不能应用于实际的原因。不仅如此,"施行标准测验的人要有专门的研究和经验,但在现在一般小学的情况下缺乏能测验的人;标准测验买起来太贵;我记得我有一次考试新生用标准测验,共化(花)去约二十元,这在一般小学经济状况下自觉得所费太多!"① 鉴于此,一部分测验研究学者另辟蹊径,采用新法考试卷作为暂时代用品。新法试卷乃新法考试场合内所用的一种试卷;质言之,即系一种非标准的测验。② 新法考试和测验到底有什么不同,它们是什么关系,有学者做了区分。具体见表5-4:

表5-4 新法考试与标准测验的区别③

	新法考试	标准测验
不同点	编制前未经过若干精细实验; 无常模; 实施手续不经严格控制或标准化; 不费被试者与评阅者之时间,但较多费编制者之时间; 临时应用; 比较灵活易于适应一学校或一地方特殊需要	经过若干精细实验而后编制; 有常模; 实施手续经严格控制或标准化; 不费被试者与评阅者之时间但较多费编造者之时间; 永久应用; 比较呆板不易于适应一学校或一地方特殊需要
相同点	问题多;取样广;答案短而有标准;评判客观;记分可用机械式;结果往往足以表现整个组织的智识	

这时期编制的比较著名的新法考试或非标准测验有:(1)肖孝嵘的多方适应测验;(2)陈礼江成人用非文字智力测验;(3)艾伟、王全桂小学国语默读测验;(4)中大实校自造读法测验;(5)艾伟、丁祖荫语顺测验;(6)中大实校自造缀法测验;(7)大中实校自造书法测验;(8)艾伟、郭祖超小学算术测验(诊断测验);(9)中大实校自造算术测验;(10)艾伟、孙邦正小学国语史地测验;(11)厦大实小社会测验;(12)上海实小社会标准测验;(13)杭师附小社会测验;(14)中大实校自造社会测验;(15)南京市小高级卫生测验;(16)包静元小学高级卫生测验;(17)中大实校自造自然测验;(18)上海实小自然标准测验;(19)艾伟、秦湘苏小学高级自然科测验;(20)艾伟的小学国语默读测验;(21)艾伟、朱幼颜的初级小学常识测验等。④

---

① 陈剑恒.怎样考查学生的成绩[J].测验,1932,1(2):2.
② 左任侠.最近中国科学测验之发展及其趋势[J].学林,1940(1):107.
③ 吴南轩.什么是新法考试[J].测验,1932,1(2):5-6.
④ 根据左任侠的《最近中国科学测验之发展及其趋势》(《学林》1940年第一辑)和张敏强的《20世纪教育测量学发展的回顾与现状评析》(《教育研究》1999年第11期)整理而成。

2.标准测验的修订与编制

除了新法考试卷子外,这时期也有编制标准测验,但这些测验大多是国外相关测验的修订版,主要集中在智力、人格和职业等方面。具体包括下面三种:

(1)萧孝嵘修订的墨跛量表

墨跛量表是由美国心理学家 R. 斯吐思曼编制的一种测定幼儿智力的成套测验,于1931年发表,其名称是由编制者所在学校的名称墨跛而得来。因为测验运动前期编制的智力量表更多适合中小学生,如果盲目用于幼童势必因不能激发其兴趣而影响测验效果,所以国内需要一种更适合幼童的智力测验。萧孝嵘在1934年首先将墨跛量表翻译介绍到国内,但翻译过来的因为文化知识背景不同而不能直接使用,所以1936年萧孝嵘又与学生吴襄、孙蕙如、左绮云、丁祖荫和丁瓒5人组织团队,着手开始修订。此次的受试儿童俱系南京市内之小学生与幼稚园生,总数为1531人。① 修订后的测验有31个分测验。具体包括:语言测验,内又分动与主动、简单问题、字的重述3部;全是或否测验,内又分简单命题、抛球、直塔、交足、一脚站着、数二木块、折纸、使木块走路、抽绳、镜中识己、剪刀使用、配合颜色、配拇指、书画、仿绘十字、书星16部;形式板和图画测验,内又分沈干形式板、马图、人形、书迷三种、德可尼配偶游戏5部;动作适应测验,内又分乌林准板、配置十六立方体于盒中、套立方体、纽扣、小红塔、三立方体之锥体、六立方体之锥体7部。② 该测验主要针对18个月至71个月之间的幼童,是一种个别诊断量表,采用的是点分计分法,具体的操作及常模都整理发表在萧孝嵘的《订正墨跛量表说明书》一书中,是当时幼儿智力检测的一种标准的工具。

(2)黄觉民的幼童智力图形测验

除了萧孝嵘的幼童智力测验,黄觉民也编制有幼儿智力测验。与前者不同的是,黄氏的测验题目都是由图形构成。1934年10月上海商务印书馆要举行幼童智力比赛,但在国内没有找到合适的测验。黄觉民查阅了当时著名的幼儿测验,最后选择了哥伦比亚师范学院宾尼尔和堪宁恒合编的幼童智力

---

① 左任侠.最近中国科学测验之发展及其趋势[J].学林,1940(1):107.
② 萧孝嵘.修订幼稚儿童智力测验[J].测验,1933,1(4):77-100.

测验(Pintner-Cunningham Primary Mental Test)。此次比赛共测 5～8 岁幼童 4738 人,在测试中发现该测验口头指导语太多。而"不论何种标准测验,口头指导语用的愈多的,则所得结果愈不可靠",为了弥补这一缺憾,黄觉民采用增加预备测验的方式来减少正测验的指导语,并对测验中的图形稍加修改。但在实验中又发现很多图形不适合中国儿童,于是决定进行修订。经过 6 次试用和变换,修订后的测验只保留了原来图形的 50%。黄觉民与沈百英用修订版的测验在上海试验了 4 次,前两次以 6～9 岁儿童为对象,两次结果自身相关为 0.93±0.03;后两次以 4～6 岁儿童为对象,两次结果自身相关为 0.94±0.01。为了进一步验证该测验,由商务印书馆庄俞分托全国各分馆,请有经验的教育界人士奔赴全国城乡进行测验。此次收回的试卷共 5465 份,因为有些年龄没记载或测验方法不合格,有的被试超过 10 岁有的不到 4 岁,去除后余 3423 份。正式的测验共分为 7 项,分别是相属图形、审美图形、配称图形、联用图形、充填图形、认识图形、伪绘图形。至于各项常模,乃根据南京、长沙、衡阳、昆明、汉口、济南、青岛、西安、安庆、芜湖、太原、杭州、金华、开封、厦门、香港、广州、潮州、梅县、梧州、天津、保定、邢台、北平、南昌 25 地 3423 个受试者得出来的。[①] 该测验的计分方式有两种:一是 T 分数,一是智力年龄分数。测验的所有内容和常模收于《黄觉民订正幼童智力图形测验说明书》,并于中华 1937 年 3 月由商务印书馆出版。这也是测验运动再兴期施测人数比较多的一次智力测验修订。

(3)吴天敏第二次修订比纳-西蒙智力量表

比纳-西蒙智力量表经陆志韦修订后普遍使用,成为民国时期用得最多的量表之一。但在使用中存在几个明显的问题:第一,原来的量表调查时偏于南方,所以试题多用江浙用语,带有明显的地方色彩,别的地方不懂或者不感兴趣,不适合全国;第二,修订时间过久,社会十来年变化很大,原有的题目有些与现在的社会情形不相关或明显不适应;第三,旧版测验结果普遍反映儿童的智力与年龄成反比(年龄越高的儿童智慧越低,年龄越低的儿童智慧越高),需要重新修订;第四,原来用的 T 量表晦涩难懂,需要定新的年龄标准和评分标准以适应宣传和普及。因此,再次修订也提上了日程。第二次修订由吴天敏

---

① 左任侠.最近中国科学测验之发展及其趋势[J].学林,1940(1):108.

主持,先删去了预测题目,然后从斯坦福-比纳量表中选了7个试题加进正式题目中。根据试测结果,又将不适应的试题删除,最后剩下54个题目组成修订后的测验题目。与第一次修订的测验比,其中4个是以前没有的,分别是说出颜色、学说语句、做语句和默写。为了求出准确的常模,第二次修订版共测验了729人,年龄在6~14.5岁之间。受试儿童虽然都是北平的小学生,但他们来自河北、河南、山东、广东、江苏、浙江、湖北、福建、遂宁、安徽等多个省份,最后统计成绩633份。测验的所有内容和常模整理成《第二次中国订正比纳-西蒙智力测验之经过》一书,由商务印书馆出版。

除了这三种著名测验外,该时期的测验还有萧孝嵘修订的古氏画人测验、萧孝嵘修订的XO测验、陈选善编制的小学生适应测验、沈友乾和陈选善合译的伯恩路特之性情态度与兴趣测验、沈友乾根据史东之职业兴趣表所编制的兴趣测验、何清儒根据阿尔波与芬龙的材料而编成的主要兴趣测验、萧孝嵘译的马氏人格评定量表、郝耀东译奈曼与柯斯泰特之内外向性的诊断测验、王徽葵编妇女经济地位态度测验、王徽葵编爱国心与战争态度测验、王徽葵与塞斯顿合编节制生育态度测验、塞斯顿人格测验问题表等。

(三) 测验的宣传

报纸杂志的宣传是推动测验运动持续发展的动力。与前期不同的是,这时期在宣传方面比较集中,更呈现出专业性的特点。除了测验学会下属的专业杂志《测验》外,更多是各个地方和各个学校具体测验实施的宣传。

1.中国测验学会对测验的宣传

中国测验学会对测验的宣传主要体现在其编辑发行的《测验》杂志上。该杂志是测验领域的一本专业刊物,旨在研究测验理论、推行测验方法、扩大测验所能及之范围。《测验》杂志自1932年5月在南京创刊到1937年停刊,共出版了3卷9期,除第2卷第3期情况不明外,包括有1932年5月出版的创刊号、7月出版的第2期新法考试专号,1933年7月出版的第3期、12月出版的第4期,1934年6月出版的第2卷第1期,1935年2月出版的第2卷第2

期,1936年5月出版的第2卷第4期和1937年1月出版的第3卷第1期。①中国测验学会对该刊相当重视,早在学会成立时就设立了以艾伟、萧孝嵘、吴南轩、陆志韦、王书林、陈选善、潘菽、刘乃敬、彭百川为主的编辑委员会。之后随着刊物发行量的增大,编辑阵容也不断扩大,到1933年7月编辑人员发展到25人,到1937年1月已有63人之多。②《测验》杂志共发表学术文章97篇。具体见表5-5：

表5-5 《测验》杂志发表文章统计表③

年份	发表期卷	作者	文章题目
1932	第1卷第1期（创刊号）	艾伟	测验学上对减错计算法之研究
		萧孝嵘	一种智力测验法之商榷
		陈选善	测验在教育上的地位
		王书林	罪犯之智力
		左任侠	法国心理测验略史
		黄龙先 薛铨曾	智力测验史略
		易克樏	教育测验之起源与发展
		童润之	测验的意义功用种类及编制
		史美煊	真伪测验之理论与实际
		张宗麟	小学教科书应加一个尾巴
		顾克彬	译教育测量统计法以后
1932	第1卷第2期（新法考试专号）	龚启昌	编造新法试题的方法
		艾伟	常态曲线在考试成绩上之应用
		杜佐周	儿童中心教育与考试
		葛承慎	分数及记分制度
		艾伟	冀鲁豫晋四省高中以上学校英语成绩考察记
		陈选善	旧式考试与新式考试的比较
		吴南轩	什么是新法考试
		潘菽	实行新法考试的先决条件
		史美煊	优良的考试之特征
		陈剑恒	怎样考察学生的成绩

① 胡延峰.留学生与中国心理学[M].天津：南开大学出版社,2009：284-285.
② 名单详见《中国测验学会职员名录》（《测验》1937年第3卷第1期）。
③ 根据《测验》杂志进行整理而成。

续表

年份	发表期卷	作者	文章题目
1933	第1卷第3期	陆志韦	调查中国儿童无限制联想的经过和结果
		艾伟 曹刍千	五年来中国国文测验之经过
		艾伟	大学一年级生之英文能力
		萧孝嵘	智力发展之三大问题
		萧孝嵘	记忆形式发展之初步的研究
		章益	两个民族间伦理观念的比较研究
		周学章	两种小数乘法之教学法的实验
		王书林	两个要素的理论
		王书林	均差中的差数之研究
		史美煊	官吏考试方法之研究
		杜元载	教育诊断之理论方法与推行
		吴南轩	改造标准测验两种基本工作
		吴天敏	重订比纳-西蒙智力测验之经过
1933	第1卷第4期	萧孝嵘	手的动作之研究
		艾伟	曲线适合之研究
		杜佐周	根据施行廖氏团体智力测验的结果讨论国内各种测验之应修订的必要
		艾伟	论统计
		王书林	常态曲线公式之引伸
		萧孝嵘	修订幼稚儿童智力测验
		曹刍千 沈冠群	书法进步与练习时间分配之关系
		曹刍千	统计运算时应行注意的几个问题
		易克櫄	中小学学生毕业会考问题
		朱元俊	考试制度与学校教育

续表

年份	发表期卷	作者	文章题目
1934	第2卷第1期	左任侠	智力是什么
		周先庚 诸葛龙	定县试验区学校式教育测验
		周先庚	美人判断汉字位置之分析
		萧孝嵘	实业心理对象之界值与量阈之原则
		沈有乾	平均差的计算
		龚启昌	中大实校之新法试卷——自造测验
		邬振普	个人运动速度之研究
		艾伟 谢子清	粤桂二省高中以上学校英语测验日记
		—	中国测验学会年会纪盛
1935	第2卷第2期	龚启昌	中大实校之新法试卷——自造测验（续）
		沈有乾	大学入学考试中学力测验之试用
		谷延隽	师范学校《教育测验与统计》的编制问题
		郭祖超	Γ,B 二函数及其应用
		周学章	TBCF制之检讨
		左任侠	T量表基本原则——常态曲线
		王书林	T量表之限制
		王书林	成业商数与F分数
		艾伟	高级中学英语测验之初步报告
		朱镇荪	迷津测验的理论与实际
		蔡乐生	为《汉字的心理研究》答周先庚先生
		周先庚 陈汉标	中国学生之普遍的与特殊的颜色嗜好
		左任侠	智力是什么（续）
		祝雨人	智力测验与教育测验中效度的概念
		郑沛璆	知觉阔度之初步研究
		萧孝嵘	修订XO测验之初步
1935	第2卷第3期		不详

续表

年份	发表期卷	作者	文章题目
1936	第2卷第4期	钟鲁斋	测验对于吾国教育改进之几个可能的贡献
		史美煊	测验法在国家考试中地位之估计
		郝耀东	一个大学入学智力测验的尝试
		萧孝嵘	年龄性别和内外倾品质的关系
		萧孝嵘	小学儿童色盲之研究
		郭祖超 艾伟	编造小学算术测验之经过
		艾伟 孙邦正	编造小学历史测验和地理测验的经过
		包静元	编造小学高级卫生测验的经过
		艾伟 朱幼颜	编造初级小学常识测验之经过
		艾伟 秦湘荪	编造小学高年级自然科测验的经过
		艾伟 王全桂	编造小学国语默读测验之经过
		艾伟 丁祖荫	语顺测验之试编
		柏替（Burtt）著 王书林译述	联想反应与犯罪
		柏替著 王书林译	心理上缺陷的儿童
		蒋振译	找适宜的职业
		—	重要测验名词汉译初稿
1937	第3卷第1期	沈有乾	论平均数之取样误差
		萧孝嵘	军官智慧团体测验之编制及其应用
		萧孝嵘	邬马个人事实表格的修订及其结果
		陈选善	关于鲍德氏迷津测验在中国之应用
		王书林	汤姆孙对于斯皮门两个要素的理论之批评
		王书林译	优生学与犯罪预防
		龚启昌	部编短期小学课本测验
		徐儒	介绍维也纳测验体系
		郑丕留	疲劳研究中工作曲线之分析
		宋季良	儿童记忆限度实验报告
		陈启肃	教师实用统计学
		艾伟 郭祖超	初中代数测量

以上论文中关于概论的有5篇,主要论述测验的意义、功用、种类和编制,在教育上和国家考试中的地位以及中国教育的改进等;关于测验的起源和发展历史的有5篇;关于教育测验的有21篇,主要包括小学各科测验、中学大学英语和国语测验的编造及其他教育测验问题;关于智力测验的有14篇,主要包括智力的定义、智力的发展、比纳-西蒙智力测验、廖氏团体智力测验等的修订以及各种测验方法、问题的探讨;有关新法考试各个方面探讨的有14篇;关于心理结构本身问题研究的有20篇,主要包括知觉阈度、颜色嗜好、记忆、联想、个性品质、汉字心理、实业心理、心理缺陷、犯罪问题等;关于统计学分数处理的有17篇,包括基本的统计方法、均差、减错计算法、常态曲线、T量表、TBCF制的探讨等;关于教学法实验的有1篇。从发表论文的内容可以看出该杂志比较偏于理论,这也从侧面反映了测验学会对测验理论研究的提倡,为测验研究的深入提供了很好的平台。

2.其他的宣传

与测验运动前期宣传不同的是,研究期政府主办的杂志对测验的宣传开始增多。首先是上海市教育局。上海不论在经济发展还是教育发展方面都走在全国的前列,特别是1931年徐佩璜出任上海特别市教育局局长后,对测验格外重视,不仅先后举办过几次大规模的智力测验调查,更带动了上海教育界对测验的重视和研究。《教育季刊(上海1931)》《上海市教育局业务报告》《上海市教育局教育周报》等都对当时测验的编制、实施、结果进行了及时报道和宣传。同样由政府主管的杂志还有《浙江教育行政周刊》和《湖北教育厅公报》。前者一直对测验偏爱有加,除了刊登大量测验界的理论研究,比如杨仲谦的《成绩测验的选择法与填充法比较研究》等,还将测验界的重大事件进行及时宣传,比如中国测验学会的成立、历届年会、动态、决议等都进行了及时的报道;此外该刊还发表有政府的中小学毕业会考相关政策、实施等信息。后者主要是报道湖北省大型教育智力测验的实施情况。此外还有县一级的杂志,比如江苏省金山县教育局发行的《教育季刊》和青浦县教育局编辑发行的《青浦教育》都对本县内举行的各科教育测验、测验结果、对教育改革的促进等问题进行及时报道。因为这些杂志都拥有非常广的读者群,可以使更多的社会界人士通过报道了解测验的相关政策、法规以及执行情况,在很大程度上也是对全社会的一种测验普及。

其次是学校刊物对测验的宣传增多,主要集中在当时推广测验的一些名校。其中比较有代表性的就是中央大学,《国立中央大学日刊》《国立中央大学教育行政周刊》《国立中央大学教育丛刊》《国立中央大学教育学院教育季刊》《国立中央大学心理教育实验专篇》《国立中央大学教育心理两系学友通讯》等对中学文白测验、机械能力测验、汉字测验和知觉阈度、知觉单元形成等理论问题都进行了系列报道。大夏大学教育学院对测验理论的宣传也不遗余力,其编辑出版的《教育建设(上海)》发表了大量测验的论文,有章颐年的《新式考试》、张耀翔的《儿童情绪测验》、胡封的《智力测验与智力》、陈选善的《测验编造法述要》《我们对智力测验应采取什么样的态度》等。除了大学的刊物,中小学也纷纷通过校刊及时将本校的测验研究进行宣传,比如光华大学附属中学的《光华附中半月刊》、上海市立敬业中学附属小学的《敬业附小周刊》、厦门集美学校的《集美周刊》等,这些报刊为当时中小学测验的编制和推广提供了示范和样本,进一步推动了测验在基层组织中的发展。

此外,老牌的杂志仍延续之前的宣传风格。比如《教育杂志》除了及时宣传国内测验,还开设了世界著名教育杂志摘要栏目,对国外测验进行大肆报道,曾发表有《鲍德氏迷津测验与比纳智力测验的关系》《测验与考试的演进》《五种拼法测验的比较》《测验思想》等。《中华教育界》也继续对测验进行宣传,刊发有萧孝嵘的《修订画人测验的经过》《墨迹测验之回顾与前瞻》,龚启昌的《编造中小学教育测验之理论与方法》,赵廷为的《正误测验》,朱镇荪的《客观测验的新研究》,等等。《教育与职业》杂志也加大了对职业测验的宣传,偏重于宣传国外当时比较流行的性向测验和兴趣测验,同时还及时将国内学者的测验进行报道,发表有何清儒的《主要兴趣测验》,沈有乾、郑文汉的《普通事务员测验报告》,等等。

这些报纸杂志为测验的理论、实践和各种政策的宣传提供了广阔的平台,测验运动在其推动下不断向纵深发展。

四、艾伟与学科测验

中国测验学会的成立让测验运动再次兴盛,在学会的极力倡导下,学者们一扫沉寂期的低落,以极大的热情投入测验工作中。他们一方面翻译研究测验理论、著书立说,成立或加入各种机构宣传介绍测验;另一方面积极编制运用测验,培养测验人才,努力实现研究和教育教学工作的有机结合,为我国测验事业的发展做出了不可磨灭的贡献。其中最具有代表性的人物就是艾伟。

(一)艾伟及其主要测验贡献

艾伟是我国著名的教育心理学家和测验专家。当代著名心理学家、教育家朱智贤先生曾经评价他说:"在学科心理学方面有富有创造性的贡献,是我国心理学界理论联系实际、建立中国化的教育心理学的典范。他的《教育心理学》、《统计学》、《汉字问题》、《国语问题》等书,至今仍是值得参考学习的权威性著作。"①《中国大百科全书·教育卷》更将其列为中国的四大教育心理学家之一。

1.艾伟生平简介

艾伟(1890—1955),字险舟,湖北沙市人。早年为银号职员,当时落后的社会状况让其萌发了寻求真理、知识救国的念头,遂辞去体面的工作开始了求学之路。他最早是右宜昌美华书院,主要攻读英语,也因为英语学习让他接触到了西方先进的科学知识。后艾伟又转入安庆圣保罗高等学堂,因为毕业时成绩名列第一,他又得到免费升入上海圣约翰大学的机会,在那里他如饥似渴地学习,最终以优异成绩毕业,之后在北京崇实中学进行教育实习。1921年艾伟赴美留学,先获得哥伦比亚大学教育硕士学位,后又转入华盛顿大学。

---

① 朱智贤.怀念艾险舟先生[J].心理发展与教育,1990(4):193.

1925年以毕业论文《汉语学习中的因素分析》获美国乔治华盛顿大学的哲学博士学位。

归国后艾伟被聘为国立东南大学心理学教授,因为在心理学科的成就,1926年被中基会授予科学讲座教席,主要从事中学学科心理研究。1927年又担任国立中央大学教育系主任,与陈鹤琴、廖世承等一起致力于中小学的学科测验、智力测验编造以及各学科心理的实验研究。1931年他与其他学者共同发起成立了中国测验学会,并被推选为常务理事。因为研究中深感统计学知识的不足,1932年艾伟又赴伦敦大学,师从有着"世纪之交罕见百科全书式学者"美誉的现代统计学家、数学家卡尔·皮尔逊,在高尔顿实验所研究统计学,并任该校统计学研究员。1933年归国后担任中央大学教育学院院长。为了更好地从事实验,1934年艾伟与夫人范冰心一起在南京创办万青实验学校,主要从事汉字学习心理的研究。

全面抗日战争爆发后,艾伟随中央大学迁至重庆,西迁后的中央大学教育学院在1937年改为师范学院,艾伟继任院长。1938年在重庆创办了中央大学教育心理研究所,并担任所长。为了更好地进行实验研究,艾伟在所内又开设了教育心理实验班,同时在国内首次招收教育心理硕士研究生。1946年7月,艾伟代表教育学术团体联合会和教育部出席在澳洲召开的新教育国际会议,之后留在澳洲讲学半年。1948年艾伟当选为中国教育学会第九届年会监事,同时还兼任教育心理研究委员会会员。1949年5月,艾伟任香港罗富国立师范学院教授。1950年迁往台湾任教,并兼任"考试院"技术改进委员会主任委员和考试委员。1951年艾伟又出任台湾测验学会理事长。1955年因病在台湾逝世。虽然艾伟只活了65岁,但他为民国教育实验和测验发展做出了突出的贡献,同时他也是民国少有的专门研究一个领域的学者,其从事学科实验和测验的时间长达三十多年,足迹遍及华东、华中、大西南地区,一生著述丰富,影响深远,至今无人能及。

2.艾伟的主要测验贡献

艾伟认为民国教育中最大的问题是"研求者虽连篇累牍,汗牛充栋,然其议论纷纷,莫衷一是,揆厥原因,在作者大多本一己之经验作主观之判决,初未根据科学方法进行大规模之实验也"。① 改变就要进行实验,而实验中最主要也最科学的工具就是测验。艾伟的实验始终和测验结合在一起,测验为实验提供了客观依据,验证了实验结果,同时实验也推动了测验理论的发展。艾伟的实验涉猎领域众多,主要有以下四方面:

第一是对汉字及其排列的研究。艾伟认为字是教育的最基本问题,汉字的学习和教学关乎扫除文盲提高整个国家文化水平的大事。早在留学期间他就对汉字非常感兴趣,在担任乔治城大学汉语讲师期间,他就编制相关测验,从汉字字形观察、汉字形声义辨认和汉字学习历程等方面进行了研究。结合一系列测验成果和思考,他提出了"容易观察之字其笔画在一与十之间"的结论,这为汉字的简化提供了科学的依据。同时他又从速视入手,对汉字的横、直读效率进行深入研究和实验,根据测验结果得出了"横行排列在读法上似优于直行排列"的结论。这些研究使汉字印刷与书写更合乎现代社会发展的要求,推动了汉字发展的现代化转型。此外,通过汉字测验结果他还拟定了"中小学各级识字量常模"(现收录于《中国大百科全书·教育卷》),至今仍是制定各级学生识字量表的参考。②

第二是对文白文的实验研究。艾伟归国后正值白话文运动的推广,有关文言文和白话文的争论一直甚嚣尘上,学者专家们轮番上阵各抒己见,甚至互相攻击,这使得当时的国文教学异常混乱。虽然也有很多学者进行研究,但由于过于主观都没有什么说服力。艾伟决定从测验入手,在中华教育文化基金董事会的资金赞助下,他编制了两种文言文测验和两种白话文测验,分别于1926年和1927年在中国南北地区进行测试。这次调查共测验了16000多人,后又花了三年左右的时间进行统计分析,在文白测验研究上前后共花了十年时间,测验不仅编制科学、取样广,而且统计准确、分析到位。根据测验结果,艾伟最后编写了《十年来中学文白测验结果之比较研究》报告,并在1935年中国测验学会上进行宣读,在当时引起了非常大的反响。这两次大规模测验的结果分析不仅平息了民国教育界持久的文白争论,而且调查了各地学生的文白文水平,为各地各校的教学和各项工作的开展提供了依据。特别是对

---

① 艾伟.初中国文成绩之实验研究[J].教育杂志,1927,19(7):1.
② 陈黎明.艾伟的阅读心理研究对语文教育研究的启示[J].名作欣赏,2013(3):9.

测验结果的分析,为当时的教育改革提供了参考,很多被教育部采纳,对当时课程标准的制定产生了影响。如1932年部颁的《初级中学各科课程标准》中关于国文的一个规定"关于教材排列之程列,甲、语体文与文言文并选,语体文递减,文言文递增。各学年分量约为七与三,六与四,五与五之比例",①实际上就是援引了艾伟1928年的实验结果。②

第三是对中学英语学习心理的实验研究。虽然中学生在英语学习上花费了大量的时间,但教师们对英语学习结果还是多有微词。为了解中学生的英文水平和中学英语教学情况,艾伟编制了初高中英语测验8种,并用这些测验调查了冀、鲁、豫、晋等十多个省的30000多名学生,不仅求得各年级的测验常模,还让学校和教师了解了学生真实的英语水平,为当时英语教学提供了客观有效的数据。

第四是对小学各学科心理的实验研究。小学教育长达6年,小学各科的学习和教学是学校教育中非常重要的内容。为此,艾伟共编制了小学国语、常识、算术、历史、地理、社会、自然7科28种测验,测验人数多达80000余人,是测验运动史上又大一巨制。特别是测验技术上的研究,有力地推动了我国教学理论的现代化发展。艾伟说:"每个教育学家和心理学家,最好有一个属于他自己的实验学校。"③实践中他更是坚持践行这一理念,1934年他在南京创办了万青实验学校,专门研究汉字心理;1939年他又在重庆开办学习心理实验班,招收中小学程度的男女儿童,进一步研究学科的学习过程。

艾伟不光编制运用测验,还对统计测验理论多有研究,曾发表过《测验学上对减错计算法之研究》《常态曲线在考试成绩上之应用》《曲线适合之研究》等多篇影响力较大的统计学论文。同时还编有《儿童心理学纲要》(1923)、《初级教育心理学》(1933)、《教育心理学》(上下册)(1935)、《高级统计学》(1935)、《教育心理学论丛》(1936)、《教育心理实验》(1936)、《教育心理学》(1937)、《教育心理学大观》(1946)、《小学儿童能力测量》(1948)、《阅读心理·国语问题》(1948)、《阅读心理·汉字问题》(1948)等影响力非常大的著作。此外,他还特

---

① 初级中学各科课程标准[J].湖北教育厅公报,1933,4(2):2.
② 周谷平,王剑.近代西方教育实验理论和方法在中国的传播[J].浙江大学学报(人文社会科学版),2000(3):89.
③ 郭本禹.中国心理学经典人物及其研究[M].合肥:安徽人民出版社,2009:133.

别重视测验人才的培养。他说:"教育不欲科学化则已,如其欲之,非从训练人才入手不为功。"为此,艾伟1934年在中央大学创设了教育心理研究所,招收培养研究生。他培养学生时特别注重实践出真知,比如他和郭祖超合作完成《小学算术诊断测验》《初中代数测验》的修订,和王全桂合编《小学国语默读测验》,和丁祖荫合编《语顺测验》,和孙邦正合编《小学国语史地测验》,和秦湘苏合编《小学高级自然科测验》,和朱幼颜合编《初级小学常识测验》,指导周祖训一起开展初小国语字量的研究等。

(二) 英语测验的编制与大规模调查

艾伟对英语教育向来比较关注,他认为英文与科学知识的吸收是成正比的,在当时看来,如果学生英文水平低则英文原版专著就难以读懂,那么国家的科学就不能进步。同时学校教育中对英语也非常重视,学生从初中一年级到高中三年级都在学习,英语课程超过总课程的六分之一。虽然花费了这么多时间学习英语,但大学新生的英语水平并不令人满意,而要彻底解决这一矛盾,首先就要了解学生的英语能力和学校的英语教学实况。为此,艾伟专门编制了八种初高中用英语测验,并展开了大规模调查。

1.英语初步调查和测验

1930年春艾伟编了英文教学调查表一份,同时编制两种高中英文测验,"携两种材料在十九年五月与助教二人从南京出发,赴京沪沪杭两路各地所有之中等学校考察。三星期内所测人数在三千以上。但调查表不仅限于两地,其他平津皖鄂寄出"。[①] 此次调查的内容包括各学校英语教学目标、课本、教材支配、练习的种类、教学方法、授课时数与次数、学生兴趣等,同时通过测验对学生的拼字、文法和作文题目等错误进行了分析。但是这次调查表过少(返回的只有33份,初中13份,高中20份),难以反映出全部。为了对教学有更进一步的了解,需要进行范围更大的调查。

---

① 艾伟.中学英文教学之初步考察[J].国立中央大学教育学院教育季刊,1931,1(4):1-2.

在已有经验的基础上,艾伟又编制了两种英语测验。其中高中英语测验两类,称为量表甲;初中英语测验两类,称为量表乙。这两种量表形式相同但难度不同,量表甲主要测量高中三级及大学一年级学生的理解力和速率,量表乙专门测量初中学生和高中一年级学生的英语理解力。每种均有4个测验,分别是拼字测验50题、改字测验20题、填字测验20题、消字测验10题。量表甲第一类测试了高一531人,高二345人,高三272人,第二类测试了高一470人,高二295人,高三220人;量表乙第一类和第二类均测试了初一1367人,初二1176人,初三926人,高一340人,经过验证,测验的信效度均很高,并求出了测验常模。具体如表5-6、表5-7所示:

表5-6 英语测验量表甲第一、二类常模表[①]

年级		高中一	高中二	高中三
第一类	人数	531	345	272
	M±.P.E.	46.15±.46	58.05±.71	69.38±.70
	σ±.P.E.	15.55±.32	19.65±.51	17.10±.49
	Md±.P.E.	45.52±.58	60.43±.89	73.24±.88
	Q_1	34.68	41.81	58.50
	Q_3	56.44	74.67	82.43
	R	80(12.5−92.5)	80(12.5−92.5)	85(12.5−97.5)
第二类	人数	470	295	220
	M±.P.E.	41.67±.41	49.66±.72	60.45±.74
	σ±.P.E.	13.25±.29	18.25±.51	16.35±.53
	Md±.P.E.	40.83±.51	51.03±.90	62.50±.91
	Q_1	31.70	33.30	45.41
	Q_3	50.46	65.22	73.93
	R	70(12.5−82.5)	75(12.5−87.5)	70(17.5−87.5)

① 艾伟.五年来英语测验之经过[J].教育杂志,1935,25(2):74.

表 5-7 英语测验量表乙第一、二类常模表①

年级		初中一	初中二	初中三	高中一
第一类	人数	1367	1176	926	340
	M±P.E.	34.41±.26	50.15±.26	61.37±.32	72.63±.44
	σ±P.E.	14.55±.19	13.40±.19	14.30±.22	12.15±.31
	Md±P.E.	33.14±.33	50.54±.33	62.42±.40	74.80±.55
	Q_1	23.72	40.40	51.33	65.71
	Q_3	43.65	59.61	72.40	81.80
	R	90(2.5—92.5)	75(12.5—87.5)	80(12.5—92.5)	70(27.5—97.5)
第二类	人数	1367	1176	926	340
	M±P.E.	25.69±.25	42.03±.25	53.49±.29	64.80±.45
	σ±P.E.	13.60±.18	12.85±.18	13.20±.21	12.25±.32
	Md±P.E.	23.10±.31	42.04±.31	54.14±.36	64.73±.56
	Q_1	14.8	32.47	44.74	56.49
	Q_3	34.33	51.56	63.76	73.30
	R	90(2.5—92.5)	65(12.5—77.5)	70(12.5—82.5)	80(17.5—97.5)

测验结果显示，初高中英语成绩随年级增长呈直线式上升，所以艾伟认为和国文比较，英语的教学相对更简单。根据此次结果，艾伟对当时的英语教学和学生的学习心理进行了研究，发表了《初中英语文法错误之心理》《高级中学英语测验之初步报告》《英语教学问题》等一系列论文，对英语教学中拼写、语法训练等存在的问题提出了个人的看法和建议。

2.英语默读测验的编制和调查

艾伟的前期研究也引起了中基会的注意，在中基会的支持下，艾伟又着手编制英语默读测验，以比较各大学入学试验英文成绩及探讨高中各级英语之理解程度。此次的默读测验也有四种，其中量表甲一类，主要测量高中三级及大学一年级生的英语理解力和速率，分预备测验和正式测验，均为长篇故事，前者约 400 字，附问题 4 个，后者约 1400 字，附问题 20 个。量表乙主要用来测量高中学生理解力，共分三类，每类有短文 8 篇，前 5 篇比较简单，后 3 篇稍

---

① 艾伟.五年来英语测验之经过[J].教育杂志,1935,25(2):73-74.

难,共有问题50个,时间限制在45分钟内。

该测验编制后即举行大规模调查。调查共分两次。第一次是1932年4月29日到5月26日,由艾伟携助手汤鸿鬻、郭柚分别在冀、鲁、豫、晋四省展开,共调查大学14所,学生1256人;大城市中的中学5所,6016人。随后又在江浙展开了调查。第二次是1934年4月20日到5月12日,由艾伟携朱亚南、费景湖和谢子清3人,其中调查粤、桂两省大学3所,334人,大城市的中学12所,3649人。随后又在闽、苏、皖、鄂四省进行了测验,测验试卷达15000多册。① 因为"测验高中所以不兼用量表甲者,盖根据过去之经验,甲表内容较深而且手续繁杂,不适用于高中",②所以此次调查更多是采用量表乙,并求出了常模。具体如表5-8所示:

表5-8 高中英语默读测验量乙第一、二、三类常模③

	年级	高中一	高中二	高中三
第一类	人数	2170	1583	1296
	M±.P.E.	67.13±.20	72.49±.25	73.33±.27
	σ±.P.E.	13.78±.14	14.85±.18	14.48±.19
	Md±.P.E.	67.60±.25	74.10±.31	74.60±.34
	Q_1	59.15	62.90	63.45
	Q_3	76.45	83.80	84.45
	R	95(2.5—97.5)	80(17.5—97.5)	85(12.5—97.5)
第二类	人数	1989	1661	1293
	M±.P.E.	52.19±.23	59.58±.27	63.75±.32
	σ±.P.E.	15.35±.16	16.39±.19	17.04±.23
	Md±.P.E.	52.25±.29	60.90±.34	63.95±.40
	Q_1	41.60	48.90	51.90
	Q_3	63.05	71.10	77.15
	R	85(12.5—97.5)	90(7.5—97.5)	90(7.5—97.5)

① 艾伟.五年来英语测验之经过[J].教育杂志,1935,25(2):75.
② 艾伟,谢子清.粤桂二省高中以上学校英语测验日记[J].测验,1934,2(1):95.
③ 艾伟.五年来英语测验之经过[J].教育杂志,1935,25(2):75.

续表

	年级	高中一	高中二	高中三
第三类	人数	1966	1658	1097
	M±.P.E.	67.64±.21	74.02±.25	78.70±.28
	σ±.P.E.	13.92±.15	15.21±.18	13.86±.20
	Md±.P.E.	69.30±.26	75.40±.31	81.35±.35
	Q_1	60.80	65.40	70.40
	Q_3	76.45	85.00	90.15
	R	90(7.5－97.5)	85(12.5－97.5)	75(22.5－97.5)

综合两次的测验结果,艾伟得出几个结论:学生的英语成绩是随着年级的增加而提高的,但高一高二阶段进步大于高二高三阶段进步,同时教会学校的学生成绩最好,江浙一带学生成绩较好,各年级学生成绩的差异随着年级递减,年级越高程度就越齐。① 根据结论,艾伟认为考试对提高英语学习有促进作用,英语成绩与练习的机会有一定的关系,这对当时的英语教学有一定的指导意义。

3.其他的英语调查与测验

在第二次调查中,艾伟还用了史东的叙事文测验调查了13所大学的一年级学生,共计1266人,并将此结果与美国初中各级学生测试结果进行对比。具体如表5-9所示:

表5-9　中美学生英文测验比较统计表②

测验	学校	级别	理解力	速率
史东氏	美国初中	一年级	9.8	208
		二年级	12.3	229
		三年级	14.8	250

---

① 艾伟.五年来英语测验之经过[J].教育杂志,1935,25(2):75-77.
② 艾伟.五年来英语测验之经过[J].教育杂志,1935,25(2):77.

续表

测验	学校	级别	理解力	速率
艾伟氏	中国大学	一年级	平均 7.97 最优 13.08	平均 127 最优 168
	上海某教会女高中	一年级	11.55	167
		二年级	14.00	153
		三年级	14.50	170

结果显示大学生英语成绩各地各校参差不齐,其中华南地区成绩较高,师范学校学生较低。艾伟认为英语提高与练习机会有一定的关系,因为内地英美人士往来比较少,所以学生得到锻炼的机会比较少。同时学生英语成绩与师资也有很大关系,内地的高中师资主要来自内地,水平普遍不够高。师范学校学生英语成绩不高的主要原因在于其生源来自初级师范,在初级师范中英语课程为选修,所以不受学生重视。虽然会考有助于提高学生英语成绩,但"会考制度充其量不过能防止滥竽充数之混入大学。至于改进高中,提高其程度,应加高师资程度,在大学之上再加师资训练两年,庶几可达此目的"。① 此外结果还显示,中国大一学生的英文水平普遍不如美国初中一年级学生,所以艾伟认为要求中国大一学生直接读英文原版是一件费力且效果不好的事。

为了进一步说明这一问题,他还在测验的基础上对文白英三种的理解速度进行了对比。他认为不论是文白译为英语,还是英语翻译为文白文,都会增加字数,但阅读速度却大有不同。经过测验对比后他得出结论,"如一本十万字的英文书,译成文言有 125000 字,白话 171000 字,但英文阅读需要 13 小时 20 分钟,文言需要 10 小时 10 分钟,白话则需要 9 小时 5 分钟,在时间节约上白话比文言省 11%,比英文省 35%。如大学用白话教本,则四年学程三年完毕"。② 这一结论对当时大学全部用英文教材的风气是一个很好的纠正。

---

① 艾伟.五年来英语测验之经过[J].教育杂志,1935,25(2):77.
② 吴棠.艾伟的英语阅读心理研究述要:为纪念艾伟教授逝世四十周年而作[J].华东师范大学学报(教育科学版),1995(1):91.

(三)小学各学科测验的编制与大规模调查

学校教育里小学教育的时间最长,小学教育评价作为衡量基础教育效率的手段,理应受到重视。经过测验运动的前期宣传,测验是考核小学教师和学生的一种科学工具的理念已深入人心,但当学校真的要利用测验去改进教育工作时,却找不到适当的材料可用。因为小学阶段已有的测验还是麦柯尔1922年来华编制的,随着国民党上台,新的教育宗旨拟定,新的课程标准出台,教科书也随之变化,用十多年前的测验测现在的儿童,自然是不适宜的。同时各师范学校教材使用的案例也停留在十多年前,理论和实践的脱节使得教育测验与统计等课程也变成一种虚张门面的学习。为了扭转这一局面,在中央大学教育学院的支持下,艾伟决定重新编制全套的小学教育测验。

1.测验的编制

艾伟编制的测验几乎囊括小学阶段的所有学科,共计七大学科二十八类,分别是国语科,内又分为低中各三类、高级四类;算术科四类;常识科三类;历史科两类;地理科两类;社会科四类;自然科三类。测验虽多,但编制过程中无论是材料选择还是试测都按照严格的程序规范,下面仅以国语为例谈一下此次大规模测验的编制过程。

(1)测验对象的选择和分层

任何测验首先要明确测验对象。国语测验主要是文字的理解,考虑到一年级学生因为识字不多,不能应付自如,所以暂时排除在外。同时考虑到认识字数的多少与年级关系密切,所以又将二年级至六年级学生分为三组,二上、二下和三上为低组,三下、四上和四下为中组,五上、下和六上、下为高组。

(2)测验材料的选择

国语测验要考核儿童的阅读能力,就要从儿童平日阅读的材料中选择,经过研究讨论,测验组将材料范围定为儿童通讯材料和常用的国语教科书,具体包括中大实验学校小学部与赣、鄂、皖、湘四省的儿童通讯材料和当时用到的7种小学课本。因为还要考虑识字的问题,测验组又结合教育部1935年6月颁布的《小学初级分级暂用字汇》,按照通用性的原则,最后经删选共选取了

190篇材料,每篇字数300字以内。低组第一类文章20篇,二、三类各18篇,每类约900字;中组三类各14段,每类约1700字;高组四类,每类10段约2700字。

(3)测验问题的编制

测验之所以科学,很大程度上得益于题目的客观。因为国语测验考核的是儿童阅读能力,所以测验组把题目定为选择题。根据"文章的问题要把文章的主要意义问到,问题的答案要力求简洁,文字不能超出部颁字汇、问题答案避免暗示性,问题的设法不能和原文一模一样,四个答案要有一定的似真性"的原则,低中组测验每类各设置50题,高组测验设置40题。

(4)测验的预测

任何标准测验都不是一蹴而就的,都要经过预测和修改。测验组先在南京遗族学校试测,结果发现有的学生动作迟缓,虽然国语测验是难度测验,但如果没有时间要求会造成测验时间过长。接着又到中大实校进行预测,测试发现大多数学生在35分钟内可以做完。根据两次试测结果,国语测验把各组测试时间限定在35分钟内。同时试测中也发现高组40题过少,经过讨论修改为50题。

(5)正式测验及说明书编制

按照以上程序,测验组将试题进行组合,并编制例子和说明书。为了更好地了解当时的测验,笔者把低年级国语测验说明书及例子附下。

表5-10 低年级国语测验示例及说明书[①]

"今天大家来作读书比赛,大家要用心做,现在先发测验卷子。大家拿到了不要翻开来看,让我来说明。" "卷子都有了吗?没有的举手,多的送回来!" "把下面空白的地方填起来。填好了把铅笔放在桌上,手放下去。"(填写空白时,主试者可加以相当指导) "大家都填好了吗?现在先看例子。" (一) 哥哥开玩具店,弟弟来买小泥人,妹妹来买小皮球。 1.开玩具店的是:(1)弟弟 (2)小泥人 (3)哥哥 (4)妹妹　　　(　) 2.弟弟买的是:(1)泥人 (2)皮球 (3)小狗 (4)小猫　　　　　(　)

---

① 艾伟.小学儿童能力测量[M].上海:商务印书馆,1948:96-98.

（二）

草地上有三只羊。两只是黑羊，一只是白羊，白羊是黑羊的妈妈。
3.草地上有黑羊：(1)一只 (2)两只 (3)三只 (4)四只　　　　　　　（　）
4.黑羊的妈妈：(1)山羊 (2)老羊 (3)黑羊 (4)白羊　　　　　　　　（　）

"这里是二段文章，每段下面有二个问题，做的时候，大家先把文章看一遍，再回答下面的问题。在第一个例子里，开玩具店的是谁？是第几个？"

"对的！第(3)个是对的，大家把(3)写在后面括弧里。"（以下仿此）

"大家都懂了吗？不懂的，快些问！"

"后面我们有好几篇文章，每篇下面有几个问题，做的时候，亦是先看文章，再答问题。看了一遍不够，可以再看一遍。不过不要为了一篇文章，花费时间太多。回答问题的时候，只要把对的答案的数目字，填在后面括弧里。"

"大家懂了吗？预备，(要举手)翻页！做！"（此段卷子上有）

"时间到了，就喊：停！把封面翻过来！"

"每行最后一人，把测验卷子收来！"

"今天大家做得很好！"

2.测验的举行

艾伟的小学各科测验调查共进行了两次。第一次从1933年开始，测验区域为南京、江宁、徐州、无锡、苏州、上海及杭州七大城乡，所测学生共14290人，所用测卷共66608本。受战争局势影响，为了应急切需要，1937年先制成了小学各级上下两学期各科常模，并编制小学教育测验说明书。第一次测验地区及各科测验人数如表5-11、表5-12所示：

表5-11　第一次测验受测地区人数统计表[①]

地域	校数/所	班次/个	人数/人
南京	42	120	5084
上海	2	21	966
苏州	7	18	786
杭州	26	143	5258
徐州	4	6	208
江宁	18	31	797
无锡	5	18	1191
总计	104	356	14290

① 引自艾伟的《小学儿童能力测量》（商务印书馆1948出版）第239页。要说明的是原表班次总计为356，但笔者根据表中给的具体数据核算发现应该是357。因为该表中总人数为14290，且从该书239页到240页中所列举的数据也可以看出该表中班次总数应该是356，笔者推测可能是某个地区的统计数据有误，特此说明。

表 5-12　第一次测验各科人数统计表[①]

类别	类数	组别	卷数
国语	3	低	6132
国语	3	中	6281
国语	4	高	11211
算术式题	不分	二上至六下用	7750
常识	3	中,五上	11431
自然	3	高	6588
社会	2	高	7708
史地	2	高	9507
总计	—	—	66608

"七七事变"后,艾伟随中央大学迁至重庆,为了进一步扩大小学各科测验的常模,艾伟决定在西南各省继续调查。虽然战后时局不稳,但因为有教育当局的支持(教育当局派吴研因接洽并提供相应的资金赞助),测验进展顺利。第二次调查从1942年初夏开始,根据当时课程的变化,加编了高小算术应用题测验、高小社会测验和低级国语测验多种,此外还修订了宾特勒智慧测验两种,共调查鄂、川、黔三省学生19079人,所用测卷共75356份。具体如表5-13、表5-14所示:

表 5-13　西南三省市小学受测校数人数表[②]

省别	地域	校数/个	人数/人
湖北	恩施、建始、巴东	23	2391
四川	巴县、江北、壁山、合川、万县、綦江	22	5864
贵州	贵阳、安顺、遵义、桐梓	40	6851
重庆市	市内及迁建区	16	3973
总计	—	101	19079

---

① 艾伟.小学儿童能力测量[M].上海:商务印书馆,1948:240.
② 艾伟.小学儿童能力测量[M].上海:商务印书馆,1948:241.

表 5-14 西南三省市受测人数分科统计表[①]

单位:人

科目	湖北	四川	贵州	重庆市迁建区	合计
国语	2357	10488	8115	3140	24100
算术式题	2384	5105	5263	3971	16723
算术应用题	665	4417	2229	1147	8458
常识	947	3482	3678	1850	9957
社会	547	2716	1435	698	5396
自然	721	2524	2012	1166	6423
四言辞句	—	1944	—	—	1944
智慧	—	—	—	2355	2355
总计	7621	30607	22732	14327	75356

和第一次测验调查比,常识、自然科测验战前江、浙两省所用与西南三省无区别,但社会测验因为要适应变化的课程标准有所增加,四言辞句和智慧测验则是在西南三省重新编造和修订的。也因为这个原因,所以两次调查结果被分别制成独立的常模,具体见 1948 年 8 月由商务印书馆出版的《小学儿童能力测量》一书。

3.测验结果的研究

除了编制测验常模,艾伟还根据测验结果做了理论研究。首先是验证智力与学科能力的关系。国外研究表明,"这两者的相关在小学为最高,其系数可达到 0.7 或 0.75,其在中学次之,其在大学又次之"。[②] 因为之前针对小学生智力测验的大多为个别测验,测验长、费时多、记分复杂,同时还需要专门训练施测人员,所以在大规模调查中应用非常不方便。1942 年春天艾伟带领团队修订了宾特勒儿童智慧测验,修订后的测验只有 4 个小测验,每个测验有 10 题,一共仅需 12 分钟。为了验证智力与学力的关系,艾伟根据重庆迁建区小学 14000 份卷子算出各科成绩与智力的相关,结果显示:"智力和教育测验的

---

① 引自艾伟的《小学儿童能力测量》(商务印书馆 1948 出版)第 242 页。要说明的是原表四川总人数为 30607,但笔者根据表中给的具体数据核算发现应该是 30676。且该书第 243 页也明确表述为"在四川为 30676",所以原书中的该表统计存在笔误,特此说明。

② 艾伟.小学儿童能力测量[M].上海:商务印书馆,1948:248.

相关系数总平均是 0.676……与国外的研究所得也是很相近的。"①

其次艾伟还分别计算了各学科成绩与智力的相关系数,具体如表 5-17 所示。结果证明智力与学力的确存在很大的相关,同时结果也显示常识与智力测验的相关系数最高,艾伟对此也进行了分析:"小学校里学生要了解常识,必先了解其国语文字,不过了解常识,除文字工具而外,还须了解其内容,这不是盲记的,是要运用思想的。"

表 5-17　小学各科能力与智力的相关统计表②

学科	相关系数
国语	0.749±.044
算术式题	0.467±.078
算术应用问题ＡⅠ	0.642±.083
算术应用问题ＡⅡ	0.712±.074
常识	0.753±.088
自然Ａ	0.693±.073
自然Ｂ	0.632±.117
自然Ｃ	0.746±.090
社会Ａ	0.653±.122
社会Ｂ	0.710±.075
平均	0.676

最后是对算术式题测验应用效果的证明。一直以来,算术式题都是小学教师比较钟爱的题型,主要是这种题目出题简单,批改方便。但艾伟在之前的研究中发现,某初一入学考试中算术式题 160 个题目中答对 159 个的学生在以后的学习中表现并不突出,所以艾伟认为这种题型作为录取标准不合适。为了更进一步研究,艾伟分别计算了各个学科之间的相关,结果发现算术式题与其他学科的相关系数最低。所以艾伟认为算术式题测验推算比较机械,在数学测验中不能只单用这一种题型。这些发现和结论对当时的数学教学和考核有很大的启示。

---

① 艾伟.小学儿童能力测量[M].上海:商务印书馆,1948:250.
② 艾伟.小学儿童能力测量[M].上海:商务印书馆,1948:249.

总体而言,"小学各科测验的总结果是比较的可靠些,这些结果可算是一种可靠的智慧测验。关于此点美国哈佛大学凯礼教授(Kelley)的意见和我们的颇相同"。[①] 艾伟编制小学测验前后共花了十五年的时间,"此测验乃我国近日测验界之一巨制……规模之大可谓空前",[②]不仅让小学各科有了合适的检查工具,而且也对全国的小学教育状况做了调查,使各级行政单位和学校对自己的教育状况有了更准确的了解,对研究结果的理论分析也为当时各科的教学提供了科学的指导。

(四)国文测验的编制与大规模调查

在所有学科中,艾伟研究最多的当属国语。语文一科有几千年的文化历史,如果说别的学科教学模仿外国问题不大,那么语文教学变革非有本土化的研究不可,就这一点来讲,艾伟的研究非常有创造性。艾伟编制的国语测验除了文白测验、小学国语测验(前面已经阐述)外,影响比较大的还有汉字和阅读的测验。

识字是国语教学中最基本的问题。1931年8月艾伟借鉴张耀翔的汉字测验编制了汉字测验两类,测验内容是给学生字形让其反应字音和字义,从而测试学生识字过程中对音义的掌握情况,题目全部采用四选一法。考核对象从五年级上到高三下,时间为35分钟。1932年开始在南京、杭州两地进行测试,南京的汉字测验由郑渭川负责,杭州的汉字测验由费景瑚女士负责,共测验中小学校29所,班级92个,总计3580人。其中小学五、六年级上下两学期34个班1015人,初中一、二、三下学期28个班1382人,高中一、二、三下学期30个班1183人。艾伟按测验成绩把学生分为"音义俱知""知义不知音""知音不知义""音总""义"五种情况,并亲自对测验结果进行统计分析。根据分析,他提出了忽视教学中的汉字文化,只知音不知义是导致学生识字费时费力的主要原因,这为识字教学方法以及识字教材的制定提供了科学的依据。[③]

除了识字,阅读也是国语教学的一大问题。国外的相关研究认为,不管是

[①] 艾伟.小学儿童能力测量[M].上海:商务印书馆,1948:248.
[②] 左任侠.最近中国科学测验之发展及其趋势[J].学林,1940(1):108.
[③] 赵艳红.艾伟的语文学科教学心理实验研究[D].保定:河北大学,2010:25.

从对文章的理解还是从遗忘的速度上看默读均优于朗读。而我国的传统教学则提倡朗读，究竟哪一种方法好，非经过实地的测验不可。为此，艾伟选择了9个学校小学三年级到六年级的儿童925人（正式测试800人）进行测验，测验采用计工法，也就是把单位时间内所阅读的字数作为成绩。测验结束后，艾伟对默读和朗读的理解程度及速率进行了量的分析和多重比较。结果显示朗读和默读速率随着年级递增而递增，默读的速率大于朗读；朗读的速率和成绩在低年级中占有优势地位，但随着年级递增逐渐趋同。调查也发现我国小学生的默读能力比较低，尤其是低年级学生，大多还不能运用默读，这不能不说是教育界的一大损失。为此艾伟呼吁"默读教学亟应提倡，普遍施行，未可再加忽视"。根据测验结果，他还提出在小学朗读教学中"循声齐读必须废止"。之后他又对速率练习与理解训练分别进行实验，得出了"默读的速率与理解，都可随练习而进步"等结论。这些研究和结论收录于其编写的《阅读心理·汉字问题》和《阅读心理·国语问题》两本著作中，对于改进当时的阅读教学模式有着十分重要的意义。

  近代是教育改革异常活跃的时期，经历了宣传移植模仿的学习过程后，教育界已经意识到不能照搬他国方法进行我国的教育变革。但口号都会提，研究起来又谈何容易？值得庆幸的是，部分教育家们不是只提提口号，而是不畏困难，以极大的热情和激情投入这场复杂的改革中，艾伟就是其中最为典型的学者。在当时鱼龙混杂对西方一片崇拜的学术界，艾伟主张用事实说话，以心理学和统计学的理论为指导，以测验实验为工具，以极大的求真务实精神开展学科研究。他的这种科学理性精神不仅遏制了"西化"思想的狂热，而且在当时还具有极大的开创性，有力推动了中小学及大学学科研究的规范化和科学化。他在研究中展现出来的那种坚持不懈的科学探索精神更值得我们今天好好学习。

第六章　测验运动的衰落与评价

评价任何事物都需要用辩证的眼光,测验运动也不例外。虽然从改造社会的角度看,测验运动没有实现其预定的目标,在发展中也出现了各种问题;但它对当时国人教育观的改变,民国各种教育改革的发展产生了深远的影响,同时反思其发展过程中的问题,总结其经验,吸取其教训,将对我国现代教育研究发展具有重要的借鉴意义。

一、衰落期的测验运动

"七七事变"后,日本帝国主义加快了侵略中国的步伐,江苏、浙江、上海、北京等教育发达地区相继沦陷,日本侵略者每到一处都大肆摧毁文化机关。1937年7月29日,日军轰炸南开大学,河北女师、河北工学院也未能幸免。8月到10月暨南大学、复旦大学、同济大学、中央大学、中山大学等相继被日军轰炸,校舍被毁,员生伤亡惨重。甚至是深居内地的湖南大学及内迁的清华大学也都未能幸免。[①] 据教育部统计,至1938年12月底,各大学的图书、设备、仪器损失大半。[②] 文化机构的毁坏使得很多测验材料被毁,大量的测验研究工作被迫中止。虽然很多高校迁至内地,但战争带来的动荡环境也让研究调查工作难以开展。1945年抗战胜利后又开始了国共内战,直到1949年新中

[①] 孔春辉.廖世承创办国立师范学院的因由及其经过[J].湖南师范大学学报(教育科学版),2006,(2):50.

[②] 中央教育科学研究所.中国现代教育大事记[G].北京:教育科学出版社,1988:376.

国成立战争终结。频繁的战争给教育带来了巨大的摧残和破坏,测验运动也因此走向衰落。

(一)战时的中国测验学会与测验

抗日战争爆发后,随着战事的升级和生存环境的恶劣,作为测验运动的最大组织者,中国测验学会也进入艰难的发展期。

关于中国测验学会具体什么时间结束,目前尚没有找到明确的史料,但其衰落是明显的。首先从年会看,测验学会每届年会的召开时间地点安排都会在上一届年会中明确,但第三届年会上关于下届年会的时间安排却比较模糊,只是在决议中提到"视中华儿童教育社及中国教育学会今年年会之日期及地点而定"。后来在1937年的《中国心理学报》有了声明,该声明称:"中国测验学会已定于6月27日在南京召开年会,并宣读论文。前已通知会员届时出席。至论文题目应于6月15日前寄交该会云。"[①]根据以上报道我们可以推测出,第四届年会本来打算于1937年6月27日在南京召开,但由于时局的变化未能开成。这也从侧面反映出此时的中国测验学会发展已大不如从前。对此俞子夷也有同样的感受,他曾回忆说:"测验消沉已数年,忽有东大毕业生某热心恢复测验学会,在无锡开过一次会,艾伟主持一切,我仅参加了一天,未终局即匆匆返杭。不久,此会并入国民党中央统计局,如此收场,测验,测验,呜呼!"[②]不仅此后测验学会再也没有举行过有影响力的全国会议,而且同期的另一个学术交流平台——《测验》杂志在1937年1月第3卷第1期出版后也暂告停刊。虽然年会和期刊都不约而同地停止了,但测验学会仍然坚持从事测验的工作。

因为战争的缘故,1938年中国测验学会迁至重庆,内迁后的测验学会也迅速投入工作,并以《建国教育》作为宣传测验的窗口。当时刊发在《建国教育》的文章《九个教育团体将举行联合年会》对此有详细的记载:"中国教育学术团体联合办事处由中国教育学会等七家之南京总会在京联合组织在渝举行

---

① 樊正.民国时期的中国测验学会[J].民国档案,1994,(1):142.
② 俞子夷.现代我国小学教学法演变一斑:一个回忆简录(七)(八)[J].华东师范大学学报(教育科学版),1988(4):73.

会议,其决议要案——中国测验学会加入本办事处工作,重庆中四路九十四号为通讯处,发行半月刊《建国教育》创刊号7月1日出版,萧孝嵘担任编辑。"① 根据"建国"的需要,学会也制定了测验研究工作规划,"在建国时期中,各方面都应有新的设施,但任何一种设施都不能离开人的因素,因为各种设施之效果常视人的因素之如何利用而定。人的因素之利用自有一个先决条件,那就是各种能力及其他各种人格品质之确定,此则必须借助于测验,由此可见测验之应用实为建国时期中之一种基本工作"。② 这些规划和认识也充分表明了中国测验学会能审时度势,将测验研究和工作及时向行政、军事、工业、商业、司法、交通等方向转移,以期更好发挥测验的实践应用功能,为"抗战建国"贡献自己的力量。

经过一年多的调整和努力,测验的各项工作步入正常,这一点从测验学会对过去一年工作的总结也可以看出。总结称:"中国测验学会已经有了六七年的历史,会员约有两百余人,多为心理教育专家。该会的活动以研究与编辑工作为主,曾于六年前举办一种专门杂志,定名为《测验》,现已出版至第九期(即三卷一期),并刊行研究报告二十余种。自中日战争发生以后经费来源断绝,故测验杂志暂告停刊。可是该会的研究工作仍照常进行……一、完成九省英语测验之分析,二、完成《乙种军官智慧测验之编制》,三、完成《古氏儿童智慧测验》之订正工作,四、完成《小学入学智慧测验》,五、完成《大学入学智慧测验》,六、完成《XO情绪测验》女性常模之研究,七、完成数种德国工作测验之相关研究,八、整理小学语顺测验之结果,九、继续七种小学教育测验结果之分析,十、进行大学生情绪生活之调查,十一、开始修订《教师能力倾向测验》,十二、开始编制《警士能力测验》。"③ 同时测验学会对未来三年也做了详细的规划,"本会为促进建国工作起见,已进行战后三年计划,其大要如下:(一)推进各种测验之应用(二)扩大职业指导测验之范围(三)进行罗氏墨迹测验及墨氏题觉测验之订正工作"。④

但随着战事的升级,后期对学会的报道非常少。关于测验工作,已有的资

---

① 九个教育团体将举行联合年会[J].教育通讯(汉口),1938(9):7.
② 中国测验学会.抗战建国时期中之测验工作[J].建国教育,1938(1):277.
③ 中国测验学会最近一年来的研究工作[J].建国教育,1938(1):66-70.
④ 中国测验学会[J].科学大众,1948,4(6):277.

料中仅查到 1940 年《建国教育》第 2 卷第 1 期《中国测验学会消息》中曾报道过的测验学会的工作，"本会最近进行修订伍德沃斯的，此为一种情绪个性之测验，自中学至大学皆可应用，此项研究工作，系由本会研究部主任萧孝嵘先生主持"。为了更清楚展示测验学会的研究成果，有学者进行了统计。具体如表 6-1 所示：

表 6-1　全面抗战期间中国测验学会研究工作一览表[①]

序号	主持人	研究的项目
1	艾伟	九省英语测验之分析
2	萧孝嵘	军官智慧测验之编制
3	萧孝嵘	古氏儿童智慧测验之订正
4	蔡素芬	小学入学智慧测验
5	萧孝嵘	大学入学智慧测验
6	贾玉润、钟声骅	XO 情绪测验女性常模之研究
7	萧孝嵘	数种德国工作测验之相关研究
8	艾伟	整理小学语顺测验之结果
9	艾伟	七种小学教育测验结果之分析
10	萧孝嵘	大学生情绪生活之调查
11	程法泌	教师能力倾向测验之调查修订
12	萧孝嵘	警士能力测验
13	萧孝嵘	军官人格品质测验
14	萧孝嵘	教师能力测验
15	艾伟	汉字测量
16	艾伟	中学文白测验结果之比较研究
17	艾伟	小学毕业生语体文成绩之研究
18	艾伟	大学一年级生之英文能力
19	艾伟	中学英语拼字文法测量
20	艾伟	初中代数测量
21	艾伟	小学教育测验
22	艾伟	语顺测验之试编

---

① 胡延峰.留学生与中国心理学[M].天津：南开大学出版社，2009：290.

续表

序号	主持人	研究的项目
23	萧孝嵘	墨跋量表之订正
24	萧孝嵘	赛斯通职业指导测验之订正
25	萧孝嵘	明内所他机械能力测验
26	萧孝嵘	勒氏内外倾品质评定量表之订正

1940年之后,不仅测验工作没有再被报道,而且连中国测验学会这个招牌也鲜有报道。笔者查阅所见资料,仅发现两处提及学会。一处是《中华民国史档案资料汇编》(第五辑第二编文化2)收录的《中国测验学会报告会务状况与测验工作情形呈中央社会部批》中有关于1943年2月的《中国测验学会团体概况报告表》,报告表中称:"本会在京时,设备遭敌机轰炸,全部毁坏,迁至重庆后,因限于经费,无适当会址,暂租用中央大学心理系之设备,并暂定会址在伯溪中央大学分校心理实验室内;会员大多数散布于国内各大学任教,然工作推进甚速,对于工商业、军警及教育各界有相当贡献。"[1]同时该报告还提到了中国测验学会的研究计划和组织状况,其中研究计划比较模糊,"拟与认识心理研究社共同努力于各机关之工作分析,借以提高一般工作效率",[2]组织状况中提及常务理事萧孝嵘,理事艾伟、陈鹤琴、王书林、吴南轩、潘菽、常道直,监事张士一、陈剑修、陆志韦,研究员张义尧、郑大源、郭祖超、易克橒,职员共92人。[3] 此后再也没有关于中国测验学会的消息。另一处文献是张宪文、方庆秋等主编《中华民国史大辞典》,其在介绍中国测验学会时曾提及"1937年会址被炸后西迁,抗战胜利后迁回南京,由萧孝嵘主持会务"。[4] 但具体存在时间并没有详细说明。从这些仅有的报道中我们可以推测至少从1943年以后再也没有以测验学会名义开展过活动,测验工作更是无从谈起,中国测验学会逐渐退出历史舞台。

---

[1] 中国第二历史档案馆.中华民国史档案资料汇编:第五辑 文化[G].南京:江苏古籍出版社,1994:318.

[2] 中国第二历史档案馆.中华民国史档案资料汇编:第五辑 文化[G].南京:江苏古籍出版社,1994:318.

[3] 中国第二历史档案馆.中华民国史档案资料汇编:第五辑 文化[G].南京:江苏古籍出版社,1994:318-320.

[4] 张宪文,方庆秋,黄美真.中华民国史大辞典[Z].南京:江苏古籍出版社,2001:409.

(二)战时军事测验的编制与应用

战时的特殊情况使得测验研究更多偏向军事需要,在教育领域和基础研究方面除了中央大学编制的教育测验外没有大的进展,但由于政府的支持和提倡,测验反而在应用领域有了开拓性的进展。这时的测验更多作为提高工作效率的人事心理技术被广泛应用于军事、警政界,其中做出突出贡献的当属萧孝嵘与周先庚。

1.萧孝嵘与军警测验

萧孝嵘是民国著名的心理学家和测验专家,1926年获哥伦比亚大学硕士学位,1930年获加利福尼亚大学心理学哲学博士学位,1931年受聘中央大学,相继担任心理学教授、主任和研究所所长,1933年担任中国测验学会常务理事一直到该会解散。1935年发起创立中国心理卫生协会,1936年发起创立中国心理学会,1941年发起成立中国人事心理研究社。他特别提倡心理测验为实践服务,为我国的心理建设工作做出了卓越的贡献。

(1)军官智慧测验的编制

萧孝嵘对军事测验素有研究。他修订《勒氏内外倾品质评定量表》时就明确表示,这种量表不仅限于外倾和内倾两个极端的确定,而且还有助于各种特殊人格品质的分析。因为军官的人格特质将影响军队风纪和军事效率,所以使用该量表研究军官的人格品质是非常必要的。该研究也得到政府相关部门的关注,1936年萧孝嵘受某训练所的委托用该量表对部分军官进行测试,在事后的研究报告中,他首次提出军官智力测验的必要性和重要性。萧孝嵘认为智力检测在军官选拔中非常重要,为此他还引用参加欧战的一个德军统帅的军官资格分析报告,报告证明该军官个人心智能力突出,同时美国的《陆军甲种测验》结果也证实了智力测验在军官选拔中的重要性。所以萧孝嵘提出:"一切队中军官,一切军官受训营之候选人员及一切选派与征募之人员必须经过此种规定之心理测验。"当时也有人主张直接用美国的测验,但萧孝嵘认为美国测验本身有不规范之处,并且美国文化背景也和中国不同。该研究报告得到了政府的重视,并委托萧孝嵘带领团队编制军官智慧测验。

编制时,萧孝嵘充分考虑了个人因素和不同背景对测验的影响、测验应该跟准军官或军官所修的特定学科相关程度高、测验应该与跟智慧相关的观察表现相关程度高、测验的时间要短等因素,并借鉴美国的相关测验,先试编了9种测验,包括辨同测验(10题)、迷津测验(5题)、辨异测验(12题)、同理选择测验(20题)、同理补填测验(20题)、点线测验(20题)、组形排列测验(20题)、多方适应测验(50题)和位置模仿测验(50题)。① 然后对584名军官进行试测,根据测验结果,最终选用了迷津、同理补填、组形排列和多方适应四种测验。这些测验不仅信度和效度符合要求,而且花费的时间和劳力都非常经济。这是萧孝嵘将测验运用到军事心理的首次尝试,不仅为后面人事心理测验的编制和施行提供了样本和经验,而且也获得了官方的信任和大力支持,为后面更多的测验编制打开了良好的局面。

(2) 警察测验的编制

萧孝嵘对警政心理也有研究,他认为警政效率的高低与警察队伍心理素质的高低关系密切,这种素质是不可能依靠普通的观察或考试就能解决的,最好的办法就是测验。而警察至清末在我国出现后其素质一直受人诟病,作为当时警察行政的最高机关——内政部也一直希望借助测验这一科学工具提升警察素质和警政效率,为此还在警政司内增设了"警察智力测验室",邀请萧孝嵘领衔编制普通警察测验,这也是科学技术与行政力量的再次合作。

从1938年10月到1939年12月经过多次修改,萧孝嵘终于编制了普通警察智力测验。与之前的军官测验编制相似,该测验首先充分考虑了以下四点:"一、注意吾国之特殊环境。二、顾及警士的教育程度。三、提高受试工作之兴趣。四、力谋实施方面之便利。"② 测验分为团体测验与个别测验两种形式。团体测验参考了美国S. C. Dodd氏编制的"非文字智慧团体测验",有甲、乙两类,每类四种测验。其中甲类包括立方、联络、迷津和事实测验,乙类有类似、人面、节奏和同理测验。个别测验包括三种,分别是空间想象能力测验、空间定位能力测验和应变测验。对1050人试测结果显示该测验信度和效度都比较优良,萧孝嵘本人评价此测验说:"不仅为吾国政治科学化之一种重

---

① 萧孝嵘.军官智慧测验之编制及其应用[J].心理半年刊,1937,4(1):62-63.
② 萧孝嵘,丁祖荫.普通警察智力测验[J].民意(汉口),1941(161):5.

要贡献,且为学术中之重要发现,同时在人事管理方面,增加一种必要之科学工具。"

之后萧孝嵘又编制了特种警察测验和警官智力测验,其中特种警察测验包括刑事警察测验和交通警察测验两种,都是参考德国相关测验编制的。前者包括简式测验和详式测验两种。其中简式测验又分为裁判、检视、查数、命令4种;详式测验分为裁判、检视、查数、命令、人面5种测验。这两种相关系数为0.92,使用时可相互交换。后者也有简式和详式两种,简式包括号码、路线、报告及集注4种测验,详式测验包括号码、速视、路线、报告及集注5种测验。此两式相关为0.99,也可交换应用。①

警官智力测验编制稍微复杂,首先是编制了18种不同测验,在中央警官学校举行了第一次预试,根据结果淘汰了效度低的4种,剩下14种又进行第二次预试,又淘汰了价值低的3种,最后保留了执行、同理、换算、数序、校对、删字、分类、定向、算理、态度、概括11种测验。根据要求和标准分成了甲、乙两类,其中甲类包括执行、同理、换算、数序、校对、删字、分类及定向8种测验,乙类包括执行、同理、换算、算理、态度及概括6种测验。采用的效标是普通警察智力测验中的非文字智力团体测验及受试者教育成绩和评判结果,该结果是对其熟悉的教官在智慧程度、应变能力、计划能力、领导能力等4个方面给分,研究后结果显示测验信度系数在0.82至0.96之间,效度在0.67至0.86之间。②

关于这些测验的推广使用,因为战事缘故未见详细的报道,但是从编者的评价中可以看出测验已广泛使用。萧孝嵘评价说:"警察智力测验……其中所编成之测验已达数十种,并已推行至全国。凡采用此种测验之机构皆表示极度之满意。"③军警界的测验"实为我国政治科学化之先声。其于警政效率固有所增进,而于国防方面亦不无重要影响"。心理测验在军警政界使用的成功也使得更多心理学家从事人事心理研究,后发展为一场全国人事心理研究运动。

除了军官和警察测验,萧孝嵘还与航委会协商举办航空人员心理测验,为

---

① 萧孝嵘.我国的警政人员心理测验[J].军事与政治,1942,2(4):23-24.
② 丁祖荫.警政人员心理测验[M].上海:商务印书馆,1946:48-50.
③ 萧孝嵘.抗战以来的心理学[J].文化先锋,1946,5(2):7-9.

防止或减少训练时之损失拟定了三年计划,随之试用了各国的航空心理测验以期发现最经济而有效之技术。虽然因为计划时期过长未能实施,但在报纸和杂志上发表了多篇此种技术应用的文章,具有此种认识的人不乏其人。后来,"军事委员会干部训练团与青年军总监部成立一军事心理研究委员会,由(萧孝嵘)主持。此委员会下又复设一军事心理测验室,由程法泌先生主持。除有一时期以干训团之特殊事故未曾举办测验外,受训干部(包括军官通信队、工兵队等)多曾经过心理检查,且有一部分亦曾参加军事心理讲演"。① 之后萧孝嵘对空军测验一直有关注,1938年人事心理研究社常务理事所拟定的计划中,他还明确表示:"空军人员普通分类测验应编成四种;特别分类测验应编成十余种。"②除此之外,萧孝嵘还编制了情报人员之甄别测验、飞行人员之情绪稳定性测量器,和张义尧合作研究公布了飞机机械人员之智力常模,和丁祖荫合作编制了警察人员生活调查表格,和胡先进合作编制了情绪稳定性之实验研究,和倪中方合作编制了防空知识测验。③

2.周先庚与测验

周先庚是民国著名的心理学家和测验专家,1925年进入斯坦福大学心理系,主攻实验心理学和工业心理学,先后获得学士、硕士和博士学位。1931年回国在清华大学任教。1937年任心理学学会理事,其间在河北定县指导测验,并根据测验结果提出了著名的"周先庚曲线"。其一生研究心理技术建设,大力提倡把心理测验广泛应用在国防心理学、军事心理学等方面,为我国军事人才的培养提供了科学的依据。

周先庚在军事方面的主要贡献是伞兵的选拔测验。1943年冬,经清华大学校长梅贻琦介绍,周先庚接受了当时驻昆明的国民党第五军军长邱清泉的邀请,为其筹划创办军官心理测验所,之后他一直带领学生从事军官心理测验的研究。1945年国民党军队因为要选拔伞兵,特别邀请了美国当时著名的心理学家,主题统觉测验(TAT)技术创始人莫里(Murray)编制相关测验,而这一研究需要中方的技术人员支持。经过莱曼(Lyman,曾在北平协和医院和周

---

① 周先庚.人事心理与抗战工作(下)[J].中央周刊,1946,8(11):72.
② 中国人事心理研究社[J].科学大众,1948,4(6):276.
③ 萧孝嵘.抗战以来的心理学[J].文化先锋,1946,5(2):10.

先庚有过合作)的介绍,周先庚开始了和莫里的合作。莫里曾供职于美国"战略服务局"(Office of Strategic Services,简称 OSS),其先进的技术让周先庚获益匪浅。他不仅自己努力学习,还利用参与实践的大好机会组织了西南联大心理学组的同事、研究生和毕业生加入测验队伍,共同学习编制的技术和操作的方法。参与的人员有西南联大的曹日昌、范准、田汝康,重庆国立中央卫生实验院的丁瓒和赵婉和,这些人都成为测验界的后起之秀。1945 年 7 月底,莱曼和莫里完成了伞兵选拔工作准备归国,受到邱清泉的邀请,通过对中国军官进行心理测验以演示测验方法和程序,测验的结果让邱清泉很满意,该测验的后续研究也因此得到了军方的大力支持。美国专家回国之后,周先庚又带着林宗基、黄德才等人仿照莫里的测验方法并加以精简,于 1945 年 9 月 17—19 日、11 月 19—21 日,1946 年 1 月 12—13 日分别对五军四十五师 54 人、九十六师 38 人、十八军一一八师山炮营第六营 46 人共计 168 名军士进行了测评。①

在主持和参加军官心理测验和伞兵选拔测验的过程中,只要有机会,周先庚就带上心理学组的学生进行见习。这些测验不仅让他完成了为军队和战事服务的任务,而且还利用这一实践机会培养了学生,如孙际良的《军官心理测验之实施》论文就是在伞兵选拔心理测评期间完成的。除此之外,他还指导学生从事军事心理测验理论方面的研究,他指导的田汝康、戴寅、刘民婉在 1944 年翻译了波林(E. G. Boring)和瓦特(M. Water)主编的《战士心理学》(*Psychology for the Fighting Man*),后来部分内容以《战斗员所应知道的心理学》为题发表在天津《民国日报》上,总共连载了 70 期,②为军事建设培养了众多的测验人才。

(三) 其他测验的编制与宣传

抗战期间国民政府提倡一边抗战一边建国,而"建国三要素中以教育为第

---

① 李艳丽,阎书昌.西南联大时期的心理学系科建设及发展[J].苏州大学学报(教育科学版),2015(3):19.
② 李艳丽,阎书昌.西南联大时期的心理学系科建设及发展[J].苏州大学学报(教育科学版),2015(3):19.

一,而教育之举办,则以使用科学工具为首要"。这里的工具指的就是测验。除了抗战需要的军事测验,建国的需要使测验也向其他领域发展。

首先是工业方面的测验。现代化的进程需要工业的发展,工业发展意味着机械将广泛应用,这就需要对工人进行更多机械能力的培养。同时在提倡工业教育促进国家现代化建设的背景下,报考工科的学生也日益增多,而工科学系不仅需要有极高的智慧,而且要在数理方面拥有优良的推理能力,而这些判断也只能用测验的方法。萧孝嵘对此早有认识,他从职业需要的角度出发选择、训练工人,指导或与他人合作编制了大量的能力倾向测验与职业测验,包括他自己完成的数种德国工业心理测验与美国机械能力测验之统计分析,和程法泌合作完成的技工适性心理测验之标准化,指导吴江霖完成的瑟斯通职业指导测验的订正,指导张义尧完成的新编职业指导测验。同时他还和曹飞完成了小学教师能力倾向测验之编制(甲、乙两套),和姚秀华完成了护士能力倾向测验之编制。除此之外,萧孝嵘还修订有儿童心理卫生检测工具,1938年在《心理健康检查之一种工具》一文中他介绍了一种名为朗马个人事实表格的工具。之后他又开始着手对该量表进行修订,在试测中发现有5项已经失去了诊断区分的价值,遂将原量表75项试题缩减至70项,并结合测验结果求出了9～15岁各年龄的常模。新修订的量表使用方法很简单,仅由被试自陈情况,记录者根据与常态反应相符的情况进行标注即可。此外,他还对计分方式进行了修改,修改后的计分方式更利于解释,并且能对分数不足的儿童给予更多的注意,更有利于后期的检查和处理。① 除此之外,"四川生理教育馆同川大教育系、华大儿童指导所三单位合作,在刘永和教授的指导下,曾从事格赛尔的学前儿童行为发展量表的订正工作。该测验以托儿所、幼稚园的六岁以下儿童为对象,内容分为四大项目。即语言、动作、适应、个人社会等四大行为,测验细目约100条(时局宣传少了)……在成都测验一千儿童……在目前教育实验工作快将知悉的低厌气氛中,倒是值得提赞的一件事"。② 值得一提的是,陈一百曾发表《因素分析与心理研究》(1948)一文,对测验结果统计分

---

① 萧孝嵘.心理健康检查之一种工具[J].教育通讯(汉口),1938(35):11.
② 陶鼎辉.心理测量与教育[J].中华教育界,1949(复刊),3(6):25.

析的因素、分析方法做了深入探讨,是数学方法上涉及当时最新成果的专论。①

抗战虽然艰难,但中国测验界始终保持和国际的联系,1946年艾伟代表中国参加了世界新教育联谊会澳洲会议,发表了《中国教育情形》《中国战前战时小学儿童能力测试》《学习心理实验中学班之实验》《教育上之新趋势》《教育测验在中国》《中国文学及其心理学的研究》《考证之重要》《中国儿童生活、中国教育与国际了解》《中国之小学教育测验、中国教育之趋势》《中国心理学之发展》等相关报告,让世界及时了解中国教育和测验的发展。② 除了国际宣传,国内杂志对测验也有所报道,比如老牌杂志《教育杂志》《中华教育界》都有测验文章刊登,另外新出版的杂志《建国教育》《教育通讯》等也陆续有测验的报道。其中,特别值得一提的是艾伟抗战期间创办的《教育心理研究》杂志,从1940年6月出版至1945年6月停刊,共出版了3卷10期,载文92篇。③ 内容主要为教育心理学研究专题和心理学研究方面以及测验编制和统计测量等,刊登过萧孝嵘的《萧氏订正个人事实表格第二种之初步报告》、艾伟和孙敏的《大学入学在学与测验三种成绩之相关研究》、杨清的《小学国语默读诊断测验试编》等一大批高质量的测验论文,同时还出版了英文简篇,分寄英、美等国换一些英语刊物给从事研究工作者参考。④ 由于杂志具有很强的时效性,而抗战时很多报刊出版社被毁,在一定程度上影响了测验的宣传和推广,所以此时的测验宣传大不如从前。其间也有一些测验统计及测验的著作出版,比较有影响的有朱君毅的《教育测验与统计》(1946),程法泌的《智慧测验与教育测验实施》(1947),陈选善的《教育测验讲话》(1947),孙邦正的《心理与教育测

---

① 漆书青.解放前我国的心理测量研究[J].江西师范大学学报(哲学社会科学版),1994(3):94.

② 兰军.民国时期中国教育在国际论坛上的展现:基于对国际教育组织及会议的考察[D].武汉:华中师范大学,2007:89.

③ 关于创刊时间有的学者认为是1940年3月,也有人认为是1943年10月。笔者经过查询发现,艾伟本人对此论述是"教育心理研究原是笔者于民国三十二年十月创办的刊物",具体见艾伟的《写在教育心理研究专辑之前》(《教育杂志》1948年第4期第1页),但笔者又查询晚清、民国期刊全文数据库资料发现,虽然对《教育心理研究》介绍是"1940年3月创刊于重庆",但其第一卷第一期封面的出版时间为民国二十九年六月。

④ 艾伟.写在教育心理研究专辑之前[J].教育杂志,1948,33(4):2.

验》(1948),艾伟的《小学儿童能力测量》(1948)、《阅读心理·国语问题》(1948)和《阅读心理·汉字问题》(1948),等等,但其内容大多是作者前期积累的成果。

全面抗战爆发是测验运动发展的一个分界线,运动虽然没有随着战争的爆发而立刻停止,艾伟、萧孝嵘等一批测验专家也竭力重整旗鼓,但始终不能与前期的运动相比。特别是战后短暂的和平又为内战的炮火所破坏,所有的研究又一次失去存在的土壤和文化氛围,奄奄一息的测验运动最终退出历史舞台。

二、对测验运动的评价

民国是中国历史上由传统教育向现代教育转变的特殊时期,各种类型的"新教育"从引进模仿到实验探索再到改革定型,无不经历一个艰难发展的历程。测验作为西学的一种,经历了起起落落的过程,发展过程中也存在诸多的问题。

(一)测验运动的演进轨迹

从1915年第一个科学测验输入我国开始算起,到1949年新中国成立测验销声匿迹结束为止,测验运动先后经历了发轫期(1915—1921)、高潮期(1922—1925)、高原期(1926—1930)、再兴期(1931—1937)和衰落期(1938—1949)五个阶段,前后持续三十多年之久。从测验形式上看,发轫期翻译移植测验,高潮期模仿编造测验,高原期运用检验测验,再兴期研究编制测验,衰落期不同领域使用测验,总体上呈现螺旋式前进。从组织看,从个体研究到组织领导再回到分散研究再到组织领导,几起几落,每个阶段都呈现出不同的特点。

发轫期主要是对国外测验的介绍和模仿。这个时期国外的比纳-西蒙智力测验、各种教育测验,尤其是相对成熟的算术测验,通过报纸杂志的宣传逐渐被国人熟悉,国人在学习的同时也开始有意识模仿编造适合本国的测验。

比如俞子夷就仿照桑代克的测验编制了国内第一个标准测验——书法量表，之后南京高等师范学校、南高师附中、南高师附小等注重教育改革的学校也开始编制相应的测验，但模仿痕迹都过浓。这个阶段测验的编制和使用几乎都是基于个人或者学校的兴趣，没有上升到统一组织的阶段，所以难成规模。

高潮期主要集中于标准测验的编制。这个时期中华教育改进社的成立，让测验运动的发展有了强有力的组织保障，特别是其1922年邀请麦柯尔访华，点燃了中国人对测验的激情和热情。在麦柯尔的帮助和指导下，测验界南北学者抛下门户之争，倾力合作，短短一年内编制标准测验高达50多种。这些测验不仅编制科学，而且基本求出常模，在分数解释上也统一用当时最科学的TBCF制，测验运动因而进入高潮期。除了测验的编制，中华教育改进社还利用编制的标准测验进行了大规模的全国教育调查，该调查覆盖了华北、华中、华南三大区域，32个大中城市和地区，调查了24所大学和学院，50多所中学，600多所小学，受测人数达到102000余人，测验演讲35次，规模之大史无前例。测验调查每到一处都引起当地教育界的无比关注，这无形中为测验做了很好的宣传，测验开始被更多的国人了解和熟知。为配合调查，中华教育改进社还在不同地区培训了1970个施测者，加上前期开办的教育心理测验讲习会和导师会培训的测验人才，教育测验方面的基层人才队伍渐次形成，他们成为各地测验的具体执行者，有力地推动了测验工作发展。当然红火的测验发展背后也存在很多的问题：从测验编制看，该时期语数英测验和智力测验编制特别多，而当时国际已经在探索的人格、品质等测验虽列入计划，但未付诸执行；从测验的实施对象看，主要是针对中小学生，对于大学生和成人的较少，特别是针对当时占中国多数人口的农民的测验更是鲜见。虽然该时期测验编制已经注意到中国化，测验标准的制定大多采用中国的学生样本，但这些样本人数普遍偏少，测验的信度效度及常模还没有说服力。该时期最大的问题是过于强调测验编制，缺少对测验理论的研究，这也为测验运动进入高原期埋下了伏笔。

高原期是对前期编制测验的检验和反思。因为时局的变化及各种人为的原因，自麦柯尔离去，测验界的活动不再积极，随着中华教育改进社的式微，测验运动步入高原期。虽然是高原期，但也有几次大规模的测验调查可圈可点。这几次调查有民间团体发起的，也有政府部门发起的。比较有代表性的一是中基会赞助下艾伟在1926年和1927年分别进行的两次文白测验,此次测验北到天津、北京,南到宁波、绍兴,共计12000多人,编制了文言文和语体文测验各两种,不仅是对测验的一种宣传,更解决了当时文白相争的问题,是测验应用价值的一次很好体现。二是江西省儿童智力调查局于1928年和1929年在江西省进行的两次大规模的测验,分为4期进行,共调查了赣东、赣西、赣北中小学生10543人。编制小学常识测验一种,测验用表格20余种,发行测验报告2期,测验小丛书3种。这次大规模测验不仅仅是应用测验,更是对前期测验的一种检验,该局将测验结果与被试的学业成绩进行比较后,发现已有的标准智力测验已不符合社会的发展,有修订的必要。三是上海市教育局1928年在全市进行的大规模智力测验,包括个人智力测验和团体智力测验,不仅调查了市区学生还调查了乡村学生,及时公布了测验结果和常模,不仅让教育界了解了当时上海教育的现状,也为其他省份举行大规模测验提供了经验和范本。此外,还有中央训练部测验科举行的各种测验及中华平民教育促进会定县实验区测验改革与推广,虽然规模都不及前面的大,但为沉寂的测验运动增添了少许色彩,同时也为后面测验运动的再次崛起提供了经验和素材。

再兴期主要集中于测验理论的研究和测验的编制。时局的相对稳定和经济的复苏让测验重新步入国人的视野,1931年中国测验学会的成立为测验发展提供了更专业的组织保障,特别是其从第二届年会开始增加了宣读测验论文的环节,更有利于测验问题的聚焦。测验学会还发行出版了我国第一本专门研究测验的专业学术期刊——《测验》杂志,为测验理论研究、测验编制和推广提供了更专业的学术平台,不仅对前期的测验运动进行了反思,还把测验理论研究作为后期发展的重点。从理论研究范围看,既有测验理论的深入研究,又有心理品质结构和统计学的理论研究;从测验编制看,有教育测验、智力测验,也有品质测验、职业测验等;从教育领域实施看,测验已经不仅在中小学应用,更向下扩展到幼稚园,向上扩展到了大学。特别值得一提的是,这时的测验已经不再拘泥于学校教育领域,而是以大教育观为指导思想,以整个社会为舞台,将政治、军事、医学、社会等问题都纳入研究的范围,开始尝试用测验去解决现实问题。但测验运动良好的发展势头因为日本全面侵华战争而被打乱,社会环境的日益恶化使很多测验工作被迫中止。虽然此期间以艾伟、萧孝嵘为首的测验专家学者们不惧困难,依然坚持测验的研究,并且收获了一定的成果，但终难抵战争带来的毁灭性打击，测验运动进入衰落期。抗日战争结束后内战又接踵而来，重新燃起的战火让测验运动再无回天之力，随着国民党退至台湾、新政权的成立，测验运动最终落下帷幕。

(二) 测验运动的问题及原因分析

测验运动打破了中国传统的内省研究模式，提高了研究的科学性，同时催生了各种科学研究教育机构，编制了大量测验，培养了一大批教育改革人才，对民国教育改革发展有着深远的影响。但是相对于我国幅员之阔、人口之多，测验运动所取得的成绩似乎不大，所谓发展与国外发达国家相比更是大相径庭，不可同日而语。同时测验运动在发展过程中也暴露出了诸多的问题，始终悬而未决，这些也值得我们深思。

1.测验运动中的问题

对于拥有几千年华夏文明的近代中国人来说，接受外来文化是身不由己的，而且每次外来文化的引进都是发生在关乎民族生存、国家社稷的危机阶段，每一次引进都被当作是振兴国力的捷径。测验这种拥有西学"血缘"的学术自然也不例外，虽然被作为改造社会的工具而寄予厚望，但它始终不是靠内力推动自然而然形成的，既无历史沉淀又带有功利色彩，在发展过程中自然会出现各种问题。这些问题主要表现在以下五个方面：

第一，模仿痕迹明显。尽管测验运动中很多测验是中国人独立编制的，也是以中国人的名字命名的，但测验大多模仿痕迹严重。测验运动史上的第一个自编测验——俞子夷的书法量表就明确表示是仿照桑代克书法量表编制而成的，除了样本不同外，编制程序、方法等都高度一致。测验运动高潮期被广泛使用的廖世承团体智力量表也是参照美国陆军智力测验编制的。再兴期艾伟编制的很多测验也参考了美国的相关测验，其推广使用的初等代数诊断测验则是直接选用了道格拉斯的测验诊断材料。衰落期萧孝嵘的警察智力测验更是以美国 S. C. Dodd 氏编制的"非文字智慧团体测验"为依据。智力测验、教育测验尚是如此，人格、品质等更不容易测量的测验更不必说。民国教育家编制的测验除了国文等少数测验外，大多能看到国外测验的影子，有的测验只是在国外测验基础上稍微做些修补，还有的测验甚至是直接使用，比如1933年上海市教育局在京沪一带举行的大规模调查用到的迷津测验就是直接采用国外的，没有加任何修订就得出了中国学生智力测验结果，并且在这个基础上进行各种论证。外来测验是基于外国文化背景下编制而成的，如此修订难免会影响其科学性，也难怪国际联盟教育考察团批评说："彼等对中国之旧教育制度，不但认为陈腐，急需改革，并谓其具有罪不容诛之性质。故不经任何过渡之措施，即将美国之教授课程与方法，代替中国千百年来之智慧与学识，趋极端者，竟欲目睹中国之美国化而甘心。"①

第二，测验的常模普遍偏小，修订不及时。测验运动中的标准测验大多有求出中国的常模，这似乎是测验中国化的一个显著表现，但实际用来求常模的样本非常小。除了几次大规模测验调查得出的常模比较准确外，其他标准测验的常模取样均不足100人，甚至有的不到30人。比如中华职业社的兴趣测验所用的样本就是教育学院21个学生。我们知道现代测量理论规定30人才能算大样本，才能拟合各种统计模型，而在实际运用中"至少要将测验去测验过500个12岁至13岁的学生"。② 用如此少的人就得出可推广的常模数据实在有违科学性。我们知道常模是有代表性的样本在该测验上的表现情况，其准确不仅与抽取样本的数量有关，更与抽样方法有关。民国时期教育家们出于对财力、物力和方便的考虑，常模样本的选择往往集中于大城市或经济发达地区，中国偌大的人口仅选几个地区或学校作为样本显然也有失科学性。除了常模选择问题，测验也没有及时修订。可以说编制的标准测验除了比纳-智力测验修订过两次外，其他均未见有修订。应该说随着社会的发展，人的能力有所变化，课程标准有所变化，测验的内容也应该随之变化，如果还沿用原来的标准未免失之偏颇。而且江西省儿童智力测验局在使用廖世承团体智力测验时就已经验证了这一点，其结论认为"无论根据标准分数或确度，均有不甚合实际情形之弊，而须从速修订，以求满足教育界的需求"。③ 相对于人的知

---

① 国际联盟教育考察团.国际联盟教育考察团报告[M].台北：文海出版社有限公司，1989：16.
② 钟鲁斋.教育之科学研究法[M].福州：福建教育出版社，2009：158.
③ 杜佐周.根据施行廖氏团体智力测验的结果讨论国内各种测验之应修订的必要[J].测验，1933，1(4)：52.

识能力,智力通常被认为是变化不大的,智力测验尚且如此,其他教育类的测验就更不必说了。

第三,测验理论与实际脱节。不管是什么样的研究,理论的研究都是基础,没有正确的理论,实际的作业只能变成盲目的动作,但同时如果永远在理论上下功夫,没有实践的经验来证验,也不过是纸上谈兵,而整个测验运动中这个问题特别突出。测验的编制和使用基本不成比例,表现在大学教授和学者专家们只管编制测验,至于用了没有、用到何处则无人问津。而中小学教师因为不知道如何使用测验,甚至不知道测验是何物,只能沿用原来的办法,所以花大心思编制的测验大多被束之高阁。有学者就曾感叹说:"(商务印书馆)大有售毕不再刷印之势。因有的测验不但一年买不到,年年是买不到的;有时买到测验,而买不到说明书,没有说明书的测验,有也等于无。"① 再兴期虽然理论获得重视,但理论如何指导实践又成为短板,有学者就直言不讳地说:"数年前虽有测验学会的成立,但对于测验质量的增进,尚没有很大影响,这是极可惋惜的情形。"② 从西方测验发展历史我们也可以看出,西方测验理论与相关实验是紧密结合的,而这点在幅员辽阔、各地经济教育极其不平衡的中国很难做到。因为中国广大农村地区对教育实验的开展是可望而不可即的,所以当时的实验多数集中在经济比较发达的江浙二省和京津地区,测验也是围绕这些地区进行实验的,涉及面不广的实践很难将正确全面的结果反馈给理论。比如段蕴刚曾用陈鹤琴编的初小用图形智力测验量表甲第一类测验对5所乡村小学209名学生进行测试后发现,其谬误测验中的"西式手套"和"仙人掌"辨认一题,因为乡村儿童几乎没有见过,所以"这次测验结果,这两个图也是城市小学做对的多,乡村小学做对的少"。③ 这个问题就是我们现代测验理论中所说的项目功能差异(DIF),不仅是城市和农村之间,南北地区中也存在差异,该测验的拼图题中的骆驼,因为南方儿童几乎没有见过,所以不知如何下手。测验只有大量使用才能发现问题,而这些问题的反馈又会带动测验理论的不断发展。测验运动中测验的编造和测验的使用无法同步,理论研究与实

---

① 周学章.TBCF 制之检讨[J].测验,1935,2(2):1.
② 清儒.心理测验应积极推进[J].教育与职业,1936(172):73.
③ 段蕴刚.对于陈编初小用图形智力测验量表甲第一类的几点臆见[J].教育杂志,1935(62):12.

际始终处于脱节状态。

第四,过分夸大测验。测验本是众多研究方法中的一种,既有优势又有缺陷,有其使用的范围。可是在测验运动中,测验常常被打着科学的旗号人为变成无所不能的工具和价值尺度。似乎任何事物都可以凭借这一种形而下的方法得出客观数据,历史上一切真理都可以通过它进行验证,测验被推上了神坛。即使是没必要用测验的也要用测验,而测验是否可行、数据怎么得出来的等价值问题却被忽略不计,这种狂热导致了测验的误用和滥用。著名文学家叶圣陶就曾批判过当时流行的大学国文常识测验,他说:"其题目为下列各篇系何人所作?篇名《一行传》《两都赋》《三年问》《四愁诗》顺次下去一直到十……发问者的意思大概不外两层:一层是你们有没有读过那些文章,又一层是你们有没有听过那些篇章的名儿,顺便记住那些篇章作者的名儿。第一层高中毕业生对那些文章多半没有读过,因为不适宜高中,教本没有选入,出题者不是不了解实际的教学情况就是故意与考生为难,二者必居其一,再就第二层说,记记篇章的名儿,记记读者的名儿,那是连记问之学也说不上的,也可称为常识吗?把这些认为常识,出题目的人对于常识的观念怎样鄙陋,可以知道了。把这些不足为常识的常识测验应试者,应试者的真常识必然测验不出来,也可以知道了。"①特别是语文这种大学科,即使是非常精确的测验,试题也不外乎是国学常识测验、文言译白话、作文等,有的内容根本不需要运用测验,用了反而真测不出学生的水平。不需要用的也大搞测验,不仅得不到正确的结果,反而误导了社会。正如罗家伦所说:"因那时有两种不正常的现象发生,累及测验本身的原故。一为人类心理常超时髦,测验在当时是时髦的,所以当时东也测验,西也测验,实际都弄的非驴非马,测验的本义反因此而愈晦。一则因为测验的滥用与若干所谓的学者的夸大,每以不正确的结果夸示于人,致令社会发生反感。"②

第五,推广宣传力度不够、民众支持度不高。发达国家特别重视测验的推广,普遍设立推广和指导测验的机关。这些机关一般附设于州立大学或地方教育行政机关。我国测验的推广宣传主要靠民间组织,比如高潮期的中华教

---

① 黄小燕.民国时期(1912—1949)中国语文教育现代化进程研究[D].上海:华东师范大学,1998:105.

② 左任侠.最近中国科学测验之发展及其趋势[J].学林,1940(1):105.

育改进社和再兴期的中国测验学会。民间组织在宣传和实施上显然优势不足，比如中华教育改进社后期根据情况不断调整业务，从第二届年会后对测验的宣传已经没有之前热情了。中国测验学会虽然是专门从事测验的组织，但始终不同于官方的政府组织，主要从事研究，至于推广就另当别论了。虽然测验运动中也有江西省教育厅、上海市教育局等政府部门大力提倡，但这些倡导与组织者、领导者个人认识有很大的关系，都是凭一时高兴，兴致退去或者人员的调动，常常导致活动烟消云散，不能善始善终。缺乏长期稳定的组织和机构，又没有相关的制度保障，使得测验更多取决于个体的行为，而没有上升到整体的共识，其推广也就相当有限。纵使仁人志士多么有觉悟，但如果这种觉悟仅仅局限在少数人的身上，拥有奋斗目标和理想的团体不能长期存在，那么各种推行也是得不到民众长期支持的。

2.原因分析

首先，一个运动的发展与其背后的时代是息息相关的。民国时期是我国近代历史上最为动荡的时期之一，从袁世凯攫夺了辛亥革命果实之后，中国就进入了动荡混战时期。奉系、直系、皖系和各大大小小军阀轮番登场，各地战乱频繁，有限的财力、物力都被投入战争中，各地教育完全按照军阀的喜好进行，混乱不堪。虽然1928年国民政府统一了政权，政治开始稳定，经济开始复苏，但一党独大的专制统治、政治的腐败又接踵而来，有限的财力难以支持各种教育改革的开展。1937年的日本全面侵华战争又打破了教育发展的良好势头，高校研究机构被迫内迁，很多研究不得不中断搁置。接下来又是国共内战，频繁的战争和恶劣的生存空间对组织和个人都是很大的冲击，环境的艰难让学者们的研究难以为继。所以时局不稳定是测验运动跌宕起伏的主要原因。正如潘菽先生所说："可惜中国的时局时常起变化，学术机关也随之而受影响，学者的生活不能安宁，时做时辍，往往几年的经营，一旦受了时局的变化的打击，仍旧要跑回几年以前去。这是中国学术很难发达的一个大原因。"①

其次，测验的高定位与民国文化发展的严重滞后之间存在矛盾。从历史发展看，科学精神在中国人身上是缺失的。《法言·君子》曰："通天地人，曰

---

① 潘菽.本校的心理学系[J].国立中央大学半月刊,1929,1(2):141.

儒,通天地而不通人,曰伎。"中国人向来重视人事,对科学技术之类的一直持有鄙视的态度,认为其难登大雅之堂,特别是长期的封建统治更让科学发展远远落后于世界发达国家。清末虽然引入科学,但中国人更愿意把科学看作是一种改造社会、除旧迎新的工具。因为缺乏历史的沉淀,这种嫁接在小农经济、专制政治基础上的科学与建立在工业经济、民主政治基础上的科学是大相径庭的,这些都使得测验的高定位与科学发展严重落后之间的矛盾特别突出。因为测验理论研究需要的统计学、数学理论不发达,所以当测验运动向纵深发展时就力不从心。即便是有学者掌握了先进理论和方法,但以中国当时落后的科学文化条件也难以开展。比如艾伟对因素分析有很深的研究,在三四十年代就指出了对多种教育测验与儿童智力测验的材料作因素分析的方向,但这个方法需要复杂的相关矩阵,非借助电子计算机不可,而中国当时只有杠杆式手摇计算机,这些都制约了测验理论的发展。"公众的参与是支持教育发展的巨大的社会资本",但科学的不发达使得公众普遍缺乏相应的科学精神和底蕴,从而导致对测验的无知、冷漠、麻木甚至抗拒。西方教育中对教师要求是很高的,中小学校教师整体学历普遍偏高,有着基本的测验知识,而近代中国教师学历不高,知识面不广,测验的使用编制都是普通老师不能掌握的。所以测验在大城市或发达地区一片红火,在基层可有可无。纵使测验专家们再尽心竭力,但由于这种努力仅仅局限在少数人的身上,测验对于大众依然是可有可无的。测验要依靠于广大的教育工作者,只寄希望于少数的教育家是不可能在中国普遍推行的。

再次,教育改革与落后经济之间存在矛盾。社会上的一切事业都离不开人和物,只有物的问题解决了才会有对人的问题的关注。而近代中国战乱频繁、整体经济落后,农村更是一片凋敝,大多数人生活在水深火热中。测验是针对人的事业,物的问题尚未解决怎么会谈人的问题,所以测验很难推广。此外,随着西方资本主义工商业的高度发展,产生了很多大财团,这些财团会出于各种考虑,通过教育来扩大自己的影响力,所以长期以来有捐资兴学的优良传统,这也是西方国家民间组织能长期稳定发展的主要原因。而民国民族工业发展缓慢,使得一些私人或团体没有能力来承担教育改革的费用,所以提倡改革的社团很容易因为时局或政府的干预而消亡,提倡的改革事业自然也难以推广。

最后，近代中国的各项民主制度不健全，长期的封建统治余毒使得现实操作中更讲究人治而不是法治。对于政府来说，一旦出现人事变动可能整个改革事业就停滞不前。比如测验运动中提倡测验的江西省儿童测验局、上海市测验科等均是如此。朝令夕改、动辄更易本是教育革新事业上最大的忌讳，但在动荡的民国却屡见不鲜。再加上中国是重人情的大国，历来讲究门第出身，导致在重要的选拔面前最终还是人情关系起更大作用，在相对不公平的社会里使用公平的工具似乎也难以推行。

(三) 测验运动对近代教育改革的影响

列宁说："判断历史的功绩，不是根据历史活动有没有提供现代所需要的东西，而是根据他们比他们的前辈提供了新的东西。"[①]虽然测验运动没有实现改造社会的预期目标，发展过程中也存在很多的问题；但作为教育改革的一部分，测验运动是不可能独立于社会而存在的，更不可能超越其所在时代能达到的高度。所以我们不能简单地以成功或失败来评价这一运动，而应该更多地关注它对当时教育改革发展的影响，这在那个时代已经是很大的贡献，值得我们借鉴。

1.促进国人教育观念的转变，加快教育现代化发展进程

古代中国比较缺乏实验研究的传统，讲究的是囿于一室，穷天下之书。所有的治学靠的是严密的抽象思维和丰富的想象力，所谓衡量标准只不过是"师道尊严"和"古训为大"法则下的一种合理解释。这种建立在自给自足封建小农经济基础上，与封建专制政体相符合的传统研究既不利于知识的传播和研究的可持续化发展，又与教育要为社会服务的现代化要求不符，越来越成为社会发展的桎梏。而测验的出现刚好打破这一现状，加快了教育现代化的发展进程。

首先，测验运动推动了教育研究的科学化发展。教育研究的科学化主要

---

① 中央马克思恩格斯列宁斯大林著作编译局.列宁全集:第2卷[G].北京:人民出版社,1959:150.

体现在教育研究方法的科学化,测验的出现在很大程度上改变了传统的教育研究方式,实现了研究方法上的突破,从而推动了教育科学化发展。中国传统研究一直缺乏系统完整的科学逻辑学作为方法论,更不注重发展科学研究的技术和方法,导致研究解决问题常常"唯上唯书",这种思维模式因为缺乏实验事实的基础,所以空泛讨论过多,研究存在着很大的模糊性和随意性。而测验尊重理性,注重客观性、注重数据,这种注重观测收集数据进而分析推理的研究方法,刚好能弥补传统教育中只重视主观感觉和抽象思辨的缺陷。随着测验的大量编制、使用和大规模调查的举行,用测验、调查、统计等科学方法研究教育问题的意识日益加强。"测验运动促进了我国近代教育研究方法的科学化进程,使教育研究开始超越传统经验式的经典方法,追求客观性、可靠性和精确度,追求定性分析和定量统计的结合。认定教育测验是一种促成教育科学化的工具和方法,逐渐成为当时教育界的共识。"[1]测验运动本身所蕴含的科学精神和价值观念实际也是对我国教育界传统观念和做法的一种纠正,转变了教育界一贯存在的形而上学、武断的研究态度,同时测验本身具有的工具性也利于实现教育服务于现实社会的目标。这些都在很大程度上转变了国人的教育观念。与此同时,测验运动引发的这种教育模式的转变也有利于中国与西方快速接轨,从而进一步推动中西文化的交流,在一定程度上实现了中国民族文化和世界文化的进一步沟通,推动了中国教育现代化发展的进程。

其次,教育是一门科学的观念得以深入人心。从教育学的发展历程看,长久以来其内容不仅离数学特别远,而且对数学的发展也漠不关心。马克思曾说:"一种科学只有在成功地运用数学时,才算达到了真正完善的地步。"[2]因为传统的教育学几乎都是经验总结和概括,定量研究微乎其微,所以其是否具有科学性一直存在争议。测验运动的产生和发展则大大改善了这一局面,因为测验离不开统计,这使得统计学、测量学等之前不属于教育学的内容进入了教育学的领域,这些学科本身具有的科学性无形中提高了教育的科学性。此外,编制测验需要研究受教育者的心理特征和规律,心理学、生理学等科学学科因为测验这一中介而与教育的结合越来越紧密,在促进教育理论研究由思

---

[1] 周谷平,王剑.近代西方教育实验理论和方法在中国的传播[J].浙江大学学报(人文社会科学版),2000(3):85.

[2] 拉法格.回忆马克思恩格斯[M].马集,译.北京:人民出版社,1973:7.

辨向实证转化的同时也提升了教育的科学性。这些变化不仅极大丰富了教育理论,而且使得教育理论不再只是定性和观念的说明,开始出现"用经验和可检验形式加以阐述的命题"。测验在促进教育内容科学化的同时,也激发了人们探索科学知识的欲望,学者们开始利用测验去探索教育中的规律,尝试将教育教学中单纯的经验总结提升为科学的理论,主动运用科学方法进行研究并大胆提出有价值的观点以充实教育学理论,促进了教育理论本身的科学化。比如我国测验学者周先庚根据定县测验结果提出的"周先庚曲线",不仅是中国的教育理论,更是世界教育理论中的宝贵财富。正如当时有学者指出的那样:"今之谈教育动辄曰:教育为一种科学,其原理通则皆根据于归纳法之观察及实验之结果,教材之方法与材料,必以学童心理发展程度为准绳。"[1]教育是一门科学的观念因此也深入人心。

最后,测验运动加速了理论和实践的有机结合。测验与注重古训沉湎于"神圣的幻想"的不同点在于拿出证据说话,证据的收集需要实验,而实验本身就是一种求真的过程,就是在强调现实、注重在现实实践中解决问题。这实际上也传递了一种教育理论依据,即反对传统教育中把逻辑推理和抽象思维作为建立教育理论的主要依据,教育理论的建设除了其他学科知识,还必须奠基于教育实践,只能通过统计测验等来验证。虽然教育改革中进行实验并没有完全得以实现,但是对其的赞同和信仰态度本身就是中国近现代史上的一次观念革新。所谓"实践出真知",这种以科学心理学和生理学为基础,通过科学测量得出的结果为理论依据的"金标准",使得那些玄而又玄的形而上教育理论溃不成军,也让更多的研究者走出斗室,加快了与实践的融合,这些反过来又促进了教育研究的科学化。

此外,从教育理论发展历程来看,测验运动在国外的兴起本身就是基于以儿童为中心这一理念。第一,测验的编制需要科学了解儿童,需要对儿童的心理发展规律进行研究,这些都需要教育者关注儿童、研究儿童,这个过程就是以儿童活动为中心的新教育思想和观念的反映。第二,通过测验,教师对学生有了进一步的了解,对教育目标有较确实的认识,对学生学习过程有更清楚的认识,对自己所使用的教学方法有更客观的认识,基于这些认识,教师不仅能

---

[1] 胡稷咸.中国现代教育之症结[J].教育杂志,1927,19(1):1.

形成客观的评价态度,而且还能把更多的精力放在探索教育内部规律上。这使得教师在教学中把更多的目光转向了学生,不自觉地去关心学生,公平对待每一位学生,这也是对儿童人性的一种尊重。这些无疑在学校实践层面抬高了儿童的主体地位,儿童中心观的确立同样是现代教育科学化的标志。同时测验的实施也体现了教育的民主化,测验不仅能明确学生发展的特点,更能明确其已有能力和天赋,通过分组或者分班,为其提供最适合的教育,实现教育机会的均等。这是对儿童和学生的个性发展及自由化发展的重视,同时促进了更广义的观念的变更,尊重个体的独立思考,也是个人自主性的一种肯定,更是一种广义的民主。

以儿童为中心和民主化科学化教育是教育现代化的核心内容。测验运动表面上带来的是技术方法层面的变革,背后则是对几千年来中国传统思维的突破,传播的是与工业经济和民主社会相适应的教育科学化、民主化等深层次的观念变革,这些都进一步推动了民国教育现代化转型的进程。

2.提供客观准确数据,引导教育改革朝正确方向发展

20世纪二三十年代是中国近代教育改革最为活跃的时期,新学制的效率、教学方法的选择、考试改革等都需要有科学依据。测验运动在其中扮演了一个非常重要的角色,为民国中后期的教育改革提供了客观的数据,引导其沿着正确的方向前进。

(1)新学制的改革和推进

学制问题是学校教育的重中之重,虽然民初颁布的壬子癸丑学制相对之前有一定的进步,但其小学七年、中学四年的分段以及中学以升学为唯一目标的单一取向,与当时社会需要大量初中等技术人才的现状相悖,学制改革遂被提上日程。经过多方调研和酝酿,1921年10月30日全国教育会联合会第七次会议在广州召开,通过了新的"学制系统草案",要求各省根据情况设法试行,从而掀起了一股研究新学制改革的高潮。

中学学制是学制中的主要问题。"中学校教育,数年以来,几成为教育界最大问题"。[①] 蔡元培随后在《新教育》学制研究号上发表了《学制系统草案

---

① 李石岑.新学制草案评议[J].教育杂志,1922,14(号外):3.

评》一文,主张中学以四二制为通则,以其在教育界的影响力,一批人又主张中学应该实行四二制。比如江西省就应声而起,议决全省采用四二制。所以新学制到底何去何从、如何施行在当时是亟须验证的问题。在全国一片迷茫中,以廖世承为首的东大附中以测验为依据,进行了较为全面的实验和研究,并根据数据结果出版了《施行新学制后之东大附中》一书,为当时新学制的全面推行提供了可靠的示范。

早在民国十一年(1922年)秋季东大附中就设立了试行新学制专门委员会,在全校职工会议上选出廖茂如、黄甲三、张柏延、陈杰夫、苏敏芬、邰爽秋、王克仁为委员,①其中廖世承为主要负责人。廖世承认为新学制如何实施不能仅凭想象,而要有科学的依据,这个依据就是测验,所以他说:"新学制试行之成败,赖此测验之力之多,测验实为推行新学制唯一之工具也。"②最后的确也证明了"三三制是适应个性的,顺应时代潮流的;四二制是不适应个性的,偏于理想方面的"。③

关于新学制,胡适早在决议案标准中就提出"发挥平民教育精神……谋个性之发展"。④ 中学新学制的精神其实是平民教育和自由发展的精神。新学制要"使平民教育制度得因……而实现","应使其在最小限度时间内学得之",就要适应个性,而适应首先要鉴别个性。个性差异主要表现在四个方面:年龄、志愿、智慧和学力。其中第一、第二容易鉴别,而第三和第四"惟各个人之差异,个人每不自知,学校行政人员亦无由得悉,故必考查真相,然后加以指导",而这个考查就是测验。⑤

鉴别个性的目的是适应个性,这是学制推广也是学制效率的重要问题。如何适应个性呢?首先要打破学年制,因为学年制不适应个性发展。东大附中为此做了一种英文测验,用同样材料试验全体学生,结果显示一年级的学生也有比四年级学生程度高的。⑥ 既然学年制是适应个性的障碍,破除学年制,

---

① 杨蔚荫.试行新学制之先声[J].中等教育,1922(2):3.
② 廖世承.测验与中学校[J].中等教育,1922(2):4.
③ 廖世承.关于新学制一个紧急的问题[J].新教育,1922,5(4):740.
④ 胡适.记第八届全国教育会联合会讨论新学制的经过[J].新教育,1922,5(5):1038.
⑤ 廖世承.新学制与中学教育[J].新教育,1922,4(2):203.
⑥ 廖世承.本校编制新学制课程的经过情况[J].中等教育,1922(3):2.

升班就要以学科为单位。这就需要考虑能力分组和课程设置问题。关于能力分组,廖世承认为:"欲以能力分组,亦有困难二点。第一无明确之标准,为各个人学业成绩比较之根据。第二实行能力分组,毕业无确定年限,办事将益行纷乱。对于解决是二种问题,余不得不借重教育测验矣。苟有可恃之教育测验,则各科目之标准不难定夺,各个人之成绩,亦不难度量。"①为此东大附中编制了各种测验,并根据测验的结果规定出各科的最低限度和毕业的学分,允许提前或推迟毕业。比如国文第四组的英文可能在第二组,分组的标准就是智力测验成绩、各科测验成绩、学业成绩和教师的评价。

学制改革中还有一个重要问题就是课程,"要使学制系统能贯澈(彻)执行,要有上下衔接的课程。否则学制愈活动,办学的人愈纷乱"。②为此,东大附中在课程上设置了与学分制相适应的分科制和选课制,为了打破学科界限,利于考核,还创设混合地理、混合历史、混合理科等测验。

测验结果证明,东大附中的各项改革是适应学生个性的,也证明了新学制的效率,为学制的发展打了一针强心剂。1922年11月1日,时任中华民国总统的黎元洪以大总统令的形式颁布了《学校系统改革案》,新学制的全面推开标志着中国近代教育逐步走向成熟,东大的实验探索功不可没。事实也证明"壬戌学制"所确立的"六三三制"影响深远,照顾到了学生的个性发展,此后虽然有局部调整,但一直沿用到新中国成立前,推动了民国教育的发展。

(2)教学方法的选择与推行

教学方法是教育变革中比较活跃的因素,也是传统教育与现代教育较量结果的一种反映,因为其具有实用性和可操作性等特点,对中小学改革有着更为明显和直接的影响,所以民国期间特别重视教法的改革。麦柯尔曾说过:"如果教育界能依规定的方法实行起来,则教学法上当有百分之五十到百分之一百的进步。"③各种西式教学方法在民国被纷纷引进,其中比较著名的就是道尔顿制。

道尔顿制是由美国教育家帕克赫斯特女士于1920年在马萨诸塞州道尔顿中学进行的一项教学实验,其特点是"讲究自由与合作,第一打破班级教学,

---

① 廖世承.新学制与中学教育[J].新教育,1922,4(2):208-209.
② 俞子夷.新学制系统草案应修正的几个要点[J].教育杂志,1922,14(号外):5.
③ 麦柯尔.教育心理测量[J].新教育,1923,7(2/3):390.

儿童随自己量安排,不受同班的牵制;第二在功课制定范围内,自动研究"。早在道尔顿制传入之前,国内教育界就一直苦恼传统的班级授课制不能适应学生个性发展,道尔顿制刚好迎合了中国人寻找改变的需求。1921年,《教育杂志》首次对其介绍,掀起了一股介绍热。1922年舒新城又率先在上海公学中学部进行实验,学习者络绎不绝,11月《教育杂志》还专门出版了道尔顿制专号。1923年举行的第九届全国教育会联合会对此更是相当重视,其中议决案的第一案就是新制中学及师范学院宜研究试行道尔顿制案。"从1922年传入后,差不多各省都有行道尔顿制的学校",[①]"到1925年约有100所学校进行该项实验,报刊发表有关文章约150篇,出版有关著作、译著、实验报告等17册"。[②] 可见当时道尔顿制之火爆。

  在一片狂热中也有少数人保持了清醒的头脑,其中就有测验专家廖世承。道尔顿制引进时适逢麦柯尔访华,一直坚持客观研究教育的麦柯尔认为:"提倡道尔顿制的就说道尔顿制好,这都是个人主观的见解,不可为凭,要知道究竟是那一种方法最好,非实地实验不可。"[③]麦柯尔的思想也影响了廖世承,他提出:"实验里边最重要一个工具即为测验。"[④]在麦柯尔的协助下,廖世承决定以东大附中为实验基地,通过测验对班级授课制和道尔顿制教学法进行比较实验,来验证道尔顿制的效果。[⑤]考虑到各种因素,他把实施对象定于初中一、二年级学生,把实验科目定为国文、英文、数学、地理、理科五科。这一实验把学生分为四个组,分别是初一比较班(普通班级制组)和实验班(道尔顿制组),初二比较班(普通班级制组)和实验班(道尔顿制组)。因为实验前两个组学生的智力学力必须一致,而这又需要测验给出答案。为了保证测验的可靠性和适应性,廖世承带领团队亲自编造测验。"除文学欣赏两类因试才过深不适用外,其他均按期编就。初试在本校举行,复试在南京、苏州、嘉兴、杭州等处举行……民国十二年秋季开学前,各种量表都已求得。计有:混合数学两类、

---

① 舒新城.中国之道尔顿制[J].教育与人生,1924(30):344.
② 中央教科所.中国现代教育大事记[G].北京:教育科学出版社,1988:102.
③ 廖茂如,周天冲.东大附中实施道尔顿概况[J].教育汇刊,1924,2(1):1.
④ 廖世承.东大附中道尔顿制实验报告[M].上海:商务印书馆,1925:77.
⑤ 关于这一点廖世承说:"在十一年冬季著者(廖世承)与麦柯尔同车至苏州测验,在车中共同拟了一个草稿。"具体参见廖世承《东大附中道尔顿制实验报告》(商务印书馆,中华民国十四年出版)第12页。

混合理科两类、混合历史一类、混合地理两类、文学常识一类,文法测验两类。"①编制好的各种测验对指定两班学生试测,结果分数化为 T 分数,并求智力 T 和教育 T 的平均数,实验组和对照组依据此分数进行划分。从 1923 年夏季到 1924 年夏季,实验组实行道尔顿制,对照组沿用原来的方法,在实验即将结束时,又用测验对被试进行了严格的后测,将测验的结果用 T 分数进行分析,找出优胜点方差,求出实验系数。在初中一方面,比较班各学科成绩之平均优胜点为 0.86;初中二方面,比较班各学科成绩之平均优胜点为 1.42。接着通过对分数的进一步分析发现,就初一年级的英文和国文两科,道尔顿制的教学劣于班级授课制,地理和数学两科也是如此;理科虽然道尔顿制优于班级授课制,但可靠度不高。初二年级国文、英文和地理三科也是道尔顿制的教学劣于班级授课制。虽然数学以道尔顿制为胜,但可靠度也较低。总的说来,道尔顿制没有比班级教学制好非常多。在其后的调查中,大多数教师认为实验班和对照班的成绩相差不大,但执行时普遍觉得付出的精力和时间太多。

根据测验的结果,廖世承写出了实验报告——《东大附中道尔顿制实验报告》,在报告中他虽然肯定了道尔顿制的优点,但认为无法在中国全面施行。1924 年 3 月,东大附中暂停了英文、数学、理科的道尔顿制试验,但国文、历史、地理三科的试验继续。到 1924 年 9 月,东大取消了道尔顿制的全部试验。东大的报告无疑给狂热的道尔顿制一声棒喝,及时阻止了国人对道尔顿制的盲目推崇,避免了大规模的浪费,其展示的较为客观的研究态度为当时的教学方法改革提供了一种较为科学的研究思想,实验结果也使得道尔顿制在中国从此走向低潮。1925 年,廖世承在道尔顿实验的基础上又撰写了《中学实施道尔顿制的批评》发表于《中华教育界》杂志,将测验实验的研究方式进一步推行。从此,民国"教育理论及设施,均建立在科学的基础上,所以科学的实验,当尽力提倡"。② 就这一点而言,不能不说是测验的功劳。

这次测验结果也影响了后来的文纳特卡制。文纳特卡制"是一种个别教学法,它混合道尔顿制和设计教学法的某些特点而自成一体,主张打破班级制,打破课程的统一性,以学周为单位安排学习活动"。1931 年 2 月华虚朋

---

① 廖世承.东大附中道尔顿制实验报告[M].上海:商务印书馆,1925:81.
② 汤才伯.廖世承教育论著选[M].北京:人民教育出版社,1992:6.

(C. W. Washburne)来华,文纳特卡制遂被介绍引进。但与之前道尔顿制带来的狂热不同,文纳特卡制只是在厦门大学实验小学和开封省立二小中年级试行,没有大规模推广,这两所学校的测验也证实了文纳特卡制教学方法要优于普通教学法,但优胜程度并不明显。

西方教学方法的引进曾让急于学习的中国教育界异常狂热,而测验因为能提供令公众信服的准确数字而让热潮迅速冷却,在很大程度上避免了一哄而上造成教育界时间、资源和精力的大量浪费。更为重要的是,通过测验让大家认识到改革中保持科学实验态度的重要性,大大扭转了当时教育浮夸急躁的风气。正如俞子夷所总结的那样,"设计法才露头,测验即接踵而至,无形中为设计法筑一堤岸,防止它无限制地泛滥。分团法每利用测验作依据。道尔顿制的考核亦渐采用测验,或仿照测验的方式;后来发展成文纳特卡制。这多测验助长、促进的"。[①] 总而言之,因为有了测验,"现在吾国要改进中小学的教学法,非用测验去先把新教学法来实验,以厘定其价值不可。若从事空言,侈谈新法,这是徒劳无补的"。[②]

3.催生新法考试,推动现代会考制度的建立

考试在我国历史悠久,曾为人才的合理流动做出了卓越的贡献。但是随着社会的进步,这种传统的考试暴露出越来越多的问题。主要问题在于题目过于主观,并且批阅起来无定法,这些无形中加重了学生的学业负担,因此还掀起过几次大规模学潮,引发了社会对考试去留的争论。虽然这些争论以"考试有存在价值"的定论而告终,但"考试不得其法"的现状也引起社会的不满。而测验的出现和测验运动的兴起为考试改革打开了新的局面,"因测验理论和方法的进步,各国在各种考试上都逐渐采用了这种方法,由此考试制度及其实际的效能益加显著,现在考试制度在我国又复活了,我们要想保持和发挥他的效能,固然一方面须改良其内容,而方法的改善,亦是很重要。改善方法的途径,在我们看来,只有测验法是最合了科学的了"。[③]

---

① 俞子夷.现代我国小学教学法演变一斑[J].华东师范大学学报(教育科学版),1988(4):71.
② 钟鲁斋.测验对于吾国教育改进之几个可能的贡献[J].测验,1936,2(4):13.
③ 中国测验学会定期开成立大会[J].浙江教育行政周刊,1931,2(42):6-7.

测验对考试的影响主要体现在两个方面。第一是题型的改革,过去的考试采用的均是主观性题目,主观性题目有两个弊端:一是题目完全按照出题者的兴趣爱好,复习准备时学生常常一头雾水、无从下手,这在一定程度上加大了学生的学习压力;二是主观题常常需要长篇大论作答,所以考题相对不多,这就会出现考试覆盖面少、检查范围过窄,考试在一定程度上靠运气,造成了很大的不公平。而测验的题型种类较多,往往采用填空、选择、判断、对错等多种形式,这些题目不仅客观而且数量大,试题的涵盖面也很广,这在一定程度上保证了测验的准确性和客观性。

第二是评分方式的改革。过去的考试没有一致的评价标准,仅凭评分者主观判断,给分常常随评分者精神、情绪、喜好而波动,人为因素的影响大,因此不能将结果视为知识或能力的绝对衡量,考试用处很有限。此外,不同学科难易程度不同,不同群体也有差别,所以考试结果无法让被评价者真实了解自己在团体中的准确位置。而测验有专门的评分标准和给分体系,即使是不同的评价者只要按照规定的程序,结果也相差不大。所以测验理论的引入冲击了传统的凭主观经验命题,按客观标准给分的方式让考试结果有了数量化的直观,被广泛应用于各种考试中。正如俞子夷所说:"测验本身虽未流行很广很久,然其影响却不小而且很久。主要是考试及评分的方式。各种考试的题目,很多人改用'是非法''选择法'。"[1]很显然,20年代的测验运动,对学校成绩考查改革的重大推动作用,是功不可没的。

测验式试题不仅取代了中小学的传统考核方式,还催生了国家的统一考试。一直以来国家都没有统一的考试,不同学校不同地区教育差距到底有多大没有客观的数据,而测验刚好弥补了这一缺陷。为了更好监控各地区教育发展水平,同时让升学有统一标准和依据,教育部开始论证中小学学生毕业会考规程,并颁布了《中小学会考制度》。对于中学"体育及技能科目,采用标准测验。作文、习字、美术等采用多人评判制。其余科目,采用新法考试"。对于小学"全部采用标准测验,但所采用标准之测验必须有四套以上,可以互换者,且须有甚高之信度与效度"。[2] 1932年5月26日教育部公布了《中小学毕业

---

[1] 房巍.俞子夷教育实验活动研究[D].上海:上海师范大学,2012:59.
[2] 易克檩.中小学学生毕业会考问题[J].测验,1935,1(4):127.

会考暂行规程》,规定各省市教育行政机关为整齐小学、初级中学、高级中学普通科学生毕业程度及增进教学效率起见,对于所属各中小学应届毕业经院校考查合格之学生,举行会考。1933年5月3日教育部发布第三九二六号训令——"令知不参加毕业会考之学生其毕业资格本部均不予承认,经中小学会考及格之学生其毕业证书上应注明毕业会考及格字样以昭郑重"。1933年6月19日教育部又发布第五八九一号训令——"不参加毕业会考或会考不及格以及不参加学校毕业考试的不发给毕业证书及修业证书"。① 虽然1933年废除了小学毕业会考,但中学毕业会考制度一直延续,1934年更扩大到师范学校,1937年又推广到职业学校,抗战期间仍然坚持中学毕业会考,一直到1947年才废止。会考成为学校教育与高校招生考试的有效中介,既提高了中学生进入高校的整体水平,保障了大学教育生源,也在一定程度上弥补了当时单独招考对教育教学导向的缺陷,对改进教育造就人才起到了积极作用。

测验对大学的考试也产生了很大的影响。民初的中国大学生普遍缺乏适应能力,遇到问题不知如何思考,解决问题往往不知所措,这很大程度上也是大学入学考试无标准造成的。从南京高师首次将智力测验纳入入学考试后,各大高校纷纷效仿,智力测验在大学考试的应用成了当时研究的热点。受其启发,大学其他学科考试也陆续采用测验式题目,比如1929年武汉大学的党义试题增加了判断题和填空题;1930年中央大学的"历史测验"为25道填空题,地理为20道填空题,生物为10道判断题和29道填空题;中山大学国文题有"测验"部分;同济大学入学考试有"理化大意测验""本国史测验题"。教会大学和私立大学则走得更远,1937年金陵大学编制的《新生测验题》是不折不扣的标准化测验,已经接近美国的SAT和ACT,试题融合了国文、英文、数学、自然科学和社会科学常识,对学生的语言、运算、分析、阅读、推理、逻辑思维等方面进行全面考查。② 测验和新法考试的使用提高了大学入学标准,为高校选拔了优秀生源,也提升了高校的教育质量。

4.创建测验学科,使测验成为师范教育的必修课程

教育科学化发展要求教育研究和教学都要建立在科学基础上,不仅仅是

---

① 浙江省小学毕业会考核算成绩补充办法[J].余姚教育行政半月刊,1933(17/18):23.
② 李涛.民国时期国立大学的招生考试[D].重庆:西南大学,2014:66.

教育研究者,教师也要掌握科学的知识和方法以对学生做出正确的评价。自从南高师第一个开设测验课程以后,各地学校纷纷效仿,因为"师范是训练国民教育师资的场所,我们要使教育设施具有科学的精神,使教育方法合乎科学的原则,并使全国民众都有科学的头脑,那么在培养师资的时候对于这门使教育科学化的工具,当然不容忽视!"①随着测验运动的发展,人们逐渐认识到测验课程对教师专业发展的重要性,这门课不光是内容与其他学科不同,教学方法和其他也不一样,所以师范学校必须专设一科,测验课程因此成为师范教育中的必备课程。1925年全国省教育联合会拟订了高中师范科课程表,规定:"师范科必修科目包括心理学入门(2学分)、教育心理学(3学分)、普通教学法(2学分)、各科教学法(6学分)、小学各科教材研究(6学分)、教育测验与统计(3学分)、小学行政(3学分)、教育原理(3学分)、实习(20学分)。"②1925年拟订的六年制的师范学校草案中也规定:"第五学年第九学期开设教学法(包括测验法)(2学分)、教育心理学(3学分)。"③

测验运动的领军人物庄泽宣曾强调说:"教育系对中学师资训练应用的课程:教育原理、教育心理学、统计与测验、普通教学法。"④所以除了中等师范学校,各大学的教育学院和教育学系也纷纷把测验作为必修课。这一点从1933年第1卷第2期《之江学报》发表的张文昌的《国内二十六处教育学系状况与课程调查》一文就可以窥见一斑。这个调查从1932年10月开始,调查的学校分布在全国13个都市,公立私立均有。根据1931年教育部公布的全国大学调查,此次调查的约占已有学校的7/10,所以比较有代表性。其中,教育测验科目学分及开设的学校数量见表6-2所示:

---

① 郭祖超.教育测验与统计在师范学校课程内的重要性及其教法研究[J].教育心理研究,1940,1(2):34.
② 李英超.中国师范教育论[M].上海:商务印书馆,1939:101.
③ 李英超.中国师范教育论[M].上海:商务印书馆,1939:98.
④ 庄泽宣.大学教育学系课程问题[J].教育杂志,1935,25(1):217.

表 6-2　教育测验科目学分及开设学校数量统计表①

开设科目名称	学分	学校数量	学分	学校数量	学分	学校数量
教育测验	4	2	3	4	2	1
智力测验	3	3	2	1	—	—
测验概要	6	1	4	1	3	3
教育统计	8	1	6	2	3	4
高级教育统计	3	2	—	—	—	—
图表法	1	1	—	—	—	—
新法考试	3	2	—	—	—	—
测验研究	3	1	4	1	—	—
教育测验编造法	3	1	—	—	—	—
心理测验	4	1	3	2	—	—

教育学院和综合大学的教育学系是中国高等教育机构中研究教育的最高学府，不仅是一国培养师资的地方，也是教育行政人员、教育研究者的发源地，更是促进民族进步的主要力量，因此测验在课程体系中的设置也从源头上保证了教育科学化发展的顺利进行。

---

① 根据张文昌的《国内二十六处教育学系状况与课程调查》(《之江学报》1933 年第 1 卷第 2 期) 第 166~177 页整理而成。

第七章　测验运动的当代意义

测验运动是近代中国引入西方科学研究思想和方法，建立与传统教育不同研究范式的一次有力尝试，对当时的教育改革和发展有着很大的推动作用，在一定意义上实现了由传统教育向现代教育的转型。当今中国教育已融入世界教育的舞台，教育思想理论和方法的变革日新月异，虽然时代背景不同，但遇到的问题与测验运动时代有很多相似之处，深挖近代测验运动的独特价值对我们当下教育研究的发展有着一定的借鉴意义。

一、总结历史，推进教育国际化和教育本土化的和谐发展

测验运动是20世纪上半叶中国教育界为适应世界新的教育变革而倡导的一场教育运动，其主要目的是学习国际先进的测验技术和研究方法，主动融入世界教育改革的发展潮流。这个过程中教育界自然要面对教育国际化和本土化的问题，一些学者主张完全学习西方，而另外一些学者则致力于挖掘本土教育理论和方法，努力实现二者的融合，并且也取得了一定的成果。这一历程中的经验教训都是前人留给我们的宝贵财富，特别是进入21世纪，教育既要迎合世界发展潮流，又要不失本国、本民族特色，教育的国际化与本土化这一对矛盾共同体再次成为教育工作者关注的焦点。

（一）中国文化教育国际化与本土化的发展历程

教育的国际化与本土化冲突并不是近现代才有的"问题",只不过在测验运动时期比较突出而已。实际上作为四大文明古国之一的中国,是世界上为数不多的拥有不间断文明的国家,其拥有着令人自豪的五千年璀璨文明,在其漫长的发展进程中,一直都处于本土和异域（国际）的不同思想的融合与对立之中。本土的与世界的、民族的与全球的等矛盾在本质上都是这两种思想的不同呈现。民初随着封建帝制的消亡,各种文化思想被大量引入,对教育而言,自近代输入中国以来,所谓传统与现代、落后与先进,在一定意义上也是这两种思想在不同时空语境下的衍生品。

如果从时间角度看,本土化与国际化的确是近现代意义上的概念。但如果从历史发展看,其又是历史概念在现代的衍生,只不过在交通和信息技术尚未发达的历史时空中,只有本土之外,尚未有宽泛的国际化。纵向看,中华文明的发展历程本身就是异域文化和本土文化冲突与融合的过程。其实有了社会就有了文化,原始社会的华夏大地有着众多不同的部落,每个部落都有自己的文化,不同部落之间通过战争或者联盟合并组建为更大的部落以期和外族抗衡,这一过程就是不同文化之间的不断融合。《史记·商本纪》中的记载比较有代表性,"周武王之东伐,至盟津,诸侯叛殷会周者八百",八百应该是古人善用的夸张表达手法,但不同文化的多样化自此可窥见一斑。之后在漫长的历史进程中,不同的本土文化或演化或同化,数量不断减少。至秦统一中国后,以周为代表的北方文化和以楚为代表的南方文化逐渐融合,形成中华文明的雏形。至汉代,汉武帝派遣张骞出使西域,虽然其初衷是联合其他国家抵御匈奴,但却开启了恩泽后世的中外交流之丝绸之路,在一定意义上实现了中华文化与真正的异域文化之间的学习与交流。到唐代,大规模的中外文化交流可以说是达到鼎盛,以佛教为代表的印度文明传入中国并与中华文明很好地进行了融合,形成了当时享誉世界的东方文明,国外现在华人集中的地方几乎都称为唐人街,可见其对世界的影响。历史上的这些中外双向交流让中国向世界传播了中华文化,同时中国传统文化也因为吸收了这些外来文化的精华而更加丰富多彩,可以说近代前的异域文化和本土文化交流是双向平等且互惠互利的。

然而这一双向平等交流在测验运动发生前夕出现大逆转。西方因为工业革命率先进入科学文化大发展时期,资本的需求使得"西方人就在巨大的政治、经济利益的驱动下开始了把一种他们认为优越的文明向全球推广的历史进程,进而他们又从这种历史进程中获得了政治、经济,尤其是文化上丰厚的利益回馈"。[①] 而此时的中国则与西方世界形成了鲜明的对比,因为长期封建统治的裹足不前,特别是自明清以来实行的闭关锁国政策让中国彻底失去了向西方学习和同步发展的良机。国门被迫打开后,面对西方先进的科技文化,近代中国自然沦为"落伍"的代名词,中华民族不得不走向国际化,开始了屈辱被动而又漫长的由"表"及"里"的"追赶"过程。在文化领域,从魏源《海国图志》提出的"师夷长技以制夷",到张之洞系统化后的"中体西用",洋务运动派所谓"本土化"其实只是简单的惟器求新,即将西方文化在表层(器物层)面进行本土化,这一过程一直持续到中日甲午战争。战争的惨败惊醒国人,有识之士逐渐意识到仅学习西方的器物技艺文明是远远不够的,还要从制度文化层面上进行学习和变革。之后的维新变法和辛亥革命可以说都是这一指导思想下的变革尝试,然而这一层面的"本土化"尝试也最终以失败告终。国人总结经验后发现,要改变中国落后挨打局面的实质问题应该是更深一层的"本土化",那就是对国民性的改造。被誉为中国近代"文艺复兴"的五四新文化运动就是基于这一思想开启了近代中国文化教育领域本土化的探索,其高举民主和科学两面大旗,在各个行业领域展开启迪民智、改造落后国民性的大讨论,目的就是要把西方近代自由、平等和科学作为一种基本精神、基本态度、基本方法注入中华民族的文化心理结构中去,从而改造中国旧有文化,改变中国人传统的文化价值观和思维方式,重铸民族魂魄,以达到国富民强的目的。在这个过程中,不论是"融会贯通"派还是"全盘西化"派,都展示出了一种强烈的反传统精神,对自己文化的强烈批判甚至无情鞭笞同时也给中国的传统文化蒙上了一层落后的色彩。之后虽然国内政局暂时稳定,政治、经济、文化开始复苏,但当要开始真的国际化、本土化之路时,接踵而来的战争又再次阻止了其

---

① 项贤明.教育:全球化、本土化与本土生长[J].北京师范大学学报(人文社会科学版),2001(2):32.

前进的步伐。至新中国成立后,在当时的全球政治格局下,文化教育领域和其他领域一样全盘照搬"苏联老大哥"模式,这种极端的学习之路还未持续多久又因为中苏关系的恶化而被全盘否定,中国不得不走上"独立发展"之路。历史再一次重演,中国又重复了过去的自我封闭状态,之后的十年动乱更是给中国的文化教育带来了巨大的退步,中国也因此与世界发达国家有了更大的差距,国际化、本土化之路戛然而止。

就具体教育领域而言,中国教育界先是努力学习日本,西方的各种理论学说因为日本的转手来到中国,随着中日关系的交恶以及美国一系列优惠政策隐藏下的文化侵略,中国教育界开始了直接学习美国教育之路,近代的测验运动正是在这一背景下产生和发展的。20世纪20年代开始,随着中华教育改进社的成立和麦柯尔的访华,以测量、统计、调查为主要内容的测验运动在全国不同程度地展开,测验、实验等工具方法大受重视,研究成果的大量涌现和国外专家的赞誉让教育界产生了一种大有赶上西方发达国家之势的幻觉。实际上,进一步研究就会发现,所谓研究思路、过程和工具大多是模仿,几乎很少真正的本土创新。从测验的直接翻译和移植,到完全照搬美国标准测验的程序编制测验(分数解释完全按照美国的 TBCF 制,尽管当时大多数人不能理解),再到美国测验理论的引进和再翻译,其实每一步都跟在美国后面。所编制的本土测验,无论是初期俞子夷的书法量表,还是高潮期廖世承的团体智力量表,抑或是衰落期萧孝嵘的警察智力测验,无不带有西方测验的痕迹。其间虽然也有少量学者提倡挖掘我国传统文化中的测验思想,但这些微弱的呼声在对西方的一片狂热中湮没。新中国成立以后,中美关系降至冰点,教育领域开始全面学习苏联模式,测验、实验、统计等随同心理学这些"伪科学"一起被打入冷宫。五六十年代因为中苏关系的恶劣,教育界和其他文化领域一样又全盘否定苏联经验,走上了"独立发展"之路。这一过程一直持续到十一届三中全会的召开,拨乱反正和随后的改革开放重新打开了国门,邓小平同志提出的具有伟大预见性的"三个面向"教育方针为中国教育国际化和本土化的正确发展重新指明了方向,教育界再次掀起学习西方的热潮。之后西方各种教育思想又被纷纷引入,新时代教育的国际化意识真正开始。2001 年 12 月 11 日中国正式加入世界贸易组织,成为其第 143 个成员国。加入 WTO 意味着中国已经主动将自己置于全球背景之下,此举表面看是参与经济全球化,但这种参与不可避免会影响到我们的本土文化和教育,全球性的科学技术、制度文化、思想观念、教育理论方法等丰富的资源也随之纷纷涌进。在教育研究领域中,一直作为发达国家研究主流的实证教育研究范式必然在中国教育领域再次被提倡和大流行,只是历史上的这种差距让中国急于拼命补短板,与实证教育研究同步的其他研究传统或者说思想方法被忽略、过滤甚至被直接拒绝,这与测验运动时期的情景极其相似。

　　从历史回顾中我们可以清楚地看到,教育文化交流本应是一个双向的过程,但从近代开始,由于中国社会长期封建统治的封闭、腐朽和懦弱,中外的文化教育交流变成了单向流动。所以,从近代开始我们的所谓"国际化""本土化"过程其实是一个单方面的、被动吸收的文化移植过程。而每次外来文化的引入又带有富国强民的政治目的,这种急功近利的态度必然让中国人对自己过去的文化采取暴风骤雨式的革命,中国也成为世界上为数不多的因国家陷于危机而轻视自己文化的民族。特别是五四运动时期,其提倡的"打倒孔家店"对中国的传统文化进行了激烈的批判和否定,学者们不仅追求部分改变,而且倡导实现全部改变;不仅追求体制上的改变,更直接上升到文艺、道德、艺术等文化精神层面上的改变,这种建立在缺乏对本民族文化全面认识基础上的国际化之路也变得日渐极端。所以测验运动中就出现了对以测验为代表的西方科学主义研究方法的极端狂热。之后也是有过之而无不及,1949年后对苏联的"一边倒"、"文化大革命"的"破四旧",从"全盘西化"到"不破不立",激进的文化运动对传统文化的一次又一次沉重打击和否定,使得中国人对自己的民族文化越来越疏离甚至是逃离。作为文化传承途径,同时又作为文化重要组成部分的教育,当然也不可避免地受到波及。教育思想从起源看是蕴藏在哲学之中的,当西方教育从哲学中剥离出来独立发展时,中国的本土教育学并没有从哲学中明显分化,所以现代中国的教育学直接源自西方。世界上很多国家的近代教育都来源于西方,都经历了外源文化的本土化过程。但不同国家在这一过程中的心态是不同的,有的是充满自信的,在主动转型中强大了自身,比如日本;有的却越来越自卑,自动放弃本国文化的独特性和发展自主性,中国无疑就是后者。"对中国悠久的古代传统文化教育采取抨击至破坏的态度,而缺乏历史具体的、客观辩证的以及冷静清醒的分析。这种文化观上的价值取向,就必然导致他们对西方教育的一味模仿、抄袭,而适合本国和本民族特点的教育理论的构思就显得十分苍白,中国化道路的探索滞足不前。"这些反映在教育研究领域就是被叶澜教授戏称为"从娘胎里带来的记号"的"引进情结",以美国为首的西方国家因霸权地位掌握了绝对的学术话语权,国内考评机制的默认更使得以其为学术标准、以其为唯一参照系的思维方式成为相当一部分研究者的集体无意识,与之同步的则是民族文化认同感的冷漠,这些都导致了"崇洋"思想的大行其道。对自己的路到底该怎么走,尽管学界不断地探索和寻求,但似乎未见成效,因为没有自己根基的研究只能是"亦步亦趋"。很多教育研究只是打着本土化的旗号,实际还是"搬运"式地从外国(主要是发达国家)引进,与国际"接轨"则是被动迎合西方的学术要求和规范,并且接轨的对象也仅限于发达国家甚至只是美国。以教育实证研究中最主要的工具——测验为例,从理论上看,不管是经典测验理论还是项目反应理论抑或是概化理论,都完全是西方的理论研究成果,我们所谓本土化研究始终都没有跳出这一理论框架。从测验编制看,现在流行的大量测验、量表追根溯源也是西方的,所谓本土化就是把原有的题目经过翻译重新整合对中国学生加以试测,根据结果稍加修订,只要效度、信度等指标符合标准就大规模使用,然后得出针对中国人的常模。

综合而言,从测验运动那时起到现在,大多教育量化研究用到的工具不仅编制理论和编制方法是西方的,而且验证标准也是西方的,这实际是一种隐蔽性更强的抄袭。如果说数学、物理、化学等自然科学其研究对象受社会、政治、文化、历史等因素的影响较小,西方的经过改造后适合我国尚且勉强说得过去,那么教育则完全不同。因为教育的对象是人,具有浓厚的人文性质,深受文化历史等因素的影响。以测验量表的修订为例,修订量表涉及跨文化修订、构造与翻译问题。跨文化改造心理测量工具不是简单地把外国文字翻译成中国文字即可,而是要在已有的基础上,充分考虑中西方风俗、文化、习惯上的差异和语言体系等的差异,同时还要考虑是否有中国文化中认为有意义的现象与行为特征。这个过程实质上是构造一种既有跨文化普遍性,又有特定文化具体内容的测量工具的过程,需要对中国的本土文化有相当深入的了解和掌握才能胜任。而我们对本土文化的研究和开发实在太少,难怪有学者说:"虽然刊物如牛毛,论文充栋,然而很少有自抒所见的,差不多总是抱着外国的某一派来替他摇旗呐喊,有的甚至完全抛弃传统,走上西化形式。"①与其他教育研究范式比,实证教育研究的洋八股思想更为严重,只问方法不问过程和结果推广的研究模式更是助长了这种畸形发展。

综上所述,从中国长期封闭的国门被坚船利炮打开的那一刻起,近代中西文化交流就注定不再是双向的,本土和异域之间不再是一种公平的"共享"过程。中西文化的强烈对比在落后就要挨打的近代背景下愈发明显,其产生的那种强劲冲击迫使国人急于向西方学习,努力在教育中找到对应的模式,以求快速改变自身落后状态,"从别国的发达和繁荣中发现可使本国兴旺的办法"成为共识。就教育研究领域而言,近代开始的"本土化"实际上是一个自内的文化殖民过程,与其说它是非西方文化的复兴,倒不如说西方文化真正开始了对非西方文化的入侵和渗透。② 所以从某种意义上讲,自近代以来,由中国的知识分子精英率先觉悟并竭尽全力提倡的"本土化"的初衷就是要让异域(先进发达国家)的文化合法地深入到本土文化的发展过程中,所以效仿、模仿则是其必经之路。近代测验运动是一场非常典型的教育国际化、本土化探索运动,但与测验运动中的第一代学者比,当下的第二代学者甚至是第三、四代学者的"国际化""本土化"呼声则显得更加无奈,因为长时间的殖民语境已经把我们推到了一个异常尴尬的境地。现在的教育研究中除了借用西方理论和方法,我们似乎已经找不到任何属于我们自己原创的理论和方法了。此外,由于长时间的文化殖民和对本民族文化的不认同以及传承的缺乏,研究者自身又少了那种厚重的传统文化知识修养,时代背景的不同也使之失去了第一代学者救国民于水火之中的勇气担当。当本土的传统文化研究领域只能由西方学界来选择,只能运用西方的学术话语进行阐释才能被学术界认同时,我们已经找不到现成的真正属于"本土"的学术立足点来支持我们文化教育创新的雄心。对于一些学者来说,当所谓本土研究只能选择西方学界感兴趣的,同时还要用西方创造和流行的方法方式进行研究时,我们本应扎根于本土社会的"本土化"就越来越无能为力,长此以往,走自己的路也只能成为一个口号。研究更是进入了一个怪圈,先根据西方理论产生一些问题,形成预设,然后再到本

---

① 王尔敏.近代中国思想研究及其问题之发掘[M].台北:学生书局,1982:12.
② 项贤明.教育:全球化、本土化与本土生长[J].北京师范大学学报(人文社会科学版),2001(2):34.

土实践中去寻找经验和材料来佐证这些理论,研究变成了给已有的西方理论做注脚,教育研究与国际接轨演变成符合国际研究趋势。所以教育研究的价值变成了验证和支持西方教育理论,我们的本土经验不可能被充分展示出来,更不可能去反思并获得发展。我们的教育研究大多是在给西方提供素材,我们看到的也永远只是西方话语下的问题和需求,我们所谓原创只是国外感兴趣的话题,并不是我们自身的真正需要,学术研究变成了外来思想的殖民地。

(二)正确认识和处理教育中的国际化与本土化

与测验运动所处的时代背景相比,当下各国之间的文化交流更加便捷快速,作为人类文化传承与发展的重要工具和手段,同时又是世界各国高度关注的重点领域,教育自然也发生着史无前例的变革。教育的理论、教育的思想、教育的手段和模式等在世界各国之间的交流变得更为方便与快速。教育的国际交流不仅在数量上有飞速的增长,在内涵和品质上也展示出与时俱进的丰富与提升,教育的国际化特征相对于其他学科和领域尤为明显。与此相对,教育的本土化问题日益凸显出来,如何在国际化大潮之中保持本国教育的本土性、民族性,维护教育的独立与自身特色,成为摆在各国各地区面前的难题。不管我们愿意与否,国际化已经不可逆转地发生,继之而来的本土觉醒也是不能回避的。在历史回顾中可以清楚看到现代意义上的教育是舶来品,中国的本土教育学并没有从哲学的发展中进一步分化,没有所谓实证教育,也没有多样化的现代教育研究理论和范式,"国际化"道路上"拿来借鉴"自然不可避免,这一过程中必然有诸多不适。面对外来文化和教育,我们自身的文明和教育如何自处?我们在教育走向国际化的发展道路中怎样守护好自己的民族情结?怎样从自己已有的丰富传统文化土壤中源源不断地吸取营养?在推进教育国际化的过程中如何更好地展示我们本国教育中的优秀一面?这些不仅是教育国际化和本土化发展进程中无法回避的问题,而且是我们每个学者应该关注和思考的问题。其实在现代教育学科引进来时,这一矛盾就摆在了中国教育界的面前,测验运动过程中对先进教育模式的学习和本土教育实践的探索可能会为我们带来一些启示。

首先,正确认识外来文化和教育。在近代测验运动的蓬勃发展历程中,我们可以看到外来的文化和教育不是洪水猛兽,特别是已被实践证明先进的理论和模式不仅能为我们提供正确的努力发展方向,更能让我们在短时间内融入世界教育改革的潮流中。对教育的认识,《说文解字》曰:"教,上所施下所效也""育,养子使作善也"。短短几句话实际代表了几千年来中国人对教育的认知,很显然这种本土的教育含义与近现代教育的内涵是有一定差距的。当西方的坚船利炮打开近代中国封闭已久的大门时,展现在中国人面前的是一个百年未遇之新世界,传统教育思想理论明显无法为近现代教育实践提供理论指导,面对"百废待兴"的中国,教育学者显然是不知所措的。而国外新式的教育理论和研究方法不仅被认为是富国强民的良方,而且能够很好地解决我们的茫然,所以直接引进和使用西方教育理论和方法是当时教育工作者最明智的选择。这时的教育"国际化"给了我们一个站在巨人的肩膀上的机会,给中国的教育发展提供了一条捷径,中国教育界通过这条模仿之路可以在很短的时间内快速了解和认识世界教育中各种思潮和基本状态,中国的教育研究也因此迈开了重要的一步。测验运动初期中国学者翻译和介绍大量测验研究成果,并邀请很多国外专家来华指导,使测验这一新生事物在中国大地上得以快速生根发芽,测验运动也因此进入高潮期,并得到众多国外专家的赞誉,这就是很好的证明。测验运动的历史已经证明这是一个不可否认的事实,拒绝甚至诋毁外来文化与外来教育思想理论和方法都是片面和狭隘的故步自封。

但任何事物都具有两面性。如前所述,国际化最早是西方发达国家在经济领域推行商品的国际化,其带来的不仅是经济一体化,而且迫使各国文化教育处于交流互动之中。本土文化则被迫失去原来天然的屏障和疆域,西方文化在这一进程中依仗自身得天独厚的经济优势跃升为强势霸权主流文化。因为文化话语权是对政治经济权力的一种隐蔽性认同,所以西方的文化和教育也就拥有了绝对话语权。虽然全球化并不代表西方化,但其背后隐藏的西方文化霸权和殖民扩张又在某种程度上把国际化等同于西方化。作为重要的文化组成部分,教育自然是资本主义国家争当文化霸主以及实现对他国人力资源掠夺的重要战略。西方发达国家的教育理论经验和教育模式的源源不断输出也使得其他国家的本民族文化传统和教育传统逐渐消解,这也是一个不可否认的事实。测验运动中我们视若珍宝的测验实际代表的就是科学主义研究范式,而这一范式在西方已暴露出其反人性的一面,并且西方已经进行了深刻的反思。舍勒(Scheler)就曾严肃指出,"今天正竭尽全力去掌握欧洲实证主义的科学方法……而这一精神之根,就是说,在西欧的中心本身,这一'精神'正在慢慢衰亡。"① 其实,西方社会在反思实证主义研究范式过程中也崛起了一些与流行观点不同的流派、理论和方法,比如说与实证主义研究方法并行的教育诠释解释等研究方法。只是在测验运动中因为中国教育界对测验的狂爱导致这些方法并没有与实证主义方法同时被引进。不同方法之间的争锋和批判其实在一定程度上可以抵挡住对某一理论或方法的狂热,分析解决教育问题时也会更理性、更全面。所以测验运动中的教育国际化最大的问题是面对一个未知的外在新世界,教育界并没有对其进行全面的了解,这也导致了占主流的研究方式很容易被夸大,对与其争锋的其他方式方法的自动屏蔽更遮掩了其弊端和缺陷,再加上那时大家急于摆脱落后,急于否定自身,急于与传统文化教育划清界限,这些都进一步加剧了学界对引进的理论和方法的推崇和狂热。测验运动中国际化方向本身是没有错的,错误在于片面引入而导致的狂热。即便是西方比较成熟的教育理论方法,我们也要清醒地看到其也是在西方历史文化背景中逐步产生发展起来的,特别是近代测验运动中引入的新式研究方法,是以其国家人民的心理特质为基础的。虽然作为教育对象的人存在共性,但是不同背景下人的本性、价值观等特质以及个人和群体的关系还是有很大的差异的,适合西方的未必适合我国。这一点在测验运动中研究最常用的工具——测验上表现得尤为突出,常用的性格、情绪、兴趣等量表都是基于西方人的特点编制的,与西方人的奔放相比,中国人更偏于中庸、内敛、含蓄,所以如果量表问卷中的问题不考虑语境直译过来使用,不仅不能如实反映被测者的真实想法和态度,还可能因此收集到错误的信息。此外,西方教育话语引入时常常会裹挟着非教育话语,而教育又与意识形态有着千丝万缕的联系,可能有些西方教育话语引进到我国就可能因为没有适合其生存和生长的土壤而出现"南橘北枳"。再如西方的实用主义到中国之后就在很大程度上演变成了市侩主义,西方教育主张面向社会,为社会服务,满足社会要求,到中国之后就可能变成教育以社会经济为唯一的衡量标准,凡是不能有效地促进经

---

① 舍勒.资本主义的未来[M].罗悌伦,译.北京:生活·读书·新知三联书店,1997:82.

济增长的教育就被看作是没有意义的教育。西方的工具理性的话语霸权正在压制教育的独立价值,将教育异化为商业生产部门,异化为服务产业等。所以吸取测验运动中的经验教训,我们在国际化进程中要辩证地认识外来教育和文化,既不能简单地认为"外国的月亮比较圆",也不能"敝帚自珍",这是构建中国教育学术研究健康生态的基本常识和原则。

其次,正确认识本土的文化与教育。随着全球化的快速发展,中国教育与国际交流是必要的也是必需的,而要实现有底气的平等的双向交流就必须以自身独特性的保持为前提。比如测验运动高潮期,在中华教育改进社带领下中国教育界连续三次参加"世界教育会联合会",再比如测验运动再兴期,艾伟代表教育部和教育学术团体联合会出席澳洲新教育同志会国际会议,这些重要的会议之所以能出现中国教育同仁的身影,就是因为这些教育者研究和展示了具有中国特色的教育成果。而这些都需要我们对本土文化教育有正确深入的认识。

"文化传统乃是屡经历史变动而仍然保持某种同一性的文化原素,是在现实中活动着的历史,是在革故鼎新、消化吐纳的流程中呈现为代代积累、前后相因的文化脉络。"[①]民族文化是一个国家的立国之本,是一个民族能立于世界民族之林的独有品质,代表了一个民族的特色,如果失去了就丢去了我们的根本,所以拥有、保持、发展本土文化传统是我们在全球化浪潮中保持和展示自身魅力的根本所在。著名作家余秋雨就曾经指出过,只有当我们真正珍惜历史时,我们才可能充分地拥有历史,对传统的漠然态度,终究将使历史悄悄流失,最终走向文化的荒漠。中国拥有数千年的文明教化史,有灿如星河的无数精英和圣哲,中国的文化更是可乐可观、可歌可泣,这是中国之魂、教育之基,舍弃这些就等同于灭绝我们的人种,我们在世界也将无以立足。而教育更是以文化为根基,著名教育家顾明远就曾说:"教育有如一条大河,而文化就是河的源头和不断注入河中的活水,研究教育、不研究文化,就只知道这条河的表面形态,而摸不着它的本质特征。"[②]教育作为文化的重要组成部分,同时也是一种社会文化现象,有着全人类都能认同的同一规则与共同理想,但和文化

---

① 宋晔.追问全球化与本土化背景下的中国教育[J].河南师范大学学报(哲学社会科学版),2003(4):114.

② 顾明远.中国教育的文化基础[M].太原:山西教育出版社,2004:1.

一样,也有着本民族的特色。所以对教育者来说,要迎接世界现代化潮流的挑战,实现教育的现代化,就必须以本民族的教育传统为依托,只有凝结于民族之根的教育才能保证国民的民族归属感,它不应该更不可能是西方其他国家教育现代化的翻版,守护好传统的文化教育是我们面对教育全球化趋势的本分。我们要清醒地看到中西文化各有所长,中华文化有几千年的发展历史,拥有着灿烂的文明。大思想家罗素就说过:"我们(西方)的文明的显著长处在于科学的方法,中国文明的长处则在于对人生归宿的合理解释。"[①]近现代西方也有一些学者呼吁全球文明应回到中国两千年前的孔子那里吸收营养,这些都证明了中国传统文化教育具有不可否定的历史价值。

通过前述的历史回顾我们也能看到,对本民族文化缺乏自信只是从近代才开始的,这很大原因在于长久的封建帝制采取的闭关锁国让我们一再失去与世界同步发展的机会,落后挨打的局面不断延长我们的借鉴之旅,所以我们一直习惯于自动将自己放在"落后者""借用者"的角色上。这只是一个历史的逻辑,而实际应有的文化逻辑并非如此。因为不同文化之间的差异只是形态上的差异,不存在"进化先后"的差异,更不能说某种文化或者西方文化就是历史发展的最终和必然高级文化,而历史发展中形成的这种惯性错误认识让我们深深陷入文化优劣对比的泥潭中,导致了文化自信的极度缺乏,最终使得教育研究中国际借鉴与本土阐释也严重失衡。在面对国际化与本土化的关系处理之时,我们应当清醒地看到传统文化对中国五千年来的持续发展以及对世界文明作出的已有贡献,同时也要看到国内以及国际的有识之士对中华文化教育为未来人类文明做出贡献的美好期待。"中华文化贯穿着上下五千年的时间维度,过去、现在、未来在历史的连续演进中凝成一股绵延不绝的长绳,为中华民族创造历史、面向未来提供了源源不断的智慧和力量",树立民族主体意识,正确认识我们的文化教育传统,对我们的文化有适度的自信,努力把我们优秀的本土文化融入世界文化体系中,为世界文明、人类美好生活贡献一份力量,这是我们的责任,也是我们努力的方向。但与外来文化教育一样,传统文化教育中也有精华和糟粕,不能因为存在"迷信""愚忠""愚孝""八股文"等就全面否定民族文化,从而肆无忌惮、盲目狂妄地推崇"西方文明优越论",更

---

① 罗素.中国问题[M].秦悦,译.上海:学林出版社,1996:153.

不能把所有的传统文化都当作至宝,从而走上另外一个极端——狭隘的文化民族主义。

最后,挖掘和推广本土文化教育中的精华。回顾中国教育国际化和本土化的进程,正确认识进程中的各种问题固然重要,但把我国本土传统文化中的精华挖掘出来,赋予其现代意义,与世界共享优秀文化遗产,交流互鉴,为人类命运共同体的构建注入深厚丰富并持久的文化力量,共同推进世界文化教育的繁荣发展才是新时代中国教育国际化、本土化发展的应有之义。近代测验运动中的成功经验可能会为我们提供少许借鉴。20世纪20年代至40年代是中国教育改革异常活跃时期,教育界涌现出了大批的专家学者,深入研究我们就会发现,他们几乎都有一个共同的特征:身处风雨飘摇的苦难时代,人生饱经世事沧桑,中国落后的现实激发了他们强烈的爱国热情和保国保种的民族责任感,苦苦寻求出路时他们发现教育是救亡图存的一个重要途径,而教育的发展离不开教育的研究和改革。西方发达国家教育研究兴起时间早、发展时间长,具有丰富的实证研究理论和成果,只有去那里深入了解和学习,才能更好地借鉴,才能摆脱落后局面,中国教育才有可能沿正确的方向前行。基于这样的理念和认识,这些知识分子毫不犹豫地背井离乡远赴他国,并且不约而同地选择了教育学、心理学等相关专业,回国后也是学以致用,全身心地投入教育实践中,并摸索创造出了具有中国特色的理论和适合中国国情的方法,获得了国际的认可。从教育理论成果看,黄炎培、陈选善、刘湛恩等投身于职业教育,提出了以"大职业教育主义"为核心的职业教育理论;梁漱溟、晏阳初等开展乡村建设运动,提出"平民教育"理论;陶行知等学者进行乡村教育改革,提出"生活教育"理论;陈鹤琴等献身于培养"现代中国人",提出"活教育"理论。从研究方法看,东南大学的廖世承和陈鹤琴首次开设测验课程,首次在入学考试中使用智力测验,并且合编了中国第一部系统介绍测验的书——《智力测验法》;测验专家艾伟前后耗时十多年时间编制了适合中国学生的汉字、文白文、小学各学科测验等,不仅让教育界有了适合自己的调查工具,而且通过调查对中国当时的教育现状有了更准确的了解和认识,为当时教育政策的制定和教育改革的发展提供了科学的指导;留学于美国实证教育重镇哥伦比亚大学师范学院的刘湛恩、朱斌魁、陈选善、李昂、夏瑞卿、周学章等学人改编和运用美国当时非常流行的教育测验对中国教育现实问题进行研究和分析,大力推动了实证教育研究方法在中国的发展。从研究成果的创新使用看,艾伟主持的文白调查实验结果不仅平息了当时教育界多年争持不下的文白争论,更为当时教育政策的制定提供了强有力的理论支撑;中华平民教育促进会在定县进行了具有中国特色的教育实验,创新的测验研究紧密结合当时中国的现实,在小范围内实现了用测验解决社会问题的目标。

  这些研究成果的创生固然与异域教育理论的引进和学者们接受西方教育文化洗礼有密切的关系,但学者个人丰富的教育经历,传统文化对他们的长久熏陶也是其能进行创造的不可或缺的前提。众所周知,新教育理论的创生是一种"链"状的渐进式积累基础上的变革和飞跃,其中丰厚的文化积淀是理论的思想基础。文化的积淀既有社会整体层面上的文化积累,又有个体层面上知识经验的积累。从陶行知、陈鹤琴、晏阳初等近代教育大家身上,我们可以看到其成长过程中无一不接受过系统的传统文化训练,他们之所以能在当时创生出具有本土特色适合当时中国教育境况的理论和方法,除了中国教育界前面多年的新教育实践积累的经验,更因为这些教育家自身具有深厚的中西文化知识积累,特别是这种厚重的传统文化功底。可以说,如果没有传统文化孕育出来的那种乡土情怀和民族自豪感,他们就不可能有拳拳爱国之心,在留学生涯中也很容易迷失方向。同理对于今天的研究者来说,本土化教育目标就是要创造出扎根于本土教育,同时又吸收世界先进教育思想的创新性理论和方法。学习世界先进的理念早已深入人心,我们当下缺乏的是全面深入地熟知和掌握中国五千年来的优秀文化教育传统,正如陈平原先生所指出的那样,我们当下"缺的不是'国际视野',而是对'传统中国'以及'现代中国'的理解与尊重"。① 实际上,现代社会在快速发展过程中遇到的很多问题:比如历史与现实的背弃、传统与现代的断裂、教育与社会的脱节等,在某种程度上也可以说是我们忽视传统文化培养的后果,而文化教育的传承和发扬更多依托于文科,换句话说,这也是我们长久以来忽视文科建设的结果。一直以来,与自然科学所具有的能快速促进经济建设的显性功能相比,我国人文学科显得过于玄虚和不实用,再加上以往对高校的考核往往是以科研经费的多寡、可量

---

① 陈平原.大学三问[M]//刘琅,桂苓.大学的精神.北京:中国友谊出版公司,2004:229.

化的研究成果甚至是院士数量为主,这些显然都不利于文科的评价、建设和发展。而文科建设向下能辐射到各级各类教育,且文科教育中混融的丰富本土知识和传统文化又是研究者能够创生本土理论的重要前提,所以要大力倡导和践行重视中华优秀传统文化的新文科建设,明确人文学科的真实处境和责任使命,把握新文科建设的历史机遇,把优秀传统文化全方位融入各个阶段的教育中,建设具有民族性的文科,强化新一代研究者的民族记忆。

文科的建设和发展不能简单理解为"守城式"的文化传承与保护,而是要在了解文化传统的基础上深入挖掘优秀文化中的精华,发现和开拓新的领域,只有这样才能在国际化发展道路上昂首阔步前行。"中国传统文化教育及其价值系统,精深而博大,弥漫着一种强力磁场,导发出诱人的魅力。中国的真正崛起和为世人所瞩目,应该建立在对整个中国古代文明(包括中国古代优秀教育遗产在内)的再发现与再认识的基础之上,忽视了这一点我们将要犯极大的错误。"[1]所以对于教育研究者来说,我们还要开始一场文化教育的寻根之旅,重新去认识和开发中国传统教育文化的地位和价值,以期解决中外当下的文化教育难题。

这一点,近代测验运动中对古代测验的挖掘可能会给我们一定的启示。民国除了引进和创新西方的测验理论和方法,还有部分学者潜心研究中国古代的测验思想和方法。已有的研究表明,中国古代心理测验的一个显著特点就是擅长从整体上对人进行研究,而这恰恰就是现代测验亟须解决的难题。当下西方测验成就更多是认知心理学方面的研究,因为这个领域很容易运用仪器加以测量,而进入新世纪,教育中更需要认识的人格、情绪等因为带有哲学的意味,分析起来极为复杂,靠仪器很难测量,所以难有突破。反观中国,我们古代测验思想常常以测量人的高级复杂心理为对象,如果我们能够继续深挖下去,西方一直难有突破性进展的人格、情绪等测验研究有可能会有新的发现。此外,发源于中国并广泛流传的寓教于乐式的猜灯谜、对对子等智力测验形式也可能会解决现代智力测验中受测者兴趣不高的难题,还有非常多这样的"宝藏"值得我们开发和研究。正如著名测验学家张耀翔所说:"西洋测验家只知在运动、感觉、记忆等简单特性上做测验。他们认为情绪测验很困难,品性测

---

[1] 郭齐家.中国传统教育思想精华及其现代意义[N].天津日报,2019-8-26(010).

验更谈不到……中国自始即认情绪及品性测验为可能,且最需要……当然不能像测验知能那样限定时间,草率从事。这正是中国提议的测验切实处。假使我们运用现代科学仪器、控制及统计诸原则,将先哲提出的问题加以分析,在方法上加以补充,然后一一去试验,焉知没有惊人的发现。"①

沿着历史文化脉络寻找教育的价值原点不仅能使我们避免陷入长期以来教育研究如无根浮萍的尴尬境地,而且也是防止在国际化道路上陷入"他者化"的一个强有力武器,更重要的这也是我们增强国家软实力、实现中华民族伟大复兴的途径之一。除了挖掘和发扬光大传统文化中沉睡已久的量化教育理论和方法,也要挖掘和创新一直占主导的定性研究理论和方法中的精华。除了继续研究孔孟老庄等传统思想理论中的现代意义和价值,还要研究民国时那些大家,比如测验运动时期陶行知、陈鹤琴等近代学者创生的中西结合为本土教育服务的理论和方法,还要充分考虑当下教育中实际影响中国人行为的传统思想理论。中国教育的传统随着时代也在悄然变化,一百多年来西方话语的侵入已经极大地改造了我们的教育传统,孔孟之道大多只停留在中国教育集体无意识的底层,如果以此作为中国教育的话语,那就会陷入不知所云的状态。中国教育传统是极其复杂的,不只是有定性更有量化,并且在不同的历史发展阶段有着不同的呈现,我们全面认识和研究教育传统就是要让中国教育传统的复杂性充分地展示出来,中国传统不是单纯的一种或者几种话语就能够充分表达的,只有多种话语共同来展现才能使我们更深刻更广泛地把握中国教育,才能更好地认识中国教育的问题和需求,也才能更多地创生本土教育理论。

融入本土传统的中国新时代文化教育还要有更宽广的视野和更高远的追求,那就是进入国际教育学术领域,为国际教育政策和公共政策的制定和发展做出应有贡献。这就要求研究者除了坚持正确的本土立场,更要具有宽阔的国际视野,除了推动中华文明重焕荣光,还要把中国的优秀文化教育推向世界,为世界文明发展贡献力量。鲁洁教授就曾指出过,在当今国际化背景下,要"培养走进世界历史中的人……单子式个人正在逐步丧失其存在的历史根基,作为个体的人正向世界历史性的存在,也即是走向类的存在、类主体发展

---

① 张耀翔.心理学文集[M].上海:上海人民出版社,1983:215.

的阶段"。对于新时代研究者来说,我们要在道路自信、理论自信和制度自信的基础上更充满文化自信。如果说近代教育家们的教育实践与探索更像是一种政治理想追求,教育救国是他们共同的出发点和原动力,那么对当下教育者来说仍然像测验运动时期那样从国家存亡的高度,以匹夫有责的使命感来从事教育研究和实践的确显得不切实际;但国家发展必须坚持以教育为本,教育是民族振兴、国家富强的重要基石的认识不会随时代变化而改变,所以研究者应承担的责任不变。和近代的学者们相比,我们的民族自豪感和自信更加强大。对于他们来说,当时国际化进程中西方处处展示出其强大的"他者"地位,在这个强大的语境下,学者们只能不断地"拿来","拿来"于是乎成为当时中国学者无可奈何但又约定俗成的任务。但时过境迁,自代改革开放以来,在中国共产党的伟大领导下,一个强大的中国正在迅速地崛起,现在的中国已经焕发出了历史上从没有过的巨大生机。2022年中国的GDP达到121万亿元,从1992年的2.7万亿元起飞,短短三十年中国经济增长了44.8倍,这是世界其他国家都为之惊叹的,与之相伴随的则是中国国际地位与影响力的明显提升。日益崛起的中国在一定程度上已经具备了与西方抗衡的能力,"自己说话"的时代已经到来。新时代的研究者应该是具有高度文化自信和文化自觉的研究者,是具有国际眼光和能力、具有全新人格精神的研究者,是能积极参与和投身于国内外教育改革洪流中的研究者。

纵观历史,教育的地位及对国家的重要作用是其他领域所不能替代的,教育兴则国家兴,教育强则国家强,世界强国无一不是教育强国,增强教育的国际影响始终是强国兴起的关键因素。教育的全球化旨在使中国教育融入世界发展的共同轨道,本土化则是为了更好地发出中国声音,传播中国经验,为世界文明的发展贡献一份力量。全球化时代要求每个研究者都要以开放的心态面对飞速发展的世界教育,高度重视和思考全球化和本土化问题。全球化具有积极的一面,交流与合作已成为每个国家教育发展必不可少的条件,给我们的教育带来了新的机遇和前景,教育应该超越国界,我们对教育的全球化应该持有肯定的态度,要以更积极的姿态融入全球化发展的浪潮中。教育本土化之路不能拒绝全球化,应该是在充分继承民族文化精髓、开发中国教育资源的根基上的开放教育,是在学习、继承传统文化教育的基础上提升教育创造力。优秀的文化教育传统生长于中华民族的根脉上,是与中国人的精神世界高度契合的，言创新必须回归到中国的本土文化教育实践中，应该在中华民族灿烂文化的基础上构建中国自己的理论体系，形成体现中国人文精神的现代教育思想、建立弘扬民族文化和民族精神的课程体系、开展突出中国民族文化主体地位的人文教育，主动承担发展文化、整合社会等诸多责任。本土化只是我国教育研究和发展的阶段性工作，谋求文化的开放性和创造性，谋求中国教育学研究新域的进一步发展，增强中国教育影响力和话语权，理解人类共同体的命运，努力从过去、现在、未来相互联系的角度，努力找到传统和现代的平衡，在国际化、本土化道路上走得更远才是我们的长远目标和不懈努力的方向。

二、超越历史，实现科学主义与人文主义研究范式的当代融合

测验运动中引进的以测验为代表的所谓新式研究方法实际上是西方科学主义范式倡导的一种研究体现，与之相对应的则是人文主义范式。其实这两种范式在教育研究中一直存在，有的学者称之为自然科学研究传统和人文科学研究传统，有的学者称之为量化研究与质性研究，还有的学者则称之为实证研究与非实证研究，此外还有实证方法与现象学方法，实证方法与解释学方法等不一说法。这些表达都是历时已久的科学主义研究范式和人文主义研究范式之间的纠葛的不同体现，都有着深远的哲学思想传统，代表着不同历史发展时期中的研究流派和思想，而近代测验运动正是科学主义研究范式在中国引入、流行和发展的一个缩影。

（一）科学主义研究与人文主义研究在国内外的发展

测验运动发生之前，中国人文领域的研究一直是哲学思辨式研究，没有所谓的科学主义研究，也没有严格意义上的人文主义研究。而测验运动时期更是只引进西方科学主义研究而忽视了人文主义研究，所以在中国近代的教育

研究领域,科学主义和人文主义"相生相克"的共存历程并不明显。基于此,要研究这两种思想的发展历史就要追溯到西方文明的源头——古希腊时代,古希腊的文化中不仅包含着丰富的人文思想,还包含着朴素的科学思想。最早的智者派代表人物普罗泰戈拉就提出过,"人是万物的尺度,是存在的事物存在的尺度,也是不存在的事物不存在的尺度"。[①] 关于人和神谁应该是世界的主宰,普罗狄科则鲜明地提出"不是神创人,而是人创神"。[②] 这些都反映出智者派对人的价值和人存在意义的重视。不仅是理论,智者派在实践中也重视人,在教学中特别重视使用雄辩术,这明显就是教导人挑战权威,勇敢表达个人的想法,本身就是对人类本性回归的一种强调。"伟大的智者派发展了一种个人主义的社会哲学。照他们的意见,人,有感觉能力的个人,是一切事物的准绳。"[③]这种关注人、以人为本的思想充分展现了智者派理论学说中的人文主义理念。之后的希腊"三哲"思想中也体现出了浓厚的人文主义思想。苏格拉底提出人只有"认识你自己",才能充分发挥自己的理智力量、弘扬自身的道德本性,从而去追求现世的幸福生活。他认为美德来自知识和理性,而丰富的知识又能增强人的理性能力,让人的行为更趋向于"善",从而促进道德水平的提高,这些都是幸福产生的前提条件和基础,所以人是靠知识和理性的力量去认识自身与世界的,而不是借助神灵来发现和认识自我的。苏格拉底的研究实现了古希腊自然哲学向伦理哲学的转变,人的理性、道德、价值和知识这时开始成为哲学家思考的对象,人逐渐成为哲学研究关注的焦点,这种伦理哲学已经明显具有人文主义色彩。之后的柏拉图和亚里士多德则继承和进一步发展了苏格拉底的哲学理论,形成了完整的"人的哲学"和"人的本性的哲学"体系。柏拉图强调"任何人凡能在私人生活或公共生活中行事合乎理性的,必定是看见了善的理念",他同样认为掌握理性的知识就是人们通向真正"善"的途径。其学生亚里士多德的"三灵魂说"同样强调了理性的重要性,他认为理性不仅是人道德形成的要素,同时也是人幸福感产生的内在因素。除此之外,他还强调理性思维要与实际经验结合。通过希腊"三哲"的思想,我们可以看出

---

① 斯通普夫,菲泽.西方哲学史[M].丁三东等,译.北京:中华书局,2005:42.
② 叶秀山,王树人.西方哲学史 古代希腊与罗马哲学:第2卷[M].南京:江苏人民出版社,2005:438.
③ 博伊德,金.西方教育史[M].任宝祥,吴元训,译.北京:人民教育出版社,1985:26.

在古希腊世俗文化中,理性就是幸福的源泉,而强调理性就是在强调人性,强调人至高无上的地位。"这种以人为目的的人的哲学,是希腊古典文明时代人文精神的最高表现。"①

古希腊时期的人文主义是通过培养自由而又有理性的人来体现的,但主流位置仍被神学所占据。真正实现从以"神"为中心到以"人"为中心应该归功于后来著名的文艺复兴运动。文艺复兴运动是指 14—16 世纪,欧洲的文化艺术领域掀起的一股研究古希腊、古罗马文献的浪潮,学者们把搜集来的那些诞生于人类文化"黄金时期"的古典文献和经典著作等进行翻译并整理,同时又以此为基础创作出诸多反映新世界观的文学和艺术作品,这些作品体现的是一种赞扬人的自由与理性、肯定人的地位与价值及其世俗生活的理念,一种为智慧本身去求知的精神自由,为寻找真理而产生的怀疑、批判和探索精神。这些理念和精神一反中世纪以来对人的懦弱和无所作为的看法,相信人只要靠自己的力量就能够达到最高的境界,就能塑造自己的生活,就能以自己的成就赢得名声,这些都将人的价值的实现和个人主义的展现提升到了前所未有的高度,而这种对人的自信和热望的时代精神就是"人文主义"(humanism)。这一时代精神一直持续到 18 世纪的启蒙运动。除了继续弘扬自由与平等,以卢梭的自然主义教育和洛克的白板说为代表,主张追求政治民主、权力平等和个人自由,强调一切都要合乎人的理性,向封建专制发起猛烈的挑战,成了资产阶级追求自由平等、反对封建专制、进行民主革命的有力武器。这也促使法国在 1789 年通过了第一部人权宣言——著名的《人权和公民权宣言》,标志着人文主义的全面胜利。从此之后人文主义一直作为资产阶级巩固资本主义社会的思想武器,并逐渐成为一种社会的普遍价值观。② 但研究意义上的所谓人文主义哲学思潮实际开始于 19 世纪中期,其以批判科学主义思潮的面目出现,为了更好地认识这个阶段的人文主义,需要我们先回溯科学主义的发展历程。

从理论上看,科学主义应该发生于近代科学诞生之后,但实际上其思想源

---

① 叶秀山,王树人.西方哲学史 古代希腊与罗马哲学:第 2 卷[M].南京:江苏人民出版社,2005:765.

② 乔扬.人文主义教育观的中国立场:《反思教育》之反思[D].长春:东北师范大学,2021:22.

头也要回溯到古希腊时代。如上所述,古希腊文化中既包含以人为中心的价值体系,又包含科学与理性的认知态度,而科学就是强调人的理性思维能力的,所以西方的文化传统中一直蕴藏着科学。"希腊科学对于确定性知识的追求是通过发掘'观念'的'内在性'来实现的,这种观念的内在性也就是我们经常所说的'理性'。所以,希腊科学也被称为理性科学。……西方科学传统的统一形象和总的规定性:推理、论证、证明、演绎,是西方科学(学术)突出的方法特征。"[1]科学虽然因中世纪的黑暗而消沉,但很快又因为文艺复兴时期提倡的"发现世界"而得以突飞猛进,继而引发近代科学革命。先是17世纪经典力学的诞生,自然科学的飞速发展点燃了人类征服自然和支配自然的欲望,努力去发现自然规律,以事实为研究对象,解释、探究各种事实相互间的规律关系成为主流的研究方向。笛卡尔的"我思故我在"再次强调了人的理性尊严和能力,以人的理性作为衡量万事万物的尺度,重新确立了人类理性的至高地位,并提出了科学探究的方法论。之后以培根的经验论、伽利略的实验加数学的科学方法以及牛顿的经典力学解释模型为基础,构成了近代科学研究观,科学的任务就是做出数学描述,解释数量间的因果关系,与此相对应的是将复杂的现象分解成简单的量,通过数学演绎确立其数量关系,最后由实验证实。这些变化也使得长期占主流地位的哲学思辨研究范式受到质疑,科学及其方法在对其不断的批判中逐渐获得了至高无上的地位,开始向自然科学以外的领域扩展。19世纪中期,孔德(Conte)创立了以经验和科学为基础的新哲学体系——实证主义哲学,即所谓"真正科学的方法",并竭力把它推广到社会研究领域,实证主义哲学在发展中虽然经历了不同的演化,但最终在逻辑实证论的极端形式中达到了巅峰,同时也充分暴露出了其缺陷,人文主义哲学思潮作为其批判者也由此而生。

叔本华和尼采等人的意志哲学率先对近代哲学中所表现出来的理性万能和理性独断的思维倾向进行了公开的挑战,其强调人的"情感""意志""存在"等非理性因素在人的发展中的作用,质疑"主客二分""理性至上"等二元对立的思维方式,要求转向非理性的世界,并对人的非理性的精神活动进行了多层次和多方面的研究,真正与科学主义思潮对立起来。"人的意志不是围绕着认

---

[1] 马艳丽.科学主义与人文主义的融合研究[D].乌鲁木齐:新疆大学,2014:13.

识旋转，反而使人的认识围绕意志而旋转"的观点又被柏格森所继承并创立了生命哲学。之后的狄尔泰则进一步发展了生命哲学，其强调人的本质是生命，而生命的本质是精神社会历史的运动，历史事件就是人的精神作品，就是意义的展现，研究、认识历史，就是理解人的生命意义，把握人的精神本性，所以人文的研究应该是理解，"我们不能只是靠着把自然科学的研究方法直接移植到我们人文科学的领域，这丝毫不表明我们就成了大科学家的真正门人。我们必须使自己的知识适用于我们的研究对象的本性，只有以此为基点，才是科学家对待他们研究对象的方式"。① "体验"、"理解"、"诠释"和"表达"是人文主义研究范式的核心。斯普朗格（Spranger）又进一步继承了狄尔泰的思想，反对那种不顾"人这整体的事实"出发的所谓教育研究的科学性，主张从人的历史和存在分析入手，去对人的精神、心灵等内在世界加以体验、理解和诠释。新康德主义者则是希望通过复兴和重新解释康德的理论建构新的人文理论体系，他们继承了康德的批判理性精神，大大突出了人的主体地位，特别是文德尔班和李凯尔特的文化科学方法论凸显了人文主义的意义。这些思想又影响和启发了后来的学者，之后胡塞尔的现象学、海德格尔的存在主义以及伽达默尔的哲学解释学成了19世纪末重要的人文主义哲学思想。② 20世纪特别是第二次世界大战之后，对战争梦魇的恐惧，对战争恶果的反思引发对科学的反感和负面评价，虽然加剧了科学与人文主义之间的张力，但也凸显了人文主义的价值，进一步推动了人文主义的发展，以人为中心，以人性的全面与和谐发展以及人格的完整实现为最高价值追求成为人类共同的主张。

　　人文主义的兴起和对科学的批判并没有阻止科学主义向教育领域渗透的步伐。教育理论也需要建立规律性的知识体系，这个事实在实证主义研究者的眼里被进一步放大，因为要实现这些目标，在方法上就要强调实验和调查，就要强调量化的必要，唯有遵循自然科学的研究思路。康德在其论著《教育论》中多次强调教育实验，他对教育实验的理解已经突破了培根的仅把科学实验简单地理解为观察、描述和归纳的纯经验主义的框架，在"向自然立法"的著名思想的指导下，他强调实验不是偶然的观察，而应该是理性指导下的主动实

---

① 邹进.现代德国文化教育学[M].太原：山西教育出版社，1992：26
② 成中英.科学真理与人类价值[M].台北：三民书局，1979：4.

验,通过实验要去发现教育的必然规律。他说:"一般认为教育用不着什么实验,只要依靠理性就足以判别是非,这是大错特错的。根据过去的经验,常常有这样的情况,实验的结果和原先预期的完全相反。"[①]除了提倡尊重实验、尊重科学,康德更认为教育学要成为一门学问、一门科学,就离不开教育实验,单凭理性去判断是非,不经实验检验便作主观臆断是不足取的。"教育一定要成为一种学业,否则便没有希望","教育的方法必须成为一种科学"。康德除了提倡实验,也提及了教育学的科学性和独立性问题,这对后来的继任者赫尔巴特(Herbart)产生了重要的影响。赫尔巴特强调科学研究在教育中的重要性,他说,"从一个经验中实无所学,同时从许多散漫的观察中亦学不到什么","必须将一个试验一再重复以至二十次之多,并且将其每次试验的条件加以变换,然后方能获得某种结果"。同时他还在康德所提出的教育学的"独立性"和"科学性"基础上进一步强调"教育学是教育者自身所需要的一门科学","假如教育学希望尽可能地保持自身的概念,并进而培植出独立的思想,从而可能成为研究范围的中心,而不再有这样的危险,像偏僻的被占领的区域一样受到外人治理,那么情况要好得多。任何科学只有当其尝试用自己的方式并与其领进的科学一样有力地说明自己的方向的时候,他们之间才能产生取长补短的交流"。[②]

19世纪后期行为主义科学日渐繁荣,与教育学关系最为密切的心理学率先从哲学中分化出来,其对人进行了大量的科学实验研究,并取得了一系列令人瞩目的成果。"用实验的科学方法研究人类自身所取得的显著成就,对于那些将自己在专业方面的主要注意力集中于把教育作为树人的事业而进行直接研究的人们产生了深刻的印象。"科学的研究方法日渐被接受,教育测量鼻祖桑代克在其20世纪初出版的《教育心理学》中就写道"教育科学,当它发展的时候,就像其他科学那样,有赖于对教育机构作直接观察和实验,并且有赖于以定量的精确性和描述的方法……教育思想家的恶习或不幸,是选择哲学方法或流行的思维方法,而不是科学方法……当今严肃对待教育理论的学习的

---

① 张彦秋.康德教育思想的方法论特征[J].黑龙江教育学院学报,2005(8):19.
② 赫尔巴特.普通教育学 教育学讲授纲要[M].李其龙,译.北京:人民教育出版社,1989:9—10.

主要职责,是要养成归纳研究的习惯和学习统计学的逻辑"。① 之后德国的教育家梅伊曼(Meumann)和拉伊(Lay)更是提出并创立了实验教育学。梅伊曼指出教育学要获得切实可靠的知识,就必须从概念思辨的传统中解放出来,要像自然科学家那样进行严格的控制性实验。拉伊在《实验教育学》中则进一步指出:"我们要在理论上和实践上证明,为了解决教学和教育中的各种问题,可以卓有成效地采用实验的研究方法,即特别适宜在教育上运用实验、统计科学和客观或系统的观察。"这一学派甚至认为教育学就应该是实验教育学,以价值、规范等为研究对象的哲学思辨式研究因不能进行实证研究应予拒斥。虽然实验教育学派有点极端,但在其影响下,教育研究的对象应该是由实验证实的普遍事实,教育研究应该是通过对事实进行实验,由实验结果归纳出教育规律,从而推导出各种教育原则,然后再去指导实践并且接受实践的检验的观念也深入人心。与此同时,心理学也在不断地分化和深入发展,以斯金纳为代表的新行为主义者提出了要超越人的尊严与自由,强调了人的行为的可控制性,并且认为教育是控制行为的重要途径与手段。"教育就是建立在将来对他人和个体有利的行为……强化使教育机构为了建立条件作用而安排的一种手段",这些都证实了人和教育本身存在着规律性。社会学方面,涂尔干(Durkheim)等主张实证研究的社会学家也将教育现象作为社会学的研究对象,大力提倡用实验、调查、统计等科学方法研究教育事实,强调教育研究的严密性、客观性,要求价值中立,要求建立实证教育科学。由此,教育研究借助实验心理学和教育调查开始走向科学实证研究范式所强调的教育"科学化"。科学实证的教育研究范式得以广泛流行,依赖于直觉领悟与哲学思辨,寻找和追求教育终极目的和应然状态的教育思辨研究方式被大肆批判。采用科学实证研究范式,特别是采用量化研究的方法来研究教育现象,不仅代表先进和时尚,更是评判教育研究是否科学甚至是否正确的标准。注重科学统一的方法,坚持教育研究中的价值中立,严格区分事实与价值,用科学的实证方法发现和形成有规律性的教育知识,预测、指导、控制教育活动成为教育研究的共识,科学主义研究范式遂成为教育研究的主流。

---

① 胡森.教育研究范式[M]//瞿葆奎.教育学文集:教育研究方法.北京:人民教育出版社,1998:183.

科学主义和人文主义的纠葛与争锋在中国并没有相似的进程，所以国外两大范式之间的争论在我国也并没有大肆地宣传，也就不可能掀起轩然大波。因为长久以来中国儒家思想一直是主导性文化，其"天人合一"的认识观、重伦理的社会观和对人教化中的泛道德主义倾向使我国的教育充满了人文主义的特性，但这又与现代的人文主义倾向有所不同，其更偏于哲学思辨。所以民国之前我国治学一直采用传统的思辨研究方式，比如历史上著名的教育家孔子、孟子、朱熹等人的教育思想都是在自己的教育经验基础上，通过思辨思维的研究和再加工而得出来，在某种程度上可以说也因此孕育了灿烂的华夏文明。这一状态一直持续到近代国门被迫打开。当时世界正处于科学主义研究范式的笼罩之下，作为一种先进的研究范式，统计、测验、调查等定量研究方法得到大力提倡和广泛应用，并在近代中国掀起了一场轰轰烈烈的测验运动，一时风光无限。后来因为接踵而来的战争所有研究处于停滞状态，待新中国成立后，由于某些历史原因，心理学、测验等被作为"伪科学"而备受冷落，继承传统哲学的定性方法在研究中再次流行，大量充斥着语录、解读的定性方法研究的论文发表，定量研究似乎销声匿迹。改革开放后，随着中国和世界的交流越来越频繁，国外研究普遍采用的实证方法又激起了国人对定量研究的迫切，定量研究又被大力提倡，量化研究论文铺天盖地，数量众多，教育科学研究看似一片繁荣，科学实证研究范式大有成为主流研究范式之势。与此同时，反对之声也不绝于耳，人文主义研究范式作为一种纠偏举措得以闪亮登场。

(二)科学主义研究范式与人文主义研究范式的当代融合

和所有的人文社会学科一样，教育研究中一直存在科学主义研究与人文主义研究两大范式之争（这里的主义仅代表一种倾向）。只是在我国思辨形式的研究长期占主流地位，似乎除了科学没有与之相抗衡的其他研究方式。而思辨也属于思想，与人文主义研究所具有的思想性有所交集，所以国外与科学主义并驾齐驱的人文主义研究范式的发展和引入很容易被忽视。但我国的科学明显是缺乏的，尽管近些年来，国家高度重视和倡导教育研究范式的科学性，科学实证研究范式在我国教育研究中的确有了一定的地位，但与长期占垄断地位的哲学思辨式研究对比，仍处于次要的位置。随着研究成果的日渐增多以及中外学术交流的日渐频繁,在西方有着几百年发展历史,始终占据教育研究的主流且已经拥有一套比较成熟、行之有效的研究规范的科学主义研究范式被中国教育研究者们所倚重自然也是常理之事。

但透过表面的繁荣我们可以发现,目前科学实证研究范式在我国教育研究中的运用是很不充分的,这与科学实证范式在西方教育研究中的运用情况形成了鲜明的对比。首先表现在人们对科学实证研究范式的极度信仰。比如教育中的某些二级学科的论文如果不采用实证研究的方式就等同于没有做研究,再如实证研究的论文比较容易发表,比较容易拿到课题获得资助等。这种对科学实证研究范式"约定俗成"的认可和变相鼓励一方面导致过度强调教育规律的存在,教育中丰富多彩的生命世界仿佛只有那些有规律可循的才有资格被研究,才值得被研究,研究的结果也是要得出教育规律,并且这种规律也是通过"科学的"教育模式或模型来体现。长此以往,教育研究的过程越来越机械化、程序化和技术化,教育活动则越来越碎片化、简单化、现成化和可操作化。这种探寻"规律论"的研究思路很容易给教育工作者一种错觉,即教育和自然一样都是有规律可循的,只要发现这种规律并设计出与之相对应的解决措施即可解决所有教育难题,久而久之教育的研究变成了寻找"包治百病""放之四海而皆准"的教育模式,丰富多彩的有生命世界变成了冷冰冰的无生命世界。其次,很容易蔑视教育的思想和理论,因为规律和技术的大力提倡已经把教育研究笼罩在经验主义的天空下,量化的"现成模式"铺天盖地地使用容易使人误以为,所谓教育研究就是借助现成或自编的问卷量表在一定范围内进行测试,验证或者发现规律即可,只要通过观察和实验等所谓科学的手段与方法就能确保经验事实得到不断的积累,丰富的经验事实只要再加以归纳、总结就是科学的理论。久而久之,只要不是通过这种方式得到理论就会因为过于"思辨"而被鄙视,导致教育研究极度缺乏理论和思想。对于教育来说,如果缺乏深刻的思想和丰富的理论,就不可能有创新,这样的研究就显得肤浅、干瘪甚至庸俗。最后,当下所谓实证研究存在明显的"套路"量化、"玄学"量化和"虚假"量化问题。"套路"量化是非常常见的问题,表现为凡是实证论文都有似曾相识之感,几乎都是遵循设计量表、调查、发现问题、分析问题和解决问题的套路,不光量表的信效度验证程序和过程千篇一律,数据的处理也大同小异,解决问题更是自顾自说话,至于是否有可推广性则无人问津。这种套路化研究对初出茅庐的研究者来说很容易上手，不需要太多的理论积累就容易发文章的诱惑力很容易被"科研后备军"们所青睐，甚至许多半路出家、没有任何相关知识储备的人也用得得心应手。"玄学"量化主要是因为在某些领域，定量研究已经成为研究写作的唯一方法，该领域核心期刊发表的文章中几乎看不到任何定性研究。出于竞争的需要，为了让研究显得更"高大上"，研究所使用的量化方法变得越来越"深奥"，越来越"神秘"，甚至变成了纯数学和纯计算机程序的展示。的确现代测验注重分析方法的技术性，需要借助现代的科研设备和信息处理手段，但技术的使用只是为了便捷地处理数据，而不是故弄玄虚，为了技术而技术。现在有些研究者为了发表文章往往打着科学的名义，将所有的教育问题都转变为符号化的数字，"充分"利用计算机编程等看似科学的手段进行研究，愣是把研究过程变成了"一般人"或"非圈子人"看不懂的"新玄学"。与此相对应的则是一种程序化的模式——先将教育问题量化，然后通过编制程序计算得出预想的结论，最后再发表文章，大有一种模式通吃天下之势。文章比的是有没有用高深的方法，有没有列别人看不懂的符号公式，至于应不应该量化、能不能量化、有没有必要量化，数据、结果是否准确，结论是否具有可推广性则无人问津。另外，最常见的就是"虚假"量化。有些学科因为本身特性或者历史问题，对教育统计、教育测量等知识没有给予应有的重视，该领域的研究人员大部分没有系统学习过教育统计和测量等方面的知识，所以在定量研究方法的掌握上非常薄弱。有的研究虽做了实际的调查，花费了大量劳动，取得了许多有用数据，但是由于缺乏实证研究数量化分析的能力，结果只能使用简单的百分数做出定性的解释，未能深入挖掘所得数据背后蕴含的大量有用信息，从而没有充分发挥数据的作用。而有的问题本身需要定性研究，但研究者为了赶时髦硬性转为定量研究，最后演变为东施效颦而贻笑大方。无论是哪种套路化、量化，都鄙视甚至舍弃了定性方法，定量研究又统计分析不足，使得很多的实证研究文章看似"高大上"，实则既没有新意也没有创意，更没有可推广性。

　　近代测验运动走过的弯路告诉我们，过度强调和使用任何一种单一的研究方法对教育研究都是不利的。固执地信奉一种研究范式而简单排斥其他研究，本身也是与科学研究探索精神相悖的。测验运动中出现的一个很大问题就是对科学研究范式的过度提倡，这也是测验运动走向衰落的一个原因。当时学者陶鼎辉的言论就非常有代表性,他说:"不可否认的,至今还有很多心理问题不大能付诸实验或用数字表示出来。但这只是努力的程度和实践早迟的问题而已……如今的社会科学也逐渐走向自然科学的道路,期能用统计学的数字表示出来,其所以尚有若干问题不能如此者,乃测量的工具尚未制成,统计的知识尚未获得之故,并非理论上的不可能。"①当时社会对科学方法的迷信可窥豹一斑。这种科学研究方法至上的思路直接导致了测验的大量误用和滥用,最后出现"若干所谓的学者的夸大……致令社会发生反感"。② 这也是近代测验运动在后期消沉的一个主因,而如今这一幕又惊人地重现。当下我国教育研究进入繁荣发展时期,虽然发表的成果数量可观,但在质量上仍与发达国家存在着差距。这固然与研究者的水平有着很大的关系,但与对不同研究范式功能和适用范围的认识也有很大的关系。类似的问题在测验运动历史上也曾发生过,所以研究借鉴近代测验运动中的经验对现代教育研究的发展有着重要的启示。

借鉴历史,我们要对已有的研究范式有正确、全面和清晰的认识。不管是科学主义研究范式还是人文主义研究范式,其内涵都是随着社会的发展而不断变化的。就近代测验运动而言,其引进的以测验为代表的科学主义研究范式就是为了纠正传统思辨式研究的不足而出现的,这也与世界历史的发展相一致,科学主义研究范式的确是以反对思辨研究方式而出现的,但真正意义上的人文主义研究范式则作为科学主义的对立面和对科学主义的纠偏者而流行。在近代中国,科学主义研究范式被大肆宣传的同时,与之并驾齐驱的人文主义研究范式并没有被引入甚至没有引起注意,可能在很多人眼里思辨研究与人文主义研究界限并不明显。实际上,人文主义研究范式和长久占统治地位的思辨研究还是有所区别的。思辨是一种非常古老的研究方式,是以哲学思考辨认的方式对教育现象进行思考,着重于依据一定的哲学观勾勒教育的理想状态和应然状态。最常见的形式就是概念的厘定和辨析,对于一些现象的实质,包括统计数据背后成因的猜测性解释。③ 在西方,因新研究范式的崛

---

① 陶鼎辉.心理测量与教育[J].中华教育界,1949,3(6):22.
② 左任侠.最近中国科学测验之发展及其趋势[J].学林,1940(1):105.
③ 肖川.人文:社会学术研究中的感悟、思辨与实证[J].北京师范大学学报(社会科学版),2009(1):34.

起,哲学思辨在教育中的比重已大大减少,我国不仅是比世界潮流慢一步,而且教育研究者更偏爱和习惯用哲学思辨的范式研究问题。看似思辨研究范式已经成熟,科学研究范式作为一种纠偏工具正在繁荣发展,实际情况是否如此呢?真正的哲学思辨必须以特定的哲学思想与客观事实为依托,即从某种特定的哲学观出发,演绎出相应的教育思想,教育思想应该是哲学思想的一种延伸,所以真正按思辨方式研究教育问题的研究者除了是教育者还应是哲学家,或者至少要有一定的哲学理性思考,即对自然、社会、人及其关系有着一定的哲学见解。反观我们现在的所谓哲学思辨,很多研究虽名义上是哲学思辨,但实际已经把"哲学"二字去掉,只留下了"思辨"。这种没有任何哲学理论基础的思考,充其量只不过是一种缺乏理论根基与事实基础的感想式、议论式的研究,"具有较大的随意性、习惯性和自发性,发挥的主要是一种议论和舆论的功能。它更多的是一种研究者个人观点和感受的阐发,通常结合社会当下的时弊和需要对有关问题进行论说或提供建议"。充斥着大量这种研究方式的教育研究久而久之给人感觉没有什么专业性,仿佛任何人都懂教育,任何人都可以谈教育,任何人都可以批判教育,教育学科的地位自然就很低。同时,因为哲学思考的一般都是教育价值、目的、规范等那些带有终极意义的问题,一般是从根本上把握教育的总体,这种与生俱来的形而上学和终极价值取向传统,使得研究者在研究过程中几乎很少需要沟通,研究结果更是无法验证,这种自身难以克服的缺陷也容易让研究者把思辨作为实现自己兴趣的一种手段,自顾自话的研究导致理论越多越完善就越玄虚,离现实也就越远,最终失去对实践的指导意义。这些看似"高大上"实际虚化的理论在应用中常常因为"无用"而被非学术界,尤其是政策决策者、实践领域工作者所鄙视,这也是科学主义研究范式兴起的一个主因。

　　对比思辨,人文主义研究虽然也是思想,但其研究焦点主要集中在人身上,研究出发点也是从人的经验开始,只是更偏向于解释方法,而不是单一的哲学思辨方法,即使有思辨也是为了解释之用,所以认识和使用人文主义研究范式首先要防止其滑向思辨。同时也因为人文主义研究中有思想,而思想绝不可能孤立于其存在的社会和历史背景,这也注定了人文主义研究范式是复杂的,是呈现和描述的,很难做到统一。"自从文艺复兴时期开始以来,人文主义的特点就是观点多样,各不相同,这也是古代世界的特点。以权威自居的论断,不论是宗教的还是科学的,人类的经验都不会予以支持。如果说在任何一个问题的看法上,没有两个人文主义者会有一致意见的话,那么他们认为十分重要而必须讨论的题目范围的广泛,以及他们常常用对话辩论的方式,则是十分突出的。"这种非直观、非感性、非具象、非直接经验的特点,使得教育研究更需要理解、感悟和抽象,更注重研究者的主观性、体验性、非理性和创造性,所以具体的研究方法往往表现为现象学和解释学方法。这与用数量关系揭示事物的根本特性,即通过精确测定的数据和图表反映事物的现状、类属和相互关系,从而使不确定的、模糊的事物变得相对确定和清晰的科学主义研究范式至少表面看来水火不容。

科学主义研究范式和人文主义研究范式真的是完全对立的吗?其实不然,从历史看,科学和人文并没有那么大的分歧。从起源看,两者都蕴藏在古希腊文化中,科学主义研究范式和人文主义研究范式只不过是从古希腊人文传统中分化出来的两种认知方式而已,前者偏重理性思维,后者更偏重感性思维,所以从其起源看并不矛盾。文艺复兴时代"人的发现"和"世界的发现"也进一步证明了二者的和谐,特别是二者的"携手并进"向宗教神学和经院哲学的教条和迷信发起猛烈冲击,才使欧洲摆脱了中世纪的黑暗。科学研究和人文研究在目的上的确具有一定的差异,科学研究的目的是求"真",它以物为尺度,注重工具理性,训练人的智力,提高人们征服和改造自然的能力;人文研究的目的是求"善",其以人为中心,注重人的价值理性,培养人的道德情操和理想人格,着力提升人的精神境界。但二者并不矛盾,以最具有科学性的数学为例,表面似乎已脱离了感性经验材料完全可以进行自由的理性创造,但实际其根仍然深植于现实物质世界的数量之中,并且自然科学理论在实质上也是说明与阐释的。再如所谓科学精神是以追求真理作为其逻辑起点的,现实中表现出来的就是实证精神和理性精神。人文研究以追求善为其逻辑起点,现实表现出来的是批判精神、多元包容精神和创新精神,这些精神的基础实际就是科学精神。科学精神不仅是基础,而且有助于提升人的情操和品位,促进人的自我完善,为人的生活注入活力,为人的生命增添意义,所以在认识和改造世界的过程中二者是缺一不可的。如果我们单独提升科学理性,必然会使科学陷入危机,导致科学的异化。反过来,如果我们单独提升人文精神,也会陷入人类中心主义之中。实际上,科学上的每一次革命,实质都是人们认识和改造世界的革命,而世界包括自然界和人的世界,科学的进步和成就也是人文的进步和成就,这一过程中所表现出来的科学实验精神和理性精神,也将反作用于人文主义,促进人的意识觉醒和人的思想解放。所以,我们一直说的人文主义研究和科学主义研究的对立,实际只是唯科学主义和唯人文主义观点和方法的对立,这一点在测验运动中已经出现过。唯科学主义者低估或无视人文主义或人文学科对生活的价值或对人生的意义,简单地认为它是无用的或无足轻重的,而不明白其"无用"之用乃是大用;唯人文主义者往往只是看见科学表面的物质功能(要以技术为转化中介才能够实现),而且常常把关注的焦点放在某些技术的负面结果(如杀人武器、环境污染、生态恶化等)上,误以为这一切都是科学惹的祸,而察觉不到科学的人文内涵,尤其是没有领悟科学强大的精神功能和科学精神的人文意义。①

教育是复杂的现象,教育研究范式自然也应该是多样共存的。首先从教育学特点看,两大研究范式应该融合。教育是一门实践性极强的学科,和其他学科比,教育研究的对象十分复杂,需要通过经验来把握教育事实,所以观察、理解、研究的切入点是经验事实。但经验事实的把握需要研究者凭借自身的逻辑框架对复杂多变的过程进行描述和说明,这在很大程度上取决于研究者的价值取向,即通过理解来诠释的意义现象。"教育既具有科学性,又具有人文性,是科学性与人文性相互融合的一种培养人的活动。教育研究必须同时运用科学的方式和人文的方式,坚持科学人文主义的方法论思想。"②教育学科研究中既有经验的客观性,又有人的主观性、独特的意义系统以及假设演绎和解释性的理解,这些都是教育学科研究实现科学主义与人文主义融合的客观依据。"在教育学——其中只有一部分的事实和原则可以用自然科学的方法来发现,另一部分却非有综合的理解不可——这种从全体上来衡量的态度,是求得确信所必需的。"③既肯定思辨研究的意义,又肯定注重经验(事实)的客观性、普遍定律和演绎说明的价值,实现科学主义与人文主义两种研究范式的融合,是推动教育学科建设的一项基础性工程。教育学科不可能走纯粹客观主义的道路,但也不代表大力提倡教育研究范式的人文主义取向就排斥教

---

① 李醒民.知识的三大部类:自然科学、社会科学和人文学科[J].学术界,2012,(8):8.
② 扈中平.教育研究必须坚持科学人文主义的方法论[J].教育研究,2003,(3):14.
③ 周谷平.孟宪承教育论著选[G].北京:人民教育出版社,1997:351.

育研究的科学主义研究范式和思辨等其他范式,任何一种单一的研究范式都不能在整体上为教育提供全面合理的解释,各种研究范式都有其长处和短处,我们既要通过经验把握事实,又需要通过理解来诠释意义现象,还需要思辨把握整体方向和未来。

其次二者相融合也是当今教育发展的趋势。科学主义研究范式和人文主义研究范式的融合是当今教育研究发展的大势所趋。人类的思维有两种方式,一种是科学的,即一元的、线性的、强调逻辑和偏重实证的;一种是人文的,即多元的、循环的、强调综合和偏重判断的。二者的关系也正如人的双腿、双手或左右脑一样,是平等的,"和而不同"的,合则两利、分则两伤的。在教育学科及研究中实现以科学主义和人文主义融合为基本取向的研究范式转型,不仅是立足于本学科建设和发展的需要,而且是立足于本学科理论结构所具有的人文特性和科学特性。"科学方法不是呆物,而是一个不断生长的过程。"[1]作为科学方法的一种,教育研究方法的发展也是一个从低级到高级不断递进、从简单到综合不断融合的过程。定量研究反映的是一种实证哲学观,这种哲学观是在反对形而上观、宗教观的过程中发展起来的,是对权威的一种反动,自然科学方法引进教育领域提高了教育的科学性,是一种进步。但随着实证研究的扩大化,实证哲学又被捧上了神坛,研究开始走向了另一个极端,以偏概全、以简单代替复杂弊端的出现让人们又开始重新审视这种哲学观,注重情感价值,充满人文关怀的解构主义、解释主义等哲学观相继诞生,质性研究方法也随之产生。从历史发展可以看出,每种方法都有其优势和问题,其出现不是为了打倒谁而是为了更好地弥补彼此的缺陷,是一个不断融合统一的过程。只用定性研究方法,很难对事物有客观的认识和发现;只用量化研究,又不能实现对事物全部的掌握和分析。研究中没有任何一种研究方法是全能的,占主导地位的研究方法应吸收别的研究方法的长处,如果偏执于某种研究方法,必然会陷入因方法而方法的误区之中。定量研究为定性研究创造了条件,同时定性研究又为定量研究提供框架。随着社会的发展,学科之间的界限也变得模糊,跨学科知识、跨学科领域不断出现,教育研究开始向综合研究转变,需要人们抛弃非此即彼的二元论思想,不断实现两大研究范式的融合。当今教

---

[1] 贝尔纳.历史上的科学[M].伍况甫,译.北京:科学出版社,1981:9.

育的任务是促进个人的全面发展,只有对人进行全面、综合的研究,才能在此基础上制定出促进人全面发展的举措。这些单靠量化的手段和工具显然是不够的,从主观臆断到客观测验再到综合运用各种方法是社会发展的需要,也是未来发展的必然趋势。随着自然科学、社会科学和人文科学的不断发展,现代教育理论研究的方法论基础必然走向宽泛化。作为教育研究者,既要掌握定量研究方法,又要掌握定性研究方法,不能因为自己擅长或喜爱一种研究方法而否定或排斥另一种研究方法。在具体的研究实践中,既不能按照研究者个人的偏好,也不能人云亦云,什么时髦就用什么方法,而应该充分考虑学科特点和研究问题的性质,灵活运用或综合运用这两种方法。教育学科研究中实现科学主义与人文主义研究范式的融合,不是说所有的研究都一定要将这"两个结合"运用在每一项研究中,而是要根据具体研究情境来进行科学选择。也就是说,在教育学科研究中实现科学主义与人文主义范式的融合,就是要在充满人文关怀的教育实践中,根据研究者自身对具体研究情境的把握,不是具体研究规范的简单相加,而是将自身关于研究范式的知识、体会转化为科学的研究范式,只有这样才能真正发挥教育研究推动社会发展的价值目的,才能迎来教育研究的真正繁荣。

参考文献

一、报纸杂志类

中国测验学会.测验[J].1932,1(1)—1937,3(1).北京:中国测验学会,1932—1937.

二、资料汇编类

[1]教育部中国教育年鉴编审委员会.第一次中国教育年鉴:戊编 教育杂录[Z].上海:开明书店,1934.

[2]舒新城.中国近代教育史资料:上册[G].北京:人民教育出版社,1961.

[3]中国人民政治协商会议山西省委员会文史资料研究委员会.山西文史资料:第8辑[G].太原:山西人民出版社,1963.

[4]中国第二历史档案馆.中华民国史档案资料汇编:第2辑[G].南京:江苏人民出版社,1981.

[5]陈学恂.中国近代教育大事记[G].上海:上海教育出版社,1981.

[6]陈学恂.中国近代教育史教学参考资料:上册[G].北京:人民教育出版社,1986.

[7]朱有瓛.中国近代学制史料:第1辑 下册[G].上海:华东师范大学出版社,1986.

[8]朱有瓛.中国近代学制史料:第2辑 上册[G].上海:华东师范大学出版社,1987.

[9]陈学恂.中国近代教育史教学参考资料:中册[G].北京:人民教育出版

社,1987.

[10]中央教育科学研究所.中国现代教育大事记[G].北京:教育科学出版社,1988.

[11]朱有瓛.中国近代学制史料:第2辑 下册[G].上海:华东师范大学出版社,1989.

[12]朱有瓛.中国近代学制史料:第3辑 上册[G].上海:华东师范大学出版社,1990.

[13]朱有瓛.中国近代学制史料:第3辑 下册[G].上海:华东师范大学出版社,1990.

[14]宋恩荣,章咸.中华民国教育法规选编(1912—1949)[G].南京:江苏教育出版社,1990.

[15]中国第二历史档案馆.中华民国史档案资料汇编:第3辑 教育[G].南京:江苏古籍出版社,1991.

[16]中国第二历史档案馆.中华民国史档案资料汇编:第3辑 文化[G].南京:江苏古籍出版社,1991.

[17]中国第二历史档案馆.中华民国史档案资料汇编:第3辑 财政[G].南京:江苏古籍出版社,1991.

[18]陈学恂,田正平.中国近代教育史资料汇编:留学教育[G].上海:上海教育出版社,1991.

[19]中国第二历史档案馆.中华民国史档案资料汇编:第5辑 教育[G].南京:江苏古籍出版社,1994.

[20]中国第二历史档案馆.中华民国史档案资料汇编:第5辑 文化[G].南京:江苏古籍出版社,1994.

[21]北京图书馆.民国时期总书目(1911—1949):教育 体育[G].北京:书目文献出版社,1995.

[22]王雪珍,张万仓.北京高等教育文献资料选编(1861—1948)[G].北京:首都师范大学出版社,2004.

[23]李桂林,戚名琇,钱曼倩.中国近代教育史资料汇编:普通教育[G].上海:上海教育出版社,2007.

[24]朱有瓛,戚名琇,钱曼倩.中国近代教育史资料汇编:教育行政机构及

教育团体[G].上海:上海教育出版社,2007.

[25]璩鑫圭,唐良炎.中国近代教育史资料汇编:学制演变[G].上海:上海教育出版社,2007.

[26]周光培,南京大总统府印铸局.中华民国史史料四编:第3册[G].扬州:广陵书社,2010.

[27]中央马克思恩格斯列宁斯大林著作编译局.列宁全集:第2卷[G].北京:人民出版社,1959.

[28]高平叔.蔡元培教育文选[G].北京:人民教育出版社,1980.

[29]华中师范学院教育科学研究所.陶行知全集:第1卷[G].长沙:湖南教育出版社,1984.

[30]华中师范学院教育科学研究所.陶行知全集:第5卷[G].长沙:湖南教育出版社,1985.

[31]董远骞,施毓英.俞子夷教育论著选[G].北京:人民教育出版社,1991.

[32]北京市教育科学研究所.陈鹤琴全集:第5卷[G].南京:江苏教育出版社,1991.

[33]北京市教育科学研究所.陈鹤琴全集:第6卷[G].南京:江苏教育出版社,1992.

[34]华中师范学院教育科学研究所.陶行知全集:第8卷[G].长沙:湖南教育出版社,1992.

[35]汤才伯.廖世承教育论著选[G].北京:人民教育出版社,1992.

[36]中央马克思恩格斯列宁斯大林著作编译局.列宁全集:第4卷[G].北京:人民出版社,1995.

[37]周谷平.孟宪承教育论著选[G].北京:人民教育出版社,1997.

[38]曹伯言.胡适日记全编:第4卷[G].合肥:安徽教育出版社,2001.

[39]曹伯言.胡适日记全编:第5卷[G].合肥:安徽教育出版社,2001.

[40]樊洪业,张久春.科学救国之梦:任鸿隽文存[G].上海:上海科技教育出版社,2002.

[41]赵莉如.曹日昌心理学文选[G].北京:人民教育出版社,2005.

[42]上海理工大学档案馆.刘湛恩文集[G].上海:上海交通大学出版

社,2011.

[43]周洪波,陈竞蓉.旧教育与新教育的差异:孟禄在华演讲录[G].合肥:安徽教育出版社,2013.

[44]单中惠,王凤玉.杜威在华教育讲演[G].上海:华东师范大学出版社,2016.

[45]朱作仁.教育辞典[Z].南昌:江西教育出版社,1987.

[46]姜文闵,韩宗礼.简明教育辞典[Z].西安:陕西人民教育出版社,1988.

[47]陈元晖.教育与心理辞典[Z].福州:福建教育出版社,1988.

[48]顾明远.教育大辞典[Z].上海:上海教育出版社,1990.

[49]王焕勋.实用教育大辞典[Z].北京:北京师范大学出版社,1995.

[50]廖平胜.国家公务员考试大辞典[Z].北京:中国人事出版社,1996.

[51]张宪文,方庆秋,黄美真.中华民国史大辞典[Z].南京:江苏古籍出版社,2001.

三、著作报告类

[1]樊炳清.比奈氏智能发达诊断法[M].上海:商务印书馆,1916.

[2]陈鹤琴,廖世承.智力测验法[M].上海:商务印书馆,1920.

[3]张秉波,胡国钰.教育测量[M].北京:北高师编译部,1922.

[4]王卓然.中国教育一瞥录[M].上海:商务印书馆,1923.

[5]俞子夷.测验统计法概要[M].上海:商务印书馆,1924.

[6]陆志韦.订正比纳西蒙智力测验说明书[M].上海:商务印书馆,1924.

[7]华超.教育测验纲要[M].上海:商务印书馆,1925.

[8]廖世承.附中东大道尔顿制实验报告[M].上海:商务印书馆,1925.

[9]廖世承,陈鹤琴.测验概要[M].上海:商务印书馆,1925.

[10]廖世承,葛承训.五项测验[M].上海:商务印书馆,1925.

[11]周调阳.教育测量法精义[M].上海:中华书局,1926.

[12]朱翊新.教育测验 ABC[M].上海:世界书局,1928.

[13]江苏省立南京中实验小学地方教育指导部.小学各科测验与记分[M].南京:南京锡成公司,1931.

[14]国联教育考察团.中国教育之改进[M].国立编译馆,译.北京:国立编译馆,1932.

[15]杜元载.教育测验与统计[M].北京:北平文化学社,1932.

[16]朱君毅.统计与测验名词英汉对照表[M].上海:中华书局,1933.

[17]俞子夷.测验统计术[M].上海:中华书局,1933.

[18]艾伟.小学教育测验说明书[M].上海:中华书局,1934.

[19]王书林.教育测验与统计[M].南京:正中书局,1935.

[20]陈选善.教育测验[M].上海:商务印书馆,1935.

[21]谷秀千.教育测验统计的应用[M].上海:上海新亚书店,1936.

[22]吴天敏.第二次订正中国比纳西蒙智力测验之经过[M].上海:商务印书馆,1936.

[23]常彦春.教育测验与统计[M].北京:北平文化学社,1937.

[24]陈先善,梁士杰.新教育测验与统计[M].上海:儿童书局,1937.

[25]黄觉民.黄觉民订正幼童智力图形测验说明书[M].上海:商务印书馆,1937.

[26]李英超.中国师范教育论[M].上海:商务印书馆,1939.

[27]陈果夫.中国教育改革之途径[M].南京:正中书局,1944.

[28]丁祖荫.警政人员心理测验[M].上海:商务印书馆,1946.

[29]朱君毅.教育测验与统计[M].上海:商务印书馆,1946.

[30]陈选善.教育测验讲话[M].上海:世界书局,1947.

[31]程法泌.智慧测验与教育测验之实施[M].南京:正中书局,1947.

[32]艾伟.出席澳洲新教育国际会议记[M].上海:商务印书馆,1947.

[33]艾伟.阅读心理 汉字问题[M].上海:中华书局,1948.

[34]艾伟.阅读心理 国语问题[M].上海:中华书局,1948.

[35]艾伟.小学儿童能力测量[M].上海:商务印书馆,1948.

[36]孙邦正.心理与教育测验[M].上海:文通书局,1948.

[37]上海特别市政府教育局.上海特别市立小学个别智力测验报告书[R].上海:上海特别市政府教育局发行,1928.

[38]江西儿童智力测验局.江西学童智力测验总报告[R].南昌:江西儿童智力测验局发行,1930.

[39]湖北省政府教育厅儿童智力测验委员会.湖北省政府教育厅第一期儿童智力测验报告[R].汉口:新昌印书馆,1932.

[40]葛树人.心理测验学[M].台北:桂冠图书股份有限公司,1987.

[41]王尔敏.近代中国思想研究及其问题之发掘[M].台北:学生书局,1982.

[42]张耀翔.心理学文集[M].上海:上海人民出版社,1983.

[43]陈景磐.中国近代教育史[M].北京:人民教育出版社,1983.

[44]李长久,施鲁佳.中美关系二百年[M].北京:新华出版社,1984.

[45]高觉敷.中国心理学史[M].北京:人民教育出版社,1985.

[46]林传鼎.智力开发的心理学问题[M].北京:知识出版社,1985.

[47]杨荫溥.民国财政史[M].北京:中国财政经济出版社,1985.

[48]戈公振.中国报学史[M].北京:生活·读书·新知三联书店,1955.

[49]汪一驹.中国知识分子与西方:留学生与近代中国(1872—1949)[M].台北:枫城出版社,1987.

[50]孙翔刚,董庆铮.中国赋税史[M].北京:中国财政经济出版社,1987.

[51]戴忠恒.心理与教育测量[M].上海:华东师范大学出版社,1987.

[52]史全生.中华民国文化史[M].长春:吉林文史出版社,1990.

[53]毛礼锐,沈灌群.中国教育通史:第5卷[M].济南:山东教育出版社,1988.

[54]王权,邱学华.教育的标准化测验[M].郑州:河南教育出版社,1988.

[55]史全生.中华民国经济史[M].南京:江苏人民出版社,1989.

[56]赵莉如.心理学史[M].北京:团结出版社,1989.

[57]陈鹤琴.儿童心理之研究[M].上海:上海书店,1989.

[58]熊明安.中华民国教育史[M].重庆:重庆出版社,1990.

[59]王奇生.中国留学生的历史轨迹1872—1949[M].武汉:湖北教育出版社,1992.

[60]董远骞.俞子夷教育思想研究[M].沈阳:辽宁教育出版社,1993.

[61]王炳照,阎国华.中国教育思想通史[M].长沙:湖南教育出版社,1994.

[62]吕达.中国近代课程史论[M].北京:人民教育出版社,1994.

[63]孙培青,李国钧.中国教育思想史:第3卷[M].上海:华东师范大学出版社,1995.

[64]张胜勇.反思与建构:20世纪的教育科学研究方法论[M].济南:山东教育出版社,1995.

[65]田正平.留学生与中国教育近代化[M].广州:广州教育出版社,1996.

[66]周谷平.近代西方教育理论在中国的传播[M].广州:广州教育出版社,1996.

[67]李华兴.民国教育史[M].上海:上海教育出版社,1997.

[68]张斌贤.社会转型与教育变革[M].长沙:湖南教育出版社,1998.

[69]董宝良,周洪宇.中国近现代教育思潮与流派[M].北京:人民教育出版社,1997.

[70]卫道治.中外教育交流史[M].长沙:湖南教育出版社,1998.

[71]张君劢.明日之中国文化[M].济南:山东人民出版社,1998.

[72]张敏强.教育测量学[M].北京:人民教育出版社,1998.

[73]叶浩生.西方心理学的历史与体系[M].北京:人民教育出版社,1998.

[74]金耀基.从传统到现代[M].北京:中国人民大学出版社,1999.

[75]李振宏.历史学的理论与方法[M].开封:河南大学出版社,1999.

[76]李国钧,王炳照.中国教育制度通史[M].济南:山东教育出版社,2000.

[77]喻本伐,熊贤君.中国教育发展史[M].武汉:华中师范大学出版社,2000.

[78]杨天宏.中国的近代转型与传统制约[M].贵阳:贵州人民出版社,2000.

[79]金林祥.中国教育制度通史:第6卷[M].济南:山东教育出版社,2000.

[80]于述胜.中国教育制度通史:第7卷[M].济南:山东教育出版社,2000.

[81]冯友兰.中国哲学史:上[M].上海:华东师范大学出版社,2000.

[82]张瑞璠,黄书光.中国教育哲学史:第四卷[M].济南:山东教育出版社,2000.

[83]田正平.中国教育史研究:近代分卷[M].上海:华东师范大学出版社,2001.

[84]熊明安,周洪宇.中国近现代教育实验史[M].济南:山东教育出版社,2001.

[85]段治文.中国现代科学文化的兴起(1919—1936)[M].上海:上海人民出版社,2001.

[86]郑金洲,瞿葆奎.中国教育学百年[M].北京:教育科学出版社,2002.

[87]丁钢.历史与现实之间:中国教育传统的理论探索[M].北京:教育科学出版社,2002.

[88]金林祥.20世纪中国教育学科的发展与反思[M].上海:上海教育出版社,2002.

[89]杨东平.艰难的日出:中国现代教育的20世纪[M].上海:文汇出版社,2003.

[90]陈科美,金林祥.上海近代教育史(1843—1949)[M].上海:上海教育出版社,2003.

[91]王一心.劳谦君子陶行知[M].南京:南京师范大学出版社,2004.

[92]冒荣.至平至善　鸿声东南:东南大学校长郭秉文[M].济南:山东教育出版社,2004.

[93]杜成宪,邓明言.教育史学[M].北京:人民教育出版社,2004.

[94]田正平.中外教育交流史[M].广州:广东教育出版社,2004.

[95]高觉敷,叶浩生.西方教育心理学发展史[M].福州:福建教育出版社,2005.

[96]李喜所.近代留学生与中外文化[M].天津:天津教育出版社,2006.

[97]谢长法.中国留学教育史[M].太原:山西教育出版社,2006.

[98]钟鲁斋.教育之科学研究法[M].福州:福建教育出版社,2009

[99]姜琦.现代西洋教育史:上册[M].福州:福建教育出版社,2011.

[100]单中惠.西方教育思想史[M].太原:山西人民出版社,1996.

[101]费正清.剑桥中华民国史(1912—1949年):上卷[M].北京:中国社会科学出版社,2007.

[102]费正清.剑桥中华民国史(1912—1949年):下卷[M].北京:中国社会科学出版,2007.

[103]周棉.留学生与中国的社会发展[M].长春:吉林人民出版社,2008.

[104]王书林.心理与教育测量:上册[M].福州:福建教育出版社,2008.

[105]王书林.心理与教育测量:中册[M].福州:福建教育出版社,2008.

[106]王书林.心理与教育测量:下册[M].福州:福建教育出版社,2008.

[107]孙培青.中国教育史:第3版[M].上海:华东师范大学出版社,2009.

[108]胡延峰.留学生与中国心理学[M].天津:南开大学出版社,2009.

[109]陈志科.留美生与中国教育学[M].天津:南开大学出版社,2009.

[110]唐钺.西方心理学史大纲[M].北京:北京大学出版社,2010.

[111]戴海崎,张峰,陈雪枫.心理与教育测量:第3版[M].广州:暨南大学出版社,2011.

[112]范铁权.近代中国科学社团研究[M].北京:人民出版社,2011.

[113]董远骞,董毅青.俞子夷教育实践研究[M].杭州:浙江教育出版社,2008.

[114]杨建华.20世纪中国教育期刊史论[M].杭州:浙江工商大学出版社,2012.

[115]张厚粲,龚耀先.心理测量学[M].杭州:浙江教育出版社,2012.

[116]孙大强,郑日昌.心理测量理论[M].北京:开明出版社,2012.

[117]钱穆.中国历史研究法[M].北京:生活·读书·新知三联书店,2013.

[118]舒新城.近代中国教育思想史[M].长春:吉林人民出版社,2013.

[119]阎书昌.中国近代心理学史(1972—1949)[M].上海:上海教育出版社,2015.

[120]朱庆葆.中华民国专题史:第10卷[M].南京:南京大学出版社,2015.

[121]舒尔茨.现代心理学史[M].沈德灿,译.北京:人民教育出版社,1981.

[122]波林.实验心理学史[M].高觉敷,译.上海:商务印书馆,1981.

[123]贝尔纳.历史上的科学[M].伍况甫,译.北京:科学出版社,1981.

[124]罗素.中国问题[M].秦悦,译.上海:学林出版社,1996.

[125]舍勒.资本主义的未来[M].罗悌伦,译.北京:生活·读书·新知三联书店,1997.

[126]黎黑.心理学史[M].李维,译.杭州:浙江教育出版社,1998.

[127]安娜斯塔西.心理测验[M].缪小春,译.杭州:浙江教育出版社,2001.

[128]塔罗.运动中的力量:社会运动与斗争政治[M].吴庆宏,译.上海:译林出版社,2005.

[129]舒尔茨.现代心理学史[M].叶浩生,译.南京:江苏教育出版社,2005.

[130]吉登斯.批判的社会学导论[M].郭中华,译.上海:上海译文出版社,2007.

[131]蒂利.社会运动,1768—2004[M].胡位钧,译.上海:上海人民出版社,2009.

[132]Terman.*The Efficiency of Elementary Schools in China*(中国全国小学校概况)[M].上海:商务印书馆,1924.

[133]DuBois,Philip H. *A History of Psychological Testing* [M].Boston:Allyn and Bacon,1970.

[134]Hergenhahn.*An Introduction to the History of Psychology*(2nd ed.) [M].Belmont,CA:Wadsworth Publishing Company,1992.

四、期刊论文类

[1]林传鼎.我国古代心理测验方法试探[J].心理学报,1980(1).

[2]金林祥.评"六三三"学制[J].华东师范大学学报(教育科学版),1983(1).

[3]李小龙.书法与我国古代的心理测验[J].心理科学通讯,1988(5).

[4]俞子夷.现代我国小学教学法演变一斑[J].华东师范大学学报(教育科学版),1988(4).

[5]俞子夷.一九二七年前几个教育团体:回忆简录(七)(八)[J].华东师范大学学报(教育科学版),1989(2).

[6]赵慧芝.中基会和中国近现代科学[J].中国科技史杂志,1993(3).

[7]樊正.民国时期的中国测验学会[J].民国档案,1994(1).

[8]漆书青.解放前我国的心理测量研究[J].江西师范大学学报(哲学社

会科学版),1994(3).

[9]陈雪枫.西方心理测验在中国的应用问题[J].华南师范大学学报(社会科学版),1996(4).

[10]吴棠.艾伟的英语阅读心理研究述要:为纪念艾伟教授逝世四十周年而作[J].华东师范大学学报(教育科学版),1995(1).

[11]张振助.庚款留美学生与中国近代教育科学化运动[J].高等师范教育研究,1997(5).

[12]叶哲铭.我国近代科学教育思潮与教育实验运动[J].教育研究与实验,1998(2).

[13]燕良轼.中国古代心理测验及其特色与价值[J].心理科学,1999(2).

[14]张敏强.20世纪教育测量学发展的回顾与现状评析[J].教育研究,1999(11).

[15]周谷平,王剑.近代西方教育实验理论和方法在中国的传播[J].浙江大学学报(人文社会科学版),2000(3).

[16]曲铁华,王健.中国近现代科学教育发展嬗变及启示[J].东北师大学报(哲学社会科学版),2000(6).

[17]张良才,陈传宏.从"教育救国"到"科教兴国":中国教育社会价值观的百年嬗变[J].华东师范大学学报(教育科学版),2001(3).

[18]周洪宇.杜威教育思想在中国的传播及其影响[J].河北师范大学学报(教育科学版),2001(3).

[19]周洪宇.美国哥伦比亚大学师范学院与现代中国教育[J].教育评论,2001(5).

[20]程家福.简论我国心理测量的历史、现状与趋势[J].合肥工业大学学报(社会科学版),2001(增刊).

[21]王剑.杜威、孟禄的中国之行与东南大学[J].东南大学学报(哲学社会科学版),2002(3).

[22]周谷平,朱有刚.《教育杂志》与近代西方教育的传播[J].教育评论,2002(3).

[23]田正平,李江源.教育制度变迁与中国教育现代化进程[J].华东师范大学学报(教育科学版),2002(3).

[24]任一明.关于道尔顿制实验中国化历程的再认识[J].西南大学学报(人文社会科学版),2002(5).

[25]田正平,商丽浩.中国教育期刊的现代化特征[J].高等教育研究,2003(1).

[26]李喜所.留美生在近代中国的文化定位[J].天津社会科学,2003(3).

[27]杨海丽.西方心理测验的历史综述[J].太原教育学院学报,2004(4).

[28]谢长法.民国时期的留学生与高等教育近代化[J].河北大学学报(哲学社会科学版),2005(4).

[29]李建珊.论近代科学方法的起源与发展[J].广州大学学报(社会科学版),2005(11).

[30]王惠.中国古代"知人"中的心理测量思想[J].扬州教育学院学报,2006(4).

[31]郑红.中国古代智力测验的方法与启示[J].南京航空航天大学学报(社会科学版),2007(1).

[32]项建英.教育"科学化"运动与近代中国大学教育学科的发展[J].现代大学教育,2009(5).

[33]肖朗,黄国庭.五四新文化运动前后《教育杂志》作者群体的转变:基于量化的分析[J].大学教育科学,2010(3).

[34]黄国庭.民国时期教育学者的中学办学经历及其对教学与研究的影响[J].河北师范大学学报(教育科学版),2010(3).

[35]朱华.近代科学救国思潮与民国时期的科学教育[J].史学月刊,2011(12).

[36]储朝晖.民国时期党化教育的牺牲者郭秉文与东南大学[J].华中师范大学学报(人文社会科学版),2012(6).

[37]肖朗,王有春.近代中国国立大学教育研究机构综论[J].高等教育研究,2012(8).

[38]岳世川.近代西方科学传入中国的文化屏障与跨越[J].自然辩证法通讯,2012(10).

[39]肖朗,王鸣.近代中国科学观发展轨迹探析:以清末民初science概念内涵的演化为中心[J].浙江大学学报(人文社会科学版),2013(4).

[40]蔡铁权.近代科学在我国的传播与科学教育之滥觞[J].全球教育展

望,2014(8).

[41]李艳丽,阎书昌.西南联大时期的心理学系科建设及发展[J].苏州大学学报(教育科学版),2015(3).

[42]吴洪成,张媛媛.文纳特卡制在近代中国的传播与实验述评[J].中国人民大学教育学刊,2015(4).

[43]肖菊梅,肖朗.教育"科学化"运动与近代中国教学论的发展[J].现代大学教育,2016(3).

五、学位论文类

[1]卢浩.中华教育改进社:中国近代教育模仿美国的主要推动者[D].上海:华东师范大学,2003.

[2]李振.从科学传播学角度看我国近代科学落后的原因[D].长沙:中南大学,2003.

[3]李娟.中国近代科学教育中科学精神缺失研究[D].长春:东北师范大学,2004.

[4]姚中华.从理性化科学的角度看中国为什么没有诞生近代科学[D].武汉:华中科技大学,2005.

[5]李红梅.俞子夷小学教育思想研究[D].保定:河北大学,2006.

[6]王利霞.廖世承中学教育思想初探[D].重庆:西南大学,2009.

[7]赵艳红.艾伟的语文学科教学心理实验研究[D].保定:河北大学,2010.

[8]房巍.俞子夷教育实验活动研究[D].上海:上海师范大学,2012.

[9]王少丽.廖世承在东大附中的教育改革研究(1919—1927年)[D].上海:上海师范大学,2014.

[10]潘小芳.艾伟《阅读心理·国语问题》研究及其对当代语文教育的启示[D].扬州:扬州大学,2017.

[11]王超.张耀翔的教育心理学思想研究[D].济南:山东师范大学,2017.

[12]黄小燕.民国时期(1912—1949)中国语文教育现代化进程研究[D].上海:华东师范大学,1998.

[13]陈如平.效率与民主:19世纪末至20世纪50年代美国教育管理思想的历史研究[D].北京:北京师范大学,1998.

[14]郭长江.中国近现代科学教育变革的文化反思[D].上海:华东师范大学,2003.

[15]许小青.从东南大学到中央大学:以国家、社会与政党为视角的考察(1919—1937)[D].武汉:华中师范大学,2004.

[16]段治文.当代中国的科学文化变革[D].杭州:浙江大学,2004.

[17]陈文彬.五四时期杜威来华讲学与中国知识界的反应[D].上海:复旦大学,2006.

[18]刘毅玮.西方心理学的传入与中国近现代心理学科的发展[D].保定:河北大学,2006.

[19]李国庆.现代欧美教育科学化运动的一个基石:儿童研究运动之研究[D].南京:南京师范大学,2006.

[20]王巨光.民国教育社团与民主教育[D].武汉:华中科技大学,2007.

[21]兰军.民国时期中国教育在国际教育论坛上的展现:基于对国际教育组织及会议的考察[D].武汉:华中师范大学,2007.

[22]何树远.中华教育改进社与民国教育界(1919—1928)[D].广州:中山大学,2008.

[23]周韬.南京国民政府文化建设研究(1927—1949)[D].长沙:湖南师范大学,2008.

[24]张秀丽.反科学主义思潮下中国现代史学的人文指向:以"东南学派"为中心[D].济南:山东大学,2009.

[25]汪楚雄.中国新教育运动研究(1912—1930)[D].武汉:华中师范大学,2009.

[26]张礼永.教育建设的第三条道路:民国时期教育研究组织之探析[D].上海:华东师范大学,2011.

[27]李涛.民国时期国立大学招生研究[D].重庆:西南大学,2014.

[28]乔浩风.中国近代大学研究院所的发展及其职能研究(1902—1945)[D].苏州:苏州大学,2016.